U0949553

自治区党委书记郭声琨（左三）、市委书记金湘军（左二）、市长韩元利（右二）到玉州区仁东镇大路村土地综合整治项目调研

自治区政协主席陈际瓦（前左二）到玉州区仁厚镇洋平石斛种植基地调研

自治区党委副书记危朝安（右二）到玉州区考察

自治区党委常委、宣传部长沈北海（左七）到玉州区考察工作

区委书记莫荣新（左三）到基层调研

区长邹宇鹏（右四）到玉林宏进农批市场调研

区人大主任李秀通（左三）到仁东镇旺卢村为贫困党员送化肥

区政协主席陈先敢（中）到基层调研

国际汽车城项目奠基典礼

味香园植物提取及农副产品加工项目竣工

玉州区第八初级中学奠基仪式

大路村土地综合整治项目开工

嘉和国际广场项目开工

玉林宏进农副产品批发市场开业场景

（以上照片由中共玉州区委宣传部提供）

玉州区 玉城街道

玉城街道全面贯彻落实科学发展观，大力推进城乡一体化，促进全街道经济社会健康快速发展，各项主要经济指标保持两位数增长。2011年，财税收入3.58亿元，同比增长58%；实现工业总产值达11.86亿元，同比增长14.9%；完成固定资产投资33.33亿元，同比增长20.8%。经济持续稳定发展，带来了群众收入提高。2011年，全街道城镇居民可支配收入22184元，同比增长10.95%，农民人均纯收入7226元，同比增长16%。玉城街道先后获评为自治区先进基层党组织、自治区和谐街道。

①团结奋进的党政领导班子

②市委书记金湘军（左二）到玉城街道西就社区检查指导社区规范化建设工作

③街道党工委书记钟辉（中）到胜利垌社区检查指导社区规范化建设工作

④玉城街道街道办事处主任陈颖（中）到社区检查指导工作

⑤玉城街道引进项目银丰广场暨大润发、金逸影城项目举行开工仪式

⑥开展廉政文化进社区文化活动

⑦发扬尊老爱幼传统精神，组织社区为75岁以上老人集体祝寿

以人为本 服务为先 团结奋进 勇争一流

玉州区 南江街道

自治区和谐街道

广西壮族自治区精神文明建设委员会
二〇一一年五月

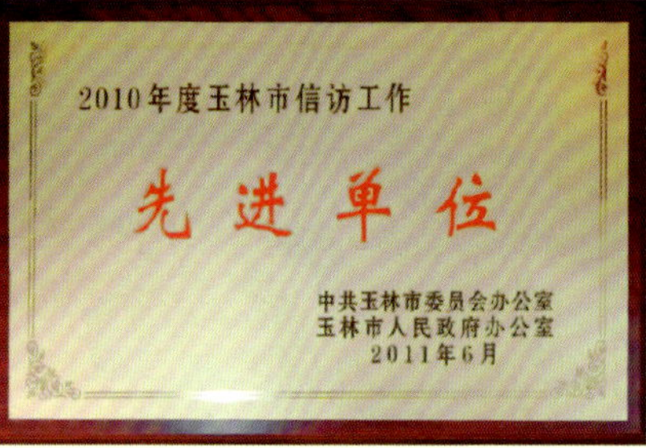

南江街道坚持以邓小平理论和“三个代表”思想为指导，认真落实科学发展观，按照“工贸强街”的发展思路，锐意进取，经济发展迈上快车道，2011年，街道财税收入1.83亿元，完成任务的109.25%，比2010年增收4724万元，增长34.75%；完成全社会固定资产投资34.32亿元，同比增长30%；实现规模以上工业总产值30.99亿元，同比增长8.6%。同时，街道坚持创新社会管理，成立街道综治信访维稳中心，建立矛盾纠纷动态排查机制，重点排查社会治安混乱地区和突出问题，确保社会治安稳定。南江街道先后获评为自治区和谐街道、自治区第六次全国人口普查先进集体、自治区民兵先进单位、玉林市平安街道、玉林市信访工作先进单位，2005—2009、2011年，南江街道被玉林市委、市政府授予“玉林市十佳乡镇（街道）”。

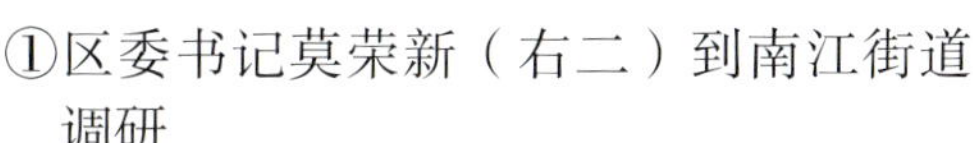

①区委书记莫荣新（右二）到南江街道调研

②区长邹宇鹏和南江街道村民一起劳作

③南江街道党工委书记梁兴文（右）到富英公司调研

④林丰地产·丽都花园开工典礼

玉州区 城西街道

市长韩元利（左二）检查新翰电子项目

城西街道在区委、区政府的正确领导下，认真落实科学发展观，紧紧围绕“工贸强街”的发展思路，大力推进工业化、城市化和农业企业化，各项工作均取得较好发展。2011年,全街道实现社会固定资产投资20亿元，比上年增长199.15%；财政收入5123万元，比上年增长32.48%；城镇居民人均可支配收入达2.22万元，比上年增长11.03%；农民人均纯收入6983元，比上年增长12.1%。城西街道获评为广西先进基层党组织、广西农村基层组织建设“五个好”乡镇党委；获评为全国亿万农民健身活动先进街道、玉林市经济发展“十佳乡镇”、玉州区“文明街道”。

区委书记莫荣新（右三）检查清宁路延长线项目工程

市委常委、政法委书记周彬（右三）检查莲塘村平安社区村建设情况

区长邹宇鹏（右二）到城西街道视察工作

市委常委、纪委书记吕玉波（右四）视察清宁路延长线建设工程

玉林市新翰电子机械有限公司开工

玉州区 名山街道

市委书记金湘军（左三）到名山街道五里桥社区调研

市长韩元利（后排中）到名山街道开展大接访下访活动

2011年名山街道财税收入7346万元，固定资产投资17.62亿元。重大项目完成投资9.5亿元，其中新开工项目完成投资3.8亿元，续建项目完成投资5.7亿元。招商引资实现6.5亿元，工业投资实现5.2亿元，工业技改投资实现4.98亿元，规模以上工业企业实现总产值24亿元。粮食种植面积900公顷，粮食总产量5076万吨，生猪出栏4.8万头，水产总产量1072吨，家禽出栏56万羽。农林牧渔业总产值1.72亿元。城镇居民人均可支配收入22184元，农民人均纯收入4500元。有初中2所，在编教师221人，在校生2480人；小学7所，在编教师169人，在校生3421人。2011年，名山街道获“自治区和谐街道”荣誉称号。

区委书记莫荣新（右三）到名山街道调研

宝骏汽车4S店开张

投资105万元建设的太阳村文体广场落成

太阳村2000多亩规模的『黑皮冬瓜基地』

玉州区

城北街道

城北街道在区委、区政府的正确领导下，以科学发展观为引领，认真贯彻落实党的十七大和十七届六中全会精神，深化实施“工贸强街”发展战略，扶持培育现代农业产业，全面落实为民办实事工程，推进社会管理制度创新，全街道呈现出经济发展、社会稳定、民生和谐、文化繁荣良好局面。2011年，全街道实现工业总产值3.2亿元，同比增长60%；全社会固定资产投资突破10亿元大关；财税入库3877万元，同比增长39.26%；农民人均纯收入7226元。

中组部党建调研所莅临西岸番石榴基地开展基层党建工作调研

市、区领导到城北街道开展赠树活动

区委书记莫荣新（左二）到高山村指导建设工作

高山村公共服务中心落成启用

街道党工委书记梁远洪（右三）、办事处主任周亮（左三）深入田间地头指导果农生产

潘岭歌舞团得到央视《朝闻天下》节目报道

玉州区 茂林镇

茂林镇党委、政府以科学发展观为统领，以“富镇强民”为目标，按照“统筹城乡发展，推进富民强镇，建设幸福和谐茂林”的战略部署和“两年初见规模，五年大见成效”的目标要求，围绕“3663”工作思路，强力推进“1236”工程，实现全镇经济社会又好又快发展。2011年，全镇实现工业生产总值21.0764亿元，同比增长52.3%，其中，规模以上企业共16家，实现工业总产值14.33亿元；农林牧渔业总产值4.6823亿元，同比增长3.6%；人均工农业总产值32835元，同比增长17.8%；财税收入实现1.2135亿元，增长51.12%，首次突破亿元大关；全社会固定资产投资22.1819亿元，同比增长135%；农民人均纯收入7226元，同比增长16%。茂林镇先后获评为全国文明村镇、自治区先进基层党组织、自治区和谐乡镇、玉林市十佳平安乡镇、玉林市先进基层党组织、玉林市2010年、2011年度科学发展十佳乡镇、玉林市创先争优十佳乡镇党委。

自治区党委书记郭声琨（前左二）到茂林镇调研

镇党委书记朱小波（右二），镇长唐维（左一）到莲塘村生态农业示范基地指导工作

茂林镇荣获“全国文明村镇”揭牌仪式

首届中国（玉林）汽车博览会开幕式

玉林富安居家居建材广场项目开工建设

茂林镇新寨村公共服务中心开工仪式

2011年“绿色”电脑进西部活动赠送仪式

村级文化活动蓬勃开展，陂耀村文艺表演

玉州区

仁东镇

仁东镇坚持以科学发展观为统领，以加快发展、富民强镇为己任，坚持“工业强镇、特色兴农、统筹发展”的思路，谋发展、破难题、重民生、促和谐，全镇经济社会保持健康平稳发展，实现了“十二五”良好开局。2011年，全镇实现工农业生产总值11.7亿元，同比增长23.26%；财政收入3423万元，比上年净增804万元，同比增长30.7%;全社会固定资产投资4.85亿元，同比增长21.25%；农民人均纯收入6668元，同比增长7%。2011年，获评为自治区和谐乡镇，获自治区林业厅评为“十一五”期间全区乡镇林业工作站先进集体。

①团结奋进的领导班子
②市长韩元利（左二）在卢保全书记（右一）陪同下深入大路村开展“七一”宣讲活动
③区委书记莫荣新（前右一）在镇长梁承跃（前左一）陪同下检查指导新农村建设
④区长邹宇鹏宣布项目开工
⑤大力发展机械制造业，图为嘉义机械厂生产现场
⑥大力实施新一轮扶贫攻坚大会战，图为发放扶贫猪苗现场
⑦大力统筹城乡发展，图为漂亮整齐的大路新村农民集中安置区
⑧大力发展特色农业产业，图为仁东大蒜生产基地

玉州区

仁厚镇

2011年，仁厚镇党委、政府在玉州区委、政府的正确领导下，坚持贯彻“工业强镇”发展思路，全镇经济保持快速健康发展，共实现工业总产值16350万元，增长18%，全社会固定资产投资28471万元，增长44.9%，全年财税收入完成1003.6万元，增长73%，财政收入首次超千万元大关。2011年度，仁厚镇获玉林市文明镇、玉林市科学发展进步乡镇（街道）、玉林市2006-2010年全市法制宣传教育先进乡（镇、街道）、玉州区安全生产优秀单位、2008-2010年度建设平安玉州先进镇（街道）、建设平安玉州活动特等奖等荣誉称号。

①仁厚镇党政领导班子在观看视频教育
②市政协主席刘子福（左五）在区委书记莫荣新（左六）、区长邹宇鹏（左三）的陪同下视察石斛培植
③市委常委、组织部长李常官（左二）到仁厚镇慰问老党员
④玉林健康产业园举行奠基仪式
⑤仁厚至道良村道路硬化仪式
⑥镇党委书记甘钫（左四）、镇长禤先旺（右二）带领群众学习石斛种植技术
⑦仁厚镇铁匠村广屋片道路硬化

玉州区 大塘镇

大塘镇位于玉林市区东北面，距离市区约8公里。全镇辖5个村委会，总人口2.25万人，辖区面积32.7平方公里，耕地面积8400亩，人均水田面积不足0.3亩，是一个典型的人多地少的边远乡镇。2011年，镇党委、政府在区委、区政府的领导下，以农民增收为立足点，拓宽思路，敢闯敢干，全镇经济社会呈现出良好的发展势头和迅猛的后劲。全镇完成社会固定资产投资2.15亿元，财税收入422万元，比2010年增长43.1%，完成任务的116.3%。大塘镇先后获评为2011年建设平安玉州活动镇（街道）二等奖、“全面推行党员先锋承诺制的有效探索”获玉州区2011年度镇党委书记“基层党员创新项目”三等奖、全区先进基层党组织。

①市长韩元利深入大塘镇苏烟共青希望小学与学生座谈
②区委书记莫荣新（右三）视察狗窦陂水毁工程
③区长邹宇鹏（左三）深入大塘镇烟花炮竹厂检查安全生产工作
④镇党委书记杨海（中）、镇长何卫（左）、人大主席肖德嵩（右）
⑤宽敞明亮的大塘镇政府政务办事大厅

大塘镇政府全景

玉州区年鉴

YU ZHOU QU NIAN JIAN

2012

玉林市玉州区人民政府主办

玉林市玉州区地方志编纂委员会编

广西人民出版社

图书在版编目（CIP）数据

玉州区年鉴 · 2012／玉林市玉州区地方志编纂委员会编.
—南宁：广西人民出版社，2012. 12
ISBN 978 -7 -219 -08256 -0

Ⅰ. ①玉… Ⅱ. ①玉… Ⅲ. ①区(城市)—玉林市—
2012—年鉴 Ⅳ. ①Z526. 73

中国版本图书馆 CIP 数据核字（2013）第 001300 号

主 办 玉林市玉州区人民政府
编 纂 玉林市玉州区地方志编纂委员会
地 址 广西玉林市玉州路 1 号
邮 编 537000
电 话 （0775）2823221 2822344（传真）
E - mail：yzqfzb2006@163.com

责任编辑 廖集玲
出版发行 广西人民出版社
社 址 广西南宁市桂春路 6 号
邮 编 530028
网 址 http://www. gxpph. cn
印 刷 南宁市开源彩色印刷有限公司
开 本 889mm × 1194mm 1/16
印 张 22
字 数 560 千字
版 次 2013 年 1 月 第 1 版
印 次 2013 年 1 月 第 1 次印刷

书 号 ISBN 978 -7 -219 -08256 -0/Z · 297
定 价 198. 00 元

编辑说明

一、《玉州区年鉴·2012》是由玉林市玉州区人民政府主办，玉州区地方志办公室承办的综合性工具资料书。它以力求全面、系统地载录2011年玉州区经济和社会发展的基本情况为任务，旨在为社会各界人士了解和研究玉州提供基本资料。本年鉴的时限为2011年1月至2011年12月，有些记事或照片内容适当上溯或下延。

二、《玉州区年鉴·2012》采取分类编纂法，设篇目、分目、条目三个内容层次，共有28个篇目，依次是：领导论坛、特载、特辑、概况、中共玉林市玉州区委员会、玉林市玉州区人民代表大会、玉林市玉州区人民政府、中国人民政治协商会议玉林市玉州区委员会、群众团体、政法、人民武装、工业、农业、林业·水利、交通·城建、旅游、商业·贸易、财税·金融、经济管理与监督、科技、环境保护、教育、卫生、文化·体育、社会工作、街道（镇）、大事记、附录等。内容层次的设置，是为了便于读者分类系统阅读和检索，并表示部类与条目之间的层次关系，不反映严格上的科学分类体系。各级机构、单位的排序和层次一般也不表示其地位和规模。全书条目标题统一用黑体加【】表示。

三、本年鉴所载录的2011年玉林市玉州区国民经济和社会发展情况，均由玉州区各镇（街道）党（工）委、政府（办事处）和区直各部门、各单位提供。涉及统计数字的，原则上使用玉州区统计局所公布的数字，对不列入统计局统计范围的部门性统计资料，则由主管部门提供审定后采用。

四、本年鉴中称“辖区”系指玉林市玉州区行政区划范围，“全区”一般不包括玉东新区（内文注明除外）。

五、《玉州区年鉴·2012》的编辑出版，得到玉州区各级领导和各单位及有关人员的大力帮助和支持，参与编写的同志付出了辛勤的劳动，在此一并致谢。由于编者水平有限，书中难免有疏漏和错误之处，谨请读者批评指正。

《玉州区年鉴》编纂委员会

（2012年11月2日起）

名誉主任： 莫荣新　区委书记

主　　任： 邹宇鹏　区委副书记、区长

副 主 任： 莫科奇　区委副书记

莫敏智　区委常委、副区长

杨　红　区委常委、宣传部部长、副区长

李　光　区委常委、组织部部长

李　刚　区委常委、办公室主任

李　松　区人大副主任

誉德凤　区政协副主席

李　志　区政府办公室主任

委　　员： 张延林　区委办公室副主任

管小伟　区政府办公室副主任、区法制办主任

黄朝阳　区纪委副书记、区监察局局长

卢明刚　区委组织部常务副部长

陈明超　区委组织部副部长、区人社局局长

蒋敏华　区委宣传部副部长、国防教育办主任

全忠常　区委政法委副书记、维稳办主任

陈征勇　区委统战部常务副部长

吴继东　区武装部副部长、军事科科长

陈红梅　区编委办主任

李然厚　区委党史办公室主任、区地方志办公室主任

李春初　区发改局局长

黄小明　区财政局局长

黄宇健　区经贸局局长

莫东妮　区教育局局长

吴　旗　区卫生局局长

誉德萍　区科技局局长

杜成斌　区民政局局长

莫　军　区环保局局长

梁志文　区住建局局长

林雍肖　区交通运输局局长

黄祖源　区水利局局长

杨　平　区农业局局长

黄康乐　区林业局局长

谭艳艳　区文体局局长

庞彤彤　区人口和计划生育局局长

田雁冰　区统计局局长

陈　薇　区档案局局长

王培明　市国土资源局玉州分局局长

梁　明　区国税局局长

陈雄林　区地税局局长

陈　超　区工商局局长

陈　颖　玉城街道办事处主任

吴朝宗　南江街道办事处主任

李小鹰　城西街道办事处主任

陈国锦　名山街道办事处主任

周　亮　城北街道办事处主任

梁承跃　仁东镇镇长

禤先旺　仁厚镇镇长

何　卫　大塘镇镇长

苏　梅　区委党史办公室副主任、区地方志办公室副主任

黄凤华　区委党史办公室副主任、区地方志办公室副主任

《玉州区年鉴·2012》编辑人员

主　编　邹宇鹏　区长

副主编　莫科奇　区委副书记

莫敏智　区委常委、副区长

李然厚　区委党史办公室主任、区地方志办公室主任

编　辑　李然厚　李桂红　黄　健　尹　浩　王　梅　文安妮

目 录

玉林市玉州区人民代表大会

玉林市玉州区人民政府

中国人民政治协商会议玉林市玉州区委员会

群众团体

政　法

人民武装

工 业

农 业

林业・水利

交通·城建

旅　游

商业·贸易

财税·金融

经济管理与监督

科 技

环境保护

教　育

卫　生

文化·体育

社会工作

街道·镇

大事记

附　录

领 导 论 坛

强化市区一体理念 加快小康玉州建设

中共玉州区委书记　莫荣新
中共玉州区委副书记、区长　邹宇鹏

市区一体化是在市辖区管理体制的条件下，按照区域发展总体目标，充分发挥市、区各自优势，彼此在经济、社会、文化等领域实现要素合理流动和优化组合，结成利益共同体，建立共同市场，促进共同繁荣的动态过程。纵观国内外众多经济社会发达的中心城市，通过不断推动市区一体化建设，不但使市辖区成为所在城市的“经济心脏”，而且促进了城市的繁荣发展。实践证明，强化市区一体化理念，推动“市区一体”协调发展，是扩大城市集聚效应的基本途径和打造城市“经济引擎”的重要举措。

一、强化“市区一体”理念是加快小康玉州建设的必然选择

玉州区为原县级玉林市一分为三后，成立于1997年4月，是地级玉林市的中心城区，辖5个街道、3个镇，土地面积352平方公里，人口60多万。撤市建区后，玉州区出现了许多新情况和新问题，整体功能不全，职能弱化，知名度降低，经济总量减少，在一定程度上制约了区域经济的快速发展。因此，全面树立“市区一体”理念，确立“服务全市、借势发展、争创一流”的工作思路，是实现玉州区第四次党代会提出的，到2016年“全面建成小康玉州”奋斗目标的必然选择。

（一）强化“市区一体”理念，是落实科学发展观、推进跨越发展的重要途径。作为新成立的市辖区，玉州区与东部发达城市的辖区相比，起步相对较晚，经济基础偏弱，必须把提升发展速度、增加经济总量作为首要和根本的任务，把有效增强城区龙头经济竞争力作为战略突破口，才能在新一轮的市辖区发展竞争中赢得主动。近年来，玉州区在“市区一体”理念的科学指导下，紧紧围绕“工贸强区、统筹发展”战略，不断审视和明确自身的区情特点与发展定位，既着眼于服从玉林市这个“脑袋”、“躯干”的正确领导，又充分发挥作为玉林市的“四肢”、“细胞”的能动作用，在积极服务全市发展大局中主动谋求自身的加快发展，实现了经济发展和社会稳定的双丰收，成为了目前广西唯一五次获得广西科学发展（经济发展）“十佳”的县（市、区）。因此，强化“市区一体”理念，以全面建设小康玉州作为战略突破口，是推动玉州科学发展、加快发展，实现富民强区新跨越的重要途径。

（二）强化“市区一体”理念，是适应时代发展潮流的客观需要。在经济全球化的大背景下，国际竞争日趋激烈，世界各国尤其是地域相近、地理或文化特征相似的地区，纷纷寻求开放合作，加快区域一体化进程，区域一体化发展已经成为各国、各地区加快发展的趋势和潮流。从全球范围看，欧盟、东盟、非盟、亚太经合组织、北美自由贸易区等都是联合协作与一体发展的产物。在国内，也初步形成东部加快发展、西部大开发、东北

老工业基地振兴和中部崛起四大区域发展新格局。率先发展的长三角、珠三角、环渤海等地区以及欠发达的北部湾、关中—天水等地区，也纷纷加快区域融合和一体化进程，以谋求更大发展空间。众多的大中城市，也争先通过市区一体化建设，不断推动和实现跨越式发展。在这样的宏观背景下，强化“市区一体”理念，加快促进玉州区发展，是大势所趋，也是适应时代发展潮流的客观需要。

（三）强化“市区一体”理念，是贯彻落实玉林市大市区发展战略的重要举措。随着玉林市城市现代化的迅速发展，近期，玉林市委、市政府审时度势，明确提出并大力实施大市区发展战略，城市的规模将更大，工作的任务将更重，管理的标准要求将更高。玉州区作为玉林市唯一的市辖区，要充分认清和适应新形势新要求，迅速把思想和行动统一到市委、市政府的大市区发展战略上来，牢固树立“市区一体、共兴共荣”的大城市、大市区理念，进一步协调好市区两级部门和单位之间的关系，进一步统筹规划、整合资源和调整生产力布局，以“谋全局”的思路“谋一域”，以“谋一域”的实绩“谋全局”，积极推动产业集聚，创新社会管理，促进城乡与区域协调发展，实现市区共同繁荣。

二、玉州区正面临着加快“市区一体”发展的良好机遇

近年来，玉林市委、市政府先后下发了一系列文件，不断理顺市区管理权限，强化了市、区在思想观念、管理体制、空间布局、交通体系、基础设施、政策法规等方面的快速对接和紧密融合。同时，大市区发展战略的有效实施，也为玉州区加快“市区一体”发展迎来了良好的机遇。

（一）玉州区经济社会的快速发展，为加快实现“市区一体”奠定了坚实基础。玉州区自建区以来，依托良好的城市投资环境，全力发展现代工业和现代服务业，取得了一系列的辉煌成就，实现了跨越式发展：从1997年到2011年，地区生产总值由35.84亿元增至233.19亿元，是建区时的6.51倍；财政收入由1.41亿元增至10.82亿元，是建区时的7.67倍；农民人均纯收入由2747元增至7226元，城镇居民人均可支配收入由5181元增至22195元，分别是建区时的2.63倍、4.28倍；全社会固定资产投资由2.12亿元增至200.11亿元，是建区时的94.4倍，经济总量与质量大幅提升，多项经济指标位居广西县域经济前列。玉州区经济社会的快速发展，为加快实现市区一体化奠定了坚实的基础。

（二）玉林市新一轮的城市化建设，为加快实现“市区一体”提供了强大动力。城市化是时代发展的必然。近年来，玉林市委、市政府结合玉林作为创业城市、商贸城市的个性特点，高起点规划城市发展，完成了新一轮城市总体规划（2008－2020）修编，提出把玉林建设成为宜居创业的区域性现代化中心城市的目标。在此规划的指导下，玉东新区、玉柴新区等新城区建设，以及玉－北－福大道、教育东路延长线、迎宾大道三期、江南大道延长线、湿地公园等一大批城市设施项目，正在热火朝天地进行。玉林市新一轮的城市化建设已经拉开了序幕，未来10年将是玉林城市化高速发展的黄金时期，这必将成为加快实现市区一体化的强大动力。

（三）“玉北福一体化”的深入实施，为加快实现“市区一体”拓展了巨大空间。玉林市作为桂东南城镇群重要的中心城市，要真正发挥龙头作用，就必须加快做大玉林城区，构建以城区为中心的城镇群，增强总体经济实力，打造区域经济增长中心。为此，玉林市委、市政府提出了以现代化区域性中心城市为发展目标，加快玉－北－福一体化进程，打造百万人口大城市的总体战略。近年来，玉州区、北流市、福绵管理区以及玉林市直有关部门，千方百计新开工了一大批重大项目，全力拉开城市框架，拓展城市空间，贯通城市干道，完善配套设施。目前，以连接玉州、北流、福绵三地的玉－

北－福大道为主轴，按照点轴发展模式，已初步形成了玉－北－福大道沿线，产业布局合理、功能逐步完善、项目快速积聚的产业集聚带和城镇发展带。随着“玉北福一体化”的深入实施，作为其中央连接点的玉州区，有了加快发展的更多机遇，也为实现市区一体化拓展了巨大的空间。

（四）一年一度的“玉博会”“药博会”，为加快实现“市区一体”创造了重要平台。为紧紧抓住中国—东盟博览会永久落户南宁的机遇，更好地与国际接轨，提高知名度，扩大影响力，促进经济社会跨越发展，从2004年开始，玉林市每年在中国—东盟博览会期间，举办以“中小企业大经济，玉林博览新商机”为主题的中小企业商机博览（中国·玉林）（简称“玉博会”）；从2009年开始，每年举办以“弘扬中医药文化，发展中医药产业，壮大南方药都”为宗旨的中国（玉林）中医药博览会（简称“药博会”），并由玉州区人民政府承办。这两大展会已逐渐成为了具有区域甚至全国影响力的展会，极大地提高了玉林的城市形象和开放合作的水平，成为了助推玉林经济发展的强力引擎。作为这两大展会主会场所在地的玉州区，具有得天独厚的区位优势，可以借助这两个重要平台，强化“市区一体”理念，以更大的作为来加快实现市区一体化。

三、强化“市区一体”理念，在借势发展、争创一流中全面加快小康玉州建设

玉州区作为玉林市的政治、经济、文化中心，要进一步成为全市对外形象的窗口，成为重振岭南都会雄风的核心载体，必须大力宣传和强化“市区一体”理念，凝聚“市区一体”共识，紧紧抓住玉林市新一轮城市化建设的有利契机，以服务大局、敢于担当、借势发展、争创一流的良好状态，不断加快小康玉州建设的进程。

（一）以“市区一体”理念激活市场体系的大建设，加快建设现代商贸物流中心区。市场是激活城市要素、促旺城市人气的重要基础。玉林自唐宋以来就商贸繁华，是古代“南海丝绸之路”的必经之地。近年来，玉林市委、市政府出台了一系列政策性文件，全力打造广西现代商贸物流基地，努力重振“岭南都会”雄风。我们必须充分认识到，玉林市打造广西现代商贸物流基地就是打造商贸物流玉州。玉州区具有种类齐全的专业市场和比较完善的商贸业态，在三次产业中第三产业比重过半，占53.5%，这是优势所在。我们必须紧紧围绕玉林市委、市政府加快服务业发展的目标，学透用足政策，充分发挥自身优势，以大视野谋划大市场，以大市场促进大发展，实现借势发展、借力发展，多措并举打造“现代商贸物流业中心城区”。首先，全力配合抓好项目建设。在玉林市重点推进的十大商贸物流项目中，玉林毅德国际商贸城、玉林宏进农批市场二期、玉林国际汽车城、玉林交通物流园和西药物流配送中心等5个商贸物流重大项目落户玉州。玉州区要主动承担起项目征地拆迁和项目服务的工作职责，全力配合推进重大项目的建设。同时，要全力加快已落户玉州的红星美凯龙家居商城和香料储运中心等一批大型商贸物流项目建设，为商贸物流业发展增添新活力。其次，有针对性地开展招商引资。要重点针对玉州区市场档次还不高、配套能力还不强，商贸流通领域仍缺乏大企业、大集团、大品牌支撑的不足，继续瞄准符合玉州区产业发展规划和产业布局的现代商贸物流项目，有重点、有针对性地进行招商引资，积极引进一批大项目、好项目，加快做强做大现代商贸物流业。第三，不断完善现代市场体系。要加快培育“七大商业街区”，改造提升“九大专业市场”，进一步完善市场配套能力，培育一批商贸物流龙头企业，发展一批现代商贸小微企业，增强城市对人流、物流、资金流、信息流的集聚功能。要整顿和规范市场秩序，加大打击制假售假、商业欺诈、偷逃税款和侵犯知识产权行为的力度，健全完善统一开放、竞争有

序的现代市场体系。第四，大力推进城市配套建设。按照玉林市委、市政府“开发玉东、优化城西、拓展南北、完善江南、提升城中”的思路，配合推进玉福大道、二环南路、清宁路延长线等城市主干道建设和完善市政公用设施，加快旧城旧村改造，拉开城市框架，扩大城市规模，提升中心城区的首位度，提高商业基础设施的规模和水平。

（二）以“市区一体”理念促进现代工业的大发展，加快建设制造、健康产业集聚区。“工贸强区、统筹发展”是玉州区既定的发展战略。目前，玉州区工业增加值只占GDP的三分之一，工业对财政的贡献率只有30%左右。加快发展工业是玉州区经济发展的当务之急，也是做大玉州区经济总量的关键。玉州区必须强化“市区一体”的理念，全力贯彻玉林市委、市政府提出的“强柴兴玉”、“工业强市”战略，加快完善现代工业体系，发展壮大支柱产业，做强做优实体经济，积极打造先进制造业配套产业基地和健康产业发展基地。首先，狠抓工业平台建设。积极探索加快工业园区建设的投融资体制，完善园区市场化运作机制，加快玉林健康产业园和岭塘、坡塘、城西工业园的基础设施建设，全力把“四大园区”打造为产业发展和产业集聚的重要平台，重点把健康产业园打造成为玉林健康产业发展的主要基地，为打造百亿元健康产业奠定坚实基础。其次，做强做优支柱产业。举全区之力扩大规模、提质升级，大力培育发展机械制造、健康食品、建筑材料、皮革服装“四大支柱产业”和战略性新兴产业；充分发挥玉柴总部坐落在玉州的优势，依托玉柴，服务玉柴，培育壮大玉柴配套企业，拉长延伸机械制造产业链，积极打造先进制造业配套产业基地，使玉州区真正成为“强柴兴玉”的主战场；充分依托“南方药都”、中国（玉林）中医药博览会和广西A类产业园区——玉林健康产业园所形成的市场、会展、园区三位一体产业链的优势，全力培育壮大健康产业。第三，积极实施“抓大壮小扶微”工程。大力实施“十亿工业企业工程”和“亿元工业企业工程”，加大对重点企业的服务和支持力度，推进强优企业自主创新，壮大规模，提升效益，力争到2015年打造年营业收入超10亿元的工业企业10家以上，并培育发展一批亿元工业企业。大力实施“小型企业上规模工程”和“扶持微型企业发展工程”，全面落实小型企业生产经营、技术创新等税收优惠政策和帮助小型企业申报争取扶持资金，强化财政资金对微型企业进行创业培训、财政补贴、信贷支持、税收优惠等扶持，推动有潜质的小型企业扩大生产规模，积极发展现代物流、电子商务、民生服务等微型企业。第四，积极推动全民创业。深入开展玉林市委、市政府提出的“实体经济年”、“全民创业年”、“绩效提升年”活动，在全区上下形成浓厚的创业氛围，营造良好的创业环境，推动全民大创业、创大业，加快构建广西非公经济示范区。

（三）以“市区一体”理念做好统筹城乡的大文章，加快建设统筹城乡发展示范区。2009年起，玉林市在广西先行先试统筹城乡发展战略，着力打造广西统筹城乡科学发展的先行样板。作为“玉北福一体化”中央连接点的玉州，要积极抢抓这一机遇，以“市区一体”理念做好统筹城乡发展的大文章，加快建设广西统筹城乡发展示范区。首先，加快重点镇和新型农村社区建设。高规格、高标准规划建设玉林健康产业园，科学布局园区产业开发，把园区基础设施建设与仁东镇大路村土地综合整治等周边新型农村社区建设有机结合，加快仁东、仁厚两个重点镇建设步伐，促进产业向园区集中、农民向城镇和新型农村社区集中；加快中国历史文化名村——城北街道高山村的综合保护和旅游开发，结合佛子山旅游度假区的旅游资源，以旅游业带动城北街道和大塘镇的发展；积极推进农村土地承包经营权流转，推进土地向规模经营集中，重点抓好城北街道西岸村农村土地流转示范工作，力争把玉州区土地流转项目打造成为玉林市乃至全广西统筹城乡发展的示范点和新亮点。其次，大力发展城郊型现代农业。推进新一轮“菜篮子”工程，充分发挥宏进农批市场、银丰国际中药港等大型农贸市场的带动作用，重点抓好以超级稻、玉林香蒜、中药材、特色水产养殖等具有“一镇一业”、“一村一品”特色的农业生产基地建设，打造一批产值超亿元、超10亿元的农业产业，加快形成“大产业、大基地、大市场、大流通”的现代农业发展格局。再次，以“全域玉州，福祉共享”为目标推进城乡基本公共服务均等化。加快城区基础设施向农村拓展、城区优质资源向农村延伸、城市先进文明向农村覆盖，进一步完善村级公共服务中心、卫生室、人口计生服务室、农家书屋、灯光球场等农村公共服务设施，健全城乡基本公共服务体系，不断提高城乡基本公共服务水平，让城乡群众共享改革发展的成果。

（四）以“市区一体”理念推进文化发展的大繁荣，加快建设“岭南特色文化核心区”。玉林是一座千年古州，具有浓厚的岭南特色文化底蕴、秀丽的自然风光和独特的人文景观，素有“岭南美玉，胜景如林”的美称，陆绩、苏东坡、徐霞客等一批历史名人都曾在此留下沧桑史迹。玉州区作为千年古州的州治所在地，在新的历史条件下，实施市区一体化战略，迫切需要增强全社会的文化认同感，传承发展好底蕴深厚的玉林特色岭南文化，积极构建岭南特色文化核心区，使之成为推进市区一体化的内在动力，为玉林市创建岭南特色文化示范市奠定基础。首先，培育富有文明素质的现代公民。把社会主义核心价值体系建设，融入岭南特色文化建设的全过程，牢牢把握正确的舆论导向，深入推进公民道德建设，建立“好人有好报”长效帮扶机制，不断提高公民文明程度，在全社会形成共同的理想和精神支柱，塑造新时期玉州精神和文化形象，为全面建成小康玉州凝聚强有力的精神动力和智力支持。其次，构筑富有生机活力的服务体系。充分发挥中心城区的资源优势，积极拓宽多元投入渠道，统筹城乡公共文化基础设施和人才队伍建设，健全公共文化服务体系，提高公共文化产品的供给能力，开辟更多有效的文化服务渠道，大力促进城乡基本公共文化服务均等化，不断夯实岭南特色文化的发展基础。第三，打造富有地方特色的文化品牌。创新文化发展载体，强化“城市形象策划”。加强对全区文化、旅游等资源的挖掘整合，通过非物质文化遗产保护、群众性文化活动开展、玉州画家群体建设以及旅游综合开发等，打造具有浓郁岭南韵味和鲜明时代特色的文化品牌，形成统一的城市发展理念和对外宣传形象，进一步彰显“千年古州”的城市文化魅力。第四，发展富有比较优势的文化产业。深入挖掘玉州区富有岭南文化内涵的民间艺术、人文景观、历史文化、节庆文化等特色文化精髓，与旅游、体育、信息、物流、建筑等产业融合发展，打造一批带动力强的文化产业项目，把文化资源优势转化为文化产业竞争优势，促进文化与经济社会的不断融合，提升文化对经济社会发展的推动力。

（五）以“市区一体”理念实现社会管理的大创新，加快建设社会和谐稳定模范区。加强和创新社会管理，促进社会和谐稳定，是玉林市创建社会管理创新示范市和玉州区全面建成小康社会的内在要求与重要保证。玉州区作为玉林市的中心城区，更要敢于担当创新社会管理和维护社会稳定的重责，不断提高社会管理科学化水平，为推进“幸福和谐玉林”和“小康玉州”建设营造和谐稳定的社会环境。首先，落实社会管理创新工作责任。切实把加强和创新社会管理工作摆上重要议事日程，全面落实“属地管理、分级负责”的工作职责，创新和健全基层管理服务体系，形成党委领导、政府负责、社会协同、公共参与的社会管理新格局。其次，加强城市社区建设和流动人口管理。完善社区自治和服务组织，健全社区服务网络，提高各类社会组织的协调功能和服务能力，引导企事业单位承担应有的社会责任，以社区为平台创新流动人口管理服务机制，促进社区共建、资源共享，不断提高社区管理和服务水平，大力创建示范社区。第三，深入排查化解社会矛盾。以解决影响社会和谐稳定突出问题为突破口，结合玉州区正在深入开展的“双带双百六覆盖”主题实践活动，积极开展“大排查、大接访、大调解、大防控”和“和谐建设在基层”活动，全面排查不稳定因素，建立健全调解社会矛盾纠纷、处理历史遗留问题领导包案制度，全力减少信访存量，把社会矛盾化解在基层、化解在萌芽状态。第四，强化社会治安综合治理。深入开展平安玉州和“无邪教”创建活动，加强法制宣传教育，强化基层综治维稳队伍建设，综合运用人防、物防、技防和信息导防等“四种手段”，构建城乡一体化治安防控体系，实现打击违法犯罪“立体化”、“全天候”。高度重视安全生产工作，坚持食品药品专项整治与日常监管相结合，严防重大安全事故发生。健全突发公共事件应急处置机制，提高应对公共安全事件和群体性事件的预防预警和应急处置能力。第五，扎实开展“双拥共建”工作。紧紧围绕军队和地方的中心任务，积极推进军地双方的共建共享，充分发挥驻地部队在维护辖区稳定、应急抢险处突等方面的积极作用，全力创建全国双拥模范区。

干部就应该想干事、敢干事、会干事、干成事

——读《干部是干出来的》一书有感

中共玉州区委书记　莫荣新

中共玉州区委副书记、区长　邹宇鹏

在第17个“世界读书日”到来之际，市委书记金湘军向全市领导干部推荐阅读《干部是干出来的：做新时期的优秀共产党员》和《中国震撼：一个“文明型国家”的崛起》两本书。工作之余，我们认真阅读了这两本书，尤其是细读了《干部是干出来的》一书，感受很深。金湘军书记和韩元利市长在各种会议上曾反复强调，我们广大干部必须通过敢干、实干、苦干、巧干来狠抓各项工作的落实。对照市领导的讲话精神和读书思考，使我们对干部如何干事创业、如何体现人生价值有了更深的体会：党的事业是广大干部引领群众干出来的；干部的事业和人生价值，也是干出来的。玉州区是玉林市的中心城区和开放窗口，全区干部的素质和作风，很大程度上代表着玉林的形象。作为玉州区的党政主要领导，我们不但应该在干事创业上发挥带头作用，更应该瞄准更高标准、追求更高境界，结合玉州区正在开展的“双带双百六覆盖”主题实践活动，组织广大干部带着政策进百家门，带着办法解百家难，努力实现基层建设的包联工作、阵地建设、机制创新、非公党建、帮扶保障、绩效考评等“六个全覆盖”目标，在基层工作中全力打造一支“想干事、敢干事、会干事、干成事”的铁军队伍，为玉州区的赶超跨越奠定坚实基础。

一、解放思想，转变作风，把心思集中到“想干事”上

干部的第一个字是“干”，干事是干部应尽的本分。“想”是“干”的前提，不“想”，“干”就无从谈起。对玉州区的干部而言，“想干事”就是要立足区情实际，摒弃五次获得广西科学发展（经济发展）十佳县（市、区）后产生的自我满足、小富即安的思想，进一步解放思想、转变作风，始终保持干事创业激情，聚精会神搞建设，一心一意谋发展。一是始终保持昂扬向上的精神状态。昂扬向上、奋发有为，才能形成攻坚破难、成就事业的强大意志和精神动力。我们必须通过“赶超跨越、奋勇争先”解放思想大讨论活动，进一步认清玉州面临的竞争态势，理清思路，抢抓机遇，迎难而上，以赶超跨越的信心，昂扬向上的激情，奋发进取的状态，全身心地投入到“全面建成小康玉州”的各项工作中去。二是始终保持干事创业的责任意识。干部“想干事”的愿望，来自于“在其位、尽其责”的

事业心和责任感，来自于赶超跨越、奋勇争先的紧迫感，来自于心系群众、无私为民的情怀。加快实现“全面建成小康玉州”的奋斗目标，既是60万玉州人民的共同期盼，更是玉州广大干部的光荣使命。我们必须切实把这个使命扛在肩上、放在心上、抓在手中，以对自己负责、对人民负责、对历史负责的强烈责任心和使命感，坚持事业为上、责任为重、工作为先，在其位、谋其政，履其职、尽其责，竭尽全力地干事创业。三是始终保持求真务实的工作作风。好的工作作风是“想干事”的重要体现，真干、实干，才是“想干事”。当前，玉州区正面临着难得的发展机遇，赶超跨越的目标需要广大干部的良好作风来落到实处。我们必须大力加强领导干部的党性修养和作风养成，把全区干部的心思集中在“想干事”上，少一些浮躁，多一些思考，才能开拓创新，突破难点；少一些应酬，多一些实干，才能干出实绩，造福百姓；少琢磨些人，多琢磨些事，才能不断提高自身的素质和能力，为干事创业注入更多的激情。

二、服务全市，敢于担当，把责任体现在“敢干事”上

“敢干事”是干好一切事的基础，没有敢干事的气魄，最好的梦想也只能是幻想和空想。温家宝总理曾告诫我们，要“事不避难，敢于担当，奋勇向前”，就是要求我们要“敢干事”。对玉州区来说，“敢干事”不仅要体现在抓好自身发展上，还要全面树立“服务全市、借势发展、争创一流”的理念，在服务好全市发展的同时，积极借势发展，争创一流业绩。一是敢闯敢试。当前，玉州已经站在科学发展的新起点上，机遇与挑战并存，只有牢固树立“敢闯敢试、敢为人先”的意识，不断开拓创新、锐意进取，才能攻坚克难、阔步前进。我们要认真贯彻市委、市政府的决策部署，在全面推进统筹城乡发展综合配套改革上先试先行，积极探索创新，全力创建统筹城乡发展示范区，为全市加快推进城乡一体化进程大胆摸索经验。二是敢于碰硬。我们正处在一个改革攻坚期、发展关键期和矛盾突发期，经济社会发展面临着诸多困难、问题和挑战。能否以“明知山有虎，偏向虎山行”的胆魄和勇气，正视困难、触及矛盾、迎接挑战，考验的正是广大干部。前段时间，我们通过深入开展项目征地拆迁“百日攻坚”活动，大力清理整治“两违”行为，果断进行塘步铁西送变电工程广恩段维护施工，扎实开展集中化解信访积案暨重点矛盾纠纷案件攻坚活动，既破解了一批发展难题，也体现了区委、区政府敢于动真格的魄力，检验了广大干部敢于碰硬的勇气。下一步，我们将结合“双带双百六覆盖”主题实践活动，继续组织广大干部深入到人民群众最需要的地方，到困难和矛盾最多的地方，到长期打不开工作局面的地方，以敢于碰硬、敢抓善成的良好作风，切实为基层找路子、出点子、解难题，为群众调纠纷、办实事、做好事。三是敢于担当。对于玉州来说，敢于担当最重要的一点，就是要牢固树立“市区一体”的共识，强化“守土有责”的意识。我们要敢于主动承担起建设城市、管理城市、维护城市社会稳定的职责。尤其在新区建设、城市基础设施建设和环境综合整治等方面，积极配合、主动参与；在旧城旧村改造、市场建设等方面，抢抓机遇，主动介入；在项目征地、维护施工和打击“两违”等方面，加强协调，主动作为；在创新社会管理、化解社会矛盾等方面，大胆探索，务求突破。

三、用好政策，破解难题，把才华展现在“会干事”上

“想干事”是一种态度，“敢干事”是一种精神，“会干事”是一种能力。干部干事创业仅有热情和勇气是远远不够的，还必须“会干事”。“会干事”就是能够苦干、实干、巧干，这就要求广大干部要加强学习，不断提高自身的思想政治素质、综合协调能力和业务工作水平。一是善于学用政策。敢干不等于蛮干，干事要得法，要尊重客观规律，符合政策要求，严格依法办事。要结合正在开展的“学用政策抓落实，强化执行促

跨越”活动，深入学习中央、自治区、玉林市的各项政策文件，熟知与本地本部门本单位相关的政策，找准政策实施的突破口和着力点，把政策优势转化为发展优势，把大政策分解为符合实际操作的小政策，真正用足用活用好政策来落实工作、推动发展。二是善于破解难题。破解难题是“会干事”的最有力体现。我们必须善于分析和抓住影响与制约当地发展、人民群众迫切需要解决的突出问题，以“双带双百六覆盖”主题实践活动为契机，组织广大干部深入基层，加强调研，创新举措，妥善地进行解决。尤其是在解决项目征地拆迁、化解信访积案、创新社会管理、保障改善民生等热点、难点问题上，要善于运用各级政策、善于借鉴先进经验，善于依靠群众的智慧和力量，找准解决问题的方式方法。三是善于总结提高。干部会不会“干事”，不仅需要通过加强学习来吸收新知识、新本领，更应该在实践中不断总结提升自身的素质和能力。“纸上得来终觉浅，绝知此事要躬行”，我们要真正沉下身心去思考，深入到干事创业的第一线，在实践中把好的经验做法总结出来，再科学地运用到今后的工作实践中，不断提高工作的科学化水平。只有这样，才能做到“会干事”，真正成为本职工作的行家里手。

四、强化执行，狠抓落实，把目标定位在“干成事”上

想干事、敢干事、会干事，最终目的是为了干成事。干部不仅要有“想干事”的愿望，“敢干事”的勇气，“会干事”的能力，更要有“干成事”的气魄。要真正把精力集中在抓落实上，把目标定位在“干成事”上，脚踏实地，干一件事成一件事。一是咬紧目标不放松。目标是思想的加压器、行动的指南针。只有紧咬目标，以非常举措谋非常发展，才能有效地推动经济社会的加快发展。“十二五”期间，我们必须切实围绕“全面建成小康玉州”的奋斗目标出思路、出举措，抓落实，以“五加二”、“白加黑”的精神，千方百计地朝着目标迈进。如果议而不决，决而不行，推诿拖沓，坐失良机，不仅会使目标落空，而且将失去人民群众的信任。二是强化执行抓落实。市委书记金湘军强调：一抓到底是最好的落实。我们要大力提高干部的执行力，坚决摒弃决心在嘴上、行动在会上、落实在纸上的不良习气，不提空口号，不搞花架子，通过“双带双百六覆盖”主题实践活动的扎实开展，促使广大干部转变作风，真正深入到工地、到企业、到农村去帮助基层和群众解决急需解决的困难与问题，做到重实际、说实话、出实招、求实效。要全面树立“以发展论英雄，凭实绩用干部”的观念，在项目建设、信访维稳等工作一线检验干部的工作成效，促使广大干部在工作上比贡献，各部门在服务上比优劣，各镇（街道）在进位上比高低，在全区上下形成以实干促发展的生动局面。三是强化管理求绩效。要以开展“绩效提升年”活动为契机，充分运用考核奖惩这根“指挥棒”，建立健全一套科学合理、客观公正的绩效考评指标体系，加强对干部工作的督促检查，并将绩效考评结果作为干部选拔任用、监督管理、教育培训、奖励惩戒的重要依据，充分激发广大干部干事创业的热情，有效解决“干与不干、干多干少、干好干坏一个样”的问题。

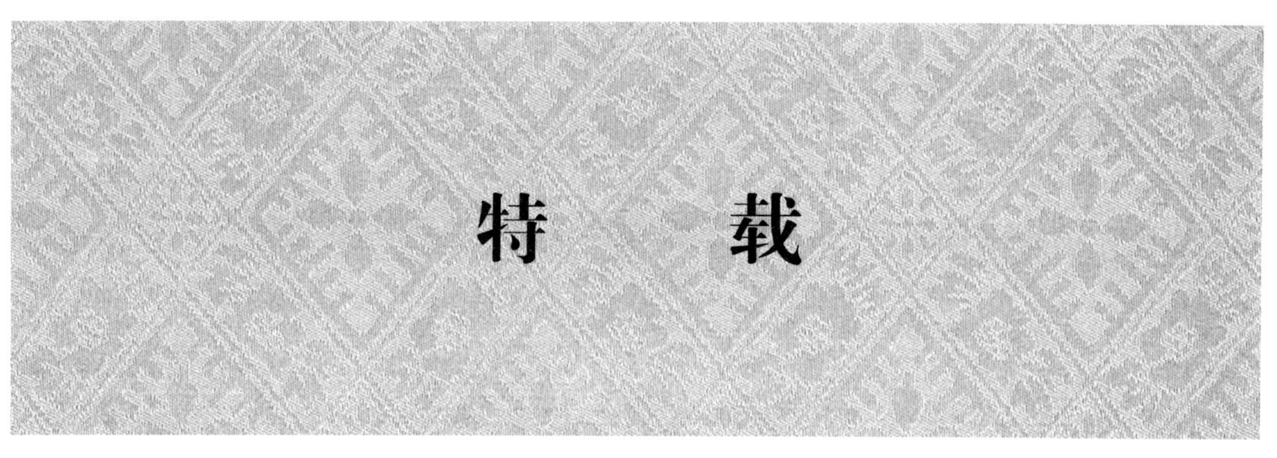

在全区“赶超跨越、奋勇争先”解放思想大讨论暨“双带双百六覆盖”主题实践活动动员会上的讲话

中共玉州区委书记 莫荣新

（2012年2月17日）

同志们：

刚才，我们集中收看了玉林市开展“赶超跨越、奋勇争先”解放思想大讨论活动动员视频会议。会上，市委金湘军书记和韩元利市长分别作了动员讲话和强调。下面，我就贯彻落实好自治区党委和市委的有关会议精神，推进我区解放思想大讨论活动和“双带双百六覆盖”主题实践活动，讲几点意见。

一、认清形势，统一思想，充分认识开展新一轮解放思想大讨论活动的重要意义

今年，是党的十八大召开之年，也是实施“十二五”规划承上启下的关键之年。全国各地为了进一步统一思想、振奋精神、凝聚合力，以更加创新的精神和更加开放的姿态，积极迎接十八大的胜利召开和谋求“十二五”时期的跨越发展，纷纷掀起了新一轮解放思想大讨论活动。2月15日，自治区召开了全区“解放思想、赶超跨越”大讨论活动动员大会，自治区党委郭声琨书记在会上作了重要讲话，号召全区上下迅速掀起新一轮思想大解放热潮，为深入贯彻落实科学发展观、加快实现富民强桂新跨越提供强大的精神动力。郭书记在讲话中强调要着力克服“四种思想”、增强“四种意识”，从把握区情、抢抓机遇、转变方式、机制创新、用好政策、开放合作、改善民生、引领发展等八个方面，进一步解放思想，永不僵化，永不懈怠，真正做到想干事、会干事、干成事。刚才，市委也以视频会议的形式，就全市开展“赶超跨越、奋勇争先”解放思想大讨论活动进行了全面部署。自治区党委和市委召开的会议，目标很明确，就是要在新的形势下、在党的十八大召开之年，掀起新一轮解放思想大讨论活动，进一步夯实党的基层基础，夯实全党上下和广大干部群众的思想基础，为党的十八大胜利召开，为“十二五”规划的顺利实施，为经济社会的跨越发展奠定坚实基础。

解放思想不是老生常谈，而是一项常抓常新的工作，对玉州区来说尤为重要。我们不沿边、不沿海，没有国家重大项目投资、没有大宗矿产资源开发、没有强大的产业支撑，我们的发展靠什么靠的就是敢闯敢冒、敢为人先、敢于担当的“扁担精神”。这种精神，是我区在长期改革发展中积累的宝贵财富，是支撑我区五获广西“十佳”的强大动力。尤其是去年，在国内外经济形势复杂多变的不利条件下，我们实现了经济发展的“七个突破”，这是全区上下解放思想、锐意创新、团结拼搏、争创一流的结果。但是，我们也必须清醒地认识到，不仅仅是我们在发展，在全国、全广西、全市竞相发展的格局中，我们的标兵越来越多，追兵越来越近。特别是与先进地区相比，目前我们

还依然处在后发展的态势中，赶超跨越、建设小康玉州的任务还异常艰巨而紧迫，丝毫不能懈怠、丝毫不能放松。我们必须紧紧把握开展新一轮解放思想大讨论活动的契机，掀起新一轮更高层次、更深程度、更宽领域的思想解放热潮，以非常之识，立非常之志，谋非常之举，出非常之力，推动全民大创业、绩效大提升，从而促进经济社会的大发展。各级各部门一定要以高度的政治意识、大局意识、责任意识、创新意识，切实把自治区党委和市委的决策部署与会议精神认真学习好、准确把握好、贯彻落实好。

二、结合实际，创新载体，以“双带双百六覆盖”主题实践活动夯实玉州区跨越发展的基础

按照自治区和玉林市关于开展解放思想大讨论活动的部署，这次大讨论活动总体安排一年时间，分学习调研（1月至2月）、分析检查（3月至5月）、整改落实（6月至10月）三个阶段进行。主要任务是，大力宣传、深入学习自治区第十次党代会、玉林市和玉州区第四次党代会精神，迅速掀起新一轮思想大解放热潮，深入开展“万名干部入乡住村”、“学用政策抓落实、强化执行促跨越”、“弘扬广西精神”等主题活动。区委决定，把“双带双百六覆盖”主题实践活动，作为玉州开展解放思想大讨论活动的创新载体，把上级的各项主题活动融入到我们的主题实践活动之中，灵活组织开展和抓好落实。结合玉州实际，我们在活动中要做到“四个一”，即贯穿一个主题，明确一个要求，突出一个重点，抓好一个载体。

第一，贯穿一个主题。就是要把“加快实现富民强区新跨越、全面建成小康玉州”这一主题贯穿于大讨论活动的全过程。各级党组织、领导班子和党员干部在活动中都要把握这一主题，确保全区大讨论活动始终沿着正确的方向推进。

第二，明确一个要求。开展大讨论活动，总的要求就是“反自满、增忧患，抓创新、促赶超”。广大党员和干部必须居安思危，增强忧患意识，增强责任意识，永不自满，永不懈怠，以思想大解放促进我区经济社会的大发展。

第三，突出一个重点。就是要通过深入开展大讨论活动和推进“基层组织建设年”活动，集中力量强化基层组织建设，进一步夯实基层发展基础，使基层发展有一个新的提升。

第四，抓好一个载体。就是要深入开展以“带着政策进百家门、带着办法解百家难，实现包联制度、阵地建设、工作机制、非公党建、帮扶保障、绩效考评‘六覆盖’”为主要内容的“双带双百六覆盖”主题实践活动，这是我区进一步密切党群、干群关系，提高党员干部能力素质，加强基层组织建设，确保解放思想大讨论活动取得实效的创新举措，也是解放思想大讨论活动在玉州的生动实践。我们要充分认识和准确把握“双带双百六覆盖”主题实践活动的内容和要求。

（一）正确理解“双带双百”的丰富内涵。“双带双百”即带着政策进百家门，带着办法解百家难。就是让广大领导干部解放思想下基层，赶超跨越当先锋，带着强农惠农政策、带着解决问题的办法，进村户、进社区、进企业，切实为农村、社区、企业解难题、出点子、找路子，在深入基层调查研究中开阔视野、转变思维、解放思想，在与群众同吃、同住、同劳动中转变作风、解决问题、增进感情，在解决问题过程中总结好思路、好经验、好办法，再把这些思路、经验、办法运用到服务基层的各项工作中，更好地促进基层经济社会的科学发展、和谐发展。

（二）正确理解“六覆盖”的主要内容。今年，区财政将安排1000万元专项资金大力推进基层组织建设，除按原财政预算每年拨付每个村（社区）办公经费5000元外，今年财政预算再拨付每个村（社区）党组织专项活动经费5000元，增强基层组织活力，力争实现“六覆盖”。一是包联制度全覆盖。建立健全区、镇（街道）、村（社区）三级“挂包联驻”制度，即：区四家班子领导挂点包联一个镇（街道）、联系一个村（社

区），区直单位各与一个村（社区）结对共建，干部在本部门单位的联系村（社区）内，结对帮扶一个贫困户；镇（街道）领导、干部分别包联一个村（社区）；村（社区）干部分别包联一个片（组）和若干户；从区直部门选派新一轮新农村指导员驻村当代表，做好帮扶工作。二是阵地建设全覆盖。抓好基层组织活动场所建设，完善一批软硬件设施，大力推进基层党建工作规范化、示范化、品牌化、信息化。大力推进“农事网办”、“网上支部”和“三合一”农家党校建设。三是工作机制全覆盖。在全区建立起“庸懒干部挂号销号”机制，出台调整不适宜担任现任领导职务的具体办法，加强干部监督管理。在镇（街道）推行“一办四中心”（党政综合办公室，产业服务中心、社会服务中心、政策法律服务中心、财务结算管理中心）和“文建明工作法”；在农村广泛推行“四议两公开一监督”工作法；在社区探索推行社区网格化、区域化管理模式，积极推行民情服务“两化四流程”（基层党建区域化、社会管理区域化，民情采集、限期服务、反馈回访、监督落实四个服务流程）工作模式；在企业深入开展“双强六好”（发展强、党建强，生产经营好、劳动关系好、企业文化好、承担社会责任好、党组织自身建设好、社会反映好）创建活动。四是非公党建全覆盖。对符合组建条件的全部组建党组织；对不符合独立组建条件的，采取在镇（街道）建立“流动支部”、“区域支部”的办法，实现组建“全覆盖”。对新成立的非公企业，采取“一提前四同步”（在企业筹建阶段，党组织筹建工作提前介入；招聘员工与吸纳党员、入党积极分子同步进行，生产行政组织与党组织同步建立，行政干部与党务干部同步配备，生产管理制度与党建制度同步制定）的办法，积极为组建党组织创造条件。五是帮扶保障全覆盖。建立党内帮扶机制，设立党内帮扶基金，常设基金50万元。建立区、镇（街道）、村（社区）三级党员关爱中心，广泛推行“爱心超市”、“爱心药店”、一元钱“爱心党费”、党员志愿服务、定期走访慰问困难党员等帮扶模式。建立健全村（社区）干部待遇报酬正常增长机制。六是绩效考评全覆盖。以工作实绩考核为重点，建立完善区直机关干部、镇（街道）干部绩效评估机制，研究出台村（社区）干部绩效考评办法。实行“表格式”量化考评，各级领导干部到每户农户都要发放1张便民联系卡，每名领导干部要有1本包干责任制工作笔记簿和1本工作情况记录簿，所在单位要有1本帮扶台账。

*（三）准确把握“双带双百六覆盖”主题实践活动“十个一”要求。*领导干部要每月下基层一次以上，积极开展调研指导和服务工作。具体要做到“十个一”，即开展一次下访接访活动、召开一次了解民情座谈会、举行一场政策宣讲会、深入一户家庭或企业调研、参加一次劳动、办一件实事好事、发现并调处一些矛盾纠纷、解决一些群众关注的问题、带回一些解决问题的好办法、发现和树立一些先进典型。

三、落实责任，强化措施，确保“双带双百六覆盖”主题实践活动取得实效

深入开展“双带双百六覆盖”主题实践活动，是我区开展“赶超跨越、奋勇争先”解放思想大讨论活动的主要载体和重要抓手，是当前的一项重要的政治任务和中心工作，全区各级各部门要切实加强领导，周密安排部署，扎实有序推进，确保活动取得实实在在的成效。

*（一）加强组织领导，强化责任落实。*区委对这次活动极为重视，将成立开展“双带双百六覆盖”主题实践活动领导小组及办公室，负责对全区活动的组织、指导、协调和督查工作。并分别在区委组织部成立“万名干部入乡住村”活动办公室，在区委宣传部成立“弘扬广西精神”活动办公室，在区委政策研究室、区委督查室和区政府办综合股成立“学用政策抓落实、强化执行促跨越”活动办公室，具体负责组织相关活动。

各镇（街道）、各部门单位要严格按照区委的统一部署，相应成立领导机构，结合实际制定具体实施方案，明确职责任务，强化工作措施，扎实推进各项活动的深入开展。各级领导干部，特别是区四家班子领导和各镇（街道）、各部门单位“一把手”要切实负起领导职责，发挥表率作用，真正把这次主题实践活动放在心上、抓在手上、落实在行动上。

（二）加强宣传发动，营造浓厚氛围。今天的动员会结束后，各镇（街道）、各部门单位也要及时召开动员会，传达各级会议精神，让广大干部都充分认识开展这次活动的重要意义，迅速统一思想，并自觉地投入到深入基层、服务群众的活动之中。各镇（街道）、各部门单位尤其是宣传部门，要充分利用各级报刊、广播、电视、网络等主流宣传媒体切实加大宣传力度，使这次活动深入人心、家喻户晓，为全区上下共同参与、共掀热潮、共谋发展营造浓厚的舆论氛围。要通过大力宣传报道活动的开展情况、做法成效、典型事例，不断扩大宣传声势，以榜样的力量促进活动的深入开展。

（三）加强统筹协调，凝聚工作合力。各镇（街道）、各部门单位要切实把这次主题实践活动与开展好“三个年”活动紧密结合起来，与抓好当前经济社会发展的各项中心工作紧密结合起来，真正把广大干部焕发出来的激情和干劲，引导到推动基层发展、服务基层群众的各项工作上来。在时间安排上，要科学划分时段，有序组织开展，确保不走过场；在力量调配上，要抽调精兵强将，加强结对帮扶，满足工作需要；在方式方法上，要创新思路举措，充分发动群众，凝聚部门合力。要通过统筹考虑和合理安排各项工作，加强镇街、部门之间的协调沟通，充分凝聚广大干部群众的力量，使各项活动开展得更有特色、更富成效。

（四）加强经费筹措，切实提供保障。今年区财政将安排1000万元专项资金，支持这次活动所涉及的基层基础建设等各项工作，推动基层发展，打造亮点品牌。各镇（街道）、各部门单位要根据工作实际，积极筹措工作经费，特别是要积极争取上级部门的项目资金投入基层基础建设，确保各项活动有效开展。同时，要想方设法以政策、项目、资金、物资等多种形式，积极帮扶所包联结对的村（社区）和贫困户改善生产生活条件，积极发展经济，助推脱贫致富。

（五）加强督查指导，确保取得实效。区委组织部、区委宣传部和区联合督查办要组织力量，积极深入各镇（街道）、各部门单位对开展活动进行督查指导，及时了解活动进展情况，总结交流经验，研究剖析问题，推动整改落实；各镇（街道）、各部门单位也要及时组织力量，深入各村（社区）开展督查指导工作，尤其是指导基层干部提高认识，拓宽思路，结合实际多办一些受群众欢迎、能推动发展的实事、好事，进一步提升基层干部在群众中的号召力，进一步扩大主题实践活动的影响力。

同志们，深入开展“双带双百六覆盖”主题实践活动，是当前和今后一个时期全区工作的一项重要任务。各级党组织和广大党员干部一定要增强政治意识、责任意识、创新意识，高标准、高要求、高质量抓好“双带双百六覆盖”主题实践活动，迅速掀起新一轮思想大解放热潮，为全面建成小康玉州提供强大的动力，以优异的成绩迎接党的十八大胜利召开！

政府工作报告

——2012年2月16日在玉州区第四届人民代表大会第二次会议上

玉林市玉州区人民政府区长

邹宇鹏

各位代表：

现在，我代表区人民政府向大会作政府工作报告，请予审议，并请各位政协委员和列席会议的同志提出意见。

一、2011年工作回顾

2011年，我们努力克服各

种不利因素影响，坚持“工贸强区、统筹发展”战略，紧紧围绕“全面建成小康玉州”的奋斗目标，坚持区四届人大一次会议确定的“321”工作思路，加快推进新型工业化、新型城镇化、农业现代化和城乡一体化进程，全区经济社会保持健康平稳发展，实现了“十二五”良好开局。预计全区经济社会发展实现“七个突破”：地区生产总值突破200亿元，达233.19亿元，增长5.2%；财政收入突破10亿元，达10.8亿元，比上年净增2.1亿元，增长24.2%；全社会固定资产投资突破200亿元，达200.11亿元，增长36.6%；社会消费品零售总额突破150亿元，达156亿元，增长18%；城镇居民人均可支配收入突破两万元，达22195元，增长11%；农民人均纯收入突破7000元，达7226元，增长16%；人均生产总值突破三万元，达32715元。

（一）突出上项目促投资，发展后劲不断夯实。全区在建重大项目151个，完成投资87.82亿元，增长20.43%。其中，新开工重大项目69个，完成投资45.12亿元，增长26.85%；续建82个，完成投资42.7亿元，增长14.32%；已竣工62个。新翰电子机械扩建年产60万件机体、飞轮壳铸件及加工生产线技术改造项目，嘉德机械年产500万套发动机连杆生产线建设项目，玉柴华原机械（玉林）微型车、轿车发动机过滤器生产线项目等3个项目列入自治区层面统筹推进重大项目，填补了我区自2008年以来无重大工业项目纳入自治区层面统筹推进重大项目的空白。

（二）突出打基础促统筹，城乡差距不断缩小。配合市委、市政府推进清宁路延长线、二环路南段等重大基础设施建设；硬化城区小街小巷15条。深入开展交通基础设施建设大会战，安排资金1000万元，拉动投资1969万元，硬化自然村通屯道路73条共70.66公里。城乡风貌改造三期工程顺利推进，3个改造点已完成外立面改造。新农村建设扎实推进，农村基础设施不断完善，完成1350户农村危房改造；投入1490.8万元，实施农村人饮项目9项，解决2.88万人饮水困难问题；新建成沼气池200座。水利基础设施进一步完善，投入468.95万元，完成水利工程建设7处，清淤渠道346.7公里、渠道防渗363.35公里。农民人均纯收入7226元，增长16%，增速连续两年高于城镇居民人均可支配收入。

（三）突出筑平台促规模，工业经济不断增强。全区实现工业总产值280.43亿元，工业增加值85.83亿元。实现规模以上工业总产值232.54亿元，规模以上工业增加值68.34亿元；完成技改投资74.27亿元。全年新增10家规模以上工业企业，13家工业企业进入申报规模以上工业企业程序。有18家企业入选“首批广西千家成长型中小企业”。投入1300万元加快工业园区建设，新建园区道路1400多米；建成标准厂房10万平方米，在建标准厂房5万平方米。玉林健康产业园通过自治区A类产业园区评审。

（四）突出扩内需促消费，商贸物流不断壮大。毅德国际商贸城、国际汽车城、嘉和国际商业广场等一批商贸物流重大项目开工建设，在建商贸物流项目57个，完成投资17亿元，是上年投资额的3倍。江南华庭等一批房地产项目加快推进，房地产投资48.1亿元，商品房销售面积158万平方米，增长20%。城乡消费保持快速发展，家电、汽车下乡、家电以旧换新活动扎实开展，实现销售额11.56亿元。旅游业不断壮大，共接待国内游客318万人次，国内旅游收入28.02亿元。

（五）突出保增产促增收，农业产业不断优化。预计实现农林牧渔业总产值20.5亿元，增长4%。粮食总产量9.01万吨，增长2.31%。珍珠番石榴、香蒜、无公害蔬菜、中药材、特色水果等特色农业基地面积达7万亩以上。新增20亩以上土地流转点29个，累计流转面积4.1万亩，流转率34.2%。玉林健康产业园获国家农业部认定为第一批国家级农业产业化示范基地；丰顺、博涛、华邦、宏进、中药港、大自然等6家企业获市级农业产业化重点龙头企业，新发展农民专业合作社25家，累计农民专业合作社达92家。

（六）突出抓改革促招商，开放合作不断深入。全区引进广西区外合作项目55个，总投资60.33亿元，到位资金32.93亿元；广西区外续建项目42个，到位资金30.35亿元；累计到位资金63.28亿元，增长38.3%。其中，交通物流城、红星美凯龙家居商城、国际汽车城等9个项目的投资额均超3亿元。荣获2011年广西招商引资项目大兑现工作示范县（市、区）。成功承办第三届“药博会”，共签约项目10个，总投资38.3亿元；在第八届“玉博会”上签约项目8个，总投资35.9亿元。新批设立外资企业4个，实际利用外资额3657万美元，增长143.5%。自行车二厂、玻璃厂等两家国有企业改制工作基本完成，集体林权制度主体改革顺利进行。

（七）突出拓渠道促创业，非公经济不断发展。加强与广西金融投资集团等银企合作，区财政注资500万元作为中小企业贷款担保风险补偿基金，为29家企业落实贷款授信意向额度达12.44亿元。通过设立微型企业创业指导站、联络员制度、实地审查小组等，为微型企业登记开辟“绿色通道”，共发展微型企业816家。全区非公经济单位达26800多个，从业人员13万多人。

（八）突出控指标促环保，生态环境不断改善。强化节能管理，进一步淘汰落后产能，严格落实节能减排工作责任制，全面完成了节能减排任务。预计全区完成化学需氧量减排量2560.38吨、氨氮减排量113.34吨、二氧化硫减排量6.7吨、氮氧化物减排量97.62吨。环境综合整治与保护力度加大，提升了环境竞争力。生态环境建设积极推进，进一步改善了人居环境，全区完成山上造林2012亩、义务植树70万株、中幼林抚育2400亩。

（九）突出强服务促民生，保障水平不断提高。10件为民办实事工程顺利完成。就业再就业工作稳步推进，城镇、农村劳动力转移分别新增就业人数4335人、7048人，超额完成任务。城镇登记失业率控制在4.09%以内。社会保障水平不断提高，新农合参合率达98.33%；新农保试点参保人数12.2万人，参保率达70.5%。切实做好城乡低保、五保供养工作，共筹措和发放资金2439.7万元，做到应保尽保。

（十）突出创平安促和谐，社会管理不断加强。科技创新能力不断增强，组织实施工业科技项目5项，申报专利获授权7件；荣获2011－2015年度全国科普示范县（市、区）称号。优先发展教育事业，全国有效教育广西改革试点经验成果展示汇报现场会在我区召开，积极开展城区中小学校建设大会战，第八初级中学顺利奠基；筹集资金793.6万元，资助学生15872人。文体事业蓬勃发展，成功举办首届文化艺术节，区文化馆荣获国家一级馆称号；城乡公共文化服务体系覆盖面不断扩大，投入90万元建设3个村级公共服务中心，新建40家农家书屋。城乡卫生医疗服务体系加快建设，顺利推进3个基层医疗卫生机构和59个村卫生室建设，国家基本药物制度有效实施。全面推行诚信计生，投入250万元推进区级、村级服务站（室）和23个家健服务室标准化、规范化建设，人口计生各项指标全面落实。加强基层政权建设，顺利完成村（社区）委员会换届选举。扶贫开发工作顺利推进，完成“十一五”第三批整村推进验收工作。切实加强和创新社会管理，平安玉州建设成效显著，全区共破刑事案件1267起，查处治安案件8284起。深入开展大排查、大接访、大调处、大防控活动，共排查调处各类矛盾纠纷案件4270件，调解成功4061件，调解成功率95%。严格落实安全生产责任制，安全生产形势总体平稳。

（十一）突出转作风促效率，依法行政不断规范。继续加强普法和依法治区工作，“六五”普法扎实开展。政府依法行政水平不断提高，民主决策程序逐步完善，行政复议工作明显加强，行政执法责任制和行政问责制进一步健全。政府机构改革稳步推进，政府职能转变不断深化。自觉接受区人大的法律监督和政协的民主监督。深入开展“绩效提升年”等活动，工作作风进一步转变。继续加强政府廉政建设，推行政务公开和政府信息公开制度，机关行政效能明显提高。

此外，工会、妇联、共青团、科协等群众工作扎实开展，国防教育、民兵预备役等工作取得较好成绩。统计、编制、侨务、档案、审计、机关事务、老龄、方志等工作也取得了较好的发展。

福绵管理区、玉东新区的经济社会事业也取得了很好的成绩。

各位代表！成绩的取得，是市委、市政府和区委正确领导的结果，是区人大、区政协的监督支持，各民主党派、工商联、人民团体和社会各界人士积极参政议政的结果，是玉州区、福绵管理区、玉东新区广大干部群众抢抓机遇、团结奋斗、顽强拼搏的结果。在此，我谨代表区政府，向玉州区、福绵管理区、玉东新区广大人民，向各位人大代表、政协委员，向驻玉州区部队、武警官兵和公安干警，向各民主党派、工商联、人民团体和社会各界人士，表示衷心的感谢，并致以崇高的敬意！

在充分肯定成绩的同时，我们也要清醒地认识到存在的一些突出困难和问题，主要是：工业主导能力还不够强，支柱型产业培育发展进程急需加快；城乡发展还不够均衡，农民持续增收难度加大，推进城乡一体化还需要下更大力气；一些历史遗留问题还没有完全妥善解决，维护社会和谐稳定的压力依然较大；一些关系人民群众切身利益的民生问题迫切需要更好、更快地解决等。对此，我们将采取有效措施加以解决。

二、2012年工作安排

2012年是实施“十二五”规划的关键之年。分析国际国内经济发展形势，特别是受美、欧债务危机影响，国际发达经济体总体陷入中长期低迷的可能性增加，国内可能呈现增长速度平缓回落态势。面对既有的发展困难，应当清醒地看到，我们的发展还有无限空间和潜力：国家继续实施积极稳健的财政政策、货币政策和实施新一轮西部大开发战略，中国－东盟自由贸易区全面建成，北部湾经济区开放开发日益深化；玉林市提出了统筹城乡发展的战略构想，每年举办的“玉博会”、“药博会”为我区带来的无限商机等，我区将迎来多重优惠政策叠加的发展机遇期，新型工业化、新型城镇化和农业现代化的加速期，统筹城乡发展的关键期。我们必须牢牢抓住这一难得的历史机遇，奋发图强，努力实现经济社会科学发展、和谐发展、跨越发展。

今年政府工作的总体要求是：以邓小平理论和“三个代表”重要思想为指导，深入贯彻落实科学发展观，坚持“工贸强区、统筹发展”战略，继续紧紧围绕“全面建成小康玉州”的奋斗目标和“321”工作思路，牢牢把握发展主线，坚持稳中求进、好中求快，以开展实体经济年、全民创业年、绩效提升年活动为载体，进一步统筹城乡发展，促进三化互动，深化改革开放，保障改善民生，加强生态建设，创新社会管理，为加快构建富裕玉州、普惠玉州、活力玉州、魅力玉州、生态玉州、和谐玉州打下坚实基础，以优异成绩迎接党的十八大胜利召开。

今年全区经济社会发展主要预期目标是：地区生产总值增长10%，财政收入增长15%，全社会固定资产投资增长20%，规模以上工业增加值增长20%，社会消费品零售总额增长17%，城镇居民人均可支配收入增长11%，农民人均纯收入增长13%。化学需氧量、二氧化硫、氨氮、氮氧化物排放量削减控制在上级下达指标以内。城镇登记失业率控制在4%以内，人口自然增长率控制在上级下达指标内。

为实现今年工作的目标任务，主要抓好以下十项重点工作。

（一）强化投资拉动，在推动项目建设上再提速。坚持项目带动战略不动摇，始终把项目建设作为经济发展的“主引擎”，以更新的方式、更硬的举措，实现抓项目、抓投资的强力突破。

切实推进重大项目建设。继续完善“一个项目、一名领导、一个班子、一套方案、一抓到底”的“五个一”重大项目工作包联机制，坚持实行项目动态管理、梯次推进、滚动开发，立足“策划新增一批、储备深化一批、启动开工一批、竣工投产一批”等“四个一批”抓项目建设，力争年内开工建设重大项目111个，完成投资91.62亿元。

切实推动争资争项工作。准确把握国家、自治区产业导向和资金投向，抓住中央加大民生投入、加快文化产业发展等重大契机，瞄准经济发展动态、产业转移动向、政策扶持领域，筛选一批大项目、好项目，做深做细做精项目前期，实现全方位、更大份额地争取中央、自治区投资。年内推进前期工作重大项目20个，总投资44.22亿元，确保列入自治区层面统筹推进的新翰电子机械、嘉德机械、玉柴华原机械等项目开工建设。

切实破解项目建设难题。大力培育和引进多元投资主体，不断拓宽融资渠道，提供项目建设资金保障。继续抽调精干力量、配强工作班子深入开展征地拆迁攻坚战，保障重点项目建设。努力破解项目建设瓶颈，及时协调解决项目建设过程中存在的问题，确保项目按期推进。

（二）强化产业支撑，在促进工业提质上再提速。坚持“强柴兴玉”战略不动摇，以产业建设为核心，统筹推进工业发展和园区建设，大力实施“实体经济年”活动，以新型工业化为先导做大做强做优实体经济。

着力抓好支柱产业体系建设。举全区之力推进机械制造、健康食品、建筑材料、皮革服装“四大产业”扩大规模、提质升级，大力培育发展战略性新兴产业。一是做“优”机械制造产业。继续实施“强柴兴玉”战略，做强做优玉柴配套企业，拉长延伸机械制造产业链，积极打造先进制造业配套产业基地。二是做“强”健康食品产业。加大健康产业园的招商力度，重点精选引进一批高新技术、高附加值的医药生产和医药物流项目，使健康产业成为新的经济增长点和核心支柱产业，积极打造健康产业发展基地。三是做“大”建筑材料产业。依托建材市场、建材销售街的现有基础，加快红星美凯龙家居商城等现代家居装饰配套项目建设，并积极引进新型建材企业，扩大产业规模，形成城乡新的房产家居消费热点。四是做“精”皮革服装产业。发挥富英制革公司的龙头带动作用，加强行业引导和品牌建设，向精深加工要效益，向创新品牌要规模。同时，大力培育发展新能源、节能环保等战略性新兴产业，重点依托美林商业街电动车销售一条街的优势，扶持做大本地电动车企业，培育发展以电动车产业为主的节能环保产业。

着力实施抓大壮小扶微工程。一是实施“十亿工业企业工程”和“亿元工业企业工程”。继续加大对重点企业的服务和支持力度，力争到2015年打造年营业收入超10亿元的工业企业10家以上。大力推进强优企业自主创新、加快发展，壮大企业规模，提升质量效益，加快培育发展一批亿元工业企业。二是实施“小型企业上规模工程”。加大对小型企业的扶持力度，全面落实小型企业生产经营、技术创新等方面的税收优惠政策，积极帮助小型企业申报争取扶持资金。推动有潜质的小型企业扩大生产规模，力争全年新增18家规模以上工业企业。三是实施“扶持微型企业发展工程”。强化财政资金补助政策，对微型企业进行创业培训、财政补贴、信贷支持、税收优惠扶持，大力发展现代物流、电子商务、民生服务等微型企业，鼓励发展劳动密集型、节能环保型微型企业。

着力提升工业园区发展水平。积极探索加快工业园区建设的投融资体制，完善园区市场化运作机制，加快健康产业园和岭塘、坡塘、城西工业园“四大园区”的路、水、电等基础设施建设，力争年内建设健康产业园区主干道5.7公里；抓好园区内自治区层面统筹推进重大项目的跟踪服务工作，同时，确保高马力船用柴油机、嘉德发动机连杆生产线、微型车轿车过滤器、西药配送中心等一批重大项目的用地指标以及项目建设的落实工作。积极发展飞地经济，掀起园区引资选资高潮。科学规划、合理布局园区产业开发，积极引进生物制药、重大疾病防治项目入园建设；切实以西药物流、现代药品配送中心和泰源香料储运中心等商贸物流项目带动园区发展。力争年内园区工业总产值突破35亿元，园区工业增加值达10亿元以上。

着力促进“两化”深度融合。深入开展工业化和信息化融合工作。加快实施“两化”融合项目和企业信息化应用示范工程，抓好示范企业和示范项目建设，力争全区新增信息化应用企业、信息化示范企业一批。

（三）强化城乡消费，在壮大商贸物流上再提速。坚持“服务城市、经营城市”理念不动摇，推动大市场、大街区、大物流、大旅游有机结合、交融发展，力促第三产业有新突破。

加快发展商贸物流业。积极推进毅德国际商贸城、国际汽车城、红星美凯龙家居商城等大型商品交易市场建设。继续改造提升宏进农批、银丰中药港、工业品服装、建材、汽车摩托车、机电五金、电脑城、图书音像、花鸟古玩等九大专业市场，培育繁荣美林商业街、大南路商业街、名山饮食文化街、东明旧村商业街等各具特色的商业街区，做大做活个体经济；充分发挥金城商厦、南城百货、南宁百货等零售巨头和通用超市、金城超市等连锁企业的带动效应，继续招引知名品牌开店设点、连锁经营，促进商贸业多业态有序竞争，不断培育新的消费亮点。加快推进交通物流基地、桂玉现代药品配送中心、银丰中药港仓储物流中心、香料储运中心等重大物流项目的建设，培育壮大医药物流和绿色物流，积极创建全国流通领域现代物流示范城区。

加快培育休闲旅游业。整合云天民俗文化城、城北高山村明清古民居、佛子山旅游度假区等旅游资源，以及地方特色购物、传统美食等资源，结合各种节庆会展活动，精心包装和大力推介“一日游”、“两日游”等精品旅游线路；加快中国历史文化名村——高山村的基础设施建设，争取玉林佛子山国际生态养生度假小镇通过立项；积极构建以点连线、以线带面的旅游新格局，推动旅游观光、休闲娱乐、购物餐饮等消费，不断培育壮大旅游产业。

加快扩大消费新需求。大力发展会展业，协办好第九届“玉博会”，承办好第四届“药博会”。全力推进星级宾馆、购物广场、娱乐场所等建设，提升传统服务业档次。稳定和扩大住房消费，推动发展法律仲裁、研发设计、营销策划、咨询评估、产权交易等中介服务业；积极开展各种主题促消费活动，鼓励扩大商品销售、餐饮娱乐等消费；继续做好家电、汽车下乡工作；积极发展社区服务、体育健身、养生保健、教育培训、信息通讯等新兴服务业。

（四）强化农业增效，在培育特色农业上再提速。坚持把解决“三农”问题作为重中之重，稳定粮食生产，加快推进农业科技创新，做大农业实体经济，促进农村发展、农民增收、农业增效。

实施科技示范带动工程。围绕绿色生产、精深加工和物流销售，积极培养农村科技骨干和实用人才，提高农民职业技能和创收能力。切实增强农业科技自主创新能力，加快农业科技成果转化应用，提高科技对农业增长的贡献率，强化建设现代农业的科技支撑。深入实施农户“万元增收计划”，培育一批万元片区、万元村屯和年收入10万元以上的“示范农户”。建设农民创业基地，促进农民就地就近转移就业。积极发展农产品加工业、流通业和农业休闲旅游等农村服务业，增加农民收入。完善农业补贴制度，加快发展政策性农业保险，增加农民转移性收入。

实施特色基地带动工程。以工业化的理念经营农业，大力发展特色农业、品牌农业，推进新一轮“菜篮子”工程，实现玉林香蒜、珍珠番石榴、无公害蔬菜、石斛繁育种植以及无公害标准化生猪、家禽、肉兔、特色水产、名优水产品养殖等“十大种养基地”规模化、区域化、专业化发展。大力发展林下经济，做大做强林下种植、养殖和林下产品加工等产业，建设一批特色林下经济基地，促进农民增收。

实施龙头企业带动工程。围绕蔬菜、中药材、食用菌、特色水果等“四大特色产业带”，扶持发展农业产业化龙头企业。推进标准化种植、养殖小区建设，大力发展“一村一品、一镇一业”。着力扶持豆之家、富英制革、味香园、博涛特种水产养殖等龙头企业做强做大，拉长产业链，提高农产品附加值。积极扶持农业专业合作社和种养大户等发展规模经营，力争年内新增土地承包权流转面积5000亩以上、新成立农民专业合作社10个以上。

（五）强化城镇带动，在统筹城乡发展上再提速。坚持把新型城镇化作为统筹城乡发展的重要抓手，从更高层次、更高水平上推动城乡一体、协调发展，加快创建广西统筹城乡发展示范区。

致力配合好城区建设。配合加快玉福大道、二环路南段、清宁路延长线等城建工程建设，继续扩大中心城区框架；配合抓好保障性住房建设和棚户区改造，配套建设城市公益设施，切实提升城市品位；积极推进振业广场、大府园二期、江岸村等旧城旧村改造项目，加快启动民主南路、万良路改造，抓好保利华园、江南华庭、广投国际金融中心、海天新城等商住项目建设；吸引大集团、大企业发展总部经济，打造创业宜居城区。

致力加强小城镇建设。依托健康产业园和仁东镇大路村土地综合整治项目，推进仁东、仁厚等重点小城镇建设；依托城北高山村和佛子山旅游度假区的旅游开发，带动周边镇村的经济发展和环境改善。探索城镇建设新办法，力争每镇建设一条示范圩街、开发建设一个农村新社区。进一步完善城镇功能，集聚城镇辐射能力，壮大镇域经济，促进工业向园区集中、农民向城镇和新型社区集中、土地向适度规模经营集中。

致力推进新农村建设。坚持规划先行、就业为本、群众自愿、量力而行的原则，因地制宜、分类推进，继续落实好社会主义新农村建设、农村土地综合整治和扶弱培强工程的工作机制，提高基础设施和公共服务水平。以农村道路、有线电视、沼气、自来水等项目建设为重点，继续深入开展城乡交通基础设施大会战，着力推进水利基础设施建设，进一步改善农村生产生活条件。

（六）强化改革创新，在扩大开放合作上再提速。坚持把改革开放作为加快发展的根本动力，强化改革创新意识，促进全民创业，积极扩大开放合作，进一步增强经济社会发展的活力。

千方百计提高招商引资水平。完善招商引资优惠政策，创新招商引资方式，大力推行产业招商、以商招商、中介招商、会展招商、驻点招商、对口招商，突出优势产业，紧盯大项目、大集团、大品牌，引进关联度高、附加值高的机械制造、健康食品、建筑材料、皮革服装等产业项目。充分依托“玉博会”、“药博会”平台，深入推进与珠三角、长三角地区以及港澳台的产业配套和企业协作，积极承接东部产业转移。

千方百计加大改革攻坚力度。加快推进国有企业改革和重组，鼓励企业走向资本市场。加强国有企业和国有资产管理，深化政府采购制度改革。继续深化农村综合改革，依法引导土地承包经营权流转。统筹推进事业单位绩效工资改革、社会管理体制改革、干部人事制度改革等，力争取得更大突破。

千方百计壮大非公经济实体。积极实施“全民创业年”活动，全力创建广西非公经济示范区。建立完善促进非公经济发展的政策体系，放宽领域，健全机制，完善平台。大力扶持首次创业，强力推动“二次创业”，积极支持高端创业，大力吸引外来创业，培育壮大创业主体。

千方百计改革创新财税工作。认真落实积极财政政策，进一步培植财源，做大财政“蛋糕”。强化依法治税，加强税收征管，提高收入质量。完善公共财政体系。深化预算改革，严格预算执行管理，扩大国库集中支付和非税收入收缴范围，确保实现财政收入增长15%的目标。

（七）强化生态建设，在创造宜居环境上再提速。坚持实施生态安全战略，加快构建资源节约型和环境友好型社会，推进可持续发展，实现人与自然和谐发展。

更加注重推进节能减排。切实抓好重点领域、重点行业节能减排工作，加强能源消费监管。严格控制“两高”和产能过剩行业新上项目，积极推广节能减排新技术、新产品、新工艺、新材料的应用。加大公共机构节能降耗力度，开展全民节能减排降耗行动，继续实施重点节能改造工程和节能产品惠民行动，确保节能减排各项指标控制在上级下达指标范围内。

更加注重发展循环经济。立足主导产业发展，在机械制造、健康食品、皮革服装等重点产业逐步推行清洁生产，加快企业技术改造，积极创建循环经济示范企业，不断延伸产业链，推动资源循环利用、企业循环生产，培育循环经济产业集群。

更加注重改善生态环境。抓好农村环保项目、农村环境连片整治、城乡清洁和城乡风貌改造项目建设，创建一批生态示范镇（村）。加强重点污染源综合整治，确保城乡环境安全。大力推行生态养殖，发展沼气等清洁能源。配合玉林市创建全国森林城市，深入实施“绿满八桂”工程，推进生态林建设，加强公益林的保护和建设。加大全民植树造林力度，提高森林覆盖率。

（八）强化公共服务，在保障改善民生上再提速。坚持把保障和改善民生作为执政为民的根本出发点和落脚点，作为科学发展、和谐发展的动力之源和稳定之基，让人民群众更加充分地享受发展的成果。

精心发展各项社会事业。积极实施第五轮创新计划，增强科技创新能力。大力发展科普事业，做好“全国科普示范区”示范工作。加强人才队伍建设，加大急需人才、优秀人才引进培养力度。优先发展教育事业，实施农村薄弱学校改造计划，积极推进城区中小学校建设大会战，加快第八初级中学建设步伐，启动万秀小学建设。加快发展医疗卫生事业，深化医药卫生体制改革，健全城乡医疗卫生服务体系。继续稳定低生育水平，大力开展诚信计生活动和免费孕前优生健康检查工作，提高计生服务水平。加强思想道德建设和深化民主法制建设，充分发挥各民主党派、工商联、无党派人士的参政议政作用，积极支持工会、妇联、共青团、科协等群众团体开展工作。切实加强国防动员建设和双拥工作。继续做好审计、统计、档案、供销、残联、民族宗教、方志等工作。

精心锻造文化软实力。大力宣传和弘扬“团结和谐、爱国奉献、开放包容、创新争先”的广西精神，积极推动社会主义核心价值体系建设，唱响玉州奋进的主旋律。不断加大公共文化投入，建设覆盖城乡、结构合理的公共文化服务体系。充分调动社会力量办文化，鼓励企业和个人兴办公益性文化事业。加强文艺队伍建设，鼓励精品创作，促进文化繁荣。加强文化市场监管，大力发展文化产业，加强现有图书音像、文化娱乐、保健养生等市场开发，深入挖掘民间艺术、人文景观、历史文化和节庆文化精髓，与旅游、体育、信息、物流、建筑等产业融合发展，力促文化资源转化为文化产业，打造一批文化街区、文化产业基地，建设一批带动力强的文化产业项目，树立具有浓郁岭南韵味和鲜明时代特色的“文化牌”，积极构建岭南特色文化核心区。

精心提升社会保障水平。实施就业优先战略，统筹做好高校毕业生、农民工、城镇失业人员、被征地农民等重点人群就业工作。加快完善社会保障体系，扩大社会保险覆盖面。推进五项社会保险“一卡通”、新型农村社会养老保险、城镇居民社会养老保险工作，完善城乡居民最低生活保障制度。逐步提高社会保障标准，提高各项社会保障水平。积极应对人口老龄化，引导和鼓励民间资本投入社会养老事业建设。

精心实施新一轮扶贫开发攻坚战。继续实施整村推进扶贫开发工作。大力推进贫困地区

"雨露计划"扶贫培训，提高贫困地区劳动力就业率。做好机关及企事业单位定点扶贫和对口支援工作。继续抓好革命老区基础设施建设和水库移民工作。

精心实施十项惠民工程。高度关注民生，实施财政向民生倾斜政策，让发展成果惠及全区人民。一是实施社保惠民工程。筹措资金588.2万元，实现城乡居民基本养老保险、基本医疗保险制度全覆盖；为4500户城市低保对象、1.6万户农村低保对象发放最低生活保障补助；新建5个五保村。二是实施卫生惠民工程。筹集资金8300万元，新农合筹资标准提高到每人290元，财政对新农合补助提高到每人240元，农民参合率巩固在90%以上；深入实施"免费开展婚前检查"幸福工程和地中海贫血防治计划。三是实施教育惠民工程。筹措资金6000万元，用于建设第八初级中学，开展万秀小学前期工作，维修、重建中小学校舍，补助农村义务教育阶段家庭困难寄宿生生活费，添置学校教学仪器设备和图书等项目，确保每一个孩子不因家庭经济困难而失学。四是实施强基惠民工程。修建村屯道路38条共39.9公里。完成7座小型病险水库除险加固；积极实施农村饮水安全工程，解决5.5万人饮水不安全问题。五是实施安居惠民工程。建设保障性住房、棚户区改造住房350套（户），实施农村危房改造和城乡风貌改造四期工程。六是实施土地整治惠民工程。筹措资金2497.5万元，对5个行政村的9990亩土地进行整村推进土地整理，新增耕地200亩。继续推进农村土地综合整治试点工作。七是实施农补惠民工程。筹措资金396万元，用于粮食作物良种补贴项目。八是实施生态惠民工程。筹措资金760万元，实施"绿满八桂"工程，通道绿化20公里，村屯绿化6个自然村，新建200座沼气池；推进农村环境连片综合整治项目建设。九是实施文化惠民工程。建设一批村级公共服务中心，筹措资金76万元，为10个社区、7个行政村配备文化活动设备。十是实施计生惠民工程。加大诚信计生奖扶力度，推进区、镇、村三级计划生育服务站（所、室）建设。

（九）强化基层基础，在创新社会管理上再提速。坚持紧紧抓住人民群众最关心的公共安全、权益保障、社会公平正义等问题不松懈，充分发挥政府的主导作用，整合基层资源，不断提高社会管理服务水平。

有效提升社区服务能力。切实加强社区建设，完善城市社区自治和服务组织建设，健全社区服务网络，提高各类社会组织的协调功能和服务能力，引导企事业单位承担应有的社会责任，促进社区共建、资源共享，不断提高社区管理和服务水平，大力创建示范社区。

有效提高公共安全水平。全面落实安全生产责任，坚决预防和遏制重特大安全生产事故发生。坚持食品药品专项整治与日常监管相结合，确保食品药品质量安全。健全完善公共安全和事故灾难预警机制，抓好应急准备、应急能力和应急队伍建设，提高突发事件应对处置能力。加强防震减灾工作，突出抓好地质灾害防治。

有效预防和化解矛盾纠纷。强化社会矛盾纠纷排查调处，继续开展大排查、大接访、大调解、大防控活动。更加重视和加强人民群众来信来访工作，把问题解决在基层和萌芽状态。进一步健全社会稳定风险评估机制，密切关注社会动态和网络舆情，畅通群众合法利益诉求表达渠道，及时准确掌握社情民意，确保信息渠道畅通、调解及时、处理得当。

有效推进社会治安建设。深化平安玉州建设，开展创建平安镇（街道）、平安村（社区）、平安校园、平安家庭活动。加强法制宣传教育，强化基层综治维稳队伍建设；构建城乡一体化治安防控体系，提高社会公众安全指数。深入开展严打专项行动，严厉打击"两抢一盗"、"黄赌毒"和黑恶势力等各种违法犯罪活动，切实保障人民生命财产安全。

（十）强化自身建设，在提升行政效能上再提速。坚持以人为本、执政为民，大力开展"绩效提升年"活动，全面推进法治政府、责任政府和服务型政府建设，努力为创新创业、科学发展提供优质服务。

提高克难攻坚的能力。坚持解放思想、与时俱进，勇于创新，开辟新路，抢占先机。坚持用好、用足、用活各项支持发展的政策，以大而有力的措施，破解发展中的一切难题，始终保持进取状态和生机活力，不断拓展作为空间。

提高执行落实的能力。切实转变政府职能，提高服务能力和水平。加强作风建设，大力倡导脚踏实地、埋头苦干、求真务实的工作作风。深化行政审批制度改革，深入推进政务服务中心建设，提高审批效率。加强政府效能监察，加大行政问责力度，确保政令畅通，提高工作绩效。

提高依法行政的能力。积极推进依法科学民主决策，提高决策的科学性和透明度。自觉接受人大的法律监督、工作监督和政协的民主监督，主动接受新闻舆论和社会各界的监督。推进政务公开和政府信息公开。严格落实党风廉政建设责任制，规范权力运行。坚持用制度管权、管事、管人，营造风清气正、廉洁高效的政务环境。

提高创新发展的能力。坚持加强学习，不断提高公务员队伍的道德修养和业务工作水平，切实增强推动科学发展、创新发展、构建和谐的能力。

各位代表，风劲潮涌须破浪，任重道远当扬鞭。让我们更加紧密地团结起来，在区委的正确领导下，全面落实科学发展观，不畏艰险、不惧挑战，不断探索、不懈奋斗，为加快富民强区新跨越、全面建成小康玉州而奋勇前进!

玉林市玉州区人大常委会工作报告

——2012 年 2 月 16 日在玉州区第四届人民代表大会第二次会议上

玉州区人大常委会主任　李秀通

各位代表：

我代表玉州区人大常委会向大会报告工作，请予审议。

2011 年工作回顾

2011 年，区人大常委会在区委的正确领导下，以邓小平理论和“三个代表”重要思想为指导，全面贯彻落实科学发展观，认真贯彻党的十七大和十七届五中、六中全会精神，围绕全区工作大局和区第四次党代会确定的目标，团结和依靠全区人民，依法行使职权，扎实工作，圆满完成各项任务，为玉州区经济社会发展作出了积极贡献。

一、坚持围绕中心，依法履行职责，在推动经济社会发展上取得新成效

2011 年是“十二五”规划的开局之年，区人大常委会按照区委“工贸强区，统筹发展”的工作思路，坚持围绕中心，服务大局，坚定不移地贯彻区委各项决策部署，正确运用重大事项决定权，强化重点工作监督，实现了依法行使职权与支持“一府两院”工作的有机统一。

全力以赴推动中心工作。常委会围绕保持经济平稳较快发展的首要任务和加快经济发展方式转变这条主线，着眼实现我区工业和商贸业发展，听取和审议了区政府 2011 年上半年国民经济和社会发展计划执行情况的报告，提出了发展培育工业支柱产业和升级现代商贸业，加快转变经济发展方式的意见，并建议政府，落实优惠政策，优化企业发展环境，更好发挥服务企业机制的作用。去年下半年以来，区政府投资重大项目的工作力度明显加大，建设进度明显加快，取得良好效果。

科学民主决定重大事项。认真听取和审议上半年计划和财政执行情况报告、审计工作报告等，审查批准 2010 年财政决算、和当年财政预算调整方案，增强了计划、预算执行的刚性约束力，促进政府加强专项基金和部门预算管理，提高了公共资金的使用效益，压缩了行政管理成本，将公共财政向社会事业倾斜、向民生领域倾斜、向基层倾斜，真正体现了发展为了人民、发展依靠人民、发展成果由人民共享。此外，常委会第四次会议在听取和审议区政府关于“五

五”普法和实施“六五”普法规划报告的基础上，作出了《关于进一步加强法制宣传教育的决议》。

严格依法进行人事任免。正确处理好党管干部与人大及其常委会依法任免干部的关系，严格执行有关人事任免的法律法规，广开言路，充分发扬民主，认真行使人事任免权。一年来，共任免国家机关工作人员65人次，提供了有力组织保障。

二、坚持以人为本，关注民生，在维护群众利益上取得新成果

常委会始终把推动民生问题的解决作为工作的出发点和落脚点，不断拓展监督领域，强化监督力度，努力实现好、维护好、发展好人民群众的根本利益。

着力推进解决民生问题。常委会从人民群众最关心、最直接、最现实的利益出发，把促进民生问题的解决作为常委会工作的重点。常委会围绕如何解决社区居民就医难和城区中小学生入学难的问题，组织人大代表分别对社区卫生工作和学校设施建设进行了视察。代表们建议政府充分利用现有卫生资源，深化社区卫生体制改革，切实解决居民就医难的问题。城区中小学入学难的根本问题在于学校基础设施的建设跟不上城市发展的需要，成为人民群众最关注的问题。代表们在认真调研的基础上，向政府提出必须加快学校基础设施建设的建议。在市四届人大一次会议上，玉州区代表团提出了《关于加强城区中小学基础设施建设的议案》，引起大会高度关注和重视，大会作出《关于加快推进我市市、县城区中小学建设的决议》。为此，市、区两级政府高度重视，增加财政投入，计划用五年时间，开展城区中小学校建设大会战，彻底解决玉林城区上学难问题。

紧扣热点促进司法公正。人民群众普遍关注的司法领域热点问题，是常委会对“两院”监督的重点。听取和审议了区人民法院《关于刑事审判工作报告》和区人民检察院《关于公诉工作报告》，要求法院和检察院切实加强司法队伍建设、强化执法责任、坚持执法为民，化解社会矛盾，促进社会和谐，维护司法公正。

加强信访工作化解社会矛盾。常委会把信访工作作为了解民情、反映民意、为民办事的窗口。一年来，共接待群众来访182人次，收到来信和上级转信访件88件。常委会对信访工作高度重视，坚持定期听取信访工作汇报，从群众来信来访中筛选一些突出的问题开展调研，召开相关部门座谈会，寻找解决问题的途径，使信访的问题得到较好解决，维护人民群众的合法权益。

三、坚持党的领导，发扬民主，人大换届呈现新特色

（一）依法做好区、镇人大代表选举工作。2011年是我区区、镇两级人大换届选举年，是《选举法》修改后首次实行城乡按照相同人口比例选举人大代表。这项工作时间紧、任务重、法律性强。为了做好这项工作，区人大常委会在区委的领导下，认真贯彻上级和区委关于换届选举工作的指示和要求，严格履行法律赋予的职责，依法主持做好本级人大代表的选举，加强对镇级人大换届选举工作的指导。区人大常委会在整个换届选举过程中，做到重大事项及时向区委请示汇报，经区委同意后，认真抓好落实。向区委呈报了《中共玉州区人大常委会党组关于2011年区、镇人大换届选举工作的意见》，经区委批转印发到各镇（街）和区直、市直有关部门，指导区、镇两级人大换届选举工作。常委会成立了换届选举工作办公室。在培训动员、宣传发动、选民登记、酝酿提名、推荐代表候选人、投票选举的各个环节中，充分发扬民主、严格按照《选举法》和《广西壮族自治区各级人民代表大会选举实施细则》的要求，做好各项具体工作。由于高度重视，宣传深入，准备充分，工作到位，整个选举工作进展比较顺利。依法选出了307名区级人大代表和736名镇级人大代表，代表结构体现了广泛性和先进性，整体素

质明显提高。

（二）依法召开区、镇两级新一届的代表大会。依法召开新一届区、镇两级代表大会是换届选举工作中的一项重要内容。区人大常委会在区委的领导下，对召开两级会议进行了认真筹划，精心组织，分别于8月和9月召开了区、镇两级代表大会，依法选举产生了新一届区、镇国家机关领导人员，为促进我区经济社会发展，提供了坚强的组织保证。

四、坚持求真务实，突出重点，在增强监督实效上取得新突破

常委会按照敢于监督、善于监督的要求，把涉及全区改革、发展、稳定及民生的重大问题作为监督重点，切实做好工作监督和法律监督。

开展执法检查，保障法律实施。为了保障国家的法律法规在我区的实施，一年来，常委会组织对《农村土地承包法》、《土地管理法》等法律的实施情况开展了执法检查。执法检查组深入到城北、仁东等镇（街）和有关部门对两部法律在我区实施情况进行检查，肯定两部法律在我区实施所取得的成绩，并指出了实施过程中的问题，提出了建议和整改要求。同时，配合市人大开展了《农产品质量安全法》的执法检查。

抓好审议监督，促进依法行政。常委会根据年度工作安排，听取和审议了区政府《关于为民办实事的专项工作报告》、《“五五”普法情况和实施“六五”普法规划的报告》，充分肯定了区政府在为民办实事、“五五”普法方面做了大量的工作，卓有成效，并建议区政府配套资金要及时到位，保证为民办实事项目如期完成。同时，建议实施“六五”普法规划要突出重点对象、重点法律，合力推进法制宣传教育，促使全民法律意识得到明显提高。

五、坚持强化服务，发挥代表主体作用，在提高代表履职能力上取得新进展

常委会以强化服务为着力点，不断加强和改进代表工作，积极搭建代表履职平台，为代表发挥参政议政作用提供有效的保障。

加大代表建议、批评和意见的督办力度。常委会把代表提出涉及全局重大问题的建议意见作为重点督办内容，加强跟踪督办。要求各承办单位强化责任意识，对列入计划解决的建议要积极创造条件，尽快落实到位。区四届人大一次会议共收到代表建议、批评和意见48件，其中46件均按照法定时间办理完毕；2件属于市级办理范围的建议，已转呈市人大，代表对承办的满意度不断提高。

积极组织闭会期间代表活动。一年来，常委会利用代表活动日和会前视察的方式，组织市、区两级人大代表分别视察了我区工业建设项目、区政府为民办实事的情况；视察了教育、文化、医疗卫生和计生、强农惠农、城乡风貌改造等惠民工程。通过视察，代表们充分肯定了玉州区、福绵管理区、玉东新区为民办实事所取得的显著成绩，代表们比较满意，同时针对存在的问题与困难，拟写了有关议案和建议12条，为区委、区政府决策提供了重要依据。

切实为代表履职做好服务工作。坚持常委会组成人员联系代表、走访代表制度。组织各级人大代表召开座谈会，征求代表对常委会和“一府两院”工作的意见。邀请代表列席常委会会议和参与常委会组织的重要活动，扩大代表对常委会工作的参与度。一年来，有计划地安排32名区人大代表列席常委会会议。及时向代表发送常委会公报和通报“一府两院”的工作情况，拓宽了代表的知情权。人大换届选举结束后，为了提高新一届人大代表参政议政能力，常委会加大了学习培训力度，组织代表学习《代表法》、《组织法》、《监督法》等法律法规，使代表了解人大的性质、地位，明确了权利和义务，增强当好代表的责任感。

六、坚持从严要求，加强自身建设，在增强常委会整体功能上取得新进步

自身建设是常委会依法行使职权的重要保证。常委会始终把思想政治建设、作风建设和党风廉政建设摆在突出位置，不断加强自身建设，有效地发挥地方国家权力机关的职能作用。

加强作风建设，提高工作效率。常委会重视勤政廉政建设，认真执行和严格遵守党风廉政建设的各项规定，深入开展理想信念和廉洁自律教育，切实转变工作作风。按照区委的要求，在“知民情、解民忧、暖民心”活动中深入基层调查研究，为常委会审议“一府两院”的工作情况奠定了良好基础。

加强队伍建设，提高凝聚力和战斗力。大力发扬“想干、敢干、快干、会干”精神，努力建设有激情、有活力、有作为的人大机关。坚持岗位练兵，创先争优，坚持每月一次学习会、每周一次干部会，积极营造团结和谐、分工协作的氛围，增强了人大机关的凝聚力和战斗力。此外，常委会领导和人大机关服务发展大局，积极参加区委中心工作，圆满完成任务。

加强宣传工作，提升人大影响力。常委会加强宣传报道和人大理论研究工作，积极订阅《人民代表报》、《全国人大》、《广西人大》和《人大公报》等刊物，发放给代表和干部，拓宽代表和干部的视野，鼓励干部积极写调研文章向新闻单位投稿。一年来，撰写调研文章12篇，向新闻媒体单位投稿28篇。先后成功举办了全国十二省（市）区人大工作研讨会和玉林市人大第一次主任联席会议，展示了我区人大工作的亮点，提升了知名度和影响力。

各位代表，2011年常委会各项工作取得较好成绩，这是区委正确领导的结果，是全体人大代表、常委会组成人员和机关工作人员辛勤劳动的结果，是“一府两院”协同配合的结果，是全区人民大力支持的结果。在此，我代表区人大常委会表示衷心的感谢！同时，我们也清醒地看到，常委会工作与新形势、新任务的要求仍有一定的差距。一是发挥代表作用的办法还不够多；二是监督工作的深度和力度还有待增强；三是调查研究工作有待进一步加强。我们要重视这些问题，在今后工作中认真解决。

2012年主要工作

各位代表，2012年是我区进入统筹城乡发展，推进富民强区，全面建成小康玉州的重要一年。常委会工作的总体要求是：以邓小平理论和“三个代表”重要思想为指导，全面贯彻落实科学发展观，认真贯彻党的十七大和十七届五中、六中全会、玉林市第四次党代会精神，在区委的正确领导下，围绕区第四次党代会确定的目标，切实履行宪法和法律赋予的职责，不断推进社会主义民主政治建设，为全面建成小康玉州作出新的更大的贡献。

一、围绕全区经济社会发展大局，依法审议重大事项

常委会要切实履行法定职权，科学谋划，在推进统筹城乡发展、民主政治建设和依法治区中发挥积极作用。要紧扣“工贸强区，统筹发展”的工作思路，围绕我区改革发展稳定大局和人民群众切身利益、社会普遍关注的重大问题，深入开展调查研究，依法行使重大事项决定权，及时作出决议和决定，使区委的决策部署成为全区人民的共同愿望。

二、认真履行法定职责，依法行使人事任免权

坚持党管干部的原则，依照有关法律的规定，认真做好人事任免工作，进一步强化国家机关工作人员的大局意识、法律意识和责任意识。为统筹城乡发展，推进富民强区，提供有力的组织保障。

三、加强监督工作，促进依法行政、司法公正水平提升

常委会要认真贯彻《监督法》，运用多种监督方式，提高监督水平，增强监督实效。一是开展执法检查。围绕与当前经济社会发展、人民群众利益密切相关的法律法规开展法律监督。对实施《中华人民共和国水法》情况进行检查。协助上级人大做好相关执法检查工作。二是听取“一府两院”的专项工作报告。年内，听取和审议区政府关于推

进新农村建设、落实《关于加快推进我市市、县城区中小学校建设的决议》情况，区人民法院关于推动司法联动，维护社会稳定的情况及区人民检察院关于查办和预防职务犯罪等专项工作报告。三是注重加强民生问题的监督。围绕医疗卫生、教育、就业和社会保障等工作进行监督。四是加强对计划和预算执行情况的监督。听取和审议计划、预算执行情况、审计工作报告,审查和批准决算和预算调整方案。五是积极配合市人大开展好玉林环保世纪行宣传活动,推进生态文明建设。

四、充分拓展代表工作，为代表履行职责创造条件

不断加强和改进代表工作，充分发挥人大代表主体作用。一是组织好代表的学习培训，采用多种形式进行学习培训。二是完善代表知情知政制度。坚持邀请代表列席常委会会议、组织视察调研、执法检查等活动，拓宽代表参政议政的渠道。三是切实加强代表议案及建议的督办工作。要加强跟踪督查，尽力使代表提出的议案、意见和建议得到满意的结果。四是坚持完善联系制度，进一步落实常委会组成人员联系代表和人大代表联系选民制度。

五、不断加强自身建设，提高常委会履职水平

常委会要进一步促进人大各项工作制度化、规范化、程序化。加强理论和业务学习，建设学习型机关。要加强作风建设，弘扬求真务实、调查研究、艰苦奋斗、密切联系群众的作风；要加强党风廉政建设，认真执行党风廉政建设的有关规定，自觉接受人大代表和人民群众的监督。加强队伍建设，进一步强化政治意识、责任意识、大局意识和服务意识。切实做好宣传和理论研究工作。加强对乡镇人大工作的指导,不断开创全区人大工作的新局面。

各位代表，历史赋予我们的使命光荣而艰巨，做好新形势下人大工作是法律赋予我们的神圣职责。让我们高举中国特色社会主义伟大旗帜，以邓小平理论和“三个代表”重要思想为指导，深入贯彻落实科学发展观，在中共玉州区委的领导下，锐意进取，奋发有为，扎实工作，以优异的成绩迎接党的十八大胜利召开，为加快统筹城乡发展，推进富民强区，全面建成小康玉州而努力奋斗！

中国人民政治协商会议玉林市玉州区委员会常务委员会工作报告

——2012年2月15日在政协玉林市玉州区第四届委员会第二次会议上

陈先敢

各位委员：

我代表政协玉林市玉州区第四届委员会常务委员会，向大会报告工作，请予审议。

一、四届一次会议以来的工作回顾

2011年，是我区全面实施“十二五”规划的开局之年，也是我区经济社会发展取得新突破、迈上新台阶的一年。区政协四届一次会议以来，在中共玉州区委的正确领导和区人大、区政府的大力支持下，区政协常委会以饱满的政治热情和务实的工作作风，团结带领全体政协委员，以邓小平理论和“三个代表”重要思想为指导，深入贯彻落实科学发展观，紧紧围绕全面建成小康玉州的奋斗目标，认真履职，凝聚智慧，充分发挥协调关系、汇聚力量、建言献策、服务大局的重要作用，为促进我区经济社会更好更快发展作出了积极的贡献。

（一）围绕中心、服务大局，为建成小康玉州献计出力

始终坚持围绕全面建成小康玉州这一目标，紧扣全区经济社会发展中的重大问题和区委、区政府的中心工作，认真协商议政、积极建言献策，全心投入发展、全程服务发展、全力助推发展。

一是建言献策促发展。紧扣“六个玉州”建设和“321”工作思路，通过专题调研、视察考察、大会发言等，建睿智之言、献务实之策、尽为民之责，形成调研报告及建议材料53份，其中向自治区政协、市政协报送提

案议政发言材料21份，重点就新型工业化、重大项目建设、企业融资、农村基础设施建设等方面提出了36条意见和建议。配合市政协开展“统筹城乡发展”、“公共文化基础设施建设”等3个专题调研，为党委政府决策提供重要参考。

二是破解难题促发展。充分发挥联系广泛、智力密集的优势，深入开展“为企业送服务”活动，主动帮助企业解困。召开经济界委员座谈会，就改善经济发展环境、加快中小企业健康发展等问题进行协商，帮助企业提振发展信心，谋划发展。协调有关部门解决企业遇到的困难和问题，使企业家坚定发展信心，做大做强企业。

三是协商议政促发展。列席区委常委会议、区政府常务会议，参与对全区重大事项和中心工作的决策协商。对区四次党代会工作报告、四届一次人大会上的政府工作报告进行协商讨论。召开常委会议、主席会议，重点就《玉州区征地拆迁类信访问题的调研报告》等5个专题进行协商，为区委、区政府及相关部门科学决策、推进工作提供参考，其中《玉州区生态项目建设的调研报告》在全市政协主席座谈会上交流，并获《广西政协报》采用和推广。

（二）发挥优势、关注民生，为促进社会和谐倾情尽力

始终坚持把情系民本、维护民利、改善民生作为政协工作的出发点和落脚点，抓住与民生密切相关的问题，通过民主监督、提案办理、情况反映等形式，为民生改善、社会和谐多做好事、多办实事，努力促进社会和谐稳定。

一是围绕热点问题深入调研。坚持情为民所系、智为民所用、言为民所建、策为民所献，组织专题调研组围绕就业、义务教育均衡发展、村（社区）“两委”换届工作、社区民主建设等课题开展调研，体察民情、了解民意、倾听民声，形成了有情况、有分析、有建议的调研成果。

二是选择焦点问题开展监督。邀请区纪委、区法院、区检察院向常委会通报工作情况，不断提高反腐倡廉和司法工作透明度。向司法和行政执法单位派驻民主监督员和行风评议员。各民主监督员通过听取汇报、座谈等形式，对派驻单位的依法行政、执法守法、廉政建设等情况提出意见建议20多条，收到良好的社会效果。

三是着力难点问题促进和谐。协助有关部门切实解决企业融资难、招工难等问题。对征地拆迁类信访问题、企业改制类信访问题等难点工作，深入调研，提出意见建议，促进难点问题的解决。广泛收集社情民意信息，形成《社情民意反映综述》，许多信息得到党政领导重视，问题得到及时解决，促进了民生改善。

四是倾情爱心奉献彰显风采。开展“委员联百姓”活动，政协委员主动走访慰问各自联系的群众，及时收集反馈群众意见建议，帮助结对困难户解决实际问题。积极为公益事业发展献爱心，委员共捐款330多万元，支援村基础设施建设及扶贫助学等。组织医卫界委员深入村（社区）开展义诊活动，接待咨询和义诊1000多人次，赠送药品1.2万元；组织农林界委员深入乡村开展农技培训、现场指导，举办培训班20期，接受培训人员4000多人次。

（三）把握主题、团结协作，为推动科学发展凝心聚力

始终牢牢把握团结民主主题，广泛开展联系，加强交流合作，充分发挥自身优势，积极促进爱国统一战线的巩固和发展，为加快玉州建设、推动科学发展凝聚智慧和力量。

一是不断健全政协工作网络。重视发挥各党派团体和无党派人士在政协中的重要作用。政协党组坚持联系制度，定期走访，听取意见。召开部分政协参加单位负责人座谈会，动员工会、共青团、妇联等人民团体充分发挥自身优势，反映各界群众的利益诉求。重视做好群众来信来访工作，接待委员和群众来访80人次，处理信访18件次，理顺群众情绪，化解矛盾纠纷，增强发展合力。

二是积极开展联谊交流活动。积极参加西江走廊政协横向联系协作会议，成功承办玉林市政协主席座谈会。接待到我区调

研视察的上级和兄弟县（市）区政协考察团共16批次，进一步宣传推介玉州，不断提高玉州的知名度。

三是重视发挥文化激励功能。协助市政协举办“纪念辛亥革命100周年书画展”活动，组织书画作品50多幅参加书画展。组织政协委员到社区开展文体活动，为社区义演10场次，充分发挥文化在“魅力玉州”建设中的引领前进方向的作用。

（四）与时俱进、强基固本，为有效履行职能激发活力

始终把自身建设放在突出位置，狠抓学习，提高素质，改进作风，激发活力，不断适应新形势、新任务的新要求，努力为政协开展工作、发挥作用提供坚实基础。

一是注重加强思想政治建设。把思想政治建设作为加强自身建设的重要任务来抓，不断完善学习制度，组织开展学习活动，引领和推动政协各参加单位和广大政协委员认真学习党的十七届六中全会和自治区、玉林市、玉州区党代会精神，进一步增强了服务大局、建言献策的能力和水平。

二是注重加强委员队伍建设。完善委员履职管理，出台了《关于进一步完善委员活动管理的规定》，建立委员述职档案。以座谈会、报告会、情况通报会等形式，为委员知情创造条件。加强对委员的培训，通过印发政协知识资料、加强履职指导及走访座谈、协商约谈等方式，有效地提高委员履职的本领，激发委员参政议政热情。

三是注重加强政协机关建设。全面加强政协机关组织、作风、制度和信息化建设。认真组织开展“创先争优”、“绩效提升年”活动，进一步增强了机关干部队伍的工作活力，收到良好的成效，特别是政协宣传工作成效显著，有26篇文章被《人民政协报》、《广西政协报》采用，其中有5篇文章获评为“玉林市政协好新闻”。完成《玉州文史》第六辑的资料征集工作。

四届一次会议以来我们取得的成绩，是中共玉州区委正确领导的结果，是区人大、区政府和社会各方面鼎力帮助支持的结果，是政协各参加单位和广大政协委员共同努力的结果。在此，我代表区政协常委会，向所有关心支持政协工作的领导和同志，向广大政协委员及社会各界人士，表示衷心的感谢和崇高的敬意！

总结五个多月来的工作，我们深深地体会到，做好政协工作，必须把握好以下六个原则。一是牢固树立政治意识，在同向同心中把好政协工作的方向。自觉坚持党对政协工作的领导，始终做到与党委和政府在思想上同心同德、目标上同心同向、行动上同心同行；二是牢固树立大局意识，在服务大局中发挥政协工作的作用。找准政协服务大局与发挥自身优势的结合点，坚持在服务党委和政府中心工作中发挥政协的作用；三是牢固树立群众意识，在促进和谐中履行政协工作的使命。始终把关注民生、履职为民作为政协工作的出发点和落脚点，常谋富民之策，常为利民之举，协助党委和政府多办顺民心、解民忧、惠民生的实事；四是牢固树立履职意识，在履行职责中彰显政协工作的价值。积极发挥优势，全面履行政治协商、民主监督、参政议政职能，为促进经济社会又好又快发展作出实实在在的贡献；五是牢固树立委员意识，在凸显主体中增强政协工作的实效。坚持用事业凝聚委员、用实践锻炼委员、用机制激励委员，切实发挥委员在本职工作中的带头作用、政协工作中的主体作用、界别群众中的代表作用；六是牢固树立创新意识，在改革创新中增添政协工作的活力。坚持解放思想，与时俱进，以创新激发活力、用创新推动发展，不断开创政协事业发展的新局面。

回顾几个月来的工作，我们也清醒地看到工作中存在的差距和不足，例如在推进履行职能的制度化、规范化、程序化建设，发挥界别优势和委员主体作用，提高建言献策质量和实效，加强政协机关协调服务能力等方面，还需要进一步采取措施，加以改进提高。我们真诚希望各位委员对常委会工作提出意见和建议，帮助我们把工作做得更好，共同推动我区政协工作不断向前发展。

二、2012年工作意见

2012年是全面建成小康玉州的重要一年。我们要在中共玉州区委的坚强领导下，坚持以邓小平理论和“三个代表”重要思想为指导，深入贯彻落实科学发展观，全面贯彻落实中共十七届六中全会、自治区第十次党代会、市第四次党代会、市“两会”和玉州区第四次党代会精神，紧紧围绕区委、区政府的工作大局，解放思想，创新争先，锐意进取，增强活力，认真履行职能，切实发挥作用，为全面建成小康玉州作出新的贡献。

（一）坚持把筑牢思想基础作为有效履职之先，在汇聚智慧力量上展示新作为

人民政协只有紧贴时代、紧跟形势、紧扣中心，才能与时俱进、履行职能、发挥作用。要深入学习贯彻中央、自治区、市、区近期召开的一系列重要会议精神。要广泛深入开展“解放思想、赶超跨越”大讨论活动。通过学习、讨论，不断提高认清新形势、领会新精神、把握新要求、融入新实践的自觉性，努力使政协工作围绕中心、服务大局的思路更加清晰，履行职能的方法更加科学，为党委政府提供决策支持的效果更加明显。要扎实推进学习型组织建设，深化中国特色社会主义理论体系和社会主义核心价值体系学习教育活动，进一步夯实党派团体和各界人士团结奋斗的共同思想基础。要充分发挥政协大团结、大联合组织的优势，牢牢把握团结和民主两大主题，广泛调动政协各参加单位和广大政协委员的积极性、主动性和创造性，团结一切可以团结的力量，凝聚一切可以凝聚的智慧，激发一切可以激发的活力，共同助推小康玉州建设。

（二）坚持把助推科学发展作为有效履职之要，在服务工作大局上作出新贡献

围绕中心，服务大局，是政协工作的基本原则。要牢固树立全区工作的总体指向就是政协工作的基本方向，玉州发展的战略定位就是政协工作的服务方位的理念，要坚持和完善重大事项、重要问题、重点工作沟通汇报制度，自觉服从服务区委、区政府工作大局，主动紧扣对接区委、区政府中心工作。紧紧围绕建设“六个玉州”，全面建成小康玉州的奋斗目标和“321”工作思路，把政治协商的重力放在为加快经济社会发展搞好服务上，把民主监督的重点放在为促进发展营造良好的环境上，把参政议政的重心放在调查研究事关全局的重大问题上。重点围绕实体经济发展、非公经济发展等事关“富裕玉州”建设；政府为民办实事项目等事关“普惠玉州”建设；科技创新、加快健康产业园建设等事关“活力玉州”建设；城乡公共文化服务体系建设、经济文化品牌建设、文化与旅游融合发展等事关“魅力玉州”、“生态玉州”建设的重大问题，围绕“实体经济年”、“全民创业年”、“绩效提升年”活动等重点工作，充分发挥政协的政治优势、组织优势、人才优势、智慧优势和渠道优势，深入专题调研、视察考察、专题协商，建管用之言，立有据之论，献务实之策，谋创新之举，为区委、区政府科学决策、民主决策提供参考依据。

（三）坚持把促进民生改善作为有效履职之本，在给力社会和谐上取得新成效

要牢固树立以人为本、履职为民的理念，始终把民生改善作为政协履职的价值取向，以求真务实的作风、心系民生的情怀，积极为民建言、帮民解忧。要深入基层、深入实际、深入群众，真诚倾听群众呼声，真实反映群众愿望，真情关心群众疾苦，努力把弱者的声音放大，将智者的声音传快，使德者的声音播远。既要积极建言又要努力践行，既要展现智慧又要实践智慧，着力促进群众普遍关心的教育、就业、社会保障、医疗卫生、住房等民生问题的解决，使政协成为党委政府向群众传递真情、体现关爱的桥梁纽带。要发挥联系广泛、包容各界的优势，多做顺民心、解民忧、惠民生的实事。要发挥好委员的主体作用，深入开展“小委员、大社会”活动，鼓励委员广泛开展社会服务工作，积极参与兴办社会公益事

业。要发挥好“黏合剂”、“稳压器”的作用，对社会反映强烈的热点问题要多做散热降温工作，对涉及民生的重点问题要多做化解排难工作，对群众不理解的难点问题要多做释疑解惑工作，为发展减少阻力，增加动力，汇聚合力。

（四）坚持把强化工作创新作为有效履职之源，在激发履职活力上实现新突破

创新是推进政协工作、促进事业发展的本质要求和动力之源。要着眼于新的实践和新的发展，进一步加强和改进政协工作，着力打造活力政协，使政协在推动我区经济社会发展中发挥更大作用，作出更大贡献。要把握创新方向，围绕人民政协制度化、规范化、程序化建设更加深化、人民政协履行职能成效更加显著、人民政协思想理论建设更加深入、人民政协自身建设更加扎实，推进政协工作创新，不断提高创新工作的针对性。要把握创新指向，围绕综合性、全局性、前瞻性的问题，拟定调研课题、开展调查研究、进行协商议政、积极建言献策，言人之未察且未曾言、言人之欲言而未能言，使政协议政议在关键处，建言建在点子上，努力做到建言有针对性、献策有可行性、立论有建设性，彰显人民政协新活力。要把握创新方法，用独到的视角和见解，以发现问题的敏锐性、研究问题的积极性，勤于实践、善于思考、精于提炼，创造新载体、搭建新平台、开拓新局面。

（五）坚持把加强自身建设作为有效履职之基，在提升工作效能上树立新形象

坚持把加强自身建设作为履职之基，在强基固本中履职尽责。要加强政治协商、民主监督、参政议政的制度化、规范化和程序化“三化”建设，不断提高政协工作科学化水平。要进一步突出界别特色、发挥委员主体作用、加强专委会建设、抓好机关建设，形成整体联动、协同推进的政协自身建设总体态势。在政协机关中开展“工作热情一团火、勤学苦思一股劲、恪尽职守一颗心、创先争优一标杆、团结协作一盘棋、树好形象一面旗”的“六个一”活动。要进一步提高专委会的工作成效，增强政协工作的界别特色，不断丰富委员活动小组的工作内容。加强委员队伍的管理、培训和服务。完善政协领导班子成员分工联系委员、政协各委室等制度。广泛开展对外联谊交往活动，以联系促友谊，以协作增合力。政协委员是政协组织的细胞，是政协工作的主体。我们每一位委员都要珍视荣誉，牢记使命，不负重托，对政协事业倾注感情、满怀激情、付出真情，努力在人民政协这个大舞台上，倾一腔热血，展一身才华，成一番事业，创造出无愧于政协委员这个光荣称号的辉煌业绩。

各位委员，艰辛成就伟业，奋斗铸就辉煌。做好2012年政协工作，使命光荣艰巨，目标催人奋进。让我们在中共玉州区委的坚强领导下，在区人大、区政府的鼎力支持下，高举中国特色社会主义伟大旗帜，深入贯彻落实科学发展观，解放思想，开拓创新，同心同德，奋发有为，为加快实现富民强区新跨越、全面建成小康玉州做出新的更大贡献，以优异的成绩迎接党的十八大胜利召开！

关于玉州区2011年国民经济和社会发展计划执行情况与2012年国民经济和社会发展计划草案的报告

——2012年2月16日在玉州区第四届人民代表大会第二次会议上

玉州区发展和改革局

各位代表：

受玉州区人民政府委托，向大会报告我区2011年国民经济和社会发展计划执行情况与2012年国民经济和社会发展计划草案，请予审议，并请区政协委员和列席会议的同志提出意见。

一、2011年国民经济和社会发展计划执行情况

2011年是实施“十二五”规划的第一年。面对复杂的国内

外形势，区委、区政府带领全区人民，深入贯彻落实科学发展观，坚持“工贸强区、统筹发展”战略，克难攻坚，开拓进取，较好地完成了区三届人大六次会议确定的目标任务，进一步巩固和扩大了经济社会发展的良好势头。

（一）经济建设取得新突破。

1. 经济总量实现新突破。年生产总值突破200亿元，预计达到232.64亿元，增长5.1%。其中第一产业增加值12.5亿元，增长3.3%；第二产业增加值96.86亿元，增长1.6%；第三产业增加值123.28亿元，增长7.9%。

2. 固定资产投资实现新突破。全社会固定资产投资突破200亿元，达200.11亿元，居广西各县市区之首，比上年净增53.6亿元，增长36.6%，创历史新高。

3. 财政收入实现新突破。财政收入突破10亿元，达10.82亿元，比上年净增2.1亿元，增长24.2%。

4. 城镇居民人均收入实现新突破。城镇居民人均可支配收入22184元，比上年净增2189元，增长10.95%。

5. 城乡消费持续发展。社会消费品零售总额预计达到156.54亿元，增长18.06%。家电、汽车销售旺盛，家电下乡、汽车下乡和家电以旧换新产品销售额达11.56亿元。

6. 外贸进出口稳步增长。全年完成外贸进出口总额7965万美元，增长16.5%。其中进口3075万美元，增长191.7%。新增出口企业9家。利用外资3657万美元，增长104.48%。

（二）统筹城乡取得新进展。

1. 城乡基础设施建设进一步加强。完成了65个行政村（中心村）规划编制任务。配合市委、市政府积极推进清宁路延长线、二环路南段、玉福大道玉州段建设，完成73条共70.66公里自然村屯道路和15条城区小街小巷硬化。大南路北段的道路及市政基础设施建设工作已全面完成。城乡风貌改造三期工程顺利推进，完成了城北街道凤村大井自然村、大塘镇大塘村横岭自然村和大塘镇苏烟村新屋自然村等3个改造点共222户房屋外立面改造任务。水利基础设施完成投资2036万元。

2. “三个集中”有效推进。园区建设进一步提速。完成基础设施投资1.8亿元，新建道路1400多米，铺设排水、排污管道500多米，给水管道350多米，架设供电线路1100多米；新建成标准厂房10万平方米。累计入园企业73家，竣工投产40多家。健康产业园规划已获自治区评审通过，成为广西A类产业园区。仁东大路村土地综合整治试点项目进展顺利，农民集中区一期工程29幢已开工建设。土地流转取得新的进展，新增流转面积3830亩，累计流转面积4.1万亩，流转率达到34.2%，增长10.3%。

（三）结构调整取得新成效。

三次产业结构调整为5.4：41.6：53，产业结构进一步优化。

1. 服务业持续快速发展。商贸物流进一步提速。毅德国际商贸城、宏进农批市场二期、国际汽车城、红星美凯龙家居商城等一批重大商贸物流项目加速推进。会展业进一步发展，第三届药博会参展企业贸易成交额达30.15亿，增长11.77%，其中合同成交额7.13亿，增长25.64%；第八届玉博会贸易合同成交额23.79亿元，增长7%，其中合同成交额6.98亿元。房地产业稳步发展，房地产项目完成投资45.12亿元，商品房销售面积145万平方米，增长10%。餐饮旅业等传统服务业继续保持良好发展势头。旅游业有新的发展，旅游外汇收入351.99万美元，国内旅游收入28.02亿元。

2. 工业经济稳步发展。预计实现工业总产值280.43亿元，工业增加值85.83亿元，规模以上工业总产值232.54亿元，规模以上工业增加值68.34亿元；完成工业投资102.46亿元，增长79.28%，其中完成技改投资74.27亿元，增长73.49%。新增规模以上企业10家。企业自主创新进一步加强，获新认定自治区级企业技术中心3家，市级企业技术中心9家。

3. 农业经济发展势头良好。预计全年农林牧渔业总产值20.5亿元，增长4%；粮食总产量9.01万吨，增长2.31%，蔬菜总产量36.51万吨，增长5.11%，出栏肉猪33.81万头，增长6.17%；出栏家禽879.74万羽，增长11.18%；肉类总产量37816吨，增长7.44%；禽蛋总产量7088吨，增长10.51%；水产品总产量15582吨，增长10.04%。特色产业有新的发展，台湾珍珠番石榴新发展面积1500亩，累计达到5000多亩，成为广西最大的台湾珍珠番石榴生产基地。农业标准化生产进一步推进，丰顺公司建成现代农业设施生产面积100多亩，以95分高分顺利通过农业部蔬菜标准园创建验收专家组考核验收。农业产业化进一步发展。健康产业园获国家农业部认定为全国第一批国家级农业产业化示范基地，广西丰顺等6家农业企业获市级农业产业化重点龙头企业，新发展农民专业合作社25家，累计达92家。

（四）项目建设实现新突破。

全区在建项目399个，完成投资117.99亿元，增长38.16%。其中，新开工项目284个，完成投资74.19亿元，增长57.12%；续建项目115个，完成投资43.80亿元，增长14.75%。

1. 重大项目建设实现新突破。全年在建重大项目151个，完成投资87.82亿元，增长20.43%。其中，新开工重大项目69个，完成投资45.12亿元，增长26.85%；续建重大项目82个，完成投资42.7亿元，增长14.32%；已竣工重大项目62个，完成市下达全年目标任务21个的295.24%。列入2011年自治区层面统筹推进前期工作项目3个，分别是玉林市新翰电子机械有限公司扩建年产60万件机体、飞轮壳铸件及加工生产线技术改造项目，玉林市嘉德机械有限公司年产500万套发动机连杆生产线建设项目，玉柴华原机械（玉林）有限公司微型车、轿车发动机过滤器生产线项目，打破了自2008年以来我区无重大工业项目纳入自治区层面统筹推进的困境。

2. 争取中央投资项目取得好成效。我区获2011年中央投资项目26个，计划总投资3242.2万元，其中中央预算内资金1925.59万元，已开工项目22个，完工9个，完成总投资1495.8万元，完成投资率46.1%。

（五）节能减排和生态建设取得新成效。

1. 节能减排进一步加强。主要污染物控制排放和淘汰落后产能目标已完成。完成淘汰落后水泥产能30万吨，淘汰落后造纸产能6.85万吨。推广财政补贴节能照明产品6.7万只，完成市下达任务的115.5%。市级24个化学需氧量减排重点项目、22个氨氮减排重点项目均已按时完成。全年完成化学需氧量减排量2560.38吨，占全年任务的100.1%；完成氨氮减排量113.34吨，占全年任务的100.3%；完成二氧化硫减排量6.7吨，占全年任务的111.7%；完成氮氧化物减排量97.62吨，占全年任务的105%。

2. 生态环境进一步优化。强化环境执法，加大环境专项整治，环境保护进一步加强。深入开展城乡清洁工程，大力推进生态示范村建设。“绿满八桂”工程及创建国家森林城市工作成效明显，完成义务植树70万株。南梧高速公路玉林出口引线路段两侧绿化工程顺利完成，种植乔木11000株，灌木68000平方米。完成大容山水源林公益林共管协议签订面积13129亩。城乡风貌综合改造3个点的村屯绿化已全部完成。

（六）改革开放取得新推进。

1. 重点改革进一步深入。医药卫生体制改革扎实推进。基本医疗保障制度进一步完善，乡镇卫生院综合改革稳步推进，基本公共卫生服务全面开展，基层医疗卫生服务体系建设进一步加强，59个村卫生室建设已按时完工。集体林权制度主体改革工作已顺利完成，通过了自治区检查验收。继续深化粮食体制改革，落实粮食购销直补政策，完成全年各级储备粮收购13099吨，其中自治区直补订单粮食收购9500吨。继续推进国有集体企业改制，自行车二厂、玻璃厂两家企业改制工作基本完成。

2. 开放合作不断深化。招商引资成效显著。全区共引进广西区外合作项目55个，项目总投资60.33亿元，到位资金

32.93亿元；广西区外续建项目42个，到位资金30.35亿元；累计到位资金63.28亿元，增长38.3%。新批设立外资企业4个，实际利用外资额3657万美元，增长143.5%。产业招商取得新进展，重点围绕大商贸大物流、玉柴配件、房地产等产业招商，新签约商贸房地产项目19个，项目总投资33.13亿元。区域合作进一步加强，第三届“药博会”签约项目10个，总投资38.3亿元，第八届玉博会签约项目8个，总投资35.9亿元，第八届（南昌）泛珠三角区域合作会签约项目1个，总投资2.5亿元。

（七）社会事业取得新进步

继续深入实施“科教兴区”战略，推进科技创新，科普活动深入开展，获中国科协命名为“2011—2015年度全国科普示范县（市、区）”。坚持改革创新，有效教育全面推进，全国有效教育广西改革试点经验成果展示汇报现场会在我区召开。深入开展城区中小学校建设大会战，玉州区第八中学顺利奠基。九年义务教育巩固率从2010年的89.1%提高到2011年的90.1%。文体事业进一步发展，城乡公共文体设施和服务体系进一步完善，新建3个村级公共服务中心和40家农家书屋，开展全民健身系列活动，玉州区首届文化艺术节成功举办。医疗卫生事业加快发展，爱国卫生活动深入开展，艾滋病防治攻坚工程扎实推进，疫病防控取得良好成效，医疗服务设施进一步完善，第二人民医院医技大楼建设顺利推进。人口和计划生育工作取得新成效，诚信计生全面推行，启动免费孕前优生健康检查试点工作，完成玉州区计生服务站新业务楼建设，完成5个镇（街道）计生服务所、23个“幸福家园”村级公共服务平台规范化建设，人口计生服务优育基础进一步完善，保持了低生育水平的持续稳定。教育惠民等为民办十件实事如期完成。社会保障体系不断完善。基本医疗保险覆盖面不断扩大，城镇职工、居民基本医疗保险参保人数10.17万人，参保率达92.16%；农民参合人数达到29.6490万人，参合率98.33%。基本医疗保障水平不断提高，对新农合政府补助标准已按要求提高到每人每年230元，城镇居民医保政府补助标准已按要求提高到每人每年240元。城乡医疗救助制度初步建立。新型农村社会养老保险试点工作顺利推进，累计12.2万人参保，参保率达到了70.5%。提高了城乡低保补差标准。新建五保村5个。城乡就业工作有效推进，全区城镇新增就业人数4335人，农村劳动力转移就业新增人数7048人，超额完成市下达的年度目标任务；城镇登记失业率4.09%，比市下达的年度控制目标任务4.3%的指标低0.21个百分点。完成农村危房改造1350户。实施农村安全饮水解困项目9个，解决了2.88万人饮水不安全问题。完成沼气池建设200座。新建移民新村1个，新建和改建移民村屯道路项目5个，道路工程总长度5.5公里。安全生产工作责任制进一步强化，有效遏制了重特大安全生产事故的发生。切实加强和创新社会管理，促进社会和协稳定的机制体制不断完善，综治信访维稳工作网络进一步完善，全区社会大局和谐稳定，实现了“六个不发生”目标。

2011年我区经济社会发展虽然取得了较好的成绩，但也存在一些突出的急待解决的问题。一是经济总量较大，但综合实力不强；二是发展势头较好，但增长速度不快；三是结构调整较快，但工业支撑不力；四是财政收入较高，但发展后劲不足；五是项目建设较快，但重大项目不多；六是社会事业全面进步，但深层矛盾不少。

二、2012年国民经济和社会发展计划预期目标和主要任务

2012年是实施“十二五”规划关键的一年。总体上看，今年我区面临的国内外形势依然错综复杂，既有许多有利条件，也面临诸多困难和挑战。从有利条件看，我国经济继续保持良好的发展态势，新一轮西部大开发深入实施，广西经济总量突破万亿元，经济发展进入了快速扩张的阶段，我区经过“十一五”的快速发展，综合实力明显提升，发展基础更加坚实，国内生产总

值、固定资产投资等指标排在广西前列，并被列入广西重点扶持的经济强县，我区经济社会平稳较快发展的势头不会改变。不利条件方面，世界经济增长放缓，国内经济增长下行压力和物价上涨压力并存，电力短缺、融资困难、用地不足以及节能减排压力增大等困难，将会影响我区工业生产、项目建设。我们要准确把握形势变化，更加主动地抓住发展机遇和有利条件，坚定信心，克难攻坚，全力保持经济社会平稳较快发展的良好势头。

根据我区经济工作会议精神，2012 年全区经济和社会发展主要预期目标为：生产总值增长 10%，财政收入增长 16%，全社会固定资产投资增长 20%，社会消费品零售总额增长 17%，城镇居民人均可支配收入增长 11%，农民人均纯收入增长 13%，城镇登记失业率控制在 4%以内，人口自然增长率控制在及万元生产总值能耗、万元工业增加值能耗、二氧化硫排放、化学需氧量排放、氨氮和氮氧化物排放削减控制在上级下达指标以内。

围绕上述目标，重点应抓好以下几方面工作：

（一）进一步推进城乡统筹发展。

按照市委、市政府提出的统筹城乡“五年大发展”目标和“三个三”工作思路，加快构建城乡一体化发展格局，争创统筹城乡发展示范区。

1. 继续大力推进“三个集中”。加大园区建设力度，重点推进健康产业园建设，着重抓好健康产业园一期 5000 亩用地道路、供水、供电、排水、排污等基础设施建设工作。深入开展园区招商引资工作，加快推进工业向园区集中。进一步完善农村土地流转服务体系，加快土地向规模经营集中，争取全年土地流转面积达 4.4 万亩。继续抓好仁东大路村土地综合整治试点项目。以扩权强镇为动力，以产业发展和基础设施建设为抓手，重点加强仁东、仁厚两个镇小城镇建设。

2. 深入实施“三大工程”。进一步推进城乡风貌改造、城乡清洁、城乡绿化“三大工程”。继续开展城乡交通基础设施大会战，抓好自然村屯道路硬化和城区小街小巷硬化，建设通自然村屯道路 66 条 70 公里，硬化小街小巷 15 条。继续配合市委、市政府推进清宁路延长线、二环路南段、玉福大道玉州段和其他城市道路及其他城市基础设施建设。深入开展城乡环境综合整治，深入实施“绿满八桂”造林绿化工程，配合开展创建国家森林城市活动，以实现城乡绿化、道路硬化、环境洁化为目标，改善城乡环境，推进创业宜居城市建设。

3. 完善“三大体系”。抓好公共财政体系、公共服务体系、社会管理体系建设。认真贯彻落实各项财政支农惠农政策，加大对“三农”投入力度，不断提升农村公共服务水平，促进城乡公共服务均等化，建立城乡一体化的公共服务体系。加强和创新社会管理，促进城乡和谐稳定发展。

（二）进一步推进结构调整。

围绕区委、区政府关于“三基地、两示范、一药都”的“321”工作思路，进一步加快经济结构调整。

1. 进一步做大服务业。商贸是我区的希望和优势。要通过改造提升，力促服务业上规模、上水平。一是积极扩大消费需求。大力开展美食节、旅游节、汽车展、商品展等各种主题促销活动，鼓励扩大商品销售、餐饮娱乐、节庆会展、教育培训、旅游休闲、信息通讯、体育健身等消费，进一步做好家电下乡、汽车下乡等工作。二是大力发展商贸物流业。加快推进交通物流、医药物流、毅德国际商贸城、宏进农批市场二期、国际汽车城、红星美凯龙家居商城、香料储运中心等一批重大商贸物流项目建设，进一步改造提升工业品服装等一批专业市场，培育发展美林商业街、大南路商业街等一批特色商业街区。加快培育一批现代物流服务企业，打造区域性现代商贸物流基地。三是积极发展房地产业。认真贯彻落实国家调控政策，促进房地产业健康发展。四是加快发展旅游业。重点打造民俗文化游、古建筑文化游、休闲娱乐游、农家乐观光游等旅游品牌，培育壮大旅游业。五是加快发展会展、信息、金融等服务业。积极协办、承办好玉博会、药博会，大力提升会展经济水平。推动发展法律、营销策划、咨询评估、产权交易等中介服务，提升发展酒店餐饮业。积极发展社区服务、体育健身、养老保健、教育培训、文化娱乐等新兴服务业。

2. 进一步做强工业。工业是我区的短腿，必须下大力气抓好工业经济的发展，推进工业经济上项目、调结构、提质量，发挥工业对经济的支撑作用。一是构建结构合理、竞争力强的特色产业体系。继续实施“借柴兴区”战略，做大做强玉柴配套产业。要抓住自治区把玉柴集团列为重点培育的千亿元企业机遇，把服务好玉柴作为工业发展的优先战略，大力引进和培育发展玉柴配套项目，打造广西先进制造业配套产业基地。加快发展健康产业，以健康产业园、中药港、药博会为平台，打造百亿元健康产业基地，建设南方药都。改造提升皮革服装、建材、印刷等传统优势产业，做大产业规模，提高产业效益。积极培育发展新能源、节能环保等战略性新兴产业。二是深入实施“抓大壮小扶微”工程。“抓大”就是实施亿元企业工程，加快培育发展一批亿元、10亿元工业企业。“壮小”就是实施“小型企业上规模工程”，扶持有潜质的小型企业扩大生产规模，发展一批规模以上企业。全年新增规模企业18家。“扶微”就是实施扶持微型企业发展工程，加强服务，大力促进微型企业健康发展。三是加快推进工业园区发展。整合岭塘、坡塘和健康产业园大园区，完善园区基础设施，最大限度提升园区承载能力。四是加快企业技术改造和自主创新。大力引导、支持企业技术中心建设，引导、扶持企业加快设备更新改造，提高技术工艺水平和产品质量，鼓励企业加快新产品、换代产品的研发和市场投放步伐，切实提高新产品产值在工业产值中的比重。五是大力推动信息化与工业化深度融合，提高企业信息化水平。

3. 进一步做优农业。围绕强科技保发展、强生产保供给、强民生保稳定、认真贯彻落实强农惠农富农政策，加快推进农业科技创新，增强农产品供给，促进农业和农村经济持续稳定发展。一是进一步抓好农民增收工作。深入实施农户“万元增收计划”，引导农户调整种养结构，培育一批万元片区、万元村屯和年收入10万元以上的“示范农户”。二是加快发展现代农业。稳定粮食生产，大力推广高产优质超级稻新品种，全年粮食播种面积稳定在23.5万亩，其中稻谷面积21万亩，粮食总产量8.6万吨。进一步落实粮食安全首长负责制，切实完成粮食直补订单收购任务和粮食储备任务。大力调优农业结构，加快特色农业的发展。着力加强香蒜、珍珠番石榴、无公害蔬菜、石斛种植、无公害标准化生猪、优质家禽、优质肉兔、花卉、名特优水产品养殖等“十大种养基地”建设。积极发展林下经济，因地制宜推广林果、林草、林菌、林药、林禽、林畜、林菜、林蜂等林下经济模式，做大做强林下产业。大力推进农业产业化经营，大力扶持发展农业龙头企业和农民专业合作社，大力发展标准化生产和规模经营。大力发展农产品加工业、流通业和农业观光休闲旅游等农村服务业。三是加强农村社会化服务体系建设。大力促进农业科技创新和良种良法推广，全面提高农业科技水平。建立完善动植物保护防疫体系、农业技术推广体系、农业行政执法体系、农产品检验检测体系。加强农产品市场、冷藏、运输和农业信息流通体系建设。完善农事村办等新型服务模式，提高农村社会化服务水平。四是扎实推进农业基础设施建设。重点抓好防汛防洪、病险水库除险加固、中小河流治理、农村人口饮水、小型农田水利建设等工作。完成清湾江中小河流治理工程。

（三）进一步推进项目投资。从当前形势和玉州的实际来看，项目投资仍然是我区经济增长的主动力。要优化投资结构，把项目投资重点放在工业和生产性服务上，力争全社会固定资产投资达到240亿元。

1. 加大推进重大项目建设力度。在工业和生产性服务业、交通、城镇及工业园区基础设施建设、民生和社会事业、节能减排等领域，统筹推进一批重大项目开竣工。自治区层面统筹推进重大项目3个。其中新开工重大项目2个，年度计划投资1.75亿元；预备重大项目1个。玉州区层面统筹推进重大项目111个，年度计划投资91.62亿元。其中新开工重大项目60个，年度计划投资54.86亿元；续建重大项目51个，年度计划投资36.76亿；竣工投产70个。

2. 狠抓项目前期工作。切实抓好项目储备工作。准确把握国家产业政策、资金投向，积极争取中央和自治区的投资项目，着重在基础设施、特色优势产业、技术改造、生态环保、社会事业以及改善民生等领域，进一步研究和谋划一批重大项目。加强对重大项目前期工作的全程跟踪服务，千方百计解决项目在推进过程中遇到的突出问题，力促项目早日开工建设。

3. 努力拓宽项目建设融资渠道。加大对中央资金的争取力度，按照中央投资方向和重点，积极筛选储备好项目，力争获得更多的中央扶持资金。积极推进银企合作，争取更多信贷资金对我区项目建设的支持。抓好招商引资，引进更多的资金。

4. 完善推进项目的工作机制。继续实行区四家班子领导和区直有关部门及镇街领导联系重大项目制度，落实“五个一”的工作制度，加强项目的跟踪服务，解决项目建设遇到的困难和问题，争取每月开工一批、竣工投产一批项目。

（四）进一步推进非公经济发展。优化全民创业发展的良好环境，进一步保护和扩大非公经济发展的良好势头。一是大力激活民间资本。全面贯彻中央、自治区鼓励引导民间投资的政策措施，支持民间投资进入市政、交通、能源、金融、社会事业等领域。积极探索建立中小企业信用担保风险补偿和农村信贷担保机制，大力发展中小企业投资担保公司和小额贷款有限公司，加快建立中小企业信用评价体系，拓宽非公企业融资渠道。简化民间资本投资项目审批流程，提高政府服务效率。二是大力支持全民创业。贯彻落实扶持创业发展的政策，深入开展“全民创业年”活动，推动全民创业。三是大力实施扶微工程。落实推进微型企业发展的扶持政策，对微型企业进行创业培训、财政补贴、信贷支持、税收优惠扶持，大力发展现代物流、服务外包、电子商务、民生服务等微型企业，鼓励发展劳动密集型、节能环保型微型企业。

（五）进一步推进重点领域改革和开放合作。进一步深化医药卫生体制改革，完善全民基本医保体系。抓好基层医疗卫生机构化债工作。深入推进国有企业改革和国有资产管理，深化政府采购制度改革、非税收缴管理改革。稳步推进环保收费改革。继续深化农村综合改革，坚持和完善农村基本经营度制，依法引导土地承包经营权流转。继续深化集体林权、教育、科技、文化、社会保障等领域改革。进一步推进基层供销社改造重组和供销社社有企业改革改制工作。

积极参与北部湾经济区开放开发和西江经济带开发建设，积极扩大开放合作。进一步加强产业招商，围绕培植支柱产业、新兴产业，重点在配套玉柴、健康产业、商贸物流和电子、新能源、节能环保等领域引进更多的大项目、好项目。抓住桂东承接产业转移示范区上升为国家级示范区的有利时机，加大承接产业转移工作力度。全年招商引资预计利用外资4021.6万美元，增长10%。调整优化出口结构，积极扩大对外贸易，稳定外贸出口。

（六）进一步推进节能减排和生态建设。坚持把节能减排和环境保护作为转变经济发展方式的重要抓手，加快推进生态文明示范区建设。一是下更大力气抓好节能减排。全面落实节能减排目标责任制。坚持投资项目节能评估审查制度，严格控制“两高一剩”行业新上项目。完善落后产能退出机制。强化工业、建筑、交通、公共机构等重点领域和重点企业节能减排。继续实施重点节能改造工程。积极推广先进适用节能技术。开展全民节能减排降耗行动和节能产品惠民行动。二是大力发展循环经济。实施循环经济发展规划，在机械制造、水泥、食品健康、服装皮革等重点产业，大力推行清洁生产，构建循环经济产业链。三是全面加强生态建设。推进农村环保项目、农村环境连片整治和城乡风貌改造工程项目建设，开展生态示范村、示范镇、示范社区创建活动。加强水源地保护和重点污染源综合整治，确保城乡环境安全。大力推行生态养殖，进一步推广沼气等清洁能源，年内新建沼气池200座。加强水源涵养林、水土保持林等生态公益林的保护和建设。广泛开展生态村镇、绿色学校和绿色社区创建活动。

（七）进一步推进保障和改善民生工作。坚持把民生工作摆在更加突出的位置，下大力气解决关系群众切身利益的实际问题，促进社会的和谐发展，不断提高人民群众的幸福感。

1. 加强就业工作。认真落实就业优先战略，加快城乡一体的就业创业服务体系建设，重点抓好高校毕业生、农民工、就业困难人员的就业工作。全年新增城镇就业3350人，农村劳动力转移就业6000人。

2. 大力发展教育事业。根据市委、市政府规划和部署，积极推进城区中小学校建设大会战，缓解城区“入学难”和“大班额”问题。继续深化有效教育实践活动，促进城乡基础教育均衡发展，努力提升中小学教育教学质量。实施学前教育三年行动计划和农村义务教育学生营养改善计划，抓好进城务工人员随迁子女和留守儿童受教育工作。全面完成第一轮中小学校舍安全工程建设任务。加强薄弱学校改造。加强校车安全管理。

3. 大力发展科技事业。全力组织实施科技富民强县专项行动计划项目。全面推进创新计划和发明专利倍增计划。加大产学研结合，吸引区内外知名院校、科研院所和企业以不同形式与我区合作开展自主创新。进一步加强新时期科普工作力度，加强科普设施建设，完善科普组织网络，搭建科普服务平台，推动科普资源共享，做好“全国科普示范县（市、区）”的示范工作。

4. 加快发展医疗卫生和人口计生事业。进一步加强基层医疗卫生服务基础设施建设，完善村卫生室建设，推进城乡医疗卫生服务一体化。深入实施基本公共卫生服务项目，继续推进防治艾滋病攻坚工程、母婴健康“一免二补”幸福工程和地中海贫血防治计划。加强计划生育基础和网络建设，加大计生奖励扶持力度，建立推进诚信计生长效机制，深入拓展诚信计生，扩大免费孕前优生健康检查工作覆盖面，做好计生与扶贫开发相结合工作，完善综合治理人口问题工作机制，努力遏制出生人口性别比偏高问题，提高人口素质。

5. 着力推进文化大发展大繁荣。深入实施文化惠民工程，抓好农家书屋和村级公共文化服务中心建设，完善城乡公共文化服务体系。大力发展文化产业。实施文艺精品创作工程，推出一批具有玉州特色、深受群众喜爱的优秀文艺作品，加快创建岭南特色文化品牌。继续开展精神文明创建活动。扎实推进未成年人思想道德建设。

6. 进一步完善社会保障体系。进一步扩大城镇企业职工基本养老保险、城乡居民社会养老保险、城镇职工和居民基本医疗保险、职工失业保险、工伤保险、生育保险覆盖面，基本做到人人享有社会保障。完善社会救助和保障标准与物价上涨挂钩联动机制。加快五保村、敬老院、福利院等社会福利设施建设。发展残疾人事业和慈善事业。

7. 全力打好新一轮扶贫开发攻坚战。实施贫困村整村推进扶贫开发工作。实行产业开发与扶贫有机结合，以产业发展促进农民脱贫致富。继续抓好水库移民工作。

8. 抓好保障性安居工程工作。抓好廉租住房保障申请的受理、调查、初审、公示工作。完成200套公租房建设任务。大力推进解放中路城市棚户区改造工作。

9. 切实加强和创新社会管理。抓好乡镇综治信访维稳中心、村级综治信访维稳工作站建设，完善基层综治信访维稳网络。深入开展大排查、大接访、大调处、大防控活动，改进流动人口服务管理，积极化解消极因素。加强城乡社区自治和服务组织建设，抓好非公有制经济组织和社会组织的服务管理。进一步加强互联网、手机媒体监管。加大对黑恶势力、“两抢一盗”、危害食品药品安全等违法犯罪活动的打击力度，完善社会治安防控体系，提高应急处置能力。加强安全生产监督管理，杜绝重特大事故发生。

10. 继续实施为民办实事工程。着力解决人民群众最关心、最迫切、最现实的切身利益问题。

各位代表，今年我区经济社会发展任务十分艰巨。我们将在区委的领导下，自觉接受区人大及其常委会的监督指导，认真听取区政协的意见和建议，按照全区经济工作会议的总体部署和区四届人大二次会议审议批准的政府工作报告要求，团结拼搏，开拓奋进，为全面建成小康玉州而努力奋斗，以优异的成绩迎接党的十八大胜利召开！

附：2012 年玉州区国民经济和社会发展计划目标表（草案）

指标名称	计算单位	2011 年		2012 年		备注
		绝对值	增长%	预期目标	增长%	
一、全区生产总值（GDP）	亿元	232.64	5.1	270	10	
第一产业增加值	亿元	12.5	3.3	14	3	
第二产业增加值	亿元	96.86	1.6	115	10	
#工业增加值	亿元	85.83	0	102	11	
第三产业增加值	亿元	123.28	7.9	141	9.5	
二、财政收入	亿元	10.82	24.2	12.56	16	
#一般预算收入	亿元	6.29	26.3	7.3	16	
三、全社会固定资产投资	亿元	200.11	36.6	240	20	
工业投资	亿元	102.46	79.28	114	11	
技改投资	亿元	74.27	73.49	87.8	18	
四、社会消费品零售总额	亿元	156.54	18.06	182	17	
五、外贸进出口总额	万美元	7965	16.5	9558	20	
#外贸出口	万美元	4890	-15.5	5868	20	
六、实际利用外资	万美元	3657	104.48	4021.6	10	
七、教育科技						
九年义务教育巩固率	%	120.1		129		
研究与试验发展经费支出占地区生产总值比重	%	0.05		977 万元(不含追加)		
八、人口、就业、收入和社会保障						
人口自然增长率（含玉东区）	‰	8.76		控制在上级下达指标以内		

续表

指标名称	计算单位	2011 年		2012 年		备注
城镇新增就业人数	人	4335	26. 87	3350		
城镇登记失业率	%	4. 09		4. 0		
城镇居民人均可支配收入	元	22184	10. 95	24624	11	
农民人均纯收入	元	7226	16	8165	13	
城镇参加基本养老保险人数	万人	51. 79		53. 44		
城乡三项医疗保险参保率	%	95. 83		96 以上		
城镇保障性安居工程建设	套	无任务		700 ~ 850		
九、资源节约与环境保护						
耕地保有量	万亩	18. 97		控制在上级下达指标以内		
万元生产总值能源消耗	%	1. 151	-0. 34	控制在上级下达指标以内		
万元工业增加值能耗	%			控制在上级下达指标以内		
化学需氧量排放总量	吨	9530 吨	-5. 5	控制在上级下达指标以内		
二氧化硫排放总量	吨	576 吨	-1. 0	控制在上级下达指标以内		
氨氮排放减少	%	50 吨	-4. 0	控制在上级下达指标以内		
氮氧化物排放减少	%	48 吨	-1. 1	控制在上级下达指标以内		
森林覆盖率	%	33. 32		33. 33		
森林蓄积量	立方米	17455		控制在上级下达指标以内		
十、居民消费价格指数涨幅	%	5. 5				
注：城乡三项医疗保险指城镇职工基本医疗保险、城镇居民基本医疗保险、新型农村合作医疗。						

关于玉州区2011年预算执行情况和2012年预算草案的报告

——2012年2月16日在玉州区第四届人民代表大会第二次会议上

玉州区财政局

各位代表：

受区人民政府委托，现将玉州区2011年财政预算执行情况和2012年财政预算草案的报告提请大会审议，并请政协委员和其他列席会议的同志们提出意见。

一、2011年全区预算执行情况

2011年，是我区实施“十二五”规划的开局年，也是改革创新的突破年。在区委、区政府的正确领导下，全区各级财政部门深入贯彻落实科学发展观，紧紧围绕区委区政府提出的全面建成小康社会的奋斗目标和“321”工作思路，积极转变财政发展方式，深化推进财政改革创新，切实提高财政运行的质量和效率，圆满完成了财政收入任务；注重调整和优化支出结构，保障民生支出需要，保障各项事业发展的基本需要，全区预算完成情况良好，为确保实现玉州“十二五”发展的良好开局发挥了重要作用。

（一）收入预算执行情况。2011年全区财政收入完成108236万元，完成年初预算的

107.06%，比上年净增21082万元，增长24.19%（按五户企业划转可比口径计增长23.31%，下同）。其中，上划中央收入完成30143万元，完成年初预算的104.26%，增长24.32%；上划自治区收入完成15159万元，完成年初预算的97.94%，增长15.97%；地方一般预算收入完成62934万元，完成年初预算的110.97%，增长26.28%。

全区财政总收入140470万元，增长17.34%，其中：（1）一般预算收入62934万元，完成年初预算的110.97%，比上年增长26.28%；（2）上级补助收入65677万元，其中：上划中央“两税”收入返还3627万元，上划所得税基数返还1593万元，自治区分享四税基数返还3700万元；（3）地方债券收入1000万元；（4）上年结余收入5369万元；(5)调入资金5490万元。

在一般预算收入中，主要项目的完成情况是：（1）工商税收入40673万元，完成年初预算的116.2%，增长37.52%。(2）耕地占用税收入2816万元，完成年初预算的44.73%，下降47.23%。（3）专项收入1684万元，完成年初预算的108.93%，增长23.55%，其中：教育费附加收入1466万元，排污费收入149万元，水资源费收入69万元。(4）行政性收费收入7954万元，完成年初预算的803.43%，增长11.14倍。(5）罚没收入494万元，完成年初预算的69.19%，下降11.15%。(6）国有资本经营收入6001万元，完成年初预算56.52%，下降42.21%。(7)国有资产有偿使用收入2764万元，完成年初预算的178.9%，增长40.59%。（8）其他收入548万元。

（二）支出预算执行情况。2011年全区财政总支出133220万元，比上年增长22.86%，其中：一般预算支出127852万元，完成年度预算的94.73%，比上年增长14.39%；上解支出5368万元。

在全区一般预算支出中，主要的支出项目是：（1）一般公共服务支出31345万元；（2）国防支出220万元；（3）公共安全支出2989万元；（4）教育支出39236万元；（5）科学技术支出1280万元；（6）文化体育与传媒支出435万元；（7）社会保障和就业支出13205万元；（8）医疗卫生支出17619万元；（9）节能环保支出1636万元；(10）城乡社区事务支出1080万元；(11）农林水事务支出10541万元；（12）交通运输支出131万元；（13）资源勘探电力信息等事务支出942万元；(14）商业服务业等事务支出2924万元；(15）国土资源气象等事务支出145万元；（16）住房保障支出3513万元；（17）粮油物资管理事务支出272万元；(18）储备事务支出24万元；(19）国债还本付息支出58万元；(20)其他支出257万元。

农业、科技、教育支出增长均高于全区经常性财政收入增长15.3%的幅度。其中：教育支出占公共财政支出30.68%。

（三）基金预算收支执行情况。2011年基金预算收入1077万元，上年结余8490万元，基金补助收入3255万元，基金预算支出1846万元，基金预算上解支出75万元，调出资金5490万元。

（四）平衡情况。2011年全区财政收支相抵，一般预算滚存结余7250万元（减结转下年支出7112万元，净结余138万元）；基金预算结余5411万元。全区预算总体执行情况良好。

由于今年人大会议召开比较早，玉州区与市的决算对账工作尚未结束，以上报告的数字是根据整理期统计数，与决算数相比会有一些出入。待财政决算编成后再按《预算法》和《广西壮族自治区预算监督条例》的有关规定，报区人大常委会备案。

（五）2011年为完成全年预算所做的主要工作。

1. 强化财政收支管理，着力做实“财力”。2011年，区财税部门按照“聚财有法”的要求，密切关注经济发展趋势、宏观政策走向和税制改革动态，切实采取有效措施，着力实现“收入实、运行稳、结构优”的目标。加强税源“精耕细作”，加强税源科学分类管理和风险管理。加强对房地产业、建筑安装业、制造业等重点行业的税源监控，切实增强组织收入工作的前瞻性、主动性。严格执行非税收入“收支两条线”管理。全区财政收入比上年净增2.1亿元，实现了一年增长2亿元台阶的跨越式发展，总量突破10亿元，创历史新高，为全区社会经济稳定较快发展提供了有力的财力支撑。同时，牢固树立节支也是增收的理念，从严从紧编制预算，加强预算执行约束与监督，厉行节约有关规定，继续实行因公出国出境经费、公务用车购置及运行费、公务接待费等“三公”支出零增长，严格控制会议、论坛、庆典、节会等活动，确保优先财力用到急需的事业上，确保重点支出。

2. 继续实施积极的财政政策，财源建设加快推进。按照“工贸强区”的发展思路，充分发挥财政职能作用，着力完善扶持机制，促进经济在平稳发展中加快转型升级。一是大力支持“三基地、两示范、一药都”建设。通过运用财税政策、财政资金的乘数效应以及营造良好的融资环境，加大对“321”关键领域、重点项目政策和资金扶持力度，为加快发展创造了条件。二是把扶持园区和产业发展作为财源培植和扩展的根本点和支撑点。2011年安排财政资金1000万元支持工业园区建设，安排200万元支持健康产业园项目建设。根据国家资金投向，积极向市、自治区推荐申报了2011年自治区中小企业发展专项资金、中央奖励淘汰落后产能、自治区企业技术改造资金、关闭小企业补助资金、广西地方特色产业中小企业发展资金、外经贸区域协调发展促进资金等50多个项目，争取到位上级专项财政资金9313.9万元，到位扶持资金居历年之最；扶持正菱汽配、富英制革等8家企业获得自治区中小企业流动资金贷款贴息501.86万元。区财政注资500万元作为中小企业贷款担保风险补偿基金。为29家企业落实贷款授信意向额度达12.44亿元。三是大力支持商贸业发展。认真贯彻促进消费的财税政策，全区共兑付“汽车、摩托车、家电下乡”财政补贴3049万元，兑付“家电以旧换新”财政补贴456万元，拉动消费3.7亿元。

3. 调整和优化财政支出结构，大力支持以改善民生为重点的社会建设。以支持教育惠民等十件为民办实事工程为重点，优化支出结构，将政策支持和财力保障的重点向民生领域倾斜。

一是加大支持“三农”投入力度。全区财政农业支出达10541万元，同比增长22.76%，支持农业基础设施、土地整治、农村道路、人饮工程、超级稻种植、水土保持综合治理等项目建设，促进农业和农村经济发展；积极推行村级公益事业建设“一事一议”财政奖补，共拨付上级财政奖补及本级配套资金988万元，实施79个“一事一议”项目建设；认真贯彻落实各项惠农政策，兑现对种粮农民订单直补、农资综合直补、水稻良种补贴、大中型水库移民后期扶持、能繁母猪补贴等惠农补贴资金2742.84万元；安排危房改造资金1122.6万元，改善1350户农村困难户居住条件；安排城乡风貌资金215.42万元，支持改善农村人居环境。

二是大力支持教育优先发展。进一步增加财政教育投入，全区财政教育支出达39236万元，同比增长27.03%，确保了全区教育改革发展重点项目的顺利实施。安排资助贫困学生上学专项经费20万元。及时拨付中央及自治区下达的教育专款和补助资金5974.5万元，其中：2011年义务教育阶段学校预算内生均公用经费补助3270.2万元，义务教育寄宿生生活费转移支付934.3万元，2011年进城务工农民子女义务教育经费530万元，免除城市义务教育阶段学杂费转移支付353万元，2011年中小学校舍安全工程财政专项资金810万元，第三批化解农村义务教育债务奖补资金77万元。

三是大力支持社会保障和就业体系建设。全区财政社会保障和就业支出达13205万元，同比增长34.33%。坚持就业优先战略，建立健全促进就业的财政投入保障机制；推动实现新型农村社会养老保险和城镇居民养老保险制度全覆盖，继续提高退休人员基本养老金水平和城乡居民最低生活保障水平。

四是大力支持医疗卫生事业

的发展。全区财政医疗卫生支出达17619万元，同比增长11.51%，加强公共卫生服务体系建设，切实增强公共卫生服务能力；支持深化医药卫生体制改革，安排资金598万元支持59个村卫生室建设；加快推进新型农村合作医疗和城镇居民医保深化改革、国家基本药物制度改革、基本公共卫生服务均等化；组织实施医院、基层医疗卫生机构新财务会计制度；增加医疗救助投入。

4. 深化财政管理改革，推进财政制度和管理机制创新。我区财政部门以开展“绩效提升年”活动为契机，围绕建设发展财政、民生财政、和谐财政、绩效财政和透明财政的要求，进一步巩固和完善财政管理制度改革，不断提升财政管理水平。一是完善部门预算编制标准，使部门预算的编制更符合政策要求。二是继续深化国库集中支付制度改革。进一步扩大集中支付的范围，提高资金拨付效率，2011年，通过国库集中支付系统拨付资金4.44亿元，同比增加1.57亿元，增长54.7%。三是全面实施非税收入收缴方式改革。顺利完成非税收入收缴系统的扩面实施工作，建立“单位开票、银行代收、财政统管”非税收入收缴管理模式，四是进一步强化依法采购。认真做好行政事业单位公务用车维修、加油及保险定点采购招标工作。全年共监督办理政府采购金额12544.97万元，比预算金额12689.67万元节约资金145.22万元。五是加大财政投资评审力度，提高财政资金的使用效益。2011年，全年共评审各类项目177个，送审金额12742.07万元，审定金额11595.1万元，核减额1146.97万元，核减率9%，大大提高政府投资效益。

5. 强化财政监管，全面提升依法理财水平。一是严格执行《预算法》、《预算法实施条例》和《广西壮族自治区预算监督条例》，自觉接受人大监督和审计监督。二是开展财政专户清理整顿工作，归口管理专户45个，撤销没有发生资金往来业务的专户8个，并对全区的专户清理和资金安全进行了检查。三是开展公务用车问题专项治理工作，顺利完成了265个行政事业单位、401辆公务用车登记自查数据的汇总上报工作，清理纠正违规车辆35辆。四是加强财政监督检查，先后开展“小金库”专项治理、县级新型农村合作医疗管理机构和乡镇卫生院会计信息质量、中小学教育经费管理使用情况等监督检查，严肃查处违纪行为，切实维护了财经秩序。

在看到成绩的同时，我们也清醒地意识到，财政运行和管理中还存在一些突出的矛盾和问题，主要表现在：财源基础薄弱，税源结构不够合理；可用财力有限，财政收支矛盾仍然突出；财政资金使用绩效有待提高，财政管理和监督仍存在薄弱环节；政府历史性债务负担沉重，财政风险较大，影响预算的正常执行。这些问题，需要我们在今后的工作中，采取有力措施，通过深化改革和加强管理等逐步加以解决。

二、2012年全区预算草案

根据全国、自治区财政工作会议和自治区、市经济工作会议精神，2012年，全区预算安排总的指导思想是：以邓小平理论和“三个代表”重要思想为指导，深入贯彻落实科学发展观，紧紧围绕全面建成小康社会的奋斗目标和“321”工作思路，着力支持统筹城乡发展、加快城乡一体化进程，促进全区经济持续快速增长和社会事业全面进步；推进财税制度改革，优化财政支出结构，加大对“三农”、教育、科技、文化、医疗卫生、社会保障、环境保护等方面的支持力度，切实保障和改善民生；坚持统筹兼顾、增收节支的方针，实施财政科学化精细化管理，严格控制一般性支出，提高财政资金使用效益，确保财政收支平衡。

根据上述指导思想和2012年全区国民经济宏观调控的主要指标，本着“积极稳妥、统筹兼顾”的原则，2012年全区财政收入计划124500万元，比上年实绩增加16264万元，增长15%，其中：全区一般预算收入71401万元，增长12.88%；上划中央税收收入35570万元，增长18%；上划自治区税收收入17889万元，增长18%。

2012年财政总收入和总支出各安排113357万元，收支平衡。

在财政总收入中，地方财政一般预算收入71401万元，增长12.88%，上级补助收入35066万元（含税收返还收入、其他补助收入及增资补助收入等)，一般预算上年结余7250万元。

地方一般预算收入的主要安排情况是：

1. 税收收入51321万元，增加7833万元，增长18%。其中：(1)增值税17%部分4701万元，增加718万元；(2)企业所得税30%部分5013万元，增加765万元；(3)营业税60%部分19234万元，增加2935万元；(4)个人所得税25%部分1972万元，增加301万元；(5)城市维护建设税3735万元，增加570万元；(6)车船使用税889万元，增加136万元；(7)房产税1966万元，增加300万元；(8)资源税143万元，增加22万元；(9)土地使用税1519万元，增加232万元；(10)土地增值税8087万元，增加1234万元；(11)印花税739万元，增加113万元；(12)耕地占用税3323万元，增加507万元。

2. 非税收入19720万元，增加275万元，增长1.4%。其中：(1)专项收入1980万元，增加296万元；(2)国有资本经营收入3000万元，减少3001万元；(3)行政性收费收入10890万元，增加2936万元；(4)罚没收入500万元，增加6万元；(5)国有资源有偿使用收入2800万元，增加36万元；(6)其他收入550万元，增加2万元。

在全区财政总支出中，全区一般预算支出110635万元，比上年预算增长23.9%，上解支出2722万元。

在一般预算支出中，主要项目的安排情况是：(1)一般公共服务27077万元；(2)国防379万元；(3)公共安全3849万元；(4)教育39065万元；(5)科学技术977万元；(6)文化体育与传媒261万元；(7)社会保障和就业10753万元；(8)医疗卫生11270万元；(9)节能环保376万元；(10)城乡社区事务1946万元；(11)农林水事务3545万元；(12)交通运输1165万元；(13)资源勘探电力信息等事务1599万元；(14)商业服务业等事务159万元；(15)国土资源气象等事务26万元；(16)住房保障支出1685万元；(17)粮油物资储备管理事务288万元；(18)国债还本付息支出1315万元；(18)预备费2000万元；(19)其他支出2900万元。

2012年预算安排支出比上年增加较大的项目有：

1. 人员支出方面增加9500多万元。主要项目有：(1)因人员补贴标准提高、地方配套比例提高等原因，以下项目经费安排均比上年增加：巡防队员经费、教育各学校安全协管员经费、新农合地方配套经费、企业军转干部生活困难补助金配套、困难企业退休人员医保费区财政补助资金、城市低保地方配套资金、农村低保地方配套资金、五保供养经费、死亡抚恤、伤残抚恤、在乡复员退伍军人生活补助、义务兵优待金、社会福利中心公养三无人员经费。(2)适当预留事业单位绩效工资改革资金。(3)安排部分农村60岁退役老兵生活补助。

2. 商品服务支出及建设经费部分增加9000多万元。主要项目有：(1)预备费按法定标准安排增加支出。(2)教育费附加安排增加。(3)安排城区教育大会战经费。(4)适当安排水利、住建、微型企业、全民创业等待项目配套经费。(5)适当安排领导包联村经费。(6)安排2009年地方债券到期归还本金及2009—2011年地方债券利息。(7)适当安排基层基础建设资金〔双带双百十覆盖经费、高山村示范点建设、城乡基础设施建设〕。(8)适当安排社区党建工作经费。(9)适当安排统计“四大工程”经费。(10)适度增加健康产业园建设经费。

(一)关于全区2012年财政收入安排的说明。2012年全区财政收入按上年实绩增长15%来安排，体现了确保财政收入稳步增长和逐步提高财政收入占国内生产总值的比重发展原则，这个收入水平是充分考虑了各方面主客观条件和增减因素而提出来的。

1. 财政收入增收的有利因素。一是国家今年继续实施积极的财政政策和稳健的货币政策，采取一系列扩大内需、促进经济增长的政策措施，重点加大对中小企业、“三农”、保障房以及在建续建项目的支持力度，会对我区经济增长和与之相关的税收收入增收产生积极影响。二是国务院出台的《关于进一步促进广西经济社会发展的若干意见》有关政策措施和资金支持将惠及我区。三是中国—东盟自由贸易区建设深入推进，西部大开发深入实施，北部湾经济区开放开发和西江经济带建设步伐加快，桂东承接产业转移示范区实施方案获国家发改委批准，为我区参与区域合作、积极利用国内、国外两种资源、两种市场创造了良好条件。四是玉州区经过“十一五”期间的加快发展，综合实力明显提升，被列为广西重点扶持的经济强县，工业化、城镇化、农业现代化将快速推进，为财政增收创造了有利条件。五是通过大力扶持现有的重点税源企业进行技术改造和创新，企业效益得以提高，增值税、企业所得税将会持续增加。

2. 制约财政收入增长的因素。一是产业结构和收入分配格局的深度调整将对财源结构产生重要影响，房地产及传统产业等对财政收入的贡献度将会减退，新兴产业短期内难以形成对经济增长和财政增收的支撑力。二是当前经济回升的基础还不牢固，经济运行中的困难依然存在，企业经营尚未摆脱困境，要保持税收高速增长难度很大，组织收入的压力进一步加剧。三是部分企业要消化上年应抵未抵的税金和应兑现的税收优惠政策而减收。四是国家继续实施结构性减税，落实提高增值税、营业税起征点等减轻小微企业税费负担的各项政策，实施对小微企业的所得税优惠政策，工薪个人所得税和个体工商户（个人）营业税起征点提高，房地产市场调控减少房地产业税收。同时，北部湾经济区服务业减免城镇土地使用税和房产税优惠政策扩大到全区执行，节能减排力度加大等因素将制约财政收入增加。

综上所述，2012 年收入计划安排是按照积极稳妥的原则确定的，须经各方共同努力方可实现。

（二）关于全区一般预算支出安排的说明。

1. 2012 年的预算支出，“民生预算”是重点。2012 年，我区仍以服务发展、改善民生为主线，优化支出结构，预算编制以保障经济建设和改善民生为重点。具体来说，一是加大教育的投入，如安排城区教育基础设施大会战的各类财政投入经费合计达 3，000 万元。二是加大对新农合、新农保、城镇居民养老保险、城市低保、农村低保等社会保障支出的地方配套资金投入，全部按新的配套标准配足资金。三是加大支持城乡建设的力度，安排城乡统筹发展资金，促进城乡建设一体化。如安排基层基础建设资金 1000 万元（含双带双百十覆盖经费、高山村示范点建设、城乡基础设施建设），健康产业园建设经费 2000 万元，工业集中区建设经费 1000 万元，交通基础设施大会战经费 1000 万元。四是积极贯彻市政府全民创业、扶持微型企业的政策要求，安排县级财政配套资金 1000 万元。

以上为民办实事的民生支出预算安排合计超过亿元，是近年来预算投入力度最大的一年。通过这些项目的实施，将对我区社会经济各项事业的健康快速发展起到积极的作用。

2. 2012 年新增支出项目多、新增金额大且刚性强。突出体现在以下三个方面：一是要保证机关事业单位正常运转的增支需求和教育、科技、农业等支出法定增长及财政教育支出占比要求。二是要落实好中央和自治区加大水利设施建设、保障房建设、事业单位绩效工资改革、城镇居民基本医疗保险和新型农村合作医疗保险参保人员财政补助标准提高、新型农村社会养老保险和城镇居民社会养老保险制度实现全覆盖等刚性政策。三是落实为民办实事资金、保障民生支出、落实重大项目扶持（配套）资金、加快社会事业发展步伐，所需财政投入增加。四是地方债券资金从2012年起进入归还本金及附息高峰阶段，所需财政资金较多。因此，今年财政收支矛盾仍将非常突出。

由于2012年财政增支因素刚性强、数额大，这样一个支出预算打得比较紧，与各方面对财政支出的需求相比仍有较大的差距。同时，在实际执行过程中还会出现难以预料的其他增支因素。但由于财力有限，各预算单位报来需安排的支出中尚有1亿多元无法列入预算，只能在预算执行过程中依靠努力增收节支来解决。

三、努力完成2012年全区预算

2012年是实施“十二五”规划的关键之年。全区各级财税部门要按照区委区政府的统一部署，积极做好区委区政府的参谋助手，进一步解放思想，创新理财思路，创新财政体制机制，采取积极有力的措施，确保全年工作任务的圆满完成。

（一）充分发挥财政职能作用，推动经济平稳较快发展。一是支持推进统筹城乡发展，加快构建城乡一体化发展新格局。支持加快新型城镇化跨越发展，推进重点小城镇的综合开发建设；进一步加大“三农”投入力度，推进社会主义新农村建设，支持深化农村综合改革。二是支持重大产业发展和重大项目建设，加大力度扶持产业园区建设。重点培育机械制造、健康食品、建筑材料、皮革服装“四大产业”，大力培育发展新能源、节能环保等新兴产业。继续支持实施“强柴兴玉”战略，做强做优玉柴配套企业，积极打造先进制造业配套产业基地。三是支持实施“抓大壮小扶微”工程。继续加大对富英制革、嘉德机械、华原机械等重点企业的服务和支持力度，全面落实支持中小微企业发展的各项财税政策措施，积极争取上级资金扶持，支持微型企业的发展。

（二）加强预算收支管理，切实增强财政保障能力。一是坚持依法治税。在落实财税扶持发展优惠政策的同时，制止违反规定的减税、免税和“先征后返”行为，维护税法的严肃性、统一性和权威性。努力提高财政收入质量，严肃查处各种采取不正当做法和手段虚增收入的行为。推进社会综合治税体系和非税收入监缴体系建设，确保税收收入和非税收入及时、足额、均衡入库。二是进一步完善财政收入增长激励机制，鼓励各级财政在保证质量的前提下，积极做大财政“蛋糕”。三是深入推进财政科学化精细化管理。狠抓预算执行管理，从严控制预算追加，提高预算执行的及时性、均衡性和有效性。完善财政资金管理制度，严格财政监督，确保财政资金安全、规范、高效使用。四是加强财政支出管理，坚持勤俭节约的原则。严格压缩一般性支出。对“三公经费”支出原则上实行零增长。努力降低行政成本，坚决反对铺张浪费。五是完善财政资金拨付及管理制度，规范资金支付管理，建立资金运行监控机制。加强预算执行分析，加快财政支出进度，特别是要强化各预算执行单位支出执行主体责任，促进各预算单位加快项目前期工作，尽快发挥财政资金效益。六是坚持依法理财，加强财政监督。强化财政执法监督、会计监督，着力监督涉及群众切身利益的财政资金使用情况。加强财政专项资金跟踪问效。大力推进内部控制制度建设，建立健全预算编制、执行和监督互相协调、相互制衡的机制。加强政府性债务管理，多渠道筹集偿债资金，防范和化解政府性债务风险。

（三）推进财政各项改革，完善科学的财政运行机制。一是继续推进财政“两基”、“两化”建设。着力做好财政基层建设、财政管理基础性工作、实施财政管理科学化精细化管理，进一步完善部门预算制度，完善预算编制程序，细化预算编制内容，继续提高预算编制的完整性；完善财政投资评审制度，建立重大项目支出预算事前评审机制，使项目预算做到真实、详细、准确。进一步强化预算约束，努力减少预算执行中的追加、调整事项。完善预算编制与预算执行、结转结余资金管理、行政事业单位资产管理有机结合的机制。二是深化国库集中收付制度改革，建立健全预算执行动态监控体系，确保财政资金安全、规范、高效使用。继续扩大政府采购范围和规模，严格政府采购需求标准管理，规范政府采购行为。此外，财政部门将积极履行职责，切实做好事业单位实施绩效工资改革的经费保障工作，确保该项改革顺利推进。

（四）切实保障和改善民生，进一步推动社会和谐发展。一是按照关于统筹城乡发展、推进基本公共服务均等化的部署，调整和优化财政支出结构，确保财政支出重点投向民生领域，着力解决人民群众关注的就业就医就学、社会保障、社会维稳、环境卫生、农田水利、基层文化等问题，努力使公共财政最大限度地惠及广大人民。二是支持完善民生保障政策体系。进一步加大文化经费投入，支持发展文化事业和文化产业；加快推进收入分配改革；继续实施积极的就业政策；切实加大财政教育投入，落实好城区中小学校建设大会战项目资金；支持加快建设覆盖城乡居民的社会保障体系和社会救助体系，落实城镇居民基本医疗保险和新型农村合作医疗保险参保人员财政补助标准提高、新型农村社会养老保险和城镇居民社会养老保险制度实现全覆盖等刚性政策；健全城乡居民低保制度；支持深化医药卫生体制改革，建立完善城乡公共卫生和基本医疗服务体系；加快推进住房保障体系建设，筹措落实城镇保障性住房建设和农村危房改造资金，支持改善人民群众居住条件。三是继续落实强农惠农富农政策，深入推进村级公益事业建设一事一议财政奖补；着力加强农村基础设施建设，推进新农村建设和革命老区建设，落实好扶贫项目资金。四是继续把落实为民办实事项目作为财政保障和改善民生的重要抓手，认真谋划和推进各项民生工程。

（五）坚持依法理财，努力健全财政监督。一是自觉接受区人大及其常委会、区审计局对财政的监督。大力推进内部控制规范建设，建立健全预算编制、执行和监督互相协调、相互制衡的机制。二是强化财政执法监督，扩大企业会计准则实施范围，加强对行政事业单位资产及收益的管理。三是探索建立财政专项资金绩效评价体系，促进财政资金效益的提高。四是健全财政监督机制，加大对重大财政政策执行过程的监督力度，着力监督涉及群众切身利益的财政资金使用情况。

（六）加强干部队伍建设，为财税事业发展提供坚强有力保障。加强干部思想政治建设，继续深入开展创先争优活动，学习弘扬“广西精神”，深入开展“赶超跨越、奋勇争先”解放思想大讨论活动。坚持依法理财、依法治税，更新理财治税观念，不断提高科学理财治税水平。加强干部能力建设，改善选人用人制度，加强干部培养工作。进一步改进工作作风，加强反腐倡廉建设，加强和完善绩效考核，以奋发有为的精神状态，求真务实的扎实作风，努力开创财税工作新局面。

各位代表，玉州区正处在各项工作再上新水平的关键时期，我们一定在区委、区政府的正确领导下，在区人大、区政协和社会各方面监督和支持下，深入贯彻落实科学发展观，进一步解放思想、开阔视野、真抓实干、创新发展，为确保圆满完成区四届人大二次会议确定的各项财政工作目标任务，为推进富民强区新跨越、全面建成小康玉州而奋斗！

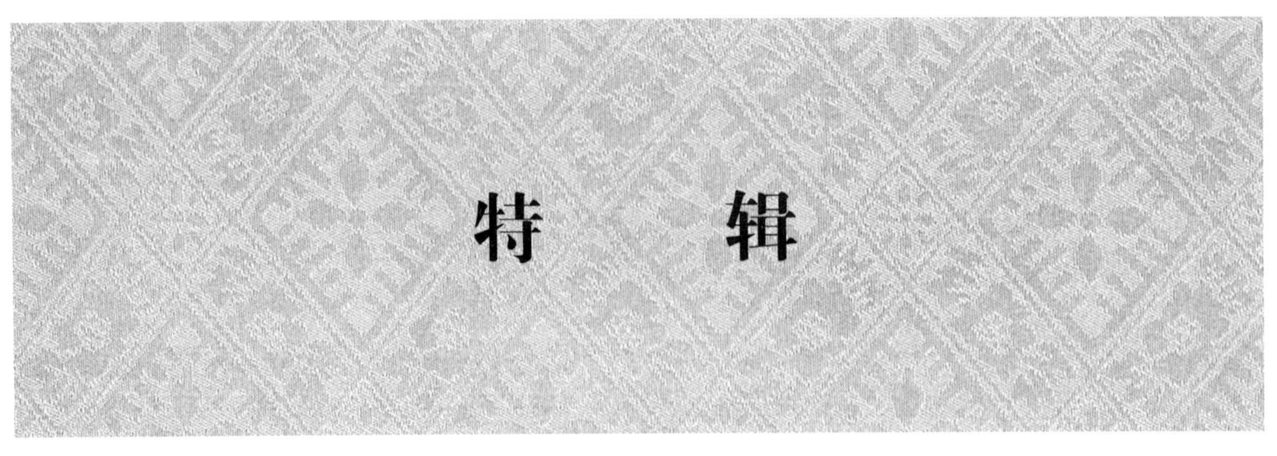

玉林市玉州区国民经济和社会发展第十二个五年规划纲要

前　言

玉林市玉州区国民经济和社会发展第十二个五年（2011－2015年）规划纲要，根据《中共玉林市玉州区委员会关于制定国民经济和社会发展第十二个五年规划的建议》编制，对“十二五”时期科学发展和加快转变经济发展方式，推进“富民强区”新跨越作出重大部署，是全区人民的行动纲领。

第一篇　推进“富民强区”新跨越

“十二五”时期是我区深化改革开放、加快转变经济发展方式的攻坚时期，是加快推进“富民强区”、全面建设小康社会的关键时期。必须立足发展基础，把握我区发展的阶段性特征，把握机遇，加快推进建设现代化工贸强区步伐，夺取全面建设小康社会新胜利。

第一章　“十一五”回顾

第一节　“十一五”时期经济社会发展成就显著

“十一五”时期是我区发展史上极不平凡的五年。面对复杂多变的国内外环境，区委、区政府团结带领全区人民，以邓小平理论和“三个代表”重要思想为指导，深入贯彻落实科学发展观，加快转变经济发展方式，作出了“工贸强区，统筹发展”，借柴兴区、做大做强做优工业，争当广西县域经济排头兵、统筹城乡发展排头兵和非公经济排头兵等重大决策部署，克难攻坚，锐意进取，保持和扩大了经济社会平稳较快发展的良好势头，“十一五”规划确定的主要目标任务全面完成，经济社会发展迈上了一个大台阶。“十一五”时期成为我区发展最好、城乡面貌变化最大、人民群众得实惠最多的时期。

专栏1　玉州区“十一五”时期主要指标完成情况

主要指标	2005年	规划目标		完成情况		
		2010年	年均增长%	2010年	比2005年翻番	年均增长%
地区生产总值（亿元）	101.2	199	13	202.78	1	13.2
人均地区生产总值（元）	16860	33101		33720	1	
财政收入（亿元）	4	8.0	15	8.72	1.12	16.9
人均财政收入（元）	641			1416	1.14	1.5

续表

<table>
<tr><td colspan="2">主要指标</td><td>2005 年</td><td colspan="2">规划目标</td><td colspan="3">完成情况</td></tr>
<tr><td colspan="2">工业增加值（亿元）</td><td>37.1</td><td></td><td></td><td>74.2</td><td>1</td><td></td></tr>
<tr><td colspan="2">第三产业增加值（亿元）</td><td>53.75</td><td></td><td></td><td>109.44</td><td>1.03</td><td></td></tr>
<tr><td colspan="2">规模以上工业总产值（亿元）</td><td>100.63</td><td></td><td></td><td>243.03</td><td>1.27</td><td></td></tr>
<tr><td colspan="2">规模以上工业企业利润总额（亿元）</td><td>4.65</td><td></td><td></td><td>16.86</td><td>1.86</td><td>29.38</td></tr>
<tr><td colspan="2">全社会固定资产投资（亿元）</td><td>45.52</td><td>91.56</td><td>15</td><td>166.19</td><td>1.87</td><td>29.53</td></tr>
<tr><td colspan="2">社会消费品零售总额（亿元）</td><td>54.68</td><td>104</td><td>14</td><td>132.59</td><td>1.28</td><td>19.4</td></tr>
<tr><td colspan="2">城镇居民人均可支配收入（元）</td><td>10039</td><td>14081</td><td></td><td>19995</td><td>1</td><td>14.8</td></tr>
<tr><td colspan="2">农民人均纯收入（元）</td><td>2883</td><td>4236</td><td></td><td>6229</td><td>1.11</td><td>16.7</td></tr>
<tr><td colspan="2">实际利用外资（万美元）</td><td>721</td><td>1448</td><td>15</td><td>3002</td><td>2.06</td><td>33</td></tr>
<tr><td colspan="2">外贸进出口总额（亿美元）</td><td>0.62</td><td>1.1467</td><td>13</td><td>0.83</td><td></td><td>5.85</td></tr>
<tr><td colspan="2">出口总额（亿美元）</td><td>0.56</td><td>0.9381</td><td>11</td><td>0.72</td><td></td><td>5.31</td></tr>
<tr><td rowspan="2">主要污染物排放总量减少（%）</td><td>二氧化硫排放量（万吨）</td><td>1.33</td><td>排放总量控制在0.896万吨以内，比2005年下降32.8%</td><td></td><td>0.86</td><td></td><td>-9.7</td></tr>
<tr><td>化学需氧量排放量（万吨）</td><td>2.5</td><td>排放总量控制在1.314万吨以内，比2005年下降47.4%</td><td></td><td>1.22</td><td></td><td>-14.6</td></tr>
<tr><td colspan="2">城镇化率(%)</td><td>71.2</td><td>74.2</td><td></td><td>79.3</td><td></td><td></td></tr>
<tr><td colspan="2">森林覆盖率(%)</td><td>30.0</td><td>30.09</td><td></td><td>33</td><td></td><td>1.92</td></tr>
<tr><td colspan="2">农民参加新型农村合作医疗率(%)</td><td></td><td>70</td><td></td><td>91.04</td><td></td><td></td></tr>
<tr><td colspan="2">人口自然增长率(‰)</td><td>6.77</td><td>9.39</td><td></td><td>9.39</td><td></td><td></td></tr>
<tr><td colspan="8">注：地区生产总值绝对数按当年价计算，速度按可比价计算</td></tr>
</table>

（一）经济持续较快发展，综合实力大幅提升。全区生产总值从2005年的101.2亿元增加到2010年的202.78亿元，“十一五”期间年均增长13.2%；人均生产总值由1.69万元增加到3.37万元。财政收入由2005年的4亿元增加到2010年的8.72亿元，年均增长16.9%。全社会固定资产投资由2005年的45.52亿元增加到2010年的166.19亿元，五年累计完成579.2亿元，年均增长29.53%。经济社会发展综合实力明显增强，全区实现了“十三个翻番”，其中地区生产总值翻1番、人均生产总值翻1番、财政收入翻1.12番、人均财政收入翻1.14番、第三产业增加值翻1.03番、工业增加值翻1番、社会消费品零售总额翻1.28番、城镇居民人均可支配收入翻1番、农民人均纯收入翻1.11番、全社会固定资产投资翻1.87番、规模以上工业总产值翻1.27番、规模以上工业企业利润总额翻1.86番、实际利用外资翻2.06番，开创了全区改革开放和

现代化建设的崭新局面。在2004—2006年连续三年荣获广西经济发展“十佳”县（市、区）称号的基础上，2008—2009年又连续两年荣获广西科学发展“十佳”县（市、区）殊荣，成为广西唯一一个五次荣获科学发展（经济发展）“十佳”称号的县（市、区）。

（二）三次产业趋向协调，产业结构不断优化。一、二、三产业占生产总值的比重由2005年的6.8∶40.1∶53.1调整为2010年的5.1∶40.9∶54，第三产业比重过半，第二产业比重稳步提高，产业结构不断优化、更趋合理。

工业经济快速发展，新型工业化进程加快。全区工业总产值由2005年的129.7亿元增加到2010年的288.39亿元，年均增长17.29%；规模以上企业达90家。“借柴兴区”战略成效明显，配套企业不断发展壮大，配套玉柴的企业达75家。企业和产业向园区集聚发展，“十一五”期末园区落户企业达65家，实现产值23亿元；机械制造、健康食品、皮革服装、建筑材料等四大产业集群发展壮大，总产值占全区工业总产值的比重达82%。

农业和农村经济稳步发展，产业化程度不断提高。农林牧渔业总产值由2005年的11.2亿元增加到2010年的16.9亿元，年均增长3.9%。农业产业化步伐加快，建成市级以上农业产业龙头企业20家，农民专业合作社67家，农业产业化经营组织2976个，连片100亩以上的农业生产基地38个。畜牧业加快发展，全区共有规模养殖场1480家，带动1.7万多户农民发展养殖业。水利基础设施建设力度加大，水库除险加固13座，农村饮水安全工程解决饮水困难人口近10万人；组建农民用水者协会，推行渠道“三面光”硬化建设“以奖代补”管理办法，并在全广西推广；先后荣获广西2008—2009、2009—2010年度农田水利基本建设先进单位。2008年率先在广西实现行政村村村通硬化路。社会主义新农村建设有效开展，农村生产生活条件进一步改善。农民收入增加，2010年，全区农民人均纯收入突破6000元，达6229元。

服务业快速发展，消费市场日趋活跃。全区第三产业增加值由2005年的53.7亿元增加到2010年的109.44亿元，年均增长13.4%；社会消费品零售总额由2005年的54.68亿元增加到2010年的132.59亿元，年均增长19.4%。国际购物中心、东门商业广场、美家园商业广场、美林商业街、骑楼步行街、美食街等一批商贸项目建成投入使用，进一步活跃了城区消费市场。玉林国际中药港、宏进农副产品批发市场相继投入使用，工业品服装市场、龙船市场等专业市场得到改造提升，市场成交额大幅增加。积极实施“玉－北－福一体化基础设施建设大会战”，深入开展“城乡清洁工程”和“城乡风貌改造工程”，城乡面貌焕然一新，城市品位明显提升。旅游经济发展步伐加快，形成了高山村明清古民居旅游风景区、云天民俗文化世界等具有本地特色和历史文化内涵的品牌景点，接待旅游人数逐年增加。交通物流、商贸批发、餐饮住宿、金融、社区服务等行业发展加快。

非公经济发展壮大，成为经济发展的生力军。创建“广西非公经济示范区”成效明显，2010年，全区个体工商户、私营企业、外资企业等非公有制经济主体2.79万户，从业人员12.8万人。非公经济总量占全区经济总量的比重达85%。

（三）项目投资成果显著，发展后劲不断增强。“十一五”时期，累计新开工项目1450个，总投资额651.63亿元，其中累计实施重大项目720个，完成投资477.2亿元，是“十五”期间的8倍多，是我区重大项目建设投资规模最大、项目最多、经济社会效益最为显著的时期，投资对经济增长的贡献率70%以上。重大项目支撑作用明显。富英皮革、正泰彩印、华原机械、嘉祥机械、新翰电子机械、科创机械、嘉德机械、嘉义机械等骨干企业的投产、扩建，促进了全区支柱产业的快速发展。积极谋划、包装和申报一批涉及民生的基础设施建设项目，累计获得上级资金支持项目194个，获支持资金16618.76万元，是我区获得上级资金支持最多的时期。

（四）改革创新持续深化，重点改革成效明显。行政体制改革进一步深入，机构改革任务基本完成。进一步理顺市、区的权责关系，城区的经济、社会、城市管理得到加强。国有集体企业改制工作稳妥推进，完成改制企业29家。粮食体制改革纵深推进，粮食购销直补政策得到全面落实。工资制度改革不断深化，公务员津贴补贴规范发放，事业单位岗位设置和中小学校绩效工资实施工作顺利推进。基本医疗保险制度改革、城镇职工基本医疗保险制度改革深入实施，新型农村合作医疗制度全面施行。医药卫生体制改革试点工作深入开展，基层卫生院全面实施国家基本药物制度，基层医疗机构综合改革工作顺利开展。行政审批制度改革力度加大，审批工作进一步规范。区政务服务中心、镇(街道)便民服务中心高效运转，全面推行电子政务，办公效率不断提高。集体林权制度改革工作深入开展。水利工程管理体制改革工作全面完成。乡财县管、国库集中支付等财税改革工作深入推进。

（五）招商引资力度加大，开放合作不断拓展。以中国－东盟博览会、中小企业商机博览（中国·玉林）为平台，成功承办了第一、二届中国（玉林）中医药博览会，实现贸易成交额41.3亿元；签订项目41个，合同成交额38.5亿元，“南方药都”品牌初步打响。招商引资和承接东部产业转移工作力度加大，成绩显著。全区五年共引进项目457个，合同金额396.13亿元，其中承接东部产业转移项目169个。五年累计实际利用外资额8449万美元，年均增长33%。2008、2009年连续两年荣获广西招商引资工作先进县（市、区）一等奖。五年累计实现外贸进出口总额40563万美元，年均增长5.85%，其中出口总额35011万美元，年均增长5.31%。

（六）节能减排成效明显，生态环境明显优化。万元生产总值能耗由2005年的1.55吨标准煤下降到2010年的1.27吨标准煤，年均下降3.78%。五年共削减化学需氧量1.5万吨，年均下降22.91%；削减二氧化硫0.68万吨，年均下降22.75%。林业生态建设全面推进，2010年全区植树造林1815亩，森林覆盖率33%。开展机关节能活动，有效遏制机关能源浪费。推广使用清洁能源，全区累计建成沼气池13381座。节能灯、太阳能、空气能热水器等节能设备加快推广使用。成立了玉州区环境保护工作机构，进一步加强对环境保护工作的领导。32家重污染企业建设了生化处理设施，全面关停取缔69家小造纸厂、17个非法炼油窝点，环境保护工作取得较好成效。

（七）社会事业全面发展，人民生活继续改善。“十一五”期间，全区财政在社会事业、就业保障等领域的投入累计超10亿元，是建区以来投入最大的时期。深入实施“科教兴区”战略，优先发展教育，中小学校基础设施不断完善，顺利通过国家“两基”评估验收，荣获全国德育先进县（区）称号。积极实施玉州区第四轮科技创新计划（2008—2010），荣获第三批“全国科普示范县（市、区）”称号，2005—2006、2007—2008年度两次被国家科技部确认为全国科技进步考核先进县（市）称号。文化和体育事业繁荣发展，建成3个乡镇综合文化站，42个村级篮球场，60个农家书屋等一批镇村文体基础设施，推动了城乡文体活动蓬勃开展。医疗卫生基础设施建设进一步加强，医疗服务水平进一步提升，荣获2009年度广西新型农村合作医疗工作先进县（区）称号。人口和计划生育工作取得新成效，先后荣获全国流动人口计划生育工作先进集体、全国计划生育优质服务先进区、全国流动人口计划生育信息化建设先进单位称号。民政事业扎实推进，获评为2007年广西“双拥”模范区。残疾人事业取得新进步，获全国白内障无障碍区称号。民族工作成绩突出，荣获2008年度广西民族团结工作先进单位称号。“整村推进”贫困村扶贫开发工作稳步推进。就业和再就业工作全面推进，城镇新增就业人数累计1.74万人，城镇登记失业率控制在4.3%以内。农村劳动力转移人数累计2.83万人。社会保障制度进一步完善，社会养老、失业、医疗、工伤、生育保险覆盖面不断提高，新型农村社会养老保险试点工作进展顺利。每年为民办十件实事工作如期完成，累计投入财政资金3.5亿元，为民办实事41件。安全生产形势稳定好转。平安创建取得新成效，认真开展信访和调解工作，社会治安综合治理成效显著，全区持续和谐稳定，被评为“2005－2007年建设平安广西活动先进县（市、区）”，2008、2009年连续两年被命名为广西“平安县（市、区）”。

同时，社会主义民主政治、人民代表大会制度、多党合作和政治协商制度以及爱国统一战线等得到巩固和加强。国防动员和民兵预备役建设质量不断提升。人社、机构编制、机关事务、应急管理、监察、审计、档案、统计、防震减灾、人防、民族宗教、外事侨务、对台事务、税务、供销、二轻、修志等工作取得新成效，关心下一代、妇女儿童、老龄和残疾人事业健康发展。

经过全区人民的共同努力，我区综合经济实力显著增强，工业化城镇化快速推进，城市中心地位大幅提升，人民生活明显改善，城乡面貌焕然一新，经济建设、政治建设、文化建设、社会建设和生态文明建设取得重大进展，在全面建设小康社会征程上迈出了坚实步伐。

第二节 “十一五”发展基本经验

——立足区情，科学发展。认真学习实践科学发展观，深化对玉州区情的认识，积极贯彻落实市委、市政府关于统筹城乡发展加快推进城乡一体化的决策部署，探索确立“工贸强区，统筹发展”思路，走出了一条符合区情的发展道路。

——发挥优势，加快发展。发挥玉州区商贸传统历史悠久、商业氛围浓厚、人力资源和民间资本丰富、非公经济发达的优势，坚持把非公有制经济作为主体经济来抓，创建“广西非公经济示范区”，非公经济已成为我区的经济支柱。

——项目支撑，投资拉动。坚持把项目作为经济工作的突破口，使我区项目走上“开工一批，在建一批，投产一批，储备一批，论证一批”的良好轨道，努力夯实发展基础，不断培育新的经济增长点。坚持抓好载体，相继开展了“玉林城区基础设施建设大会战”、“社会主义新农村建设”、“服务企业，推进项目年”、“党组织服务年”、“工作落实年－绩效攻坚年”、“创先争优”、“创广西十佳县（市、区）”活动，抓住每年举办的中国－东盟博览会、中小企业商机博览（中国·玉林）、中国（玉林）中医药博览会等平台，开展招商引资，主动承接东部产业转移，构筑了加快发展新平台。

——统筹推进，协调发展。坚持“五个文明”建设一起抓，努力构建和谐社会。坚持以人为本，强力推进经济建设、政治建设、文化建设、社会建设和生态建设，加速建设富裕文明和谐新玉州进程。

第二章 “十二五”发展环境与发展机遇

第一节 发展环境

“十二五”时期，我国发展仍处于可以大有作为的重要战略机遇期，国际国内环境对我区经济社会发展总体有利。中国－东盟自由贸易区全面建成，西部大开发深入推进，广西北部湾经济区开放开发和广西桂东产业转移示范区上升为国家战略，西江黄金水道经济带建设步伐加快，中小企业商机博览（中国·玉林）每年在我区举办，我区每年承办中国（玉林）中医药博览会，玉林市大力统筹城乡发展、加快城乡一体化建设，为我区提供了更为广阔的发展空间。经过建区以来尤其是“十一五”时期的加快发展，我区综合实力明显提升，城市辐射带动能力大幅度增强。我区发展呈现新的阶段性特征，工业化进入加快发展阶段、服务业逐步向现代服务业发展转变、农业逐步向现代高效农业发展转变；统筹城乡发展将进入新阶段，村民逐步向市民转变，经济社会加快转型，工业化、城镇化快速推进，经济社会进入加速发展阶段，我们完全有条件在新的起点上实现“富民强区”新跨越。

同时，我区经济社会发展中还面临着不少困难和问题，主要是：我区经济质量和效益不高，城乡发展差距明显；发展后劲不足；自主创新能力不强，经济增长方式粗放；社会事业发展相对滞后，民生保障压力较大；区域竞争加剧，发展环境较为复杂，保持经济社会持续快速发展的难度加大。

我们必须准确把握发展环境和基本区情，科学判断发展阶段和发展趋势，深化对发展规律的认识，更新发展观念，妥善应对各种挑战，凝聚全区力量，奋力推动经济社会跨越发展。

第二节 发展机遇

——经济全球化进程加快带来的产业分工机遇。全球经济在金融危机中孕育深刻转型，将进入新一轮结构调整和产业转移。玉州区位于广西桂东产业转移示范区之内，为争取上级在重大基础设施项目、产业布局、税收、融资、土地等方面的政策支持提供重大机遇，将有利于充分利用地缘和交通优势，加快承接发达地区产业转移，实现跨越式发展。

——国家扩大内需的重大机遇。扩大内需将是我国的一项长期政策，同时将继续实施适度宽松的财政政策，以促进结构优化和发展方式加快转变。这些政策取向，将给我区深入实施“工贸强区”战略、发展壮大以商贸流通为主的服务业，以及加快结构调整和转变经济发展方式，拓展发展空间，孕育发展机会。

——区域合作新机遇。随着中国－东盟自由贸易区的全面建成，玉州区可充分利用东盟廉价的原材料降低生产成本，开发新产品，提高企业竞争力；发挥商贸物流和制造业的优势，以中国—东盟博览会、玉博会和药博会为平台，扩大开放合作，将大大加快以开放促发展的进程。“十二五”时期，自治区将从充分发挥北部湾经济区龙头作用、积极打造西江经济带产业集聚优势、增强资源富集区自我发展能力等方面来谋篇布局，加快开放开发。玉州区将在基础设施建设、产业项目和贸易物流方面将赢得更多发展机会。

——玉林市统筹城乡一体化建设带来的全新机遇。作为玉林市的中心城区和统筹城乡发展条件较为成熟的区域，将全面受益于统筹城乡发展各项政策和整个一体化发展过程，为玉州区推进城乡基础设施建设，优化功能布局，加快产业结构调整，增强资源集聚能力，提高居民生活水平，壮大经济总量夯实基础。

第二篇 总体要求和主要目标

第三章 总体要求

第一节 指导思想

高举中国特色社会主义伟大旗帜，以邓小平理论和“三个代表”重要思想为指导，深入贯彻落实科学发展观，坚持“工贸强区，统筹发展”的思路，围绕“富民强区”新跨越，以科学发展为主题，以加快转变经济发展方式为主线，统筹城乡发展，推进工业化、城镇化、农业现代化、信息化、市场化、国际化，深入实施西部大开发战略，深化改革开放，促进创业创新，保障和改善民生，保持经济长期平稳较快发展和社会和谐稳定，加快建设先进制造业配套产业基地、健康产业发展基地、特色农业生产基地和广西统筹城乡发展示范区、非公经济示范区，大力创建商贸物流中心城区、创业宜居城区，培育壮大南方药都，为实现全面建设小康社会目标奠定坚实基础。

第二节 基本要求

推进“富民强区”新跨越的基本要求是：

——坚持把壮大经济总量和提升发展质量作为中心任务。发展是解决我区所有问题的关键。必须保持和扩大经济社会良好发展势头，坚持总量和质量、速度和效益的统一，增强发展的全面性、协调性和可持续性，实现经济社会发展新跨越。

——坚持把调整优化经济结构作为主攻方向。加快经济结构战略性调整，不断优化产业结构、需求结构、城乡结构和区域结构。坚定不移走新型工业化道路，加快产业结构优化升级，推动经济增长向三次产业协同带动转变。统筹城乡发展，推进工业向园区集中、农民向城镇集中和土地向规模经营集中，做大做强做优工业，促进城镇化跨越发展，加快建设社会主义新农村，实现城乡、区域良性互动、协调发展。

——坚持把加快推进工业化城镇化发展作为工作重点。坚持工业化城镇化主导方向和核心战略，优先发展产业、交通，统筹城乡发展、加快推进城乡一体化，实施借柴兴区、做大做强做优工业等重大决策部署，加快建设“三基地、两示范、两城一都”，推进工业化、城镇化和信息化跨越式发展。

——坚持把科技进步和科技创新作为重要支撑。深入实施科教兴区和人才强区战略，充分发挥科技第一生产力和人才第一资源作用，提高教育现代化水平，增强自主创新能力，壮大各类人才队伍，推动发展向主要依靠科技进步、劳动者素质提高和管理创新转变。

——坚持把保障和改善民生作为根本出发点和落脚点。把促进就业创业放在经济社会发展优先位置，提高城乡居民收入，加快发展各项社会事业，促进基本公共服务均等化，提高社会管理水平，使发展成果更大程度惠及民生。

——坚持把生态文明建设作为重要着力点。深入贯彻节约资源和保护环境基本国策，加快建设资源节约型和环境友好型社会，促进经济社会发展与人口资源环境相协调，增强可持续发展能力。

——坚持把改革开放作为强大动力。坚定不移推进经济、政治、文化、社会等各领域改革，加快构建有利于科学发展的体制机制。实施更加积极的开放合作战略，着力提高经济市场化、国际化水平。

——坚持把继续解放思想作为重要保障。把继续解放思想贯穿于发展的全过程，发扬求真务实、开拓创新、勇于变革、争创一流的进取精神，以思想大解放推动“富民强区”的生动实践。

第三节　发展战略

贯彻落实科学发展观，积极创新发展战略，丰富发展平台，拓宽发展空间，提升发展速度，从而实现又好又快发展。为此，实施以下四大战略：

一、实施跨越式发展战略，努力实现又好又快发展。跨越式发展是科学发展的题中之意，也是实现又好又快发展、缩小玉州与发达地区差距、与全国同步实现全面建设小康社会的必由之路。充分发挥后发优势，实现赶超式发展、超常规发展，以局部赶超带动发展提速、增效，从而实现又好又快发展。创新发展理念和路径。适度超前发展战略性新兴产业和高新技术产业。科教兴区，人才强区。优化环境，招商引资，招强引大。

二、深入实施工贸强区战略，努力推动“富民强区”新跨越。按照“工业强区、商贸活区、旅游旺区、农业稳区”的方向调整和优化产业结构，重点发展机械制造、健康食品、皮革服装、建筑材料四大产业，全力推进新型工业化进程。努力构建以工业和商贸业为支撑，具有竞争活力的产业体系。

三、实施城乡统筹发展战略，促进城乡一体化发展。加快城乡融合，统筹城乡发展，增强城市辐射带动能力。逐步化解二元结构矛盾，推进城乡一体化。推进工业向园区集中、农民向城镇集中和土地向规模经营集中。优化空间布局，发挥集聚效应，走集中型工业化和紧凑型城镇化发展道路。

四、实施全民创新创业战略，促进非公经济加快发展。培育创业创新主体，鼓励和支持全民自主创业创新，优化非公经济发展环境，完善和落实鼓励创业创新的财政扶持、金融支持等政策措施，加快创业创新孵化体系建设。降低准入门槛，鼓励民间资本进入，拓展创业创新领域。减少和规范行政审批，提高政府服务效率，营造全民创业创新的良好氛围。实施“中小企业成长工程”，引导非公企业推进管理创新、产品创新和技术创新，争创品牌，支持非公中小企业与大企业发展稳定的配套协作关系，走专业化、集约化、规模化的发展道路。

第四章 发展目标

按照与玉林市对玉州区提出的目标任务紧密衔接、与实现“富民强区”和全面建设小康社会奋斗目标紧密衔接的要求，综合考虑未来发展趋势、有利条件和约束因素，今后五年我区经济社会发展的主要目标是：

——经济平稳较快发展，综合经济实力显著增强。经济保持平稳较快发展，经济规模上新台阶。地区生产总值年均增长10%，财政收入年均增长15%，全社会固定资产投资年均增长12%，社会消费品零售总额年均增长18%，实现地区生产总值、财政收入、社会消费品零售总额比2010年翻一番以上。

——经济结构持续优化，经济发展方式加快转变。三次产业结构进一步调整优化，服务业比重、工业化和城镇化水平不断提高，投资结构更加优化。工业增加值、第三产业增加值占地区生产总值的比重分别提高2个和3个百分点，工业化率和城镇化率分别提高3个百分点。

——统筹城乡实现“五年大发展”目标，城乡一体化加快推进。工业向园区集中、农民向城镇集中和土地向规模经营集中取得明显成效。城乡居民收入、城乡基本公共服务差距显著缩小。城乡居民整体素质及社会和谐度明显提高。

——基础设施更加完善，发展后劲进一步增强。能源、水利、市政、物流、信息、环保、工业园区等基础设施得到较大改善，教育、卫生、文化、体育等社会公共服务设施更加健全，城市功能更加完善，基础设施支撑能力有较大提升。

——改革开放不断深化，非公经济加快发展。国有企业、财税金融、要素价格等重点领域和关键环节改革取得明显进展。政府职能加快转变，行政效率明显提高。创业创新形成新局面，非公经济占国民经济的比重进一步增加。全方位开放合作水平进一步提高。

——社会建设明显加强，公共服务更加健全。覆盖城乡居民的社会保障和公共服务体系更加完善，人民受教育程度稳步提升，群众思想道德素质、科学文化素质和健康素质不断提高。人民群众的物质生活和精神文化生活更加富足。社会主义民主法制更加健全，人民权益得到切实保障。社会管理制度趋于完善，社会更加和谐稳定。

——城乡居民收入普遍较快增加，人民生活水平不断提高。城镇居民人均可支配收入年均增长10%；农民人均纯收入年均增长12%。中等收入群体持续扩大，贫困人口显著减少。

专栏2 玉州区“十二五”时期经济社会发展主要指标

类 别	指 标	2010年	2015年目标	“十二五”年均增长(%)	属 性
经济增长	地区生产总值(亿元)	202.78	336	10	预期性
	人均地区生产总值(元)	33720	39000	9	预期性
	财政收入(亿元)	8.72	17.44	15	预期性
	其中:一般预算收入(亿元)	4.98	9.6	14	预期性
	全社会固定资产投资(亿元)	166.19	300	12	预期性
	社会消费品零售总额(亿元)	132.59	300	18	预期性
	进出口总额(亿美元)	0.83	1.47	10	预期性
	出口总额(亿美元)	0.72	1.16	10	预期性
	工业增加值比重(%)	37	39		预期性
	服务业增加值比重(%)	54	57		预期性
	城镇化率(%)	79.3	82.3		预期性

续表

类别	指标	2010年	2015年目标	“十二五”年均增长(%)	属性
科技教育	九年义务教育巩固率(%)	89.1	94		约束性
	主要劳动力年龄人口平均受教育年限(年)		11		预期性
	研究与试验发展经费支出占地区生产总值比重（%）	0.9	2.2		预期性
	每万人口发明专利授权数（件/万人）		3		预期性
资源环境	耕地保有量（万公顷）	1.26	控制在上级下达的耕地保护面积指标范围内		约束性
	农业灌溉用水有效利用系数	0.45	0.75		约束性
	单位工业增加值用水量降低（%）			按上级分解下达任务	约束性
	单位地区生产总值能耗降低（%）				约束性
	单位地区生产总值二氧化碳排放降低(%)				约束性
	化学需氧量排放减少（%）				约束性
	二氧化硫排放减少（%）				约束性
	氨氮化物排放减少（%）				约束性
	氮氧化物排放减少（%）				约束性
	森林覆盖率（%）	33	34		约束性
	森林蓄积量（万立方米）	25.83	41.93		约束性
人民生活	全区总人口（万人）	61.54	控制在玉林市下达指标内		约束性
	城镇登记失业率（%）	4.3	4.3		预期性
	城镇净增就业人数（万人）	【1.74】	【2.1】		预期性
	城镇参加基本养老保险人数（万人）	2.75	3.56		约束性
	城乡三项医疗保险参保率（%）	91.04	96.5		约束性
	城镇居民人均可支配收入（元）	19995	32200	10	预期性
	农民人均纯收入（元）	6229	10980	12	预期性

注：地区生产总值、人均地区生产总值绝对数按2010年价格计算，速度按可比价格计算；三项医疗保险指城镇职工基本医疗保险、城镇居民基本医疗保险、新型农村合作医疗。〔〕为5年累计数。

第三篇　推进城乡一体化创建广西统筹城乡发展示范区

围绕创建广西统筹城乡发展示范区建设目标，积极推进机制体制创新，大力提升中心城市功能，扶持发展小城镇，整合中心村和农村居民点，构筑城乡统筹发展新体系，推进城乡一体化建设。

第五章　建设创业宜居城区

围绕建设“三基地、两示范、两城一都”的目标，以统筹城乡发展为抓手，全力推动城镇化跨越式发展，加快建设创业宜居城区，力争到2015年，城区人口规模达到70万人以上，城区面积增加到80平方公里，全区城镇化率达到82.3%。

第一节　加强城乡规划建设

按照“服务全市、借势发展、争创一流”的工作理念，立足“四大和谐”，实施“十大工程”，加强城乡规划建设管理。

加快重点镇建设。着重抓好列入自治区、玉林市重点镇的仁东镇规划建设的同时，抓好仁厚镇的建设，按照健康产业园、重点镇建设、土地综合整治“三位一体”的办法同步规划、同步建设，把仁东、仁厚建成以健康产业园的产业为支撑、以城镇发展为平台、以农民进城为主体的新型城镇。

抓好村镇建设规划。按照自治区和玉林市的部署，大力开展村镇规划集中行动，用三年左右时间基本实现镇、村委会所在村屯、中心村和交通干线沿线50户以上自然村的规划全覆盖。把握农村（社区）建设的新要求和迁村并点、建设集中居住区的发展趋势，充分考虑农村经济发展、社会结构变化和农民居住需求，统筹安排空间布局、公共设施和要素配置，争取实现村村有规划的远期目标。

专栏3　“四大和谐”、“十大工程”

“四大和谐”

传统与现代相和谐。立足玉商文化特色，传承岭南文化底蕴，吸收现代文明元素，建设有玉州特色的现代化城区。

新区与旧城相和谐。加大旧城旧村改造力度，促进城市新区与旧城改造和谐发展。

城区与乡村相和谐。坚持基础设施向农村延伸，文化和社会事业向农村延伸，公共服务向农村延伸，社会保障向农村延伸，不断缩小城乡差距。

人与自然相和谐。致力发展低碳经济，创造优美舒适的人居环境。

“十大工程”

“玉—北—福”一体化工程。规划和建设一批主干道，完善城市的路网结构，抓好玉福大道、二环南路和清宁路北段的建设，开工建设迎宾大道三期工程、金港大道延长线、江南大道延长线等项目。

小街小巷硬化、亮化工程。继续推进城区小街小巷硬化、亮化工程。

城乡风貌改造工程。深入实施城区主干道两旁建筑的“穿衣戴帽”、“填平补齐”工程，组织实施“百镇千村行动计划”，启动重点镇面貌改观“三年行动计划”。

旧城旧村改造工程。重点实施江岸旧村改造工程。

城乡清洁工程。加大环境卫生专项整治力度，彻底改变城镇脏、乱、差的面貌。

重点城镇建设工程。抓好列入自治区、玉林市重点镇——仁东镇的建设，把健康产业园、重点镇建设、土地综合整治结合起来，形成“三位一体”的建设规模。

城区交通畅通工程。打通断头路、过江路，构建城区主次干道网络，发展城乡一体化交通。

社会事业保障工程。加大投入，大力发展教育、医疗卫生事业，适应城镇化的需求。

安居工程。引导房地产业健康有序发展，加大保障性安居工程建设力度。

观光休闲工程。发展农家乐、户外运动、休闲观光项目。

第二节　加强城乡基础设施建设

加强交通基础设施建设。开展城乡交通基础设施建设大会战，加快城乡交通一体化步伐，不断完善城乡交通网络，提升路网通达深度。“十二五”期间，改建通村硬化路27.11公里，新改建农村公路275.72公里，基本消灭断头路。力争到2015年，实现在养农村公路硬化率达到100%，100户以上的自然村全部通硬化路的目标。争取把玉林—卖酒公路扩建为一级公路项目列入自治区重点交通建设项目。

加强水利基础设施建设。加快建设农村饮水安全工程，保护饮用水水源，减少污染源，确保用水安全、卫生，“十二五”期间共解决农村饮水不安全人口15.9万人。提高村镇自来水普及率，重点解决水质性缺水地区的安全饮水问题和山区工程性缺水问题，大力发展集中供水。投资建设鸦桥水厂应急水源改造工程、江南水厂扩建工程。

加强城镇体系建设。配套完善小城镇基础设施，突出抓好城镇供排水、排污、通讯等，合理布局教育、医疗、文化等城市公共服务设施，把小城镇建设成为人口、产业、市场的集聚点和卫星城。到“十二五”期末，全区城镇自来水普及率达100%，燃气普及率达98%。

第三节 提升中心城区品位

围绕建设区域性现代化中心城区的目标，加快城区基础设施建设，全面提升中心城区功能，强化中心城区的增长极作用和综合带动功能，着力培育中心城区的产业辐射功能、服务平台功能、开放窗口功能、管理和信息中枢功能、物流集散功能、科教和人力资源支撑功能。大力构建生态城区。充分挖掘千年古州的历史人文特色，注重历史传承和时代创新的结合，最大限度地彰显岭南地域文化特色，做到自然与历史保护、经济与文化发展相得益彰，努力营造生活环境舒适、生态环境良好、城市景观怡人、富有岭南特色的生态城区。

专栏4 玉州区统筹城乡发展加快推进城乡一体化中期目标

玉州区统筹城乡发展加快推进城乡一体化中期目标(2011—2015)

到2015年，实现地区生产总值、财政收入比2010年翻一番以上，城镇居民收入稳步增长，农民人均纯收入年均增长12%，城镇化率达到82.3%，土地规模经营率达30%，城乡统一的公共服务制度建设取得重大进展，城乡基本公共服务差距显著缩小，城乡居民的整体素质以及社会和谐度明显提高。城市经济带动全区经济蓬勃发展，全民创业氛围浓厚，生态环境优良。新体制改革、新经济发展、新城乡建设取得明显进展。

第六章 构建城乡发展新格局

第一节 探索完善统筹城乡机制

创新城乡公共服务机制。按照城乡公共服务均等化要求，加快制度创新和政策调整，合理分配城乡公共服务资源，均衡发展城乡教育、卫生、文化、体育等各项社会事业，不断缩小城乡差距。大力实施民生工程，消除城乡在居住、就业、社保、教育等方面的体制和政策障碍，促进社会公平正义，让人民群众共享改革发展成果。

创新土地管理机制。健全土地综合整治机制，加强对仁东镇土地综合整治试点的规划和引导，积极探索推行城乡建设用地增减挂钩、征转分离、先征后转机制。

创新投融资机制。发挥金融财政支农作用，加大对农业、农村基础设施建设和社会事业发展的投入。制订、完善激活民间资本优惠政策措施，鼓励全民创新创业。进一步做大投资公司，扩大投融资规模，发挥投融资平台作用，积极发展小额贷款公司和担保公司，提高担保能力，为统筹城乡发展提供资金支持。

改革户籍管理机制。健全完善有利于农村人口转化成城市人口的配套制度和机制，重点加快完善农民转为市民后相关的户籍、土地、住房、社会保障等方面的配套政策。

创新行政管理机制。积极稳妥地推进行政区划调整,积极开展扩权强镇试点,赋予试点镇部分区级经济社会管理权限,促进镇域经济快速发展。逐步推进新型农村社区建设,增强服务能力。

第二节 推进“三个集中”促进“三化”联动

推进工业向园区集中、农民向城镇集中和土地向规模经营集中，促进新型工业化、城镇化和农业产业化。

强力推进工业向园区集中，促进新型工业化。坚持“品牌引领，集聚发展”，引导企业向园区集聚发展，推进企业自主创新，做强做大产业，促进新型工业化发展。

稳妥推进农民向城镇集中，促进新型城镇化。加强城市建设，增强城市的辐射力和带动力。完善城市功能，打造创业宜居中心城区，增强对镇（街道)、村(社区)的辐射带动作用，把城区和城镇建设成为人口、产业、市场的集聚点和城乡的连接点，吸引农民梯度向城镇集中。实施户籍管理制度改革，促进农民向市民转变。

积极推进土地向规模经营集中，促进农业产业化。鼓励农民以多种形式流转土地承包经营权，积极推进土地向农业龙头企业、农村集体经济组织、农民专业合作经济组织和种养大户集中，提高农业集约化程度。

第三节 推进“四大基础工程”

开展农村产权制度改革、农村基层治理机制建设、村级公共服务和社会管理改革、农村土地综合整治等“四大基础工程”，创新农村新型治理机制，加强农村基层组织建设，推进农村土地综合整治。增强农业农村发展持续动力，推动农村生产生活方式以及农村治理方式的转变，从经济、政治、文化、社会的建设上全面推动农村现代化。

第四节 推进“六个一体化”

全面推进城乡规划建设、产业布局、就业和社会保障、基础设施、社会事业、政策措施等“六个一体化”建设，破除城乡二元结构，促进城市基础设施向农村延伸、城市优质资源向农村覆盖、城市现代文明向农村辐射、城乡生产要素自由流动，加快形成城乡经济社会发展一体化新格局。

第四篇 做大做强做优工业 发展壮大产业集群

坚持走新型工业化道路，适应市场需求、结构调整、消费升级新变化和科技进步新趋势，推进工业发展，加快发展结构优化、技术先进、配套协作、清洁安全、附加值高、竞争力强的优势产业和新兴产业，做大做强做优工业。

第七章 壮大优势产业集群

紧紧围绕培育壮大区域特色经济，继续实施工业集聚发展战略，加速生产要素集聚和产业提升，推进产业结构、产品结构的调整优化，集中培育发展一批规划科学、竞争力强的重点产业集群，提高区域经济核心竞争力，促进我区产业健康发展。依托玉柴，服务玉柴，配套玉柴，大力发展机械制造产业集群；依托玉药集团和中药港，大力发展医药、食品生产为主的健康食品产业集群；围绕富英制革公司和工业品服装市场，大力发展以皮革加工、服装针织为主的皮革服装产业集群；围绕建材市场和现有建材产业基础，发展壮大建筑材料产业集群。到2015年，四大产业的销售收入分别超360亿元、60亿元、40亿元、20亿元。

第八章 打造先进制造业配套产业基地

继续实施“借柴兴区”战略，依托玉柴、服务玉柴、配套玉柴S，大力发展“配套经济”，依托国内大企业发展汽车配件、农用机械配件产业，争取上马一批、引进一批、做大一批管理先进、机制灵活的高水平零部件产品协作配套生产企业，不断提高玉柴产业本地配套率，壮大机械产业集群。加大对现有配套企业的政策扶持力度，重点扶持规模大、效益好的骨干企业，以配套企业进一步延长拉伸产业链。充分依托美林商业街初步形成电动车销售一条街优势，积极引进生产配套 00000000000 企业，做大做强电动车产业。积极打造先进制造业配套产业基地。

第九章 加快建设健康产业基地

培育壮大健康产业。依托中药港、玉药集团和中医药博览会，增强产业辐射带动作用，打造产业、市场、会展三位一体的健康产业链，推进中药产业化、规模化、标准化生产，发展壮大医药产业，加快“南方药都”建设步伐。依托丰富的农产品资源，规划建设一批农产品深加工项目，重点建设富英肉类屠宰及深加工项目、九月王食品加工、牛巴特色食品生产基地、玉林香蒜深加工及产业化项目等项目，发展壮大食品产业。

加快建设健康产业园。贯彻实施《玉林市百亿元中医药产业发展规划》，按照“健康、低碳、绿色，造福百姓”的定位和自治区级A类产业园区的标准，高起点规划、高标准建设玉州区健康产业园，打造集药用植物种植、医药保健产品加工、生物制药、科研、休闲养生、旅游观光、综合服务、现代物流及贸易为一体的生态型园区，为健康产业发展搭建平台。到2015年，园区工业总产值达到100亿元，园区产业集中度达到80%左右。

第十章　培育发展新兴产业

从我区现有科技和产业基础出发，加强政策支持，瞄准我国规划发展的七大战略性新兴产业，重点培育发展生物与医药产业、电子信息、节能与环保产业、新能源和新材料等新兴产业，使其逐渐发展成为国民经济的先导性、支柱性产业。

第五篇　推动服务业跨越发展 建设商贸物流中心城区

根据玉林市打造“一城”、完善“一港”、发展“一园”、提升“一区”的城市中心商贸布局，发挥岭南都会优势，改造提升传统服务业，优化服务结构，加快发展现代服务业，建设区域性现代商贸物流中心城区。2015年，社会消费品零售总额达300亿元。

专栏5　玉林城区商贸流通重点布局

玉林城区商贸流通重点布局

“一城”：即在玉林城西北规划建设玉林现代商贸城，建设以豪德商贸城、宏进农批市场为首的一批现代化、专业化、信息化的大中型批发市场。

“一港”：即继续建设完善国际中药港，加快中药材配送、中药材科研等配套项目和配套设施建设，把其打造成为国内先进的集中药材批发、科研、配送于一体的现代化中药港。

“一园”：即在玉林城区东南建设玉林无水港、玉林交通物流基地、玉林国际汽车城、瑞安物流、西药物流配送中心等大型物流项目，打造江南现代物流园。

“一区”：即以玉林国际会展中心和中药港为主体，加快完善会展设施，积极发展会展企业，稳步发展以玉博会、药博会为代表的会展业，把江南新区一带打造成为具有一流会展水平的会展区。

第十一章　加快发展商贸物流业

打造大市场。加快建设完善各类商品交易市场，推进各类专业市场的统一规划、集聚建设和改造提升，“十二五”期间基本完成各类专业批发市场的改造提升和布局，重点抓好豪德商贸城、国际汽车城等项目的启动建设，推进宏进农批市场二期、银丰中药港仓储配套项目建设。2015年，各类专业市场成交总额突破500亿元，其中年交易额100亿元以上的市场1个、10亿元以上的市场5个。

构筑大商贸。加快建设完善城乡商业设施，优化商业网点结构和布局，推进中心商业区和特色商业街建设，提升商业服务功能，支持东门商业广场、国际购物中心、美家园南宁百货、金湾女人世界等企业做强做大，重点抓好凯旋世纪商业广场、大世界商业广场、岭南都会商品交易中心等大型购物中心的商业培育和拓展，积极引进家乐福、沃尔玛、梦之岛等知名商业企业进驻玉州区。加快启动建设大府园二期、工矿粮油商业中心、嘉和国际商业广场、火车站站前商业广场、银丰国际购物中心等大型购物中心建设。

改造大街区。对现有商业街区进行规范管理，加大宣传营销力度，形成品牌效应，扩大影响。尽快启动建设名山文化饮食街、东明旧村改造、云香步行街，加快推进振业广场解放西路延长线建设，美林街和大南路北段商业培育，加快发展便民商业和社区商业。

发展大物流。加快物流项目建设，积极配合玉林市在玉林城西北规划建设玉林现代商贸物流城，在玉林城东南规划建设玉林现代物流园，重点推进交通物流基地、瑞安物流园、海生西药物流园、玉柴城北物流园等一批现代物流项目的建设，不断完善物流基础设施。发展壮大物流企业，加快发展第三方物流企业，引进国内外知名的专业物流公司，建成第三方物流服务基地和供应链管理中心；推进区域物流企业并购重组，组建规模较大的物流企业集团。积极构建物流信息平台，鼓励通过应用信息网络、互联网技术，提高物流信息化水平。重点依托中国南方中药材电子商务平台和南方药都网，促进医药交易手段现代化、营销方式多样化，扩大医药流通的规模，构建辐射全国乃至东南亚的区域性中医药物流配送中心。

第十二章　着力提升商务会展业

发挥中心城区优势，积极发展商务会展业，建设区域性商务会展中心。提升商务服务功能，吸引区内外知名企业进驻，发展法律、招投标、投融资、经济鉴证、研发设计、营销策划等服务机构，为经济发展提供全方位服务。大力发展会展业，配合办好中小企业商机博览（中国·玉林），发展壮大会展经济。全力办好中国（玉林）中医药博览会，不断提升办会的规格和质量，致力打造区域性品牌会展，打响“南方药都”品牌，让“南方药都”品牌走向全国、走向世界。培育大型展览集团，加快发展交通运输、通讯、旅游、餐饮、住宿和广告、印刷、装修、布展、翻译服务等会展配套产业，加快会展业与其他产业的融合，形成联动发展格局。

第十三章　积极发展休闲旅游业

按照“创新理念、整合资源、突出特色、构建产业”的发展思路，积极发展休闲旅游业，把玉州区建设成为设施配套完备的桂东旅游集散地中心区。进一步优化旅游发展空间，积极构建以旅游接待型城区为中心，以城北健康休闲型旅游区为延伸线的发展战略布局，重点建设城市中心旅游区、高山村明清古民居民俗文化旅游风景区、寒山文化生态旅游区等三个旅游区，大力开发精品旅游线路。不断完善旅游产业体系，积极发展城市观光游、历史文化游、商贸会展游、特色美食游、农业观光游、生态康体游等旅游产品，加快建设完善旅游交通、游览服务、旅游住宿、旅游餐饮、文化娱乐、旅游购物等旅游产业体系。大力开发旅游市场，加强旅游宣传促销，提升旅游形象，加强旅游区域合作，大力拓展两广、港澳台和其他省份旅游客源。到2015年全区共接待国内外旅游者480万人次，旅游总收入37.2亿元。

第十四章　加快发展其他各类服务业

大力发展文体服务业。深入挖掘和整合玉州文化资源，精心制作一批反映玉州优秀历史文化内涵和具有地方特色的文化节目，大力发展文化创意、演艺娱乐、工艺美术、休闲健身等文化体育新兴业态。加快发展现代服务业，大力引进各类金融机构，积极发展银行、保险、证券、期货、信托等金融业，构建和完善政府投融资平台，逐步建立布局合理、功能齐全、分工明确、运营规范的投融资体系，全面提升金融服务水平。推动发展法律仲裁、研发设计、营销策划、咨询评估、技术市场、产权交易、融资担保等中介服务业。合理发展房地产业，满足群众不同层次的消费需求。提升发展酒店餐饮业。积极发展电子商务，推动面向全社会的信用服务、网上支付、物流配送等支撑体系建设。积极发展社区服务、养老保健、教育培训等新兴服务业。

第十五章　积极扩大消费

努力提高居民消费能力。加快推进城镇化，大力发展服务业和中小企业，增加就业创业机会，扩大居民增收渠道，提高居民收入。调整收入分配格局，着力提高城乡中低收入居民收入，努力缩小城乡之间、地区之间、行业之间收入分配差距。完善覆盖城乡的公共财政体系，扩大社会保障制度覆盖面，增加财政支出用于改善民生和社会建设的比重，增强居民消费能力，改善居民消费预期。

促进居民消费。鼓励扩大商品销售、餐饮娱乐、节庆会展、教育培训、旅游休闲、信息通讯、体育健身等消费，落实“家电下乡”、“家电以旧换新”等系列政策措施，促进即期消费。积极发展新型消费业态，培育新兴消费热点，拓展消费领域，加快推动消费结构升级。

进一步优化消费环境。加强城乡市场流通体系建设，完善城乡一体的消费服务。加强消费者权益保护。合理引导消费行为，发展节能环保型消费品，倡导文明、节约、绿色、低碳消费模式。

第六篇　推进社会主义新农村建设　打造特色农业生产基地

在工业化、城镇化深入发展中同步推进农业现代化，坚持工业反哺农业、城市支持农村和多予少取放活方针，加大对“三农”的投入力度，夯实农业农村发展基础，拓宽农民增收渠道，提高农业现代化水平和农民生活水平，加快社会主义新农村建设。

第十六章　加快发展特色农业产业

发挥特色农业资源优势，加快推进农业结构调整，优化农产品结构，建设特色农业产业基地，大力开发特色优势农产品，打造一批特色优势农业产业。鼓励和支持集中发展粮食、蔬菜、水果等农产品，推进花卉、中药材等特色种植，建设香水莲花、台湾珍珠番石榴、石斛繁育种植、丰顺蔬菜标准园等种植基地。着力抓好粮食生产，确保粮食安全。到2015年，全区粮食播种面积稳定在24万亩左右，总产量9.5万吨。提高无公害标准化生猪、家禽、肉兔等畜牧业发展水平，重点建设生猪养殖、优质家禽养殖、优质肉兔养殖等养殖基地。促进本地塘角鱼、杂交鲶、单性罗非鱼等淡水特色水产产业化养殖基地发展。大力发展林业产业，推动多种经营，加大林种结构调整力度，建设一批高水平的名特优新经济林基地。

专栏6　玉州区特色农业产业化基地发展目标

种植基地

香水莲花种植基地：主要分布在仁东镇、城北街道。到2015年，基地规模达到1000亩，产值达2000万元，打造成集名优花卉种植观赏体验、休闲旅游观光、品尝莲花大餐、养生茶饮、绿色食品等多功能于一体的旅游观光基地。

台湾珍珠番石榴种植基地：分布在城北街道西岸村与钟周村，重点发展台湾四季珍珠番石榴水果种植。到2015年，全区种植规模达到1万亩，年产值1亿元以上，成为广西最大的番石榴生产示范基地。

石斛繁育、种植示范基地：分布在仁厚镇，重点扶持玉林市洋平石斛科技有限公司等企业，扩大石斛苗培植、石斛种植和石斛茶、石斛微粉等保健产品深加工。到2015年，年繁育石斛组培苗1000万株，年产值2000万元以上。

丰顺蔬菜标准园基地：分布在仁东镇，主要把丰顺蔬菜标准园基地建设成为农业部蔬菜标准化生产千亩示范园区。

养殖基地

无公害标准化生猪养殖基地：重点发展瘦肉型猪，主要布局在南江街道的七一、常乐、分界、平志，城西街道的玉豸、新团，城北街道的睦马、高山，仁东镇的三山、木根，仁厚镇的茂岑、大卢、铁匠等村。至2015年，肉猪年出栏40万头以上，其中瘦肉型猪占60%以上，生猪无公害标准化养殖达95%以上。

优质家禽养殖基地：重点发展优质三黄鸡、鸭、杂交鹅，主要布局在城北街道的排榜、凤村、西岸、罗竹、彭村，仁东镇的鹤林、大鹏、石地、周村、良村，仁厚镇的茂岑、大卢、荔枝，大塘镇的阳山、三和、大塘村，至2015年，年出栏优质家禽1000万羽以上，禽蛋产量8500吨以上。

优质肉兔养殖基地：重点发展伊拉、新西兰系列等优质品种，以仁厚中农联、南江富运等种兔场为主，在仁厚、仁东、南江等镇（街道）形成养殖基地。到2015年，年出栏肉兔10万只以上。

特色水产养殖基地：重点建设仁东、仁厚本地塘角鱼繁育养殖区，南江、城西、名山杂交鲶、单性罗非鱼养殖区。2015年，全区水产放养面积稳定在22000亩，水产品总产量18560吨，推广名特种养殖18000亩，全部实施无公害渔业养殖，申报无公害品牌产品2—3个。

名优水产品养殖基地：重点发展中华鳖、黄沙鳖等优质品种，建立千亩中华鳖健康养殖示范基地，到2015年，全部实现生态养殖。

第十七章　加快推进农业产业化经营

坚持用现代装备武装农业，用现代技术改造农业，用现代管理办法经营农业，努力实现特色农业、品牌农业、环保农业及科技农业的产业化和规模化。加快建设产业化示范基地。选择具有一定产业基础、具有市场增长空间的特色优势农产品，以基地建设为载体，通过直接补贴、贴息贷款等形式，引导投入，促进合作组织和规模经营发展。大力培育农业龙头企业。通过政策趋动、项目带动、市场拉动、服务推动等有力措施，以九大种养基地为重点，扶持发展一批产业链完整、与基地农户利益联结机制完善、带动能力强的大型龙头企业或企业集团。发展壮大农副产品加工业。重点在皮革加工、粮食加工、禽畜产品加工、林产品加工、果蔬加工等方面规划建设一批项目，2015年，自治区级和市级农业龙头企业分别达到5家和25家，农产品加工率达到40%以上。积极培育农业产业化经营组织。鼓励支持农民专业合作社发展，构建“龙头企业＋合作社＋基地＋农户”的经营模式，进一步完善企业与农户的利益联结机制，积极推进土地向规模经营集中，2015年，农民专业合作经济组织达到100家，农村土地规模经营率达30%。积极开展产销对接。扶持农产品加工流通企业到主销区批发交易市场设点经营，推进农产品进超市，努力拓展市场。

第十八章　大力发展观光休闲农业

依托中心城市，大力推进生态农业建设与集镇规划、新村建设的有机结合，大力发展观光休闲农业。以特色林果、花卉苗木等为重点，大力发展林果立体间套型、农田立体间套型和庭院立体种养型等观光、休闲农业项目。以特色水产养殖为重点，大力发展休闲垂钓和观赏渔业。结合城乡清洁工程、城乡风貌改造工程和天然林保护、退耕还林工程，推进生态农业示范区、示范村建设，重点推进红豆杉观光生态园、佛子山现代花卉苗木生态园、现代农业生态园、博涛生态农业特种水产养殖园，发展一批独具特色的农业观光园和休闲农庄，推进观光休闲农业加快发展。到2015年，观光休闲农业初具规模，建成观光农业示范园2个以上。

第十九章　健全农业综合服务体系

加快建立完善农业科技、农产品质量安全、动植物防疫、农产品流通等农业综合服务体系。加强农业技术推广体系建设。增加农业科技研发、推广和良种繁育投入，2015年全区主要农作物良种和先进技术覆盖率达90%以上，让农民掌握两门先进农业实用技术。推进农业标准化生产。重点做好产品认证和无公害标准化生产工作，建设标准化生产示范区，2015年全区标准化生产规模达10万亩，无公害、绿色、有机食品认证数量由7个增加到15个以上。抓好农产品质量安全。完善动植物疫病防控、外来有害生物防控体系、农业执法体系、农产品质量检验检测体系。建设农产品流通体系。加快农产品流通设施建设，培育年交易额超5亿元的专业批发市场1个、超亿元的2个、产地市场7个。加强农业信息化等服务能力。加快推进农业资源区域发展规划与环境保护。

第二十章　改善农村生产生活条件

加强社会主义新农村规划建设，推进水、路、电、校、医、池等基础设施和公共服务设施建设。加强农田水利建设。加大投入，推进病险水库除险加固和中小河流的治理，建设完善中型水库洪水预警预报系统，实行茂岑水库等17座小二型水库除险加固、云良坝等3座中型水闸除险加固，寒山水库灌区等4个灌区节水改造、仁东大鹏山背塘等200处小型农田基本建设。实施田间灌排工程、小型灌区抗旱水源工程，配套完善灌溉渠系及附属设施，加快干旱地区雨水集蓄利用工程建设，改善农村小微型水利设施条件，健全建设和管护机制，增强农业抵御自然灾害的能力。加快发展农村公共服务。提高农村义务教育、基本医疗服务、公共文化体系建设和社会保障水平。抓好农村扶贫开发。推进革命老区、库区和移民安置区基础设施建设，实现农村低保制度与扶贫开发政策有效衔接，改善贫困地区和人口的生产生活条件。开展农村环境综合整治。做好天然林保护和水土流失综合治理，重点建设仁东、城北的水土保持综合治理工程。推进林业生态建设。

第二十一章　拓宽农民增收渠道

实施农民万元增收计划，引导农民调整优化种养结构，积极探索林下经济等发展模式，提高效益，增加农民生产经营收入。鼓励农民工返乡创业，积极拓展农业功能，大力发展农村工业和观光休闲农业、乡村旅游业等农村服务业，增加农民就业机会；大力开展农村职业技能和实用技术培训，促进农民有序外出务工和就地就近就业，增加农民工资性收入。落实农业补贴等支持保护制度，提高农村社会保障、农村扶贫、农村最低生活保障水平，增加农民转移性财产收入。引导和规范以多种形式流转土地承包经营权，提高征地标准，逐步实现农村集体建设用地与国有建设用地同权同价，创造条件增加农民财产性收入。

第七篇　推进改革与开放合作　创建广西非公经济示范区

坚持社会主义市场经济的改革方向，全面深化各领域改革，全方位、多层次、宽领域扩大对外开放，积极参与多区域合作，以改革开放促发展、促创新，加快形成改革开放新格局和参与区域竞争新优势。

第二十二章　加快改革步伐

加快改革攻坚步伐，努力消除影响经济社会发展的体制性障碍，为促进玉州科学发展、和谐发展和实现“富民强区”新跨越营造良好的体制环境。

第一节　深化经济体制改革

深化国有资产管理体制改革。完善国有资产管理体制，健全国有资本经营预算和收益分享制度以及国有资产监管、预防、考核等相关制度和体系。营造各种所有制经济依法平等使用生产要素、公平参与市场竞争、同等受到法律保护的体制环境。支持民间资本、外资与国有资本的融合，大力发展混合所有制经济。深化财税体制改革。加强政府提供基本公共服务的财力保障，建立健全地方政府债务管理体系。深化部门预算、国库集中收付、政府采购管理制度改革。加快投融资体制改革。拓展直接融资，扩大间接融资，逐步建立布局合理、功能齐全、分工明确、运营规范的投融资体系。推进要素市场改革。加快发展资本、产权、土地、人才、劳动力和技术等要素市场，创造各类市场主体平等使用生产要素的条件。深化农村综合改革。稳定和完善农村基本经营制度，推进农村土地承包经营权流转和农村集体林权制度改革，探索建立新型农村宅基地和房屋产权管理制度。加快农村金融改革，培育发展多种类型的新型农村金融机构，探索建立农业贷款风险损失补偿机制。巩固农村税费改革成果，积极推进义务教育、农村医疗和社会保障等改革。积极推进新型农村社区建设。

第二节 推进行政管理体制改革

进一步转变政府职能，深化行政审批制度改革，加快推进政企分开，建设法治政府和服务型政府。继续优化政府结构、行政层级、职能责任，降低行政成本。创新行政管理体制，转变经济调节和市场监管方式，提高社会管理和公共服务水平。适应统筹城乡发展的需要，深化区、镇（街道）两级机构改革，调整机构设置和职能配置，依法探索将部分区级行政管理职能和社会管理权限向镇（街道）延伸。健全城乡民主管理制度。健全科学决策、民主决策、依法决策机制，推进政务公开，增强公共政策制定透明度和公众参与度，加强行政问责制，改进行政复议和行政诉讼，完善政府绩效评估体系，提高政府公信力。

第三节 加快社会事业领域体制改革

把维护社会事业的公益性、保障人民群众基本公共服务需求作为政府的主要职责。建立推进城乡社会事业发展的体制机制，建立完善覆盖城乡的社会服务体系。按照政事分开、事企分开、管办分离的原则，推进科技、教育、文化、卫生、体育等事业单位分类改革。培育扶持和依法管理社会组织，更好地发挥社会组织在社会公共事务管理和服务中的作用。改革基本公共服务提供方式，建立购买服务的机制，鼓励社会资本投资建立非盈利性公益服务机构，实现提供主体和提供方式多元化。推进非基本公共服务市场化改革，进一步放宽准入，调动全社会参与的积极性，利用社会资本加快社会事业发展。

第二十三章 提高开放合作水平

积极开展国际国内合作，加快转变外经外贸增长方式，扩大对外贸易，调整优化招商引资结构，提高利用内外资水平。

第一节 进一步扩大开放合作

主动参与“两区一带”建设。积极参与广西北部湾经济区、广西桂东承接产业转移示范区和西江经济带建设，推动生产要素跨区域自由流动，实现产业在区域间优化布局和聚集。深化以东盟为重点的对外开放合作。逐步融入东盟自由贸易区建设与合作，大力开拓东南亚市场。积极融入泛珠三角经济区。重点加强与粤港澳台等发达地区的合作，努力提升产业、旅游、环保、教育、文化等方面合作水平，使我区更加全面主动接受先进生产力的辐射带动。加大招商引资力度。优化招商引资结构，主动承接东部产业转移，重点引进高新技术项目和有利于延长产业链、提升产业配套能力的大项目，到 2015 年区外境内实际到位资金超过 80 亿元。

第二节 提高对外贸易和利用外资水平

加快转变外贸增长方式。积极引导企业调整出口产品结构、市场结构，强化企业自主品牌建设，提高拥有自主知识产权的高新技术产品的出口比重，提升出口产品竞争力。大力培育出口加工骨干企业和优势产品，以富英为代表，建立国际皮革及制品出口交易基地。积极组织企业参加国内外各种展览会、展销会、博览会，鼓励企业走出去，开拓国际市场。到 2015 年全区外贸进出口总额达 1.47 亿美元，年均增长 10%。

提高利用外资质量和水平。引导外资投向先进制造、节能环保、新能源、高新技术和现代服务业等领域，鼓励外资以参股、并购等方式参与企业兼并重组。

加强智力、人才和技术引进。到2015年，全区实际利用外资总额达4800万美元，年均增长10%。

第二十四章　创建广西非公经济示范区

以全民创业创新促进非公经济大发展，把我区建设成为广西非公经济示范区。到2015年，全区非公有制经济主体超过4万户，从业人员超过20万人，非公经济总量占全区经济总量达90%以上。

进一步降低创业门槛、拓宽创业领域。在投资领域、注册登记、出资比例、经营场所、名称核准、经营范围等方面进一步放宽全民创业条件，鼓励和引导民间资本进入基础产业和基础设施、市政公用事业和政策性住房建设、基础设施、社会事业和金融服务等领域，引导和支持民营企业通过参股、控股、资产收购等多种形式，参与国有企业的改制重组。

进一步加大全民创业支持力度。落实国家、自治区和玉林市鼓励发展非公经济、激励全民创业的政策，健全创业财政支持体系，设立创业发展资金，实行税费优惠政策，鼓励各类人才自主创业，支持个体业主二次创业。进一步拓宽创业创新融资渠道，增加有效信贷投入，促进金融机构为创业创新提供高效、优质的金融服务，加快建立扶持创业创新发展的信用担保体系。

进一步推进企业制度创新和技术创新。引导和推动非公企业完善企业的产权结构和法人治理结构，建立现代企业制度，转变企业经营管理机制。鼓励优势企业通过租赁、并购等形式优化资源配置，组建规范化的企业集团。进一步提高非公企业产业技术水平，鼓励非公企业增加研发投入，提高自主创新能力，掌握拥有自主知识产权的核心技术；推动非公企业进行技术改造，淘汰落后产能，加快技术升级，提高产品质量和服务水平，争创名牌产品。

进一步完善创业创新服务体系。加快建立创业项目资源库，积极组织开展创业项目推介活动；建立覆盖城乡的创业培训体系，大力开展创业培训，有计划和有针对性为各类创业人员提供培训、咨询和指导；搞好对创业人员的跟踪扶持，积极协助解决创业过程中遇到的困难和问题；在符合土地利用总体规划的前提下，因地制宜建设创业孵化基地、创业园区、创业社区。

第八篇　深入实施科教兴区和人才强区战略　为实现“富民强区”新跨越提供有力保障

科技进步和创新是加快转变经济发展方式、实现又好又快发展的重要支撑。“十二五”期间，要把增强自主创新能力和优先发展教育作为战略基点，深入实施科教兴区和人才强区战略，充分发挥科技第一生产力和人才第一资源作用，提高教育现代化水平，增强自主创新能力，壮大各类人才队伍，推动发展向主要依靠科技进步、劳动者素质提高和管理创新转变。

第二十五章　加强创新服务体系建设

全面提高科技的原始创新能力、集成创新能力和引进消化吸收再创新能力，深入推进科教兴区战略。到2015年，科技进步对经济增长的贡献率达到56%。

第一节　增强科技创新能力

大力实施技术创新工程，推进高新技术产业的引进、培育和发展。促进科技进步与产业升级紧密结合。加强与高等院校、科研院所合作，大力引进玉州区经济社会发展需要的科研成果、发明专利和高新科技产业项目，加快科技创新成果向现实生产力转化。依托设在玉林市的国家、自治区级重点实验室、工程技术中心、产业（产品）研发中心、检测中心、质检中心的力量，加快开发应用具有产业前景和自主知识产权的新技术、传统产业升级的共性技术、关键技术及配套技术，力求在基础工艺及重大装备等方面取得突破。加快从模仿创新向自主创新转变。加强园区创新能力建设，扶持科技型中小企业发展壮大。实施全民科技素质行动计划，加强基层科技能力和科普服务能力建设。稳定基层科技队伍。继续实施科技特派员制度。

第二节　完善科技创新体制机制

深化科技体制改革，加快建立多元化的科技投入创新机制。促进科技资源优化配置，鼓励中小企业加大研发投入，增强创新活力，构建以企业为主体的技术创新体系。完善公共科技服务平台和科技推广服务体系，健全技术产权交易市场，鼓励发展科技中介机构服务。保持财政科技经费投入稳定增长，落实科技创新激励政策，制定创新产品政府采购及首购实施办法，建立多渠道科技创新投融资体系。加强知识产权创造、运用、保护和管理。完善科技评价奖励制度，激发科技人才创新活力。推动创新成果进入技术交易市场，并迅速得到应用。

第三节　大力发展科普事业

进一步加强新时期科普工作力度，贯彻落实《中华人民共和国科学技术普及法》、全面实施《全民科学素质行动计划纲要》（2006—2010—2020 年），大力实施重点人群科学素质行动，使在校参与科普活动的学生不少于 90%，城镇 80% 以上各类从业人员每年能接受在岗培训、继续教育，社区（村）80% 以上的干部和农村党员劳动力能接受各类科技培训和科普教育，每年组织两次以上针对区直部门干部和镇（街道）干部的科普报告会。加强科普设施建设，完善科普组织网络，搭建科普服务平台，推动科普资源共享，积极推动科普进村入户、进企业、进学校、进社区。努力做好“2011－2015 年度全国科普示范区”的创建和示范工作。

第二十六章　优先发展教育事业

按照优先发展、育人为本、改革创新、促进公平、提高质量的要求，深化教育教学改革，推动教育事业科学发展。

第一节　促进各类教育协调发展

积极发展学前教育。以城乡幼儿园为重点，加快城乡学前教育体系建设。到 2015 年，力争每个镇创建 1 所中心幼儿园，学前一年毛入园率达到 95%，学前三年毛入园率达到 90%。实现义务教育均衡发展。实施城乡标准化学校建设工程和学校布局调整工程，提升城乡义务教育水平；“十二五”期末城乡九年义务教育巩固率达到 94%，镇（街道）标准化示范小学达到 30% 以上，全区标准化示范初中达到 20% 以上。完善终身教育服务体系。探索构建广覆盖、多形式的继续教育培训体系，建设全民学习、终身学习的学习型社会。到 2015 年，新增劳动力平均受教育年限达到 11 年。

第二节　推进教育体制改革

深化教育体制改革。优化城乡教育资源配置。加大教育经费投入，健全以政府投入为主、多渠道筹措教育经费体制。不断改善办学条件，统筹城乡教育均衡发展。积极开展教育布局调整，整合教育资源，优化教学条件。鼓励引导社会力量兴办教育，加大农村教育支持力度。至 2015 年，形成城乡一体的现代教育体系，初步满足城乡居民子女享有优质教育的需求。加强教师队伍建设。加强师德师风建设，大力培养专家型教师，鼓励优秀人才终身从教，进一步提高学校管理水平和教育教学能力。全面实施素质教育。坚持德育为先、能力为重，改革教学内容、教学方法、质量评价、考试招生制度。进一步提高学生的整体素质。抓好教育科研，进一步提高教育教学质量。抓好安全卫生稳定工作，建设平安健康和谐校园。

专栏7　玉州区“十二五”教育事业发展主要目标

类别	指标名称	单位	2010年	2015年
学前教育	幼儿在园人数	人	2.15万	3万
	学前一年毛入园率	%	91.3	95
	学前两年毛入园率	%	90.3	94
	学前三年毛入园率	%	89.3	90
九年义务教育	在校生	人	70238	87881
	巩固率	%	89.1	94
继续教育	从业人员继续教育	人	3852	4852

专栏8　玉州区“十二五”教育事业发展重点工程

玉州区“十二五”教育事业发展重点工程
重点实施项目 ——学前教育：支持办好现有农村幼儿园，改扩建、新建一批农村幼儿园，确保每个镇创建1所中心幼儿园，发展村级幼儿园；创办1所以上省级示范幼儿园。 ——义务教育：共新建8所中小学校。启动农村中小学饮水安全工程。 ——继续实施城乡中小学教师素质提升工程。 ——实施城乡家庭困难学生资助工程。

第二十七章　加强人力资源开发利用

坚持党管人才原则，坚持“人才优先、服务发展、以用为本、创新机制、高端引领、整体开发、优化环境、开放聚才”的方针，努力造就数量充足、素质优良、结构优化、布局合理，与重点产业发展相衔接、与经济社会发展相适应的人才队伍，建立健全统分结合、协调高效的人才工作新机制。到2015年，全区人才队伍总量达到40489人，打造四支人才“铁军”，其中，党政人才队伍数量总体稳定为980名，具有大专以上文化程度的达到90%以上；专业技术人才队伍达到8123名；企业经营管理人才达4500名以上；农业农村实用人才达19000名，其他人才达7886名。努力营造创新活力最强、创业成本最低、服务效能最高、人居环境最优的人才环境。

专栏9　玉州区“十二五”人才工程建设

人才工程建设
重点实施　人才小高地建设提升、统筹城乡发展人才联动工程、企业家精英成长促进工程、非公经济人才支持工程、“名师名医”培养工程、商贸物流会展人才开发工程等。

第九篇 切实加强环境保护 构建生态文明新玉州

第二十八章 建设资源节约型社会

积极倡导绿色消费、适度消费的理念，加快形成有利于节约资源和保护环境的消费模式，加强环境保护、节能减排和生态建设，努力完成“十二五”期间节能工作目标。

第一节 节约集约利用资源

以提高资源能源利用效率为核心，大力推广节地、节水、节材，加快构建节约型的生产方式和消费模式。实行最严格的耕地保护制度，严格完成每年上级下达的耕地保护目标任务，坚守耕地红线。节约集约用地，强化土地利用规划，优化用地结构，统筹安排各区域、各类型、各行业、各时期用地，促进节约集约用地。加强水资源的保护和优化配置，统筹和合理安排生产、生活、生态等用水，全面推进节水型社会建设。依法实行采伐限额制度，严格控制森林资源过量消耗；严格执行设计规范、生产规程、施工工艺等技术标准和材料消耗核算制度，积极开发和应用资源节约和替代技术、水和能源梯级利用技术、清洁生产和绿色制造技术、再利用技术，节约使用各种矿产和林木资源。加快实施资源节约、综合利用、清洁生产示范工程，大力推进尾矿、废石和冶炼废渣综合利用。

第二节 大力推进节能工作

强化节能目标责任考核，调整能源消费结构，健全节能市场化机制和对企业的激励与约束。实施重点节能工程，推广先进节能技术和产品。加快推行合同能源管理。抓好工业节能、建筑节能、交通节能、商业节能和民用节能和农村节能。

第三节 大力发展循环经济

按照减量化、再利用、资源化的原则，以资源的高效利用和循环利用为核心，综合运用规划指导、财税金融等政策支持手段，推进生产、流通、消费各环节循环经济发展。鼓励企业建立循环经济联合体，依靠科技进步和强化管理，促进产业废物循环利用。规划建设循环经济示范企业，推广循环经济典型模式。加强资源综合利用，完善再生资源回收体系和垃圾分类回收制度，形成再生资源回收、加工、利用的产业链，最大限度地利用各种废弃物和再生资源。加快以低碳排放为重点的新能源和可再生能源开发利用。大力发展生态农业和循环农业技术。

第二十九章 加大环境保护力度

第一节 加强污染物排放控制

实施化学需氧量、氨氮、二氧化硫、氮氧化物排放总量控制，综合整治工业污染和扬尘污染，建立健全大气污染联防联控机制。加大环保基础设施设备投入力度，提高环境监察、监测能力。继续实行建设项目环境影响评价制度、排污申报制度，严把“环保准入关口”，强化现有污染源的监管和新污染源的控制工作。重点行业主要产品单位能耗指标总体达到或接近国内先进水平，新增主要能耗设备能源效率达到或接近国内先进水平，“十二五”期末，全区工业废水处理率达到100%，工业废水排放达标率97.5%以上，危险废物处置率达到100%，工业废气中二氧化硫、烟尘、工业粉尘排放达标率分别达到98%、99%、99.8%。城区空气质量全部达到二级以上。

加强水环境保护。实行严格的饮用水源地保护制度，建立饮用水源地水质和饮水水质公告制度。加强汇水区工业污染源有毒有害物质管控，将一类污染物产生、排放严格管理、优先控制，取代目前以常规污染物为主的准入和达标体系。大力控制工业污染、生活污染和畜禽养殖富养质对主要河流造成的危害，加大苏烟水库、南流江、清湾江、大中型水库及农村饮用水取水点的水源环境保护，加强地下水污染防治。深入开展全民水源环境保护宣传教育，确保水源环境安全。到2015年，集中式饮用水水源地水质达标率达到100%，江河出境断面达到Ⅲ类水域标准以上。

第二节　加强城乡环境综合整治

深入实施城乡清洁工程和风貌改造工程，切实抓好以沼气池建设为主体的农村生态能源工程建设，加强农业面源污染防治，防止城市污染和工业污染向农村延伸，逐步改善农村人居环境。以公众关心的环境问题为切入口，积极开展环境专项整治，着重解决噪声、油烟扰民问题和建筑施工扬尘和垃圾管理控制问题，确保城区环境污染物达标排放。加强农村污染物治理工作。重点抓好农村生活污水、垃圾、农业生产及畜禽养殖废弃物治理，防止农村饮用水水源、农田土壤以及农作物受到污染。积极开展形式多样的环境保护宣教活动，夯实环境基础教育，提高群众环保意识。2015 年，全区城镇生活污水集中处理率达到 85%，全区户用沼气池累计达到 1.55 万座，可适宜建池入户率达到 20%。

第三十章　创建全国生态文明示范区

围绕建设幸福宜居城区目标，进一步加强生态文明建设。配合玉林创建国家森林城市和国家级生态市，大力实施生态保护和建设工程，综合治理城乡环境，积极创建全国生态文明示范区。

第一节　推进城乡生态建设

大力实施城区森林进城工程、城郊森林环城工程、绿色通道建设工程、绿色家园建设工程，改善城乡人居环境。结合城乡一体化建设和玉林市创建国家森林城市的目标，加强森林资源培育和保护，加大植树造林、封山育林力度，加强森林管理，进一步增加森林面积和林木蓄积量，增加森林碳汇。2015 年，城区人均公共绿地面积大于 10 平方米，森林覆盖率达到 34%，城市绿化覆盖率达到 41%，土地复垦、复植率达到 10%，水土流失面积控制在国土总面积的 10% 以内。

第二节　加强防灾减灾体系建设

以河流治理和山洪地质灾害防治为重点，增强城乡防洪能力。建立山洪地质灾害调查评价体系、监测预警体系、防治体系和应急体系。强化地质灾害隐患点监测，对重大地质灾害隐患点采取工程措施进行治理。对治理难度大的危险隐患点采取搬迁避让。加强地震和气象灾害的预测预防。推行地质灾害易发区调查评价和自然灾害风险评估，强化地质灾害抢险救灾措施，制订应急预案，普及防灾知识，加强救援队伍建设，提高物资保障水平。

第十篇　更加注重保障和改善民生　加快推进和谐玉州建设

坚持把保障和改善民生作为根本出发点和落脚点。把促进就业创业放在经济社会发展优先位置，提高城乡居民收入，加快发展各项社会事业，促进基本公共服务均等化，提高社会管理水平，使发展成果更大程度惠及民生。城乡居民整体素质及社会和谐度明显提高。

第三十一章　提高群众收入水平

第一节　千方百计促进城乡就业创业

实施就业优先发展战略。采取更加积极的财政、税收、金融等就业援助政策。扩大就业规模，改善就业结构，大力发展服务业和劳动密集型产业。支持中小企业和非公有制经济吸纳就业。树立创业观念，完善创业政策体系，健全创业服务体系，让更多的劳动者成为创业者。统筹做好重点高校毕业生、农业富余劳动力等群体的就业工作。健全职业培训制度，全面提升普惠制就业培训能力，大力开展创业培训、失业人员再就业培训和农村劳动力转移培训，切实提高培训的针对性和实效性，不断增强劳动者就业能力。加强技能人才培养体系建设。加强人力资源市场和服务平台建设，切实维护劳动者权益。加强劳动执法，完善劳动关系预警和争议处理机制，改善劳动条件，保障劳动者权益。“十二五”期间，力争把失业率控制在 4.3% 以内，累计实现新增就业 2.1 万人。

第二节　提高群众收入水平

努力实现城乡居民收入增长和经济发展同步，劳动报酬增长和劳动生产率提高同步，低收入者收入明显增加，中等收入群体持续扩大，贫困人口显著减少，人民生活质量明显改善。“十二五”期间，农民人均纯收入年均增长率在12%以上，城镇居民人均可支配收入年均增长率在10%以上

千方百计增加农民收入。坚持并完善农业保护和补贴制度，继续落实惠民政策，增加农民补助性收入；加强农民职业技能培训，加速农村劳动力向二、三产业转移，切实增加农民工资性收入。

努力增加城镇低收入人群的收入。通过创造就业条件让更多群众拥有财产性收入，提高劳动报酬在初次分配中的比重；建立随工资增长、物价上升等因素提高退休人员基本养老金待遇的正常机制，确保各种社会保险待遇按时足额发放；建立合理的企业职工收入增长机制，切实改变企业未分配利润增长过快的现象。

第三节　合理调节收入分配

努力实现城乡居民收入增长和经济发展同步，劳动报酬增长和劳动生产率提高同步，低收入者收入明显增加，中等收入群体持续扩大，贫困人口显著减少，人民生活质量明显改善。“十二五”期间，农民人均纯收入年均增长率在12%以上，城镇居民人均可支配收入年均增长率在10%以上。

千方百计增加农民收入。坚持并完善农业保护和补贴制度，继续落实惠民政策，增加农民补助性收入；加强农民职业技能培训，加速农村劳动力向二、三产业转移，切实增加农民工资性收入。

努力增加城镇低收入人群的收入。通过创造就业条件让更多群众拥有财产性收入，提高劳动报酬在初次分配中的比重；建立随工资增长、物价上升等因素提高退休人员基本养老金待遇的正常机制，确保各种社会保险待遇按时足额发放；建立合理的企业职工收入增长机制，切实改变企业未分配利润增长过快的现象。

努力实现城乡居民收入增长和经济发展同步，劳动报酬增长和劳动生产率提高同步，低收入者收入明显增加，中等收入群体持续扩大，贫困人口显著减少，人民生活质量明显改善。“十二五”期间，农民人均纯收入年均增长率在12%以上，城镇居民人均可支配收入年均增长率在10%以上。

千方百计增加农民收入。坚持并完善农业保护和补贴制度，继续落实惠民政策，增加农民补助性收入；加强农民职业技能培训，加速农村劳动力向二、三产业转移，切实增加农民工资性收入。

努力增加城镇低收入人群的收入。通过创造就业条件让更多群众拥有财产性收入，提高劳动报酬在初次分配中的比重；建立随工资增长、物价上升等因素提高退休人员基本养老金待遇的正常机制，确保各种社会保险待遇按时足额发放；建立合理的企业职工收入增长机制，切实改变企业未分配利润增长过快的现象。

实施就业优先发展战略。采取更加积极的财政、税收、金融等就业援助政策。扩大就业规模，改善就业结构，大力发展服务业和劳动密集型产业。支持中小企业和非公有制经济吸纳就业。树立创业观念，完善创业政策体系，健全创业服务体系，让更多的劳动者成为创业者。统筹做好重点高校毕业生、农业富余劳动力等群体的就业工作。健全职业培训制度，全面提升普惠制就业培训能力，大力开展创业培训、失业人员再就业培训和农村劳动力转移培训，切实提高培训的针对性和实效性，不断增强劳动者就业能力。加强技能人才培养体系建设。加强人力资源市场和服务平台建设，切实维护劳动者权益。加强劳动执法，完善劳动关系预警和争议处理机制，改善劳动条件，保障劳动者权益。“十二五”期间，力争把失业率控制在4.3%以内，累计实现新增就业2.1万人。

努力实现城乡居民收入增长和经济发展同步，劳动报酬增长和劳动生产率提高同步，低收入者收入明显增加，中等收入群体

持续扩大，贫困人口显著减少，人民生活质量明显改善。“十二五”期间，农民人均纯收入年均增长率在12%以上，城镇居民人均可支配收入年均增长率在10%以上。

千方百计增加农民收入。坚持并完善农业保护和补贴制度，继续落实惠民政策，增加农民补助性收入；加强农民职业技能培训，加速农村劳动力向二、三产业转移，切实增加农民工资性收入。

努力增加城镇低收入人群的收入。通过创造就业条件让更多群众拥有财产性收入，提高劳动报酬在初次分配中的比重；建立随工资增长、物价上升等因素提高退休人员基本养老金待遇的正常机制，确保各种社会保险待遇按时足额发放；建立合理的企业职工收入增长机制，切实改变企业未分配利润增长过快的现象。

完善按劳分配为主体、多种分配方式并存的分配制度，坚持各种生产要素按贡献参与分配。加大调节收入分配的力度，强化对分配结果的监管。关注就业机会和分配过程的公平。健全企业职工工资合理增长和支付保障机制，完善与经济发展水平挂钩的最低工资制度，逐步提高最低工资标准。全面建立事业单位岗位绩效工资制度。调整优化分配格局，着力提高低收入者收入，逐步缩小城乡、区域、群体之间的收入差距。到2015年，力争城镇单位从业人员劳动报酬总额占地区生产总值的比重提高2个百分点左右。

完善按劳分配为主体、多种分配方式并存的分配制度，坚持各种生产要素按贡献参与分配。加大调节收入分配的力度，强化对分配结果的监管。关注就业机会和分配过程的公平。健全企业职工工资合理增长和支付保障机制，完善与经济发展水平挂钩的最低工资制度，逐步提高最低工资标准。全面建立事业单位岗位绩效工资制度。调整优化分配格局，着力提高低收入者收入，逐步缩小城乡、区域、群体之间的收入差距。到2015年，力争城镇单位从业人员劳动报酬总额占地区生产总值的比重提高2个百分点左右。

完善按劳分配为主体、多种分配方式并存的分配制度，坚持各种生产要素按贡献参与分配。加大调节收入分配的力度，强化对分配结果的监管。关注就业机会和分配过程的公平。健全企业职工工资合理增长和支付保障机制，完善与经济发展水平挂钩的最低工资制度，逐步提高最低工资标准。全面建立事业单位岗位绩效工资制度。调整优化分配格局，着力提高低收入者收入，逐步缩小城乡、区域、群体之间的收入差距。到2015年，力争城镇单位从业人员劳动报酬总额占地区生产总值的比重提高2个百分点左右。

第三十二章　提高城乡公共服务水平

强化政府公共服务职责，完善社会保障体系，提高人民健康水平，不断缩小城乡、地区间的基本公共服务差距。

第一节　构建覆盖城乡居民的社会保障体系

加快推进覆盖城乡居民的社会保障体系建设，努力实现人人享有基本社会保障。

健全社会保险制度。推进机关事业单位养老保险制度改革；进一步做实基本养老保险个人账户。巩固和发展城镇基本养老保险市级统筹成果，做好自治区统筹预期工作。推进农村养老保险健康发展。力争到2015年，城镇基本养老保险参保人数达3.56万人，新型农村养老保险全覆盖，城乡三项医疗保险参保率提高到96.5%。全面推进医疗、失业、工伤、生育保险市级统筹，加大调剂力度。强化失业保险制度预防失业、稳定就业和促进就业的功能；强化工伤保险制度预防工伤和促进职业康复的功能；积极推进生育保险制度建设。

第二节　建立健全城乡医疗卫生服务体系

构筑新型社会救助、社会福利和慈善事业体系。进一步完善最低生活保障制度，确保低保对象应保尽保。全面推行农村

"五保"和城镇"三无"对象的集中供养，加快五保村、敬老院、福利院等社会福利设施建设，健全残疾人社会保障和服务体系，为弱势群体建立起安全、可靠和稳定的社会福利服务网络。发展残疾人事业，提高收取残疾人就业保障金的覆盖率；建立城乡一体的优抚安置保障体系。到2015年，城镇居民最低生活保障人数控制在1万人左右，农村贫困人口减少到3万人以下。

推进医疗卫生体制改革。重点推进基本医疗保障制度、落实国家基本药物制度、基层医疗卫生服务体系、基本公共卫生服务均等化、公立医院改革试点等五项工作。积极稳妥推进公立医院改革。进一步健全以区级医院为龙头、镇（街道）卫生院和村卫生室为基础的农村医疗卫生服务网络，推行乡村卫生服务一体化管理模式。加强全科医生培训。

完善医疗卫生基础设施。合理配置医疗卫生资源，不断提高医疗服务质量。统筹发展城乡卫生事业，新增医疗卫生资源重点向农村和城镇社区倾斜。"十二五"期间，力争实现如下目标：建设1所800床位的三级综合医院和1所200床位的妇幼保健院，每个行政村建设一所标准化卫生室。

大力发展社区卫生。建立健全以社区卫生服务中心为主体的城市社区卫生服务网络。加强公共卫生服务体系建设，促进城乡居民基本公共卫生服务逐步均等化。

建设城乡疾控体系。坚持预防为主的方针，加强城乡疾病预防控制体系建设，建立健全区、镇（街道）、村（社区）三级突发公共卫生事件应急机制，提高农村重大疫情和突发公共卫生事件的处理能力。

加强计划免疫、初级卫生保健和农村妇幼保健工作。以镇（街道）为单位，免疫规划接种率达到90%以上。继续加强农村初级卫生保健工作，完成妇幼保健重大公共卫生项目和基本公共卫生项目。

推进医疗卫生体制改革。重点推进基本医疗保障制度、落实国家基本药物制度、基层医疗卫生服务体系、基本公共卫生服务均等化、公立医院改革试点等五项工作。积极稳妥推进公立医院改革。进一步健全以区级医院为龙头、镇（街道）卫生院和村卫生室为基础的农村医疗卫生服务网络，推行乡村卫生服务一体化管理模式。加强全科医生培训。

完善医疗卫生基础设施。合理配置医疗卫生资源，不断提高医疗服务质量。统筹发展城乡卫生事业，新增医疗卫生资源重点向农村和城镇社区倾斜。"十二五"期间，力争实现如下目标：建设1所800床位的三级综合医院和1所200床位的妇幼保健院，每个行政村建设一所标准化卫生室。

大力发展社区卫生。建立健全以社区卫生服务中心为主体的城市社区卫生服务网络。加强公共卫生服务体系建设，促进城乡居民基本公共卫生服务逐步均等化。

建设城乡疾控体系。坚持预防为主的方针，加强城乡疾病预防控制体系建设，建立健全区、镇（街道）、村（社区）三级突发公共卫生事件应急机制，提高农村重大疫情和突发公共卫生事件的处理能力。

加强计划免疫、初级卫生保健和农村妇幼保健工作。以镇（街道）为单位，免疫规划接种率达到90%以上。继续加强农村初级卫生保健工作，完成妇幼保健重大公共卫生项目和基本公共卫生项目。

第三节 加强保障性住房建设

加快住房制度改革，配合加大安居工程建设力度，基本实现常住人口户均拥有或租住一套住房，基本解决低收入住房困难家庭的住房问题。

健全住房供应体系。立足保障基本需求、推动合理消费，加快构建多层次住房供应体系。对城镇低收入住房困难家庭实行廉租住房制度，对中等偏下住房困难家庭，实行公共租赁住房等制度，对中高收入家庭，实行商品住房制度。推进城镇危旧房和城乡结合部改造，加快房地产业健康发展。

第四节 统筹做好城乡人口和计划生育工作

坚持不懈地贯彻执行人口和

计划生育基本国策，加强人口和计划生育服务网络建设，完善农村计划生育奖励扶助制度，稳定低生育水平，提高出生人口素质。深化人口与计生综合改革。全面推进诚信计生，控制人口总量，“十二五”时期，人口自然增长率控制在玉林市下达的指标范围以内。加强人口和计划生育公共服务体系建设。推进计划生育服务站（所）规范化建设和优质服务提质提速，加快人口与计生信息化建设，扩大计划生育保险试点。完善人口目标责任制。重点加强农村、城乡结合部地区以及流动人口的计划生育管理服务。切实维护妇女儿童合法权益。加强未成年人保护，关爱农民工子弟，发展妇女儿童事业。积极应对人口老龄化。建立以居家为基础、社区为依托、机构为支撑的养老服务体系，优先发展社会养老服务，加强公益性养老服务设施建设，鼓励社会资本举办养老服务机构，推进老年人居家养老服务。全面推进人口和计划生育综合改革，强化流动人口计生管理与服务。到2015年，全区80个村（社区）计生服务室达自治区标准要求。

坚持不懈地贯彻执行人口和计划生育基本国策，加强人口和计划生育服务网络建设，完善农村计划生育奖励扶助制度，稳定低生育水平，提高出生人口素质。深化人口与计生综合改革。全面推进诚信计生，控制人口总量，“十二五”时期，人口自然增长率控制在玉林市下达的指标范围以内。加强人口和计划生育公共服务体系建设。推进计划生育服务站（所）规范化建设和优质服务提质提速，加快人口与计生信息化建设，扩大计划生育保险试点。完善人口目标责任制。重点加强农村、城乡结合部地区以及流动人口的计划生育管理服务。切实维护妇女儿童合法权益。加强未成年人保护，关爱农民工子弟，发展妇女儿童事业。积极应对人口老龄化。建立以居家为基础、社区为依托、机构为支撑的养老服务体系，优先发展社会养老服务，加强公益性养老服务设施建设，鼓励社会资本举办养老服务机构，推进老年人居家养老服务。全面推进人口和计划生育综合改革，强化流动人口计生管理与服务。到2015年，全区80个村（社区）计生服务室达自治区标准要求。

第五节　提高社区公共服务水平

大力构建城乡社区公共服务体系。健全社区居民自治制度，完善居民委员会组织体系，推进社区卫生服务站、养老院、警务室、图书室的建设，推进老年人居家养老服务。改革基层管理体制，明确社区组织的职责和权利，加强社区服务人才队伍建设，推进社区服务的社会化、信息化、网络化、产业化。积极开展文明社区创建活动。提高居民素质和社区文明程度。改革基层管理体制，明确社区组织的职责和权利，进一步抓好社区基层组织建设。引导各类社会组织、志愿者参与社区管理和服务。推进农民向城镇社区集中。推进农民向城镇集中，健全完善有利于农村人口转化成城市人口的配套制度和机制，使落户城镇的农民在就业、住房、教育、社会保障等方面享有与当地居民同等的权利。推进城镇基础设施建设向农村延伸。在重点加强城镇道路、给排水、教育、文化、体育等基础设施建设的基础上，逐步实现城乡基本公共服务均等化。

大力构建城乡社区公共服务体系。健全社区居民自治制度，完善居民委员会组织体系，推进社区卫生服务站、养老院、警务室、图书室的建设，推进老年人居家养老服务。改革基层管理体制，明确社区组织的职责和权利，加强社区服务人才队伍建设，推进社区服务的社会化、信息化、网络化、产业化。积极开展文明社区创建活动。提高居民素质和社区文明程度。改革基层管理体制，明确社区组织的职责和权利，进一步抓好社区基层组织建设。引导各类社会组织、志愿者参与社区管理和服务。推进农民向城镇社区集中。推进农民向城镇集中，健全完善有利于农村人口转化成城市人口的配套制度和机制，使落户城镇的农民在就业、住房、教育、社会保障等方面享有与当地居民同等的权利。推进城镇基础设施建设向农村延伸。在重点加强城镇道路、给排水、教育、文化、体育等基础设施建设的基础上，逐步实现城乡基本公共服务均等化。

专栏10 玉州区“十二五”基本公共服务项目

玉州区“十二五”基本公共服务项目

就业和社会保障：重点实施基层就业和社保服务设施、创业孵化基地、劳动保障信息系统、城镇居民基本医疗保险信息系统、新型农村社会养老保险信息系统等工程。

医疗卫生：重点实施基层医疗卫生服务体系、公共卫生服务体系、医疗卫生人才培养等工程。

人口计生：重点实施基层人口计生服务体系、优生促进、人口计生信息化建设等工程。

社会救助：重点建设五保村和镇（街道）中心敬老院，新建区级救助管理站和流浪未成年人救助保护中心。

扶贫开发：重点实施“整村推进”贫困村扶贫开发、“十百千”产业扶贫示范等工程。

第三十三章 大力发展文化体育事业

发展岭南文化，丰富群众文化生活，创新文化事业发展机制，建立完善区、镇（街道）、村（社区）三级公共文体服务体系，不断满足人民群众日益增长的文化生活需求。

第一节 大力发展城乡文化事业

坚持公益性文化事业和经营性文化产业两手抓，不断提升文化软实力。创新发展地方特色文化，繁荣发展文化事业。广泛开展群众性文化活动，丰富群众文化生活。大力抓好群众文化创作，培养壮大基层文化队伍。抓好非物质文化遗产普查、申报和保护传承工作。完善文化市场准入机制，不断加强文化和新闻出版市场监管，促进文化产业健康较快发展，推动文化产业成为国民经济支柱产业之一，构建文化强区。加强文化基础设施建设，完成南江、城西、名山、城北等4个街道综合文化站的达标建设。全区力争实现村村建有文化中心、文化活动室、农村文化小广场、图书馆（室）等设施。扩大广播影视覆盖范围。推动电信网、广播电视网、互联网“三网融合”

坚持公益性文化事业和经营性文化产业两手抓，不断提升文化软实力。创新发展地方特色文化，繁荣发展文化事业。广泛开展群众性文化活动，丰富群众文化生活。大力抓好群众文化创作，培养壮大基层文化队伍。抓好非物质文化遗产普查、申报和保护传承工作。完善文化市场准入机制，不断加强文化和新闻出版市场监管，促进文化产业健康较快发展，推动文化产业成为国民经济支柱产业之一，构建文化强区。加强文化基础设施建设，完成南江、城西、名山、城北等4个街道综合文化站的达标建设。全区力争实现村村建有文化中心、文化活动室、农村文化小广场、图书馆（室）等设施。扩大广播影视覆盖范围。推动电信网、广播电视网、互联网“三网融合”。

第二节 大力发展体育事业

加快发展竞技体育，提高竞技体育水平。大力发展群众性体育运动，贯彻实施《全民健身条例》，全面推进全民健身运动，提高群众体育素养和健康水平。进一步健全全民健身服务体系。完善群众体育组织网络，形成政府指导、社会承办、人民群众广泛参与的群众体育管理体制。加强城乡社区体育设施建设，建设玉城街道国家级社区体育健身俱乐部，切实加强社区体育健身基础设施建设，争取每个行政村都有一个篮球场，带动社区体育健身活动广泛开展。力争到2015年全区体育参与人口达到人口总数的40%，国民体质的主要指标达到或接近全国平均水平，成年人体质合格率达到80%以上，青少年体质明显改善。

专栏11 玉州区“十二五”文化体育建设重点工程

玉州区“十二五”文化体育建设重点工程

文化惠民工程：重点实施广播电视村村通、镇（街道）综合文化站、农家书屋、社区书屋、农村数字电影放映、文化致富、公共体育设施等。

文化产业：重点实施娱乐休闲、数字动画、出版印刷、文化旅游等工程。

文化遗产保护：重点建设文物维修、历史文化名村保护、非物质文化遗产保护、文化遗产数字化档案建设等工程。

第三十四章　加强精神文明建设

加强思想道德建设，开展群众性精神文明创建活动，不断提高人民的文明素质和城市文明程度。

第一节　加强思想道德建设

坚持把社会主义核心价值体系建设融入思想文化建设的全过程，深入开展爱国主义和理想信念教育，努力建立社会主义思想道德体系。逐步建立规范化、制度化的形势政策宣传教育长效机制。大力加强社会公德、职业道德、家庭美德教育，倡导爱国守法、明礼诚信、团结友善、勤俭自强、敬业奉献的基本道德规范。倡导绿色文明健康的生活方式，突出人与人之间、人与自然、城市与自然的和谐相处。高度重视未成年人思想道德建设和青少年的思想政治教育，净化社会文化环境，保护青少年身心健康。坚持正确导向，营造积极健康的思想舆论环境。

第二节　开展群众性精神文明创建活动

建立健全群众性精神文明创建活动的长效机制，以提高人民素质和城区文明程度为目标，深入持久地开展文明社区、文明单位和军民共建、警民共建等精神文明创建活动，努力创建文明城区。坚持开展拥军优属、拥政爱民活动和民族团结进步活动，切实维护安定团结的良好局面。

第三十五章　加强民主政治建设

推进决策科学化、民主化、规范化，提高政府工作的透明度，畅通人民群众提出意见、反映问题的渠道，保障人民群众行使对国家事务的知情权、参与权、决策权和监督权。加强基层民主建设，全面实行党务、政务、厂务、村务、社区管理事务、校务公开，加强社区民主建设。坚持和完善以职工代表大会为基本形式的企业民主管理制度。进一步发挥工会、共青团、妇联等人民团体的桥梁纽带作用。

第三十六章　完善和创新城乡社会管理

开展平安玉州创建活动。加快区信访接待中心和基层综治信访维稳中心（工作站）规范化建设，加强信访工作力度，深入开展社会矛盾“大排查、大接访、大调处、大防控”活动，有效预防和化解各类社会矛盾。大力整治突出治安问题，扎实推进社会治安综合治理，增强人民群众的安全感。加强政法队伍建设，严格公正廉洁执法，为改革发展提供安定和谐的环境。

建立重大工程项目建设和重大政策制定的社会稳定风险评估机制。建立健全社会应急管理体系，加大公共安全投入，健全安全生产体制机制，提高应对自然灾害、事故灾难、公共卫生事件、食品药品安全事件、社会安全事件和群体性事件的预防预警和处置能力，推进食品药品监管体系建设，确保食品药品安全，防范重特大安全事故发生。

创新信息服务方式。抓好新一代信息基础设施建设，鼓励支持新一代移动通信、下一代数字电视和下一代互联网等网络设施建设，推动电信网、广播电视网、互联网“三网融合”，构建宽带融合安全的下一代信息基础设施。推进农村信息基础设施建设，加快信息网络进村入户，提高城乡信息化水平。加强信息技术人员培养和信息知识普及教育，大力推进经济、政治、文化、社会等领域的信息化建设，提高交通、水利、环保、医疗、教育、社保、文化等领域信息化水平，构建“数字玉州”。实施电子政务提升工程，增强政务信息应用和普遍服务能力，促进政务信息公开，推进跨部门和跨地区共享业务系统建设。建成城乡一体化的人口、法人、空间地理、宏观经济等基础数据库，促进信息资源的延伸共享，提高公共信息服务能力。以信息化带动工业化，广泛采用信息技术，推进生产设备数字化、生产过程智能化和企业管理信息化，提高制造业研发设计、生产制造和流通方式的现代化水平。建立完善信息安全保障体系，完善信息安全基础设施，开展信息安全和信息法制教育，加强信息安全保障。

第三十七章　加强国防动员和后备力量建设

推进军民融合式发展，促进经济建设贯彻国防需要，构建平战结合、相互兼容、共建共用的基础平台。坚持党管武装原则，强化政府主体地位，发挥军事机关职能作用和国防动员委员会议事协调作用，充分调动全社会积极性，形成抓国防动员工作的合力。加强国防后备力量队伍建设和武警部队建设，狠抓战略训练，推动全面发展，积极承担任务，增强应急应战能力。扎实推进人民武装动员、政治动员、国民经济动员、人民防空、交通战备、科技动员、信息动员、装备动员建设，实现经济建设和国防建设相互促进、同步发展。加大国防法宣传、执行与监督力度，推动国防动员建设走上法制化、规范化轨道。完善国防动员体制，建立军地应急响应机制，构建军民结合的科研生产、动员支前和人才培养等体系。深化国防教育，广泛开展拥军优属、拥政爱民活动，积极推进军民共建，密切军政军民团结，再创广西双拥模范区。

第十一篇　创新规划实施机制推进规划有效实施

创新规划实施机制，调控引导社会资源，有效配置公共资源，为完成规划确定的发展目标和重点任务提供强有力的保障。

第三十八章　强化规划法律地位

强化经济社会发展总体规划及各种专项规划的法律地位，维护规划的严肃性和权威性。本规划一经区人大批准，法律地位即确立，由区人民政府具体组织实施。建立健全规划实施监督评估和调整修订制度。加强对规划确定的调控目标的监测预警和对重大改革、重大政策落实情况的跟踪检查，及时发现问题，提出改进意见，自觉接受区人大、区政协和社会各界对规划实施情况的监督。在规划实施的中期阶段，要进行中期评估，并向区人大常委会提交评估报告。经评估需要对规划进行修订时，由区人民政府提出修订方案，报区人大常委会批准。

第三十九章　强化规划实施保障

第一节　强化政策和制度保障

围绕规划实施，统筹协调经济社会发展政策和重大改革，使规划与政策和制度形成合力。加强政策与规划之间的协调，财税、产业、区域等政策，要服从和服务于规划确定的发展目标和工作重点。树立正确的发展观和政绩观，树立科学的目标考核体系和导向，加快建立有利于统筹城乡区域协调发展的协调机制和约束机制。努力改变以经济总量增长作为主要考核指标的导向，着重考核人均指标，以及人文、社会、环境指标，坚持把经济总量增长与社会发展、资源环境代价联系起来，以利于科学发展观的落实，更全面地反映经济社会发展的水平和政绩。

第二节　做好各级各类规划的衔接

在规划实施过程中，要注重经济社会发展规划、土地利用总体规划和城市总体规划的衔接协调。坚持下级规划服从上级规划、专项规划和区域规划服从总体规划、同级规划互相协调的原则，注重总体规划和专项规划衔接协调。年度计划要根据规划确定的发展目标，结合年度经济社会发展情况，合理确定年度发展目标和宏观调控的方向。

第四十章　强化规划支撑

第一节　缓解要素制约

严格土地审批程序，强力推进“三个集中”，规范集约使用存量和新增土地，推进集体土地流转，保障发展建设用地，促进产业集中、集聚、节约发展。加快建设城乡水源设施，建立节水机制，提高水资源利用率，努力实现水资源平衡，为工业化、城镇化发展和城乡居民生活提供水资源保障。加快建立政府投入为引导、企业投入为主体、社会投入为补充的多元化投资机制。加大投融资改革力度，探索建立和完善融资平台，推进政、银企合作，建立金融机构支持地方经济发展的考核评价体系，鼓励金融机构支持产业发展。

第二节　加强重大项目建设

强化公共财政与规划之间的衔接配合，根据规划确定的发展重点调整财政支出结构，加强对重点领域和重大项目的支持。树立“抓项目就是抓发展，抓项目就是抓落实”的理念，按照国家产业政策，结合玉州区实际，立足当前，放眼未来，切实加强重大项目的前期工作。紧紧围绕经济社会发展的战略重点，增强规划的科学性和预见性，规划和建设一批对玉州区发展全局产生深远影响的、带动作用强的重大项目，始终保持项目对经济社会发展强有力的支撑，增强发展后劲。

全区人民要紧密团结在以胡锦涛为总书记的党中央周围，在区委的坚强领导下，继续解放思想，抢抓机遇，深化改革，锐意创新，为实现“富民强区”、全面建设小康社会宏伟蓝图而奋斗！

第三届广西体育节2011玉州区全民健身系列活动启动仪式

概　　况

概　貌

【建置沿革】　宋至道二年（996年）鬱林州徙治于今玉州区玉城街道属地，并建筑州城。元袭之。明洪武二年（1369年）撤南流县直属鬱林州，明洪武十年（1377年）形成鬱林五属（指鬱林州和兴业、博白、北流、陆川4县）。清雍正三年（1725年）升鬱林州为直隶州，仍辖兴业等县。民国元年（1912年）鬱林直隶州改为鬱林府，民国二年（1913年）鬱林府改为鬱林县。1952年撤兴业县并入鬱林县，1956年鬱林县改为玉林县，1983年10月撤销玉林县，设立玉林市（县级）。1997年4月，国务院批准撤销玉林地区设立地级玉林市，原县级玉林市分设兴业县、玉州区。同时，经自治区人民政府批准，设立福绵管理区，作为玉州区的派出机构。同年9月1日，玉州区正式挂牌成立。

【地理位置】　玉州区地处广西壮族自治区东南部，位于北纬22°37′50″，东经110°08′44″。东接北流市，西连玉林市福绵管理区，南邻陆川县，北界兴业县。行政区域总面积464.3平方公里。是玉林市人民政府所在地。

【地貌与地形】　玉州区在广西地貌类型中，属桂东南丘陵区。根据地貌成因、岩组类型、组合形态、海拔高程以及航片和侧视雷达照片的特征，区内地貌主要分为构造溶蚀堆积平原区和构造剥蚀丘陵区，前者占绝大多数。玉州区地处玉林盆地，地形以盆地为主。

【山脉水系】　玉州境内山脉及山峰主要有大容山支脉及寒山岭。其中大容山支脉为东北—西南走向，长46公里，宽25～30公里，一般海拔800米。寒山岭位于城区西北14公里处，属大容山支脉；呈东南—西北走向，长13公里，宽5～6公里；主峰寒山海拔720米。境内河流为南流江流域南流江水系。南流江是广西独流入海的最大河流，玉州境内有路垌江、六珠江、罗望江（又名清湾江）等3条一级支流，有邓江、大良江、酾水江、三山江等4条二级支流。

【行政区划】　2011年，玉州区行政区划5个街道办事处4个镇，其中5个街道办事处为玉城街道办事处、南江街道办事处、城西街道办事处、名山街道办事处、城北街道办事处；4个镇为茂林镇、仁东镇、仁厚镇、大塘镇。共有26个社区居民委员会，80个村民委员会。2010年1月，经市委、市政府批准，将玉州区茂林镇和名山街道的和睦村、榕楼村、石棠社区、大囊村、长望村5个村（社区）整建制委托给玉东新区管理。

【人口】　2011年末，玉州区总人口62 4677人，其中非农业人口202 905人。各镇（街道）年末人口数：玉城街道173 936人，南江街道124 038人，城西街道44 375人，名山街道62 225人，城北街道49 948人，仁东镇56 959人，仁厚镇 29956 人，大塘镇 23 490 人，茂林镇 59 750 人。

【民族·宗教】 玉州区属非少数民族聚居地，没有世居少数民族，全部都是移居少数民族，多以散居形式居住。居住着壮、瑶、满、回、苗、侗、仫佬、土家、黎、蒙、毛南、水、彝、仡佬、朝鲜、京、白、藏等二十几个少数民族。2011 年，玉州区有少数民族人口 2 万多人，占总人口的 3.57%，分布在全区 9 个镇（街道）；有少数民族暂住人口 1 万多人，主要是新疆、四川、云南、贵州、湖南等省区到玉州务工、经商、办企业的少数民族。

2011 年，玉州区有天主教、基督教、佛教三大教派，有经批准登记的宗教活动场所 17 个。其中佛教 15 个、天主教 1 个、基督教 1 个，分布在玉林城区和 9 个镇（街道）。有正式教徒 3619 人，其中佛教 3256 人、天主教 92 人、基督教 271 人；宗教教职人员 26 人，其中佛教 17 人、天主教 3 人、基督教 6 人；信教众 11 多万人（不完全统计）。

经济和社会发展

【经济持续健康发展】 2011 年，玉州区坚持“工贸强区、统筹发展”战略，围绕“全面建成小康玉州”的奋斗目标，坚持区四届人大一次会议确定的“321”工作思路，加快推进新型工业化、新型城镇化、农业现代化和城乡一体化进程，全区经济保持健康发展。是年，实现辖区生产总值突破 200 亿元，达到 232.64 亿元，增长 5.2%。其中，第一产业增加值 12.5 亿元，第二产业增加值 96.86 亿元，第三产业增加值 123.28 亿元。辖区全社会固定资产投资突破 200 亿元，达 200.11 亿元，居广西各县市区之首，比上年净增 53.6 亿元，增长 36.6%，创历史新高。全区财政收入突破 10 亿元，达 10.82 亿元，其中一般预算收入 6.29 亿元。城乡消费持续发展，社会消费品零售总额达到 156.54 亿元，增长 18.06%。外贸进出口稳步增长，全年完成外贸进出口总额 7965 万美元，增长 16.55%。其中外贸进口 3075 万美元，增长 191.7%。新增出口企业 9 家。实际利用外资 3656 万美元，增长 104.45%。城镇居民人均可支配收入突破两万元，达 22195 元，人均消费性支出 13408 元。农村人均纯收入 7226 元，人均生活费支出 6110 元。

【产业结构进一步优化】 2011 年，玉州区三次产业结构调整为 5.4:41.5:53.1。

服务业 2011 年，毅德国际商贸城、国际汽车城、嘉和国际商业广场等一批商贸物流重大项目开工建设，在建商贸物流项目 57 个，完成投资 17 亿元，是上年投资额的 3 倍。第三届药博会参展企业贸易成交额达 30.15 亿元。第八届玉博会贸易合同成交额 23.79 亿元。房地产投资 48.1 亿元，商品房销售面积 158 万平方米。家电、汽车下乡和家电以旧换新活动扎实开展，实现销售额 11.56 亿元。餐饮、旅业等传统服务业继续保持良好发展，其中旅游外汇收入 351.99 万美元，国内旅游收入 28.02 亿元。

工业经济 2011 年，辖区实现工业总产值 280.43 亿元，工业增加值 85.83 亿元。实现规模以上工业总产值 232.54 亿元，规模以上工业增加值 68.34 亿元。完成工业投资 102.46 亿元，比上年增长 79.28%，其中完成技改投资 74.27 亿元，增长 73.49%。有 18 家企业入选“首批广西千家成长型中小企业”。获新认定自治区级企业技术中心 3 家，市级企业技术中心 9 家。投入 1300 万元加快工业园区建设，新建道路 1400 多米；建成标准厂房 10 万平方米，在建标准厂房 5 万平方米；累计入园企业 73 家，竣工投产 40 多家；玉林健康产业园通过自治区 A 类产业园区评审。

农业经济 2011 年，辖区农林牧渔业总产值 20.8 亿元。粮食总产量 10.82 万吨，蔬菜总产量 30.95 万吨，出栏肉猪 31.95 万头，出栏家禽 831.72 万羽，肉类总产量 35962 吨，禽蛋总产量 6724 吨，水产品总产量15570吨。珍珠番石榴、香蒜、无公害蔬菜、中药材、特色水果等特色农业基地面积达4667公顷。其中台湾珍珠番石榴新发展面积100公顷，累计达到333多公顷，成为广西最大的台湾珍珠番石榴生产基地。新增1.33公顷以上土地流转点29个，累计流转面积2733.33公顷，流转率34.2%。丰顺公司建成现代农业设施生产面积100多亩，以95分高分通过农业部蔬菜标准园创建验收专家组考核验收。玉林健康产业园获国家农业部认定为第一批国家级农业产业化示范基地。丰顺、博涛、华邦、宏进、中药港、大自然等6家企业获市级农业产业化重点龙头企业，新发展农民专业合作社25家，累计农民专业合作社达92家。

【项目建设】 2011年，全区在建项目399个，完成投资117.99亿元。其中，新开工项目284个，完成投资74.19亿元；续建项目115个，完成投资43.80亿元。重大项目建设实现新突破，全年在建重大项目151个，完成投资87.82亿元。其中新开工重大项目69个，完成投资45.12亿元，比上年增长26.85%；续建重大项目82个，完成投资42.7亿元，增长14.32%；已竣工重大项目62个，完成市下达全年目标任务21个的295.24%。玉林市新翰电子机械有限公司扩建年产60万件机体、飞轮壳铸件及加工生产线技术改造项目；玉林市嘉德机械有限公司年产500万套发动机连杆生产线建设项目；玉柴华原机械（玉林）有限公司微型车、轿车发动机过滤器生产线项目等3个项目列入自治区层面统筹推进重大项目，填补了玉州区自2008年以来无重大工业项目纳入自治区层面统筹推进重大项目的空白。争取到中央投资项目26个，计划总投资3242.2万元，其中中央预算内资金1925.59万元，已开工项目22个，完工9个，完成总投资1495.8万元。

【招商引资】 2011年，全区引进广西区外合作项目54个，合同投资额60.33亿元，到位资金32.93亿元；广西区外续建项目42个，到位资金30.35亿元；累计到位资金63.28亿元。其中，交通物流城、红星美凯龙家居商城、国际汽车城等9个项目的投资额均超3亿元。荣获2011年广西招商引资项目大兑现工作示范县（市、区）。成功承办第三届“药博会”，共签约项目10个，总投资38.3亿元；在第八届“玉博会”上签约项目8个，总投资35.9亿元；在第八届（南昌）泛珠三角区域合作会签约项目1个，总投资2.5亿元。新批设立外资企业4个，实际利用外资额3657万美元，比上年增长143.5%。

【非公经济进一步发展】 2011年，玉州区加强与广西金融投资集团等银企合作，区财政注资500万元作为中小企业贷款担保风险补偿基金，为29家企业落实贷款授信意向额度达12.44亿元，通过设立微型企业创业指导站、联络员制度、实地审查小组等，为微型企业登记开辟“绿色通道”。年内发展微型企业816家，全区非公有制经济单位达26800多个，从业人员75700多人。

【城乡建设】 2011年，玉州区配合市委、市政府推进清宁路延长线、二环路南段、玉福大道玉州段建设；硬化城区小街小巷15条。安排资金1000万元，拉动投资1969万元，硬化自然村通屯道路73条共70.66公里。大南路北段的道路及市政基础设施建设全面完成。城乡风貌改造三期工程顺利推进，城北街道凤村大井自然村、大塘镇大塘村横岭自然村和大塘镇苏烟村新屋自然村等3个改造点共222户房屋外立面改造任务完成。新农村建设扎实推进，农村基础设施不断完善，完成1350户农村危房改造；投入1490.8万元，实施农村人饮项目9项，解决2.88万人饮水困难问题；新建成沼气池200座。水利基础设施投入468.95万元，完成水利工程建设7处，清淤渠道346.7公里，渠道防渗363.35公里。农民人均纯收入7226元，比上年增长16%，增速连续两年高于城镇居民人均可支配收入。

【科教文卫体事业】 2011年，

玉州区继续深入实施“科教兴区”战略，科技创新能力增强，组织实施工业科技项目5项，环保型畜牧产业化开发与示范重大项目进展顺利；强化科技成果转化，申报市科研成果登记3项、市科技进步奖项目2项；申报专利获授权7件；获中国科协命名为“2011—2015年度全国科普示范县（市、区）”。优先发展教育事业，全国有效教育广西改革试点经验成果展示汇报现场会在玉州区召开；深入开展城区中小学建设大会战，玉州区第八中学顺利奠基；九年义务教育巩固率从2010年的89.1%提高到2011年的90.1%；筹集资金793.6万元，资助学生15872人。文体事业健康发展，成功举办首届文化艺术节，区文化馆荣获国家一级馆称号；城乡公共文体设施和服务体系进一步完善，投入90万元建设3个村级公共服务中心，新建40家农家书屋。城乡卫生医疗服务体系加快建设，顺利推进3个基层医疗卫生机构和59个村卫生室建设，国家基本药物制度有效实施。全面推行诚信计生，启动免费孕前优生健康检查试点工作，投入250万元推进区级、村级服务站（室）和23个家健服务室标准化、规范化建设，人口计生各项指标全面落实。

【民生保障】 2011年，玉州区城乡就业工作有效推进，全区城镇新增就业人数4335人，农村劳动力转移就业新增人数7048人；城镇登记失业率4.09%，比市下达的年度控制目标4.3%的指标低0.21个百分点。基本医疗保险覆盖面不断扩大，城镇职工、居民基本医疗保险参保人数10.17万人，参保率达92.16%；农民参加新型农村合作医疗人数达到29.65万人，参合率98.33%。基本医疗保障水平提高，新型农村合作医疗和城镇居民基本医疗保险政府补助标准每人每年分别提高到230元、240元。新型农村社会养老保险试点工作顺利推进，累计12.2万人参保，参保率达到70.5%。继续实施“五个民政建设年”活动，新建五保村5个。城乡生活保障救济面逐步完善，全年发放城乡最低生活保障金2440.69万元，救济对象19683人；实施城乡医疗救助制度，对全区低保家庭成员和有特殊困难的城乡居民等城乡弱势群体给予新农合及医疗保险后的二次救助，全年发放救助金248.74万元；全区五保供养对象1489人。优抚安置政策进一步落实，7月玉州区被自治区人民政府命名为“双拥模范”区。

【平安玉州建设】 2011年，玉州区加强和创新社会管理，全区共破刑事案件1267起，查处治安案件8284起。深入开展大排查、大接访、大调处、大防控活动，共排查调处各类矛盾纠纷案件4270件，调解成功4061件，调解成功率95%。严格落实安全生产责任制，安全生产形势总体平稳。

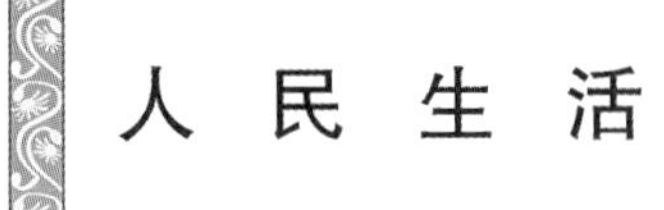

人民生活

【城镇居民收入情况】 2011年，根据100户城镇居民收入调查结果显示，玉州区城镇居民可支配收入突破两万元，人均达到22184.25元，比上年同期增长10.95%。各项收入来源全面增长。

工资性收入 2011年，玉州区城镇居民人均工资性收入为11912.11元，同比增长7.96%。主要原因有：一是机关、企事业单位职工工资收入的自然增长；二是由于春节期间，部分单位发放年终奖金比上年有所提高，从而拉动工资性收入增长；三是政府救助力度的加大和市场经济的发展，居民最低工资标准和用工工资都得到明显提高；四是建立和完善企业单位职工工资稳定增长机制，企业单位职工工资有所提高；五是义务教育教师绩效工资改革的不断到位成为居民收入有力增长点。

经营性收入 2011年，玉州区城镇居民人均经营性收入4345.58元，比上年同期增长14.67%。增长因素：一方面随着市场经济的不断发展和繁荣，元旦、春节、“五·一”、“十·一”等大节日和“药博会”、“玉博会”的成功举办，使玉州区各行销售交易红火，城镇居民的经营净收入呈现出二位数的增长；另一方面随着宏观经济环境的改善，经济形势的不断好转及政策扶持力度不断加强，地方经济迅速复苏，呈较快发展势头，城镇个体和私营业主的从业人数与收入均相应增加，促进了经营性收入的增加。

居民财产性收入　2011 年，国家不断加强房地产调控力度，在打压了房地产交易热度的同时也产生了出租房市场升温，拉动房屋租金的快速上涨，使玉州区居民出租房屋的财产性收入迅速上升。是年，城镇居民人均财产性收入为 1827.31 元，同比增长 13.63%，其中人均出租房屋收入达到 1569.01 元，同比增长 37.82%。

转移性收入　2011 年，玉州区城镇居民人均转移性收入 5533.32 元，比上年同期增长 15.16%，其中人均养老金或离退休金为 4757.09 元，同比增长 16.79%。转移性增长的主要原因：企业离退休人员的离退休金增长，基础养老金和养老补贴标准提高，社会保障体系日趋完善，最低生活保障标准的提升，对于转移性收入增长起到重要作用。此外，现代社会人与人之间交际日趋频繁，礼尚往来、人情还赠、礼金收入等成为转移性收入和支出的重要部分。

玉州区城镇居民人均可支配收入情况

指标名称	2011 年（元）	2011 年比 2010 年增减		占家庭总收入比重（%）
		绝对数（元）	%	
家庭总收入	23618.32	2382.04	11.22	—
可支配收入	22184.25	2189.42	10.95	—
其中：工资性收入	11912.11	878.37	7.96	50.43
经营净收入	4345.58	556.07	14.67	18.40
财产性收入	1827.31	219.20	13.63	7.74
转移性收入	5533.32	728.39	15.16	23.43

【城镇居民消费支出情况】 2011 年，玉州区城镇居民人均消费支出 13408.03 元，同比增长 11.23%。在调查的八大类消费支出中有六类均有不同程度增长，其中：食品、衣着、居住、家庭设备用品及服务、交通和通信、杂项商品和服务分别增长 14.55%、6.83%、16.34%、19.39%、41.89%、6.27%，医疗保健和教育文化娱乐服务分别下降 8.89% 和 14.18%。物价上涨成为各类支出有所增长的主要原因。

食品消费　2011 年，玉州区城镇居民人均食品消费支出 5112.34 元，比上年增长 14.55%。随着居民生活水平的提高，居民更加关注合理的膳食结构和均衡的营养摄入，居民饮食呈现注重营养、追求方便的趋向，在量上满足的同时，对质的追求提高到了一个较高的层次，营养健康的绿色食品备受青睐。另外，餐饮业的快速发展，人们饮食观念的转变，居民更愿意将自己从繁复的家务中解放出来，亲朋好友聚到饭店用餐或者购买熟食已成为流行。

衣着消费　2011 年，玉州区城镇居民人均衣着消费支出 933.63 元，比上年增长 6.83%。城镇居民随着收入的不断提高，衣着档次也随之提升，注重实用、品牌和时尚，加之商业购物环境不断优化，服装高档化、时装化、品牌化成为服装消费的潮流。各类职业装、休闲装、运动装成了很多家庭的常备。

居住类消费　2011年，玉州区城镇居民人均居住消费支出1512.16元，比上年增长16.34%。随着城镇居民家庭收入的增加，居民住房质量普遍提高，居住条件进一步改善，居民住房向室内适用化、现代化和美观化发展，配套设施居住绿化环境更加优美，各类保障房建设，居住条件和居住环境都得到了显著改善。

交通和通信消费　2011年，玉州区城镇居民人均交通和通信消费支2010.72元，比上年增长41.89%。年末，每百户城镇居民居民拥有摩托车88辆，电动车84辆，家用小轿车15辆，固定电话90部，移动电话233部，接入有线的电视机90台，接入互联网的计算机48台。城镇居民除了通过电视获取信息外，不少居民更多是通过互联网获取信息，甚至是网上购物，且发展相当迅速。

家庭设备用品及服务消费　2011年，玉州区城镇居民人均家庭设备用品及服务消费支出958.89元，比上年增长19.39%。耐用品更新换代步伐加快，家庭设备消费成为新热点。高科技技术的普及，使新型家电产品逐渐为百姓接受，进入了普通居民家庭。年末，每百户城镇居民家庭拥有洗衣机99台，电冰箱99台，电视机156台，家用电脑87台，照相机53架，空调132台，热水器114台。

杂项商品和服务消费　2011年，玉州区城镇居民人均杂项商品和服务消费支出459.59元，比上年增长6.27%。随着生活水平的提高，人们越来越注重自身的形象，金银珠宝饰品、手表已不再是奢侈品，化妆品的档次也越来越高。

医疗保健消费　2011年，玉州区城镇居民人均医疗保健支出818.39元，同比下降8.89%。随着玉州区城镇居民医疗保险机制的逐步健全，以及有关部门对药价监督力度加大，全区城镇居民医疗消费支出呈现下降趋势。与此同时，城镇居民保健意识正逐渐转变，日常保健、定期检查、加强锻炼成为时尚。

教育文化娱乐服务消费　2011年，玉州区城镇居民人均教育文化娱乐服务支出1602.3元，同比下降14.18%。出外旅游的减少是导致教育文化娱乐服务支出下降的主要原因。

玉州区城镇居民人均消费支出情况

指标名称	2011年（元）	2010年（元）	2011年比2010年增减（%）
家庭总支出	15833.94	14651.8	8.07
消费支出	13408.03	12054.6	11.23
其中：（一）食品	5112.34	4462.81	14.55
（二）衣着	933.63	873.92	6.83
（三）居住	1512.16	1299.77	16.34
（四）家庭设备用品及服务	958.89	803.13	19.39
（五）医疗保健	818.39	898.27	-8.89
（六）交通和通信	2010.72	1417.09	41.89
（七）教育文化娱乐服务	1602.3	1867.15	-14.18
（八）杂项商品和服务	459.59	432.47	6.27

【农村居民人均纯收入情况】2011年，据调查资料显示，玉州区农民人均纯收入7226.3元，比上年同期增加997.2元，同比增长16.0%。

工资性收入　2011年，玉州区农村居民人均工资性收入3570.6元，比上年同期增加455.5元，同比增长14.6%，占总收入的49.41%，是家庭经济的主要来源。工资性收入增长的主要原因：一、年龄结构优化。调查资料显示，2011年农村劳动力的年龄从16岁到60岁以上均有，其中，26至50岁的劳动力占全部劳动力的60.57%。二，劳动力素质提高。2011年，玉州区大力推进选派优秀干部下乡担任新农村指导员工作，各相关部门也经常举办有针对性的各种用工务工培训，农村素质教育、职业教育扎实推进。调查资料显示：不识字或识字很少及小学程度的劳动力仅占总劳动力的12.62%，而初高中文化程度的劳动力就占了总劳动力的73.5%。三，物价上涨带动用工工资的上调。

家庭经营纯收入　2011年，玉州区农村居民家庭经营人均纯收入2729.4元，比上年同期增加435.5元，同比增长19.0%。在家庭经营纯收入中，第一产业是传统的农民收入产业，人均收入1108.9元，比上年增加54.3元，增长5.2%，占家庭经营纯收入的40.63%。第二产业以建筑业为主，人均收入350.0元，比上年同期增加119.1元，增长51.6%。第三产业凭借交通、运输、邮电业收入和批零贸易业、饮食业收入奠定其霸主地位。是年第三产业人均纯收入为1270.5元，比上年同期增加262.1元，同比增长26.0%。其中，交通、运输、邮电业收入470.2元，比上年同期增加113.2元，同比增长31.7%；批零贸易业、饮食业收入为480.4元，比上年同期减少100.1元，同比下降17.3%；社会服务业和文教卫生业，分别为120.0元和115.5元，分别比上年增长24619.2%和62.8%。

财产性纯收入　2011年。玉州区农村居民人均财产性纯收入450.8元，比上年同期减少49.9元，同比下降10.0%。下降主要在于租金的下降，2011年租金人均收入271.8元，比上年同期减少185.6元，同比下降40.6%。

转移性纯收入　2011年，玉州区农村居民人均转移性纯收入475.5元，比上年同期减少17.8元，同比下降3.6%。

玉州区农村居民人均纯收入情况

指标名称	2011年（元）	2010年（元）	2011年比2010年增减（%）
全年纯收入	7226.3	6229.1	16.0
其中：（一）工资性收入	3570.6	3115.1	14.6
（二）家庭经营纯收入	2729.4	2293.9	19.0
第一产业收入	1108.9	1054.6	5.2
第二产业收入	350.0	230.9	51.6
第三产业收入	1270.5	1008.4	26.0
（三）财产性纯收入	450.8	500.7	-10.0
（四）转移性纯收入	475.5	493.3	-3.6

【农村居民现金支出情况】2011年，据调查资料显示，玉州区农村居民现金支出9295.7元，比上年增加22.7%。现金支出以生产费用支出和生活消费支出为主，略有转移性支出。

生产费用支出 2011年，玉州区农村居民人均生产费用支出3226.9元，比上年增加153.8元，增长5.0%，占农村居民现金总支出的34.7%。生产费用支出中以第一产业的支出最大，为人均1645.4元。其中，农业支出831.1元，林业支出9.1元，牧业支出723.3元，渔业支出81.9元。第二产业的生产费用支出为472.3元，比上年同期增加213.4元，同比增长82.4%。第三产业的生产费用支出为1081.0元，比上年同期增加443.9元，同比增长69.7%，占家庭经营费用支出的33.79%。

生活消费支出 2011年，玉州区农村居民人均生活消费支出5672.4元，比上年增长33.6%，占农村居民现金总支出的61.02%。其中，食品消费支出人均1799.3元，比上年同期增加394.5元，同比增长28.1%；衣着支出244.7元，比上年同期增加99.9元，同比增长69.0%；居住支出1583.0元，比上年同期增加374.1元，同比增长30.9%；家庭设备、用品及服务支出357.7元，比上年同期增加134.8元，同比增长60.5%；交通和通讯支出574.1元，比上年同期增加148.9元，同比增长35.0%；文化教育、娱乐用品及服务支出290.9元，比上年同期减少120.8元，同比下降29.3%；医疗保健支出699.1元，比上年同期增加450.1元，同比增长180.8%；其他商品和服务支出123.6元，比上年同期减少53.5元，同比下降30.2%。在生活消费八大类支出中，与上年相比，文化教育、娱乐用品及服务支出和其他商品和服务支出下降，其余的支出均增长。增幅最大的为医疗保健类。从支出的构成来看，各项支出占总量最大的为食品类和居住类，增幅却最小；医疗保健支出从上年的占总量第五上升成为占的总量第三，仅位居于吃与住之下，增长速度排名第一；农民的衣着消费总量2010年排在生活消费的最末位，2011年人均衣着消费增加99.9元，增长幅度高达60.5%。

玉州区农村居民人均现金支出情况

指标名称	2011年（元）	2010年（元）	2011比2010年增减（%）
现金支出	9295.7	7578.9	22.7
其中：（一）生产费用支出	3226.9	3073.0	5.0
（二）税费支出	1.9	24.6	-92.4
（三）生活消费支出	5672.4	4244.5	33.6
（四）财产性支出		20.9	-100.0
（五）转移性支出	394.5	215.9	82.7

玉州区农村居民生活消费支出情况

指标名称	2011年(元)	2010年(元)	2011年比2010年增减(%)
生活消费支出	5672.4	4244.5	33.6
其中:(一)医疗保健	699.1	249.0	180.8
(二)衣着	244.7	144.8	69.0
(三)家庭设备、用品及服务	357.7	222.9	60.5

续表

指标名称	2011年(元)	2010年(元)	2011年比2010年增减(%)
(四)交通和通讯	574.1	425.3	35.0
(五)居住	1583.0	1208.9	30.9
(六)食品	1799.3	1404.8	28.1
(七)文化教育、娱乐用品及服务	290.9	411.8	-29.3
(八)其他商品和服务	123.6	177.1	-30.2

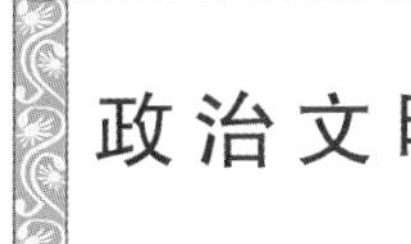

政治文明建设

【依法行政】 2011年，玉州区坚持把依法行政作为政府工作的基本准则，落实到政府工作的各个方面、各个环节，强化行政执法责任制和行政问责制，行政行为不断规范，民主决策程序逐步完善。加强和完善规范性文件监管工作，全年审查以区政府名义出台的涉及有关法律政策把关的文件60件；按要求将政府制定出台的2件规范性文件及时上报市人民政府法制机构备案。行政复议工作明显加强，全年玉州区法制办代理区政府行政复议3件，行政诉讼8件。政府机构改革稳步推进，进一步理顺区直部门之间的职能关系，解决政府部门之间职责交叉、事权划分不够明确的问题，明确职责范围，确定合理分工，提高行政能力。深入开展“绩效提升年”等活动，工作作风进一步转变。继续加强政府廉政建设，推行政务公开和政府信息公开制度，机关效能提高。

【政务服务工作】 2011年，玉州区投入财政资金完善政务服务中心基础设施建设。3月，区新政务服务中心正式启用，办公面积从500平方米增加到1500平方米。新的政务中心有序运行，有24个部门，320项审批及服务项目进驻集中办理。设置有受理窗口、咨询引导、休息等候、投诉受理、综合服务等区域，配套服务设施齐全。各楼层、各窗口分布的指示牌清晰明了。此外，还制定“绿色通道”实施方案，设立“重大投资项目并联审批窗口”，为重点企业、重点项目和重点工程提供一站式直通车服务。全面推行行政审批“两集中、两到位”改革，推行区直纪检组长派驻政务服务中心带班值班制度，对24个单位和部门的320项审批项目的授权情况、录入电子监察系统办理和“两头受理情况”进行督查，实现行政审批通用系统、行政效能监察系统、视频监控系统与自治区、市、区三级连通，通过电子监控系统，对全区的行政许可和服务事项的办理过程实时监控。是年，区政务中心共接到咨询5208人次，接到申请受理事项16552件，办结16449件，办结率100%，群众满意率100%。获2011年度玉林市政务服务工作先进单位。

【政务公开和政府信息公开工作】 2011年，玉州区加强对政府信息公开和政务公开工作的领导，调整完善玉州区政府信息公开领导小组及办公室，办公室设在玉州区政务中心，并落实专职工作人员和经费，专门负责处理政府信息公开事务。完善各项制度建设，进一步明确政府信息公开的指导思想、基本原则、工作目标、公开内容和形式、组织机构与工作分工、公开程序、保障措施等。建立主动公开、依申请公开等具体工作流程，并制定印发政府信息公开申请表、政府信息公开申请接收回执和办理结果告知单等，明确主动公开政府信息的发布程序及依申请公开政府信息办理的流程、时限等，规范政府信息发布和公开申请的受理、办理工作。玉州区政府信息公开工作主要是通过广西玉林玉州政务信息网、信息化动态简报、玉林日报等媒体开展。其中广西玉林玉州政务信息网是玉州区政府机关实现政府信息公开、机关效能建设、服务企业和社会公众的重要平台。是年，玉州区政务信息网站进行改版，在政务信息网上开设了政府信息公开平台，设有“走进玉州”、“玉州动态”、“政务公开”、“招商引资”、“党建之窗”、“旅游天地”、“便民服务”共7个栏目，将原先分散的政府信息、办事功能整合在一起，方便市民使用。截止2011年12月，区各镇（街道）和各部门通过政府网站主动公开政府信息累计9523条，2011年新增（含更新）信息2201条，其中：企业之窗46条、走进玉州45条、玉州动态780条、政务公开1111条、招商引资117条、党建之窗38条、旅游天地35条、行动学习29条。年访问量达271300人次；通过新闻发布会及新闻媒体主动公开政府信息共1523条。完善区政务服务中心、区档案局两个政府信息公开查阅点建设。各镇（街道）和各部门共向区政务服务中心和档案局等信息查阅场所提供政府信息487条。其中政府职能类信息320条，规范性文件信息2条，行政许可信息150条，其他类信息15条。截止2011年12月31日，全区未发现影响或可能影响到社会稳定、扰乱社会管理秩序的虚假或不完整信息。

【基层政务工作】 2011年，玉州区整合各镇（街道）“七站八所”的政务公开和公共服务资源，推进政务服务向基层延伸。出台《玉州区推进政务服务和政务公开向基层延伸工作方案》等文件，推动镇（街道）政务中心、村（社区）政务服务站的标准化建设和规范化管理，规范首问负责制、“一次性”告知制、限时办结制、投诉登记和处理等制度。至是年末，8个镇（街道）全部建成政务服务中心并投入使用。其中玉城街道被定为自治区级政务服务示范点。以各镇（街道）政务公开和村（社区）务公开为重点的基层政务公开，加大对涉农重大政策、法律规范、农村基层民主权力等信息的公开，加大对农业和农村公共事业投入、征地补偿、涉农补贴、扶贫救灾资金等涉及群众切身利益事项的公开；注重公开劳动社保、房屋拆迁、土地征用、移民安置等群众高度关注的信息。是年，全区8个镇（街道）全部实行政务公开制度，编制政务公开目录，公开面达100%；全区86个村（社区）实行村务公开制度，公开面达到100%。

【基层民主政治建设】 2011年，玉州区继续抓好基层民主政治建设：一是对村务公开工作进行一次督促检查，进一步推动村务公开民主管理。二是做好村（社区）两委换届选举工作。年初民政部门与组织部一道对村（社区）进行调查摸底，制订两委换届选举工作方案。始终坚持“公平、公开、公正”的原则，围绕中央提出的“5个严禁、17个不准和5个一律”、自治区提出的“四要四不准”以及玉林市提出的“十条规定”抓好村级换届选举工作。9月底，全区60个村、26个社区全面完成换届任务。

精神文明建设

【思想道德建设】 2011年，玉州区做好第二届“自治区道德模范”和第三届“全国道德模范”的评选推荐工作，组织开展学习宣传第三批全国道德模范和候选人投票活动，发出选票15000份，玉州区庞富英分别获评为第二届自治区道德模范和第三届“全国道德模范”诚实守信模范提名奖，并以此为契机，广泛开展学习道德模范活动，充分发挥道德模范榜样作用。抓好社会宣传，营造良好的氛围。一方面以隆重纪念中国共产党成立90周年、中华人民共和国成立62周年为重点，全力推进社会宣传：组队参加玉林市举办的纪念中国共产党成立90周年大合唱比赛，玉州区获得一等奖；开展“纪念中国共产党成立90周年——永远跟您走”系列主题实践活动，征集上送12张红色照片给活动组委会，组织1000多名党员干部参加党史知识答题竞赛；开展“我身边的共产党员”征文活动，征集征文11篇参加玉林市征文比赛；开展中华人民共和国成立62周年宣传活动，以张贴标语、开展各种文化娱乐活动等方式庆祝祖国生日。另一方面做好普法、艾滋病防治、计划生育、双拥、“三下乡”等各项社会宣传教育工作，在“6.26”国际禁毒日，组织开展禁毒宣传一条街活动，12月15日牵头组织科技、卫生、农业等部门到仁东圩开展“三下乡”活动；开展婚育新风进万家活动，广泛宣传计划生育法律法规；大力宣传广大军民为国防建设作贡献的先进事迹，开展拥军优属和青少年爱国主义教育活动。

【未成年人思想教育】　2011年，玉州区规范网吧经营秩序，切实加强网吧整治监管，整治违规接纳未成年人行为。重点在节假日期间开展对文化市场、学校周边环境等专项整治行动，使辖区内文化市场呈现出良好的发展态势。结合庆祝建党90周年开展未成年人思想道德教育主题系列实践活动。组织各中小学校开展“童心向党、童声欢唱”的优秀童谣儿歌推广传唱活动。以“做一个有道德的人”为主题，通过开展“国学启蒙进校园”、“文明礼仪进校园”等活动，培育孩子关心社会的良好品德。开展“向国旗敬礼、做一个有道德的人”网上签名寄语活动，增强了学生们的爱国意识。开展“祖国发展我成长”迎国庆60周年活动，构建以和谐的人际关系为主要内容的校园德育环境。开展“孝德进校园”、“孝德好书大家读”等系列活动，使未成年人从小自觉养成良好道德品质。扎实推进未成年人课外活动场所建设。继续完善玉州区青少年宫、仁厚镇文化站、城北高山村等未成年人校外活动中心设施设备。组织实施中宣部、中央文明办等5个部门的“‘绿色’电脑进西部”活动，严格按要求落实赠送分配工作，向电脑设备匮乏的苏烟希望小学等13家学校、村（社区）文化中心赠送一批“绿色”电脑共70台。抓好未成年人思想道德建设工作机构、编制、人员和专项经费的落实，按人均0.1元的标准，区政府划拨未成年人思想道德建设年度专项经费6万元。

【文明创建活动】　2011年，玉州区深入开展以“九大和谐建设”为主要内容的“和谐建设在基层”活动，树立一批建设“和谐单位、和谐乡镇、和谐村屯、和谐街道、和谐社区、和谐家庭、和谐学校、和谐企业、和谐邻里”的先进典型。5月，仁东镇、仁东镇鹏垌村龙屏庄、玉城街道、南江街道、名山街道、城西街道、玉城街道南观社区、南江街道南江社区、名山街道五里桥社区、玉林市富英制革有限公司庞富英家庭、东环小学、中国移动玉州分公司、城西卫生院宿舍住宅小区等13家单位（家庭）获自治区第一批“九大和谐建设”先进单位。制定印发《玉州区关于统筹推进城乡精神文明建设的实施意见》，推进文明城市创建工程、城乡文化品牌创建工程、城乡公共文化服务设施建设工程、城乡宣传文化队伍建设工程、城乡居民素质提升工程建设，重点抓好城西街道永上村、城北街道钟周村等示范点建设。组织开展第三届全国文明城市、文明村镇、文明单位，玉林市第十五批文明村镇、文明单位、军（警）民共建精神文明先进单位评选活动。中国移动玉州分公司、玉州区人力资源和社会保障局、仁厚镇、玉柴社区、北辰社区、南观社区、城北高山村、仁东龙屏庄等8个单位获得玉林市第十五批文明单位（村镇）。此外，玉州区还继续实施以“关爱生命、文明出行”为主题，以“倡导六大文明交通行为、摒弃六大交通陋习、抵制六大危险驾驶行为、完善六类道路安全及管理设施”为主要内容的“文明交通行动计划”，以及广泛开展“向国旗敬礼、做一个有道德的人”网上签名寄语、“祖国发展我成长”迎国庆60周年、“孝在我心中”、“童心向党”读书征文比赛等群众性精神文明创建活动。

中共玉林市玉州区委员会

区委重要会议

【中共玉林市玉州区第四次代表大会】 2011年7月8日在玉林城区召开。出席大会的有中共玉林市玉州区第四次代表大会代表260名。这次代表大会的主要任务是：以邓小平理论和“三个代表”重要思想为指导，全面贯彻落实科学发展观，全面总结玉州区第三次党代表大会以来的工作；讨论确定玉州区今后五年经济社会发展的奋斗目标和主要任务、措施；选举中国共产党玉林市玉州区第四届委员会和第四届纪律检查委员会；选举出席中国共产党玉林市第四次代表大会的代表；团结带领全区各级党组织、广大共产党员和干部群众，抢抓机遇，乘势而上，坚持科学发展，加快富民强区，为加快富民强区新跨越而努力奋斗。大会听取和审查了中共玉林市玉州区第三届委员会工作报告；审查了中共玉林市玉州区第三届纪律检查委员会工作报告；选举产生了中共玉林市玉州区第四届委员会；选举产生了中共玉林市玉州区第四届纪律检查委员会；选举了玉州区出席中共玉林市第四次代表大会代表。莫荣新当选中共玉州区第四届委员会书记，邹宇鹏、赵翔当选为副书记；杨树信当选为中共玉州区第四届纪律检查委员会书记。

【组织、宣传、党风廉政建设工作会议】 2011年3月16日上午在玉州区会议中心召开。会上，组织部长、宣传部长、纪委书记分别总结了2010年玉州区组织、宣传、党风廉政建设的工作，区委书记就2011年如何进一步做好组织、宣传、党风廉政建设工作提出意见：一、关于组织工作。（一）以选好干部配强班子为重点，认真抓好换届工作。（二）坚持以改革创新精神，不断深化干部人事制度改革。（三）坚持教育培训与管理监督并举，努力建设一支高素质领导干部队伍。（四）突出重点，统筹推进基层组织建设各项工作。第一，以开展“五大行动”为重点，深化拓展创先争优活动；第二，以开展纪念建党90周年系列活动为重点，进一步激发各级党组织和广大党员的活力；第三，以推进“党组织建设年”活动为重点，进一步提升基层组织整体水平。（五）推进人才工作创新，加快建设“人才强区”。（六）采取有力措施，不断提高选人用人公信度和满意度。二、关于宣传思想工作。（一）把握形势，应对挑战，进一步增强做好宣传思想工作的机遇意识、忧患意识和责任意识。（二）把握主题，抓住主线，为全面统筹城乡发展、加快推进“富民强区”新跨越提供思想舆论支持和良好文化环境。（三）把握重点，突出关键，奋力推动宣传思想工作取得新突破。一要围绕加强理论武装，扎实推进学习型党组织建设；二要围绕加强宣传报道，深入拓展对外宣传；三要围绕提升城乡文明程度，统筹城乡精神文明建设；四要围绕纪念建党90周年，积极开展主题宣传活动；五要围绕做好换届工作，着力营造良好舆论氛围。（四）把握基调，凝聚力量，巩固壮大积极向上的主流思想舆论。（五）把握规律，开拓创新，提升宣传思想工作科学化水平。（六）加强领导，提升能力，努力开创宣传思想工作新局面。三、关于党风廉政建设。（一）在增强教育的针对性和说服力上下功夫，筑牢拒腐防变的思想道德防线。（二）在增强制度的科学性和约束力上下功夫，建立健全反腐倡廉制度体系。（三）在增强监督的有效性和制衡力上下功夫，推进权力公开透明运行。（四）在增强改革的治本性和推动力上下功夫，建立科学配置资源的新机制。（五）在增强纠风的权威性和影响力上下功夫，维护群众切身利益。（六）在增强惩治的严肃性和震慑力上下功夫，坚决查办违纪违法案件。

【人口和计划生育工作会议】 2011 年 3 月 29 日在玉州区会议中心召开。会议表彰了 2010 年玉州区人口和计划生育工作先进单位、优秀村（社区）支书、主任和优秀专干，各镇（街道）和区直部门递交了 2011 年人口计生目标管理责任状。分管副区长作了工作报告，对全区人口和计生工作作了部署。区委书记就玉州区的计划生育工作提出意见，主要有两点：一、正确认识当前玉州区人口和计生工作面临的复杂形势，务必增强抓好人口和计划生育工作的责任感和紧迫感。玉州区人口和计划生育工作还存在很多困难，在工作思路、工作方法、提升计生干部的服务观念上，面临着不少问题。（一）稳定适度的低生育水平任务还很艰巨。（二）统筹解决人口问题任务艰巨。（三）服务管理能力与新形势新要求不适应。（四）重心下移到村（社区）的机制还未完全建立。二、突出工作重点，强化措施落实，在更高起点上推进人口和计划生育工作迈上新台阶。（一）要千方百计稳定适度低生育水平。（二）要千方百计整合部门资源。一是相关部门要联手遏制出生人口性别比升高的势头；二是继续实行区四家班子领导和区直部门帮扶人口计生基础薄弱的镇（街道）、村（社区）做好人口和计生工作；三是区直部门要根据惠农惠民政策，制订并落实针对计生家庭优惠优先的措施。（三）要千方百计提高人口总体素质。（四）要切实加强领导。

【传达学习自治区第十次党代会精神大会】 2011 年 11 月 17 日在玉州区会议中心召开。会议传达了自治区第十次党代会精神，强调，要以学习贯彻自治区第十次党代会精神为动力，用好的作风、好的精神状态推动各项工作落实。一是要明确使命，敢于担当，奋勇前行。今后要紧紧围绕实现“全面建成小康玉州”的奋斗目标，坚持“加快建设先进制造业配套产业基地、健康产业发展基地、特色农业生产基地，加快创建广西非公经济示范区和统筹城乡发展示范区，加快构建岭南韵味浓郁、健康产业集聚、商贸物流发达、创新创业宜居的南方药都”的“321”工作思路，全面推进玉州经济建设、政治建设、文化建设、社会建设以及生态文明建设和党的建设。二是要认清形势，励精图治，争创一流。今后广大干群要树立争创一流的信心和决心，以昂扬的精神、得力的举措逐一解决经济和社会发展中的具体问题，确保实现“十二五”良好开局。三是要解放思想，先行先试，奋力赶超。要始终坚持改革创新，敢于打破常规，突破传统思维禁锢，用创新的思路举措推动工作。

会议强调，要以自治区第十次党代会精神为指导，抓好当前各项工作，确保完成或超额完成全年工作任务。一是突出抓好项目建设和经济工作，在完成今年目标任务同时抓紧谋划明年工作。二是切实加强和创新社会管理，抓好安全生产、社会治安综合治理、调解等工作，营造和谐稳定的发展环境。三是突出抓好惠民工程，确保按期完成为民办十件实事工程，进一步保障和改善民生。

区委办公室工作

【各项工作规范运行】 2011 年，区委办公室在总结办公室工作规律和经验教训的基础上，一是调整划分了岗位职责。对各个股室、各个岗位的职责任务、目标要求进行一定调整并量化分解，责任到人，做到平时分工明确，任务具体，各尽其职，各负其责；忙时有人牵头，相互协作，共同上手，重点突破，使办公室各项工作既有分工，又有协作，保持高速快效有序运转。二是规范工作程序。对会务、行文、调研、督查、机要、接待等工作程序作详细规定，避免工作随意性和盲目性，减少工作纰漏。三是健全规章制度。进一步完善了值班、财务管理、电脑管理、车辆管理等工作制度，并严格按制度管理，使各项工作效率明显加快，服务质量明显提高。

【公文办理和办会】 2011 年，区委办公室坚持严把公文办理“三关”，即起草关、审核关、收发关，改进和完善公文的报送、处理和审批制度，杜绝差错疏漏和不规范文件出现，全年起草会议讲话、工作报告和其它综合材料 168 篇，制文 250 件，收文 1019 件。同时，区委办完善会议会务工作流程，精心安排各类会议，坚持提前准备、分工负责、层层把关，高标准完成大小会议、活动的会务工作。

【信息工作】 2011 年，区委办公室狠抓信息的收集和反馈工作，紧密联系区委的中心工作，抓住重点、难点、热点、特点，突出超前性、苗头性、综合性、指导性，为领导决策参考提供高质量的信息。尤其是注重增强信息的针对性，把热点、难点问题作为首选题材，着力挖掘有一定深度的高层次信息向自治区党委、玉林市委上报。当年共向自治区、玉林市报送信息 271 期，被采用信息获得 383 分的加分，超额完成年度任务。

【督查工作】 2011 年，区委办公室不断加大督查力度，围绕区委重大决策开展重点督查，紧扣领导批示件开展督查，抓住群众关注的难点热点问题主动督查，并及时下发督查通报，共编发各类督查通报 10 多期。

【机要、保密工作】 2011 年，区委机要局建立健全了机要工作的各项规章制度，加强检查，严格管理，做到便捷、实用、安全，全年收发传真电报 6488 份。区保密办进一步加强保密工作规范化建设，加大保密法规宣传力度，强化工作人员的保密意识，对涉密事务不随意下转，不擅自横传，严格按照保密规定程序办理工作。

组　织

【换届工作】 2011 年，玉州区严肃换届纪律，确保换届环境风清气正。一是抓好学习教育，增强领导干部的“免疫力”。采取干部大会集中学习、举办培训班、召开民主生活会专题学习等多种形式，认真组织学习了中央“5 个严禁、17 个不准、5 个一律”、自治区“四要四不准”和玉林市“十条规定”的纪律要求。二是抓好预防警示，架起严肃换届纪律的“高压线”。印发了典型案例 3000 多份，发放“严肃换届纪律提醒卡”一万多张，发放遵守换届纪律提醒函 1000 多封，建立了“双承诺”制度，全区 35 名处级领导干部向市委作出承诺，516 名科级领导干部向区委作出承诺，其他领导干部向所在单位党委（党组）作出承诺，村（社区）干部向所在镇（街道）党委（党工委）作出承诺。三是狠抓督促检查，筑牢严肃换届纪律的“防火墙”。成立了区严肃换届纪律督查领导小组，深入 8 个镇街，重点查处通过请客、送礼、当面拜访，打电话、发短信、网络通讯，委托、授意中间人出面说情，举办同学、同乡、同事、战友等联谊活动，同时在区委组织部设立举报信箱，全天候开放“12380”举报电话，落实专人值班，接受广大党员干部群众监督。四是明确工作责任，健全严肃换届纪律的“中枢线”。建立区领导干部联系镇（街道）党委（党工委）、镇（街道）党委（党工委）班子成员联系村组的包镇包村联系制度。坚持把严肃换届纪律作为“一把手”工程，明确各镇（街道）、各部门各单位主要负责人为本单位严肃换届纪律工作第一责任人，分管纪检、组织的党委领导是直接责任人。在换届中，玉州区有四位工作经验丰富、工作成绩突出的同志被提拔为副处级领导，因工作能力强、工作成绩突出而得到提拔为科级领导的干部有48名。

紧紧围绕“抓紧抓早、先易后难、一村一策、依法依规”十六字方针，扎实推进村（社区）“两委”换届选举工作。一是抓早抓紧，确保开好局起好步。从3月份就展开了村（社区）“两委”换届的前期准备工作，组织部领导带队，进村入户听取意见，把准村情民意，有针对性地制订工作方案和应急预案。发放给村民（居民）一封信，出动宣传车560车次，共发放宣传资料25万多份，张贴悬挂各类标语、横幅300多条。二是先易后难，确保工作进度。在大部分群众基础好、前期准备工作做得较充分、的村（社区）进行换届选举，确保全区面上的工作进度。在成功开展“典型村”换届选举工作后，发挥示范效应作用，进而再集中精力开展“难点村”的换届选举工作。三是一村一策，确保突破难点。实行“五个一”常委“包干”制，即实行每个难点村派驻一名常委、一名镇（街道）主要领导、一个包联部门、一个工作组、一套方案的常委包干责任制，由5名常委分别包联城北街道罗竹村、钟周村，名山街道绿杨社区、名山社区、太阳村等5个难点村（社区），全程负责协调推进，逐个突破，使5个难点村换届选举工作顺利完成。四是依法依规，确保和谐换届、阳光换届。始终坚持“公平、公开、公正”的原则，围绕中央提出的“5个严禁、17个不准和5个一律”、自治区提出的“四要四不准”以及玉林市提出的“十条规定”抓好村级换届选举工作。是年区、镇（街道）、村（社区）三级换届选举工作的过程规范、公道、公开、廉洁，换届选举的结果也非常符合民众的期待，实现了组织、干部、群众“三满意”的目标。

【创先争优活动】 2011年，玉州区以“万名干部进农家”活动为切入点，不断丰富创先争优内容、创新创先争优形式，深入开展“六大行动”，扎实推进创先争优活动。

开展新一轮“先锋承诺大行动”。结合2011年新的形势任务和要求，围绕“四点联动”，进一步细化、深化、实化“先锋承诺大行动”。通过“四点联动”（找准结合点“提”诺、找准切入点“亮”诺、找准落脚点“践”诺、找准互动点“评”诺），“三联践诺帮扶”（上下联动帮扶、平行联动帮扶、内外联动帮扶）等措施，把解决民生作为公开承诺的重要内容，确保创先争优活动成为群众满意工程。是年，全区100%党组织、97.9%的党员作出了新的承诺，各级党组织和党员共提出承诺事项内容63173项，其中，党组织承诺事项内容11068项，已兑现10868项，占承诺事项98.2%；党员的承诺事项内容52105项，已兑现50385项，占承诺事项96.7%。

开展“三进五送”春季惠农大行动。“三进”即进村屯、进农家、进田园；“五送”即送政策、送科技、送农资、送项目、送温暖。组织引导全区党员干部深入开展政策宣传、产销宣传、农资支持、技能培训、产业调整、水利兴修、生态优化、安全防控、民情走访、民生改善等十大服务。全区35名区四家班子领导带头进农村、访农户、送服务，示范带动全区党员干部积极投身到活动当中。同时，建立了“两卡一台账”制度，“两卡”即“万名干部进农家”干群联系卡、村情民意记录卡；“一台帐”即建立干部进农家工作台账。共召开各类座谈会298场次，举办农村实用技术培训与咨询活动312次，培训农民21473人次，发放资料3万多份；帮助农村发展生产项目306个，引进项目发展资金5600万元；无偿捐助的资金和物资折合资金237.5万元。

开展“双百双千”活动。深入开展“双百双千”四个专项行动，一是百名领导干部包村促发展。区四家班子成员和区直部门、镇街主要领导等153名处、科级领导干部对60个村实

行包联。建立完善党员领导干部挂点、部门包村、干部包户制度，对所联系的村实行包党建、包致富、包稳定、包发展的“四包”责任制。二是百家企业联村送服务。110家非公企业与60个村结成对子，落实共建项目52个，累计支援资金417.6万元，形成了“百企联百村，共建新农村”大好局面。三是千名党员结对帮扶解民忧。深入开展以“领导联点抓示范、打造一批富民示范工程，支部联建抓强村、建设一批产业示范村，党员联帮抓大户、培育一批产业发展能人”为主要内容的“三联共建”活动，机关党员干部全员参与“1+1”结对帮扶活动，实现包联、结对、共建、帮扶“全覆盖”。四是千家党组织和（机关部门）结对促统筹。围绕创建广西统筹城乡基层党建工作示范区和非公党建工作示范区，深入开展“结对促统筹，先锋创示范”活动。是年，全区有759个基层党组织与176个农村党组织结对、127个部门联村、7776名干部包户，化解各类矛盾纠纷360多起，开展为民服务活动3780多次，为基层、群众办实事好事18860件，有力支援了农村各项建设。

开展“党员志愿者服务大行动”。充分发挥基层党组织和党员的战斗堡垒和先锋模范作用，组织2490名党员组建了127支志愿者服务队，开展志愿服务，切实为群众办好事、实事。6月19日，区直机关工委、区教育系统、区卫生系统、各镇（街道）党组织派出256名党员志愿者，组建成立11个服务分队，结合部门工作职能和党员志愿者个人的技术特长在玉林城区人民中路东门广场附近街道开展义诊、宣讲保健知识、卫生防疫知识、法律咨询、法律援助、教育惠民政策咨询、“兴农富民”惠农政策宣传、发放农牧业实用技术培训资料等形式多样的惠民服务活动，由群众自选服务项目。当日，该区党员志愿者服务队共为6017人次群众提供了服务。活动开展以来，全区党员志愿者共上门走访慰问困难党员群众1940多人（次），解决群众关心的生产生活问题567件，为群众办好事实事3059件。

深入开展“为民服务创先争优活动”。在窗口单位和服务行业中广泛开展了“五亮五比五创”（亮身份、亮职责、亮流程、亮承诺、亮形象；比技能、比作风、比业绩、比创新、比奉献；创岗位奉献先锋、创群众满意窗口、创为民服务标兵、创优质服务品牌、创先进党群组织）主题活动，大力推行“四式服务”（“一站式”办理、“结对式”帮扶、“承诺式”领办、“一线式”走访），突出抓好区政务服务中心、基层综治信访维稳中心、镇村“农事村办”中心“三个中心”建设，为窗口单位和服务行业创先争优搭建服务平台。是年，全区24个职能部门的320项行政审批全部整合到区政务服务中心，审批时限平均降低了三分之一，共接受咨询5208人次，受理事项16552件，办结受理事项16449件，办结率100%。

深入开展“走进访”活动。以“三个零”在全区窗口单位和服务行业深入开展“走进访”（走企业、进社区、访客户）为民服务创先争优主题实践活动，让群众切实感受到创先争优活动带来的变化和实惠。一是“零距离”走访。将服务窗口前移到企业、社区、客户一线，拓展延伸服务平台，组织一批精干的党员干部职工，走企业进社区，采取驻点服务、流动服务、上门服务、预约服务、代办服务等形式，全区各窗口单位共走访企业、社区、客户15000多人次，服务企业1823家，服务客户8072个。二是“零失信”承诺。围绕企业、群众最需要解决、最盼望解决的具体问题进行承诺服务，对企业、社区、客户承诺服务不说空话。各督察指导组定期督察、及时通报践诺情况，建立干部诚信档案，把承诺服务中存在的失信现象记录在案，接受企业、群众的评议与监督，对因失信造成工作失误的，严格追究责任。活动以来，全区各窗口单位共为企业、社区群众、客户承诺服务3521项，每一项都能兑现。三是“零差错”服务。积极整合各窗口单位资源，组织党员干部职工，走企业进社区访客户为群众提供政策服务、政务服务、文化服务、信息服务、技术服

务、健康服务、法律服务、安全服务等八个方面的服务，推行“电话网络、定人守时、限时办结、委托代理、跟踪回访、精确无误”的“六式”服务，实现每项业务服务“零差错”。活动开展以来，全区各窗口单位共为企业解决经营难题159个，为社区群众办实事好事18530件，帮助客户解决困难582个。

【干部任免工作】 2011年，玉州区严格把好干部选拔任用“四个关口”。一是把好推荐关。对拟调整补充的领导职位，坚持制定民主推荐工作方案，明确拟推荐人选应具备的条件、资格，再组织进行民主推荐。这次换届中，区委提拔任用的干部，全部经过民主推荐，全部符合任职的条件、资格等要求。二是把好考察关。考察对象确定后，认真制定考察方案，结合单位性质、考察对象的工作特点等情况，选派具有相关专业知识的考察人员组成考察组，避免了“外行”考察“内行”、“非专业”考察“专业”的现象发生。三是把好酝酿关。在决定使用干部前坚持充分酝酿，注意听取各方面意见，广泛收集信息，深入综合分析，尽量避免因情况不明、底细不清而造成的工作被动和用人失误。四是把好决定关。按照集体领导、民主集中、会议决定的要求，认真组织研究讨论，做到多数人不同意的不提名，多数人不赞成的不通过。在充分讨论的基础上进行表决，由集体做出决定，特别是对新任命的镇街党政正职和区政府工作部门行政正职都严格按照规定进行双票决，有效地防止了对干部调整配备工作思路不明、使用不当以及个人说了算等现象发生，确保选准用好干部。

【后备干部队伍建设】 2011年，玉州区在换届干部调整中，始终坚持人性化原则，把干部调整工作往干部心坎上做，有效的解决干部关心关注的难点问题。一是加强谈心谈话。区委领导采取约谈和下访的方式，深入到镇街一线，召开座谈会，听取各镇街领导干部个人的任职意愿，作为调整干部的参考；二是妥善处理镇街领导干部的进退留转。对家庭、生活、工作等方面有突出困难的干部，能照顾的就给予照顾。三是注重对年轻干部、女干部和党外干部的培养。切实加强干部队伍“两个源头”建设，确定了40名优秀年轻干部、20名优秀女干部、10名优秀党外干部作为近期培养对象。是年共安排挂职锻炼的领导干部共12人，其中区直到市直1人，区直到镇（街道）10人，镇（街道）到区直1人；选拔了1名选调生到市直部门跟班学习，选拔了4名选调生到区直部门跟班学习。

【农村基层组织建设】 2011年，玉州区紧紧围绕提高基层党建工作科学化水平主题，以构建基层党建“六统筹五个一体化”模式（统筹城乡组织设置、统筹城乡党员服务、统筹城乡互帮互助、统筹城乡党建资源、统筹城乡组织建设、统筹城乡党建活动；党组织设置一体化、载体活动一体化、服务群众一体化、队伍建设一体化、优势资源一体化）为抓手，深化推进创建广西统筹城乡党建工作示范区各项工作。一是全面推行“四议两公开一监督”工作法。“四议两公开一监督”工作法在全区60个村得到广泛推行，并取得实在的效果。是年，各村运用该工作法已决策村级重大事项246件，群众满意率达到100%。二是建立完善镇村干部与村民恳谈制度。明确镇（街道）村（社区）干部每月用于恳谈的时间不少于4天，切实做到“十个必谈”，畅通了民意反映渠道、架起了党群干群“连心桥”，是年，镇村干部先后恳谈群众4.6万人次。三是落实“一定三有”切实提高村（社区）干部待遇。印发了《关于进一步提高社区干部待遇的通知》、《关于进一步提高村干部待遇的通知》等文件，大幅度提高村（社区）干部基本补贴。从2011年1月份起，村支书、主任从每月480元提高到680元，其他定员全额补贴村干部从430元提高到600元，半额补贴村干部从190元提高到360元；社区支书、主任由原来每月780元提高到每月1000元，社区副书记、副主任由原来的

650元提高到每月900元，其他居委会委员由原来的500元提高到每月800元。村（社区）支书、主任享受电话费补贴每人每月150元。同时，把村干部纳入新农保、新农合范围，把社区干部纳入城镇职工基本养老保险和医疗保险范围，所需经费由区财政统筹。建立村（社区）干部绩效考核机制，在年终考核合格后给予奖励补贴，进一步调动了村（社区）干部的工作积极性。

【社会主义新农村建设】 2011年，玉州区按照布局合理化、配置齐全化、上墙规范化、管理制度化、值班正常化、环境优美化、活动经常化“七个化”要求，把村级规范化建设与村级组织活动场所“五个中心”（政治、议事、服务、培训、文化）建设结合起来，切实加强村级活动场所软件和硬件建设，并建立了谷山村、高山村、中庞村等区级示范点15个。通过各种途径，筹集了5.6万元资金，帮助城北街道谷山村建设了文化长廊、健身活动场所等组织活动场所；筹集了5万多元，为城北街道睦马村扩建了办公楼；筹集了1.3万元帮助仁东镇都甘村解决了由于资金紧缺而停建了两年多的村办公楼建设问题。积极协调区文体局等有关部门共筹集资金26.4万元，帮助钟周村建设了综合服务中心，包括一个文体广场、一个卫生所、一个农家书屋，进一步丰富群众的文体生活，改善了群众的医疗卫生条件。是年，全区全部60个村都已完成了村级组织规范化建设，村（社区）党组织战斗力、凝聚力得到进一步增强。

【“两新”组织党建工作】 2011年，玉州区以“五建两提高”（建组织、建班子、建队伍、建机制、建阵地；提高党组织的创造力、凝聚力、战斗力，提高非公有制经济组织科学发展力、创新力）为主要内容，以健全组织、锻造队伍、发挥作用为重点，一手抓组建，一手抓作用发挥，扎实推进非公党建工作示范区创建工作。

非公党组织覆盖面不断扩大 2011年全区建立非公党组织324个，覆盖企业858家，组建率41.4%，高出全市、全广西平均水平，率先实现了自治区提出的4个100%的目标。银丰中药港被定为自治区非公党建百日攻坚行动推进会现场参观点。

“校企党建联姻工程”有效推进 以加强党员源头建设为出发点，以双向培训、联合培养的形式，促进校企党组织在人才培养、资源共享、组织活动上合作共建。是年全区已有新翰电子、健正药业、富英制革等22家企业与5家大中专院校签订了“校企党建联姻”协议书，通过实施“校企党建联姻工程”发展和招聘党员45名，培养积极分子25名，为企业提供培训220多人次。

非公党组织书记队伍和党员发展工作得到加强 采取从企业中选、镇街干部中派、党建指导员中兼等多种方式，重点抓好非公党组织书记队伍建设，全区共有党员业主55名，其中担任党组织书记的有25人。采取“四推三倾斜”（群团推荐、业主推进、员工推进、党员推荐；向技术骨干倾斜、向青年员工倾斜、向业主管理层倾斜），把业务能力强、表现优秀的员工和中层管理人员纳入党组织视野积极发展。是年，全区共有非公党员1021名，2011年培养入党积分168名，发展党员68名。

非公党组织规范化建设扎实推进 按照“五个一”（有一间党员活动室、一个党员公示栏、一块党组织标识牌、一面党旗、一套党建工作制度）标准扎实推进非公党组织规范化建设，使各非公党组织基本达到了“三齐全”（活动阵地齐全、各种设施齐全、档案材料齐全）、“四规范”（党支部记录规范、室内摆设规范、上墙内容规范、党支部工作规范）、“五上墙”（党支部基本情况上墙、党建基本知识上墙、各类工作制度上墙、创建目标上墙、党建活动上墙）。不断深化“党群共建”，推动党群组织思想、组织、阵地、队伍、制度“五个共建”。是年，全区已建立党组织的企业均健全了群团组织，在未建党组织企业建立工会组织77家、共青团组织61家、妇女组织48家。

非公党建示范点建设初见成效　印发了《关于创建全区非公有制企业党建工作示范点的通知》，通过软件硬抓、硬件强攻，抓好各示范点建设，推动非公党建工作“三个经常化”（党员教育管理经常化、开展党建活动经常化、帮助解决实际问题经常化），辐射带动全区非公党建工作水平的不断提高。是年，全区培树了银丰中药港、富英、健正、新翰、丰强等15个非公党建工作示范点。

非公党组织和党员的作用得到有效发挥　全面构建起“一员双岗”、“先锋承诺”、“党员议事会”、“百企联村”“四个平台”，充分发挥非公企业党组织战斗堡垒作用和党员先锋模范作用。动员全区610名有一技之长的企业党员加盟“党员义工服务队”，设立“党员责任区”、“党员示范岗”等600多个，党员共承诺实事2411项，已兑现2375项，兑诺率达98.6%；有180多家非公企业建立“党员议事会”制度，党组织是企业决策的“智囊团”已成为众多业主的共识。2011年，非公企业“党员议事会”共向企业经营层提出合理化意见建议750条，帮助企业解决生产技术难题367个，为企业节约成本3000多万元；共有110多个非公企业党组织与60个村党组织结成对子，落实共建项目52个，企业累计出资417.6万元，共帮助农村2000多名剩余劳动力成功就业，使300多户困难家庭基本实现脱贫。

【社区党建工作】　2011年，玉州区按照“三有一化”的要求，以构建文明和谐社区为目标，创新推行民情服务“两化四流程”工作模式，大力推进社区党建和社会管理区域化，规范民情采集、限期服务、反馈回访、监督落实四个服务流程。积极构建社区党建区域组织网络平台，探索设立社区综合党委，负责统筹协调辖区内各类组织的党建工作，并推行社区党组织“兼职委员”制度。广泛开展“阳光服务、网络服务、限时服务、爱心服务、志愿服务”等“五大服务”，积极探索社区网络化、区域化管理和服务的新路子。大力实施和谐社区“六大幸福工程”（便民、宜民、济民、育民、安民、乐民），建立了街道党建工作协调会和社区党建工作联席会议制度，定期召开会议，研究解决街道社区党建工作的问题。深入开展“十分钟服务圈”、“爱心超市”、“党员义工服务”等活动，促进了社区和谐共建。通过购买、租赁等方式逐步解决社区办公场所问题，筹资350万元新建的五里桥、胜利垌、南观、新民、新团5座社区办公楼已建成投入使用，社区办公场所进一步改善。是年，全区26个社区全部都有专门的办公场所，其中7个社区拥有200平方米以上的自主产权办公用房。

【党建示范工程】　2011年，玉州区大力实施“一街三带”基层党建示范工程，“一街”即建设“人民路党建示范街”；“三带”即建设玉桂公路、玉石公路、玉公公路三条统筹城乡基层党建示范带。“一街三带”沿线的机关单位、街道社区、镇村以创建统筹城乡基层党建示范点（单位）为目标，培育一批硬件完善、软件规范、特色鲜明、成效显著的基层党组织，着力把“一街三带”打造成为基层党建与统筹城乡发展的精品工程，示范带动全区城乡基层党建工作水平整体提升。是年，全区共树立了“一街三带”沿线8个镇（街道）、30个村、15个社区、50个机关单位和30个规模以上非公企业成为基层党建工作示范点（单位），实现了以点带面，示范带动，形成了“工作规范、特色鲜明、成效显著”的基层党建工作示范体系。

【党员队伍教育与管理】　2011年，玉州区深化“常规工作抓规范、重点工作抓突破、难点工作抓创新”的工作思路，全面抓好发展党员、党员教育管理、收缴、使用和管理工作等常规工作。在发展党员工作中，认真抓好“源头工程”、“双培”工程、“双培双促”三大工程，较好地破解了发展党员难题。在农村推行“三联五推”发展党员工作法，在非公经济组织、流动人员中推行流出地流入地双向“选苗”、两地考察、两地培养、原籍审批的发展党员新模式。是年，玉州工商分局及下属各工商所共举办农村党员经纪人培训班8期，培训经纪人90人次，培育发展农村专业合作社达63户，全区共培育发展了农村经纪人16名，其中，有6人由党员培养发展为农村经纪人，有5人由农村经纪人被列为入党积极分子培养对象，是年全区发展党员356名。实行流动党员“1+7”管理模式，即建立一个流动党员管理服务机构，落实“七有”管理措施：有动态信息、有交流平台、有制度保障、有帮扶联系、有规范管理、有教育监督、有作用发挥。建立了三级流动党员服务中心（站点）和党员信息库，完善流动党员工作台账，实现了从单向被动式管理向双向互动式管理转变。全年共办理接收党员组织关系421件，办理转移党员组织关系116件，实现全区935个基层党组织和16337名党员的资料可随机在党内信息库中查阅。

【党费收缴管理】 党费收缴管理落实“四定三专两核对”制度。“四定”即定期收缴、定期公布、定期检查、定期通报；“三专”即专人管理、专门账户、专人检查，党费工作指定专人负责，实行会计、出纳分设，单立账户；“两核对”即定期与基层单位核对收交情况，定期与银行核对收、支、存情况。在党费使用上，坚持每笔党费开支做到“四有”，即有请示、有部务会议集体讨论、有记录、有账目。坚持“一支笔”签批，经部务会议讨论决定后，由分管副部长签批支出。2011年，玉州区委组织部代区委管理的党费收入总额为875110.4元，支出总额为870914.15元，党费收支经与银行核对，票据相符，账款相等。

【干部教育培训】 2011年，玉州区扎实推进“一把手”培训工程、科级领导干部轮训工程、后备干部培训工程、新任领导干部培训工程、“示范区建设”培训工程、急需人才培训工程、女干部培训工程、党外干部和少数民族干部培训工程、基层干部培训工程、机关干部普及培训工程等“十大培训工程”，大力实施党组织书记“三训两培一推荐”（党校培训、学历培训、实用技术培训；跟班培养、挂职培养；推荐党组织书记参加公务员选拔和“两代表一委员”选举）工程，全面提高村党组织书记的“双带”能力。按照“一村一名大学生”的要求，选送了58名村干部、党员报读大中专学历教育。实施“农村党员创业带富工程”和“农村党员小业主工程”，加大党员领导干部专业化培训力度。是年全区共举办各级各类培训班（讲座）271期（场），举办“玉州科学发展论坛”5期；培训干部9145人次，其中培训党政干部1255人次、村（社区）和两新组织负责人522人次、企业经营管理人员1204人次、专业技术人员5839人次，培训农村党员、群众1.2万人次，党员致富能手辐射带动3.5万多人致富。

【干部监督工作】 2011年，玉州区加强和改进干部监督工作，通过报纸电视等新闻媒体向社会公布举报电话，随时受理群众举报，对举报人、被举报人、举报内容等情况认真记录，报分管副部长、部长阅示后，派专人调查核实处理。全面推行干部监督进社区，凡拟提拔干部、拟评优干部都在社区张贴公示。加大干部任前反映问题的核查力度，严防干部带病上岗。一年来，干部监督股共收到反映干部问题的来信共8封，经过认真细致的工作，对反映的问题做到了件件有着落。切实加强广大领导干部的思想、纪律和警示教育，让换届纪律入脑入心。对违规违纪行为，坚决查处、绝不姑息。对顶风违纪的，从快从严、重点查办。

【人才管理】 2011年，玉州区配合市里组织实施好“玉林学者”工程、特聘专家工程、人才小高地建设提升工程、统筹城乡发展人才联动工程、工业“双百双千”人才培养工程、企业家精英成长促进工程、“绿色动力”人才集聚工程、非公经济人才支持工程、“名师名医”培养工程、海峡两岸（广西?玉林）农业合作人才集智工程、商贸物流会展人才开发工程等11项重点工程，切实加大人才工程实施力度。完善健全区领导联系优秀科技人才制度，四家班子领导每人联系1－2名优秀科技人才。是年，共走访、联系优秀人才370多人次，为优秀人才解决实际困难60多个。

【组织工作满意度】 2011年，玉州区制定了《打造阳光组工、公道组工、服务组工、廉洁组工、人文组工提高组织工作满意度工作方案》，并针对影响玉州区组织工作满意度的薄弱环节，切实进行了自查整改。在全区范围内开展换届风气和组织工作满意度自我测评，根据测评结果组织整改。在5月份自治区民调中，玉州区组织工作满意度有了较大提升。对组织工作的总体评价：93.64分，在广西全区排名第38，比上年提高25.31分，上升55位；对组工干部的评价：94.45分，全区排名第37，比上年提高26.55分，上升59位；对干部选拔任用情况的评价：95.47分，全区排名第31，比上年提高了28.93分，上升58位；对防止和纠正用人上不正之风工作的评价：94.41分，全区排名第35，提高31.31分，上升63位。

宣　传

【理论学习与研究】

学习内容　2011年，玉州区各级党委（党组）中心组成员围绕如下6个专题开展理论学习：一、“认真学习党的十七届五中全会精神，加快推进‘富民强区’新跨越”；二、“加强和创新社会管理，着力提高党的建设科学化水平”；三、“深入学习中国革命史和中共党史，不断总结经验教训，努力提高党的建设科学化水平”；四、“深入学习贯彻中央、自治区党委、市委、区委‘十二五’规划《建议》精神，抓住主题、把握主线，努力开创全区改革发展新局面”；五、“深入学习贯彻‘科教兴国’和‘人才强国’战略思想，大力实施‘人才强区’战略，加快推进创新型玉州建设”；六、“学习贯彻党的十七届六中全会精神，推动文化大发展大繁荣”。

学习方式　2011年，中心组成员紧密围绕中心工作或热点难点问题进行专题调研，积极参加理论学习研讨，并深入所联系镇街或分管的部门开展学习并进行检查指导，以调研、交流促学习。每次集中学习之前，由区委中心组“出题”，中心组成员定期保质保量完成“作业”；规定中心组成员必读文件、书目。集中学习讨论时，安排中心发言，互相交流学习心得和体会，促使认识不断深化，领导驾驭能力不断改进增强，以交流促学习。坚持抓好“四个一”活动促进中心组理论学习，即抓好一个讲座，办好一个讲坛，写好一篇心得，做好一次测评。中心组成员还认真撰写学习心得和调研论文，积极参加全市县处级以上领导干部“学理论，重调研”论文评比活动，以活动促学习。2011年，区委中心组全体成员共在各级媒体发表理论文章70多篇。

学习机制　2011年，区委中心组在制度建设上严格加强规范和指导，进一步增强组织学习的规范性。一是坚持中心组组长负责制。区委中心组由区委书记任组长，做到亲自抓，亲自部署、检查和指导学习工作的开展。二是坚持财政投入制度。区财政划拨专款投入学习阵地、设施建设，编印学习材料，确保了理论学习的正常开展。三是坚持理论学习考核制度。中心组学习做到“五学”（带头学、共同学、重点学、系统学、联系实际学）、“五有”（有制度、有计划、有笔记、有活动、有记录档案）的要求，区委每年对中心组的理论学习均进行检查考核，确保理论学习工作落到实处。四是坚持理论学习服务制度。区委宣传部作为中心组学习秘书处，在提供学习资料、组织学习辅导帮助、总结学习经验等方面为中心组学习做好组织服务工作，是年共印发了12期《区镇（街道）党委（工委）中心组理论学习参考资料》1000多份，其它各种学习宣传资料10000多份。五是加强理论学习制度化建设。继续完善区委中心组成员检查指导下级党委（党组）中心组学习长效机制，不断完善理论学习的激励约束机制，从学习计划、集中培训到考试考核，形成制度化、规范化，做到有章可循。

【学习型党组织建设】 2011年，玉州区高度重视学习型党组织建设工作，围绕“学习创新，科学发展”的活动主题，结合“工贸强区，统筹发展”的工作思路，多管齐下扎实推进学习型党组织建设工作。一是以中心组为龙头带动学习型党组织建设。按照市委宣传部工作部署，结合实际积极探索“工作学习化，学习工作化”的新方式，丰富学习内容，改进学习方法。是年，区委中心组组织了6次集体学习，学习了《胡锦涛总书记在建党九十周年庆祝大会上的重要讲话》、《自治区党委书记郭声琨新春寄语领导干部系列文章》、《自治区党委关于制定“十二五”规划的建议》等文件内容。二是积极举办专题报告会推进学习型党组织建设。举办了5期科学发展论坛——“自觉地奋斗，科学地工作”专题报告会和“推行平衡记分卡战略管理 全面建设小康玉州”专题报告会。并邀请到自治区党校李光炎教授为各镇街、区直部门领导和政府大院内全体干部职工共500多人作“宣讲胡锦涛总书记‘七一’重要讲话精神”专题报告，对指导领导干部优化工作方法起到有力的推动作用。三是以“学习两本书、推进一体化”来推动学习型党组织建设。组织学习市委书记金湘军向全市领导干部推荐的《苦难辉煌》和《奔跑的蜈蚣》这两本书，并举行学习征文评选奖励活动。

【新闻宣传工作】 2011年，玉州区委宣传部围绕玉州区建设小康玉州的目标，在工贸强区、统筹城乡、创先争优、三农、绩效等方面全力开展新闻报道工作。是年，全区在中央级新闻媒体刊（播）发稿件50多篇（条），在自治区级新闻媒体刊（播）发稿件556篇（条），在市级新闻媒体刊（播）发稿件1300多篇（条）。

做好第三届药博会新闻宣传工作。药博会期间，在南宁、玉林分别举行4次新闻发布会，邀请了近30家国内主流媒体记者前来参加，组织10多名通讯员深入药博会现场采访，在中央级以及广西、港澳媒体刊登药博会新闻信息稿件100多篇，其中5月20日在《广西日报》刊登一个整版宣传南方药都的专版，5月25日，《神州药香满岭南》在《广西日报》5版头条刊登，强势宣传了玉州区承办的第三届药博会。

围绕中心工作积极做好新闻宣传工作。2011年，玉州区委宣传部围绕区委、区政府中心工作开展新闻舆论宣传。组织和策划了小康玉州、工贸强区、强柴兴玉、服务企业推进项目建设、非公党建、文惠新优秀法官、玉博会、药博会等新闻宣传战役。在“小康玉州”宣传中，采写的《玉州区坚持“商贸兴区”战略推进经济社会发展》获广西日报头版头条（9月18日）刊登。在典型宣传中，组织采写一系列文章在《广西日报》、《当代广西》等主流媒体推介了全国优秀法官文惠新。

全力抓好创先争优活动宣传报道工作。2011年，在创先争优活动中，玉州区委宣传部围绕“建强堡垒争当先锋，统筹城乡科学发展”活动主题，组织展开全方位的、多角度的宣传。加强与玉林日报、玉林电视台、玉林电台等本地新闻媒体的联系与协调，利用媒体平台刊发区创先争优稿件；利用玉州政务信息网、简报等区内平台，及时刊发全区创先争优活动动态新闻；联系上级媒体加强宣传。3月18日，宣传部协调中央、自治区15家新闻媒体记者到城北街道谷山村采访了区开展“万名干部进农家”主题实践活动的情况，在全国取得了良好的宣传效果。利用标语、文艺演出、简报等途径开展创先争优宣传，2011年，全区共张贴宣传标语4178条，文艺演出56场次，在《广西日报》、《玉林日报》等媒体刊发创先争优稿件共109篇。在创先争优活动中，区委宣传部在做好动态报道的同时，着力宣传一批先进典型，大力宣传“全国先进基层检察院”—玉州检察院，“全国优秀法院”—玉州法院等先进典型单位；宣传“全国模范法官”文惠新、广西“十佳农村经纪人”甘悦强等一批个人先进典型，以典型宣传带动面上创先争优活动的开展，起到了良好的宣传效果。

积极做好对外宣传，展示玉州良好的精神风貌。在电视台、报刊、电台分别对项目开工、工业园区建设、外向型经济、服务“三农”、增加财税等各领域的发展成果作专题系列报道，充分展示区位优势和良好发展环境。

抓好新闻通讯员培训工作。12月13日，区组织各镇街、各部门通讯员70多人进行集中培训，由广西日报、玉林日报资深编辑上课，扎实提高通讯员的写作水平。

【社会宣传】 2011年，玉州区社会宣传主要突出在以下三个方面：一是以隆重纪念中国共产党成立90周年、中华人民共和国成立62周年为重点，全力推进社会宣传。组队参加玉林市举办的纪念中国共产党成立90周年大合唱比赛，玉州区获得一等奖。开展“纪念中国共产党成立90周年——永远跟您走”系列主题实践活动，征集上送12张区红色照片给活动组委会，组织1000多名党员干部参加党史知识答题竞赛。开展“我身边的共产党员”征文活动，征集征文11篇参加玉林市征文比赛。开展中华人民共和国成立62周年宣传活动，以张贴标语、开展各种文化娱乐活动等方式庆祝祖国生日。协调各单位积极开展十七届六中全会宣传。全力完成党报党刊征订任务。二是做好普法、爱滋病防治、计划生育、双拥、“三下乡”等各项社会宣传教育工作。在“6.26”国际禁毒日，组织开展禁毒宣传一条街活动；12月15日组织科技、卫生、农业等部门到仁东圩开展“三下乡”活动；开展婚育新风进万家活动，广泛宣传计划生育法律法规；大力宣传广大军民为国防建设作贡献的先进事迹，开展拥军优属和青少年爱国主义教育活动。三是加强国防教育，激发爱国热情。抓好领导干部、青少年学生、民兵预备役人员等重点对象的国防教育。通过举办知识讲座、形势报告和组织过“军事日”、参加军事演练等形式，加强党政机关干部尤其是县处级以上领导干部的国防教育；采取学生军训、少年军校等形式加强对青少年学生国防知识和基本技能的教育培训；会同玉州区武装部扎实抓好基层民兵和预备役人员国防教育，激发建设和保卫国防的热情。10月31日，在玉林城区东门广场举行了征兵一条街宣传活动。制作玉州区国防教育宣传版报参加自治区《筑起永固的长城——广西国防教育图片巡展》参加区内巡回展出。贯彻实施《国旗法》。加强对设有国旗台单位的管理，利用他们升国旗时对公民进行爱国主义教育，激发人们爱国热情。积极开展玉州区国防教育征文、青少年爱国主义读书教育征文、《爱国卫国 爱军尚武——中华经典大家读》等活动，12月19日组织古定小学代表玉林市参加自治区《爱国卫国 爱军尚武——中华经典大家读》朗读调演比赛，获三等奖，进一步深化了国防教育。

【网络宣传】 2011年，玉州区委宣传部根据中央提出的把“互联网等信息网络建设成为传播社会先进文化的新途径，公共文化服务的新平台，人民健康精神文化的新空间，对外宣传的新渠道”的要求，扎实推进网络宣传管理各项工作，主要突出在以下四个方面：一是高度重视网络宣传管理和网络评论员工作。网宣工作做到“五有”：有管理机构、有经费、有办公场所、有专人负责网络宣传管理工作、有必要的工作设备，促进各项工作任务落实到位。同时，还加强辖区网络评论员队伍建设，重新完善了QQ工作群，区委宣传部新增2名网络评论员，督促各单位建立完善网络评论员队伍，认真做好舆情引导工作，及时疏导网民情绪，为民解疑释惑。12月2日上午，举办一期全区副科级以上领导干部及网络宣传评论员培训班，切实提高玉州区领导干部及网络评论员掌握运用新媒体新手段的能力。二是积极监控管理，认真清查网上低俗有害信息。加大对辖区网站的监管力度，坚持“每日重点查，每周全面查”制度，做到“早发现、早报告、早处理”，积极维护区网络信息传播秩序，营造良好的网络舆论环境。加强对网站进行清查，是年共检查了辖区内560个网站（页），确保健康文明向上的网络文化占主导地位。三是抓好制度保障，妥善应对突发重大舆情。建立健全辖区重大舆情信息马上报、重要舆情信息每周报、主要舆情信息每月统计分析报制度，健全重大信息上报制度及重大突发事件应急预案，强化对辖区网络宣传管理工作的指导，维持预警机制的正常运行。针对涉及本辖区的突发性、群体性事件等重大舆情，网络管理办发现舆情后，及时介入了解并向宣传部分管网络的领导进行汇报，分管网络的领导马上作出批示，并向涉及舆情的相关单位进行传达，相关单位迅速作出调查处理并做好舆情跟踪，宣传部根据相关单位的调查报告及时进行事实澄清的舆情引导，让网民了解事实的真相，并及时向市委宣传部网络科作出调查报告，防止媒体恶性炒作事件的发生。2011年，共妥善处置涉及区教师绩效、爆竹事件、非法当街摆卖管制枪刀等重大舆情98次，在热点论坛发表获得鼓励和加精的正面宣传玉州形象的帖子128条。2011年，获玉林市网络宣传工作第一名。四是规范管理，不断加强对商业网站的监管。在中央文明办等七部门发出“创建文明网站”的倡议之际，加强对辖区商业网站的建设与管理，成效明显。邀请辖区各网站负责人参加玉州区创建“文明网站”工作会议，督促各网站签订了网站自律承诺书和“争创文明网站”倡议书。组织辖区网站负责人及管理员（版主）举办法制教育阶段工作会议，使网站负责人、管理员依法管理。加强对辖区网站进行排查监控，确保网站管理不缺位。

纪检·监察

【监察工作】 2011年，玉州区以开展对转变经济发展方式监督检查为重点，着力打好推动科学发展“四大战役”，加强对自治区、玉林市和玉州区重大决策部署贯彻执行情况的监督检查。加强治理工程建设领域突出问题的执法监察工作。是年，共组织联合督查3次，专项督查5次，发现并整改问题5个，涉及2010年1月1日以来玉州区所有竣工和在建、拟建政府投资项目和使用国有资金项目37个，项目计划总投资11679.7万元。加强对规范和节约用地政策的执法监察。认真组织国土资源等有关部门开展违法违规用地情况清查，全年共清理违法违规用地153宗，涉及土地面积390.35亩，已立案调查24宗，涉及土地面积133.37亩。加强对辖区内履行安全生产职责的监督检查。重点检查了玉州区“安全生产年”活动情况、安全生产主要控制考核指标体系落实情况、安全生产责任制落实情况和重大安全生产隐患整治情况。同时加大责任事故调查处理力度，坚决查处事故背后的失职渎职行为和腐败问题。是年，共参与调查在辖区内发生的各类安全生产事故5起，对3名相关责任人进行责任追究。加强对在建和已完成节能减排项目建设和运行情况的监督检查。重点对违法排污企业、违反环保“三同时”制度、“未批先建”、城区噪声扰民等问题开展环境执法检查。全年共出动执法人员2600多人次，现场检查排污企业800家，立案查处环境违法企业23家，严厉打击了一批违法排污企业。加强对全区为民办实事工程项目落实情况的监督检查，确保项目建设廉洁安全高效运行。2011年，全区各镇（街道）、各部门和纪检监察机关认真贯彻中央、自治区、玉林市和区委、区政府关于反腐倡廉的决策部署，全面加强党员干部队伍作风建设，党风廉政建设和反腐败工作取得新的明显成效，先后有2项工作受到自治区纪委表彰，5项工作走在全市前列，区纪委监察局、城西街道纪工委荣记玉林市纪检监察系统集体三等功，3名纪检监察干部荣获个人三等功。

【反腐倡廉宣传】 2011年，玉州区着力构建岗位廉政风险防控体系。出台《玉州区关于开展廉政风险防控工作指导意见》，在重点部门和重点环节开展岗位廉政风险防控规范权力运行活动，编印《玉州区岗位风险防控教育读本》，召开玉州区加强岗位廉政风险防控规范权力运行经验交流现场会，部门岗位廉政风险防控体系逐步完善。建立网络舆论正面宣传引导工作机制，完善反腐倡廉网络信息的采集、编辑、审发制度，健全考核考评机制，推动全区反腐倡廉舆情处置和网评工作深入开展。2011年，玉州区荣获玉林市纪委、玉林市监察局颁发的“2011年度玉林市反腐倡廉宣传教育工作先进单位”、“2011年度玉林市反腐倡廉调研工作先进单位”、“2011年度玉林市反腐倡廉信息工作先进单位”，荣获自治区纪委、自治区监察厅颁发的“2011年度全区纪检监察信息工作先进集体”。加强廉洁从政行为规范教育。将《廉政准则》作为党员干部教育培训的重要内容和必修课程，组织全区600多名副科级以上党员领导干部参与《廉政准则》知识考试，在全区范围内营造学廉、知廉、守廉的良好氛围。开展示范教育和警示教育，切实增强教育活动的针对性和有效性。组织5000多名党员干部参观了“人民法官”文惠新先进事迹展厅。坚持定期编发廉政短信，对全区副科级以上领导干部进行廉政提醒。坚持组织领导干部参加主题党课，区委莫荣新书记亲自授课并进行集体廉政谈话。加强对换届工作纪律的宣传和监督检查，匡正选人用人风气。

【专项治理工作】 2011年，玉州区深入推进“五安”工程，进一步纠正损害群众利益的不正之风，协调解决民生热点问题。开展强农惠农政策贯彻落实情况监督检查，加大对粮食直补、良种直补、农机购置补贴、农资综合直补等农业补贴落实情况的监督检查力度。开展强农惠农资金专项清理检查，涉及项目4个，涉及金额3057.72万元。认真清理整顿涉农价格和收费问题，全区减轻农民负担3289万元，受益人数达36万多人。深入治理医药购销和医疗服务中的不正之风，建立完善食品药品安全监管体制机制和责任体系。区医疗卫生机构已全部按照国家医药卫生体制改革要求实行国家基本药物制度，全部实行网上采购，在收费处公示药品品种、规格、销售价格，接受群众监督。加强对城乡低保、救灾救济、优抚安置资金物资管理使用情况的监督检查，加强对重点岗位和重点环节的监控，督促各单位各部门严格落实限时拨付制、公示制、备案制，确保资金物资安全。继续加大教育乱收费和招生工作治理力度，组织教育收费和招生工作检查，选聘12名监督员，派驻到全区36所中小学，对教育收费和招生工作纪律执行情况进行监督，规范“两免一补”教育经费管理和使用。2011年，查处6起“安教工程”的纠风案件，给予6人纪律处分。认真开展清理和规范庆典、研讨会、论坛活动，取消活动1个，节约经费22万元。民主评议政风行风工作不断深入。建立南观社区、市第二人民医院纠风工作联系点，推动纠风惠民阳光行动深入开展。

【基层管理】 2011年，玉州区完善“三公开”办事制度，规范民主管理。全面推进镇（街道）政务公开、村（居）务公开和党务公开，建立了财务决算、费用审批、票据使用、民主理财和财务公开等制度，确保群众的知情权、参与权、监督权得到落实。加强村级集体资金、资产、资源管理。先后建立健全农村集体“三资”管理组织体系，成立玉州区农村集体资金资产资源规范管理工作领导小组，积极推动农村集体“三资”委托代理规范化建设，健全村级监督委员会，加强对农村集体“三资”的监督管理。加强“两委”班子廉洁教育。举办了全区村（社区）“两委”班子成员培训班，提高了村（社区）“两委”干部的廉洁自律意识。着力开展“廉洁社区”创建活动，实施阳光惠民“五进”工程，切实加强城市社区党风廉政建设。

【案件查办】 2011年，玉州区按照“依法依纪、安全文明”的查办案件思路，进一步加强案件查办工作。共初核案件22件，立案22件，结案22件，涉及科级领导干部3人，移送司法机关1人，给予党纪政纪处分22人，挽回直接经济损失260多万元。在查办案件中对一些行业性、普遍性的问题进行了纠正。加强对行政执法部门、基层组织和村级“三资”管理违纪问题以及群众反映强烈的突出问题的立案查处，认真剖析典型案件，查找发案规律，重视建章立制，改进监督管理，进一步发挥查办案件治本功能。加强案件审理和申诉复查工作，保障党员干部合法权益。

【反腐败源头治理】 2011年，玉州区开展党政机关公务用车问题专项治理工作和清理规范活动。全区265个单位开展自查自纠，登记备案车辆401辆。开展《廉政准则》执行情况专项检查，纠正治理领导干部利用职权谋取不正当利益问题，认真落实关于领导干部离职或退休后从业的有关规定，规范公务员津贴补贴发放，开展专项检查3次，发现并严肃查处违纪问题5个。积极推进财政管理制度改革。继续严格执行国库集中支付制度，加强对财政资金运行的监督。规范政府采购行为。修订完善相关配套制度，强化制度执行的监督检查。2011年，全区实行政府采购合同累计11171.17万元，共节约资金115.22万元，节约率1.02%。深入贯彻厉行节约要求，大兴艰苦奋斗之风。严格执行中央厉行节约、反对铺张浪费的有关规定，加强对公款出国(境)、公务车购置及运行、公务接待消费的监督检查。

【机关效能建设】 2011年，玉州区全面推行行政审批“两集中、两到位”改革，推行区直纪检组长派驻政务服务中心带班值班制度，对24个单位和部门的320项审批项目的授权情况、录入电子监察系统办理和“两头受理情况”进行督查，并通过电子监控系统，对全区的行政许可和服务事项的办理过程实时监控。2011年，共受理16552件，办结16449件，办结率100%。对群众反映强烈的部门或服务项目作为重点行政效能监察对象，及时处理好群众反映的问题。2011年，行政效能投诉中心共收到群众投诉23件，其中接待来访3件，来电1件，网上投诉4件，上级转办15件，办结率100%。聘请10名治庸提效监督员对全区行政机关“庸懒散软”问题进行明察暗访。2011年，共发现“庸懒散软”行为19起，对相关责任单位和责任人进行了诫勉谈话。对部分窗口单位的审批事项开展效能监察，着重从服务态度、办事效率及工作作风等方面情况进行电话回访，对评价较差的工作人员进行效能谈话。与区政务服务中心管理办组成联合督查组，对镇（街道）政务服务中心建设情况进行监督检查。

【纪检监察队伍建设】 2011年，玉州区坚持纪委常委理论中心组学习和每月工作例会，加强理想信念和宗旨教育，进一步优化委局机关干部队伍结构，以换届为契机，全面加强纪检组织的建设，抓好换届后纪检监察干部业务培训，先后举办了全区镇（街道）纪委（纪工委）书记培训班，大力激发纪检监察干部践行宗旨、干事创业的热情。强化机关内控管理，继续开展和深化“做党的忠诚卫士、当群众的贴心人”主题实践活动和“创先争优”活动，树立纪检监察干部可亲、可信、可敬的良好形象。

绩效管理

【强化组织保障】 2011年，玉州区进一步构建区委、区政府领导主抓、区开展绩效提升年活动领导小组督促检查、区绩效考评领导小组审核考评、有关部门各负其责的领导体制和工作机制。在开展机关绩效考评和绩效管理工作中，坚持“一把手负总责，分管领导各负其责，一级抓一级，层层抓落实”的原则，各级建立和健全了领导机构和工作机构，明确职责，细化工作分工。区委、区政府领导经常在各种会议上强调开展机关绩效考评和绩效管理工作的重要性，带头学习，带头对照检查，带头项目攻坚，争当绩效提升的排头兵。

从组织上保证了机关绩效考评和绩效管理工作更加有序、有效的开展。

【开展“打造绩效文化”活动】 2011年，玉州区多渠道、多形式、多举措加大对开展“绩效提升年”活动学习宣传的力度。在充分利用各种会议组织学习宣传的同时，充分发挥媒体和宣传阵地的作用，把强势舆论宣传作为开展“绩效提升年”活动的切入点，及时报道“绩效提升年”活动工作动态及成果。采取设立“绩效短信课堂”、“绩效展板”等方法进行绩效知识和理念的宣传，使绩效提升的理念深入人心。通过绩效管理培训、指标体系优化、激励措施推动和信息化应用全方位进行提升来打造深入人心的绩效文化，提高各级各部门参与机关绩效考评和绩效管理工作的积极性，努力营造“人人讲绩效、处处抓绩效、事事创绩效”的良好氛围。2011年共举办了3期副科以上领导参加的绩效管理专题讲座；共出版宣传专栏70版，简报15期；通过移动信息平台播发绩效宣传短信8200人次。

【绩效目标管理】 2011年，玉州区在开展绩效提升年活动中，一是采用项目化的思路管理绩效目标。各部门在充分研究论证的基础上，确定年内工作任务和应达到的目标，并通过指标和目标值的层层分解，将部门目标细化到科室，明确到具体责任人。二是对绩效目标倒排时间节点。按照绩效目标完成的总要求，采取倒排时间表的办法，明确季度或月度的进度要求，进行节点控制，便于过程跟踪和年底考核。三是充分发挥绩效目标的导向作用。每项绩效目标考评分数，共设置基本分和绩优分两部分，分别占80%、20%的权重，完成基本任务的只能得该项指标的基本分，工作创新、获得表彰、争先晋位的增加绩优分，鼓励和倡导追求卓越的进取精神。

【注重作风建设】 2011年，玉州区始终把推动干部作风转变作为绩效管理工作和“绩效提升年”活动的重要内容和主要抓手，以“抓落实、促发展、构和谐”为着力点，大力推行“领导在一线指挥、干部在一线工作、问题在一线解决、服务在一线落实、绩效在一线考核”的“一线工作法”，转变干部作风，提高工作效能，做到在其位，谋其职，尽其职。当年区级领导在基层一线现场办公400多次，协调解决问题350个；全区为民办实事工程扎实推进，帮扶困难群众2700多人，办实事好事6000多件，一批群众关注的热点焦点问题得到了有效推进和解决。

【注重监督检查】 2011年，玉州区整合监督检查力量，成立联合督查办公室，建立“联合督查人才库”。联合督查，成果共用，构建“大督查”格局，以督查为助推器，强力推进各项工作。特别是强化对“十大绩效提升工程”的督促检查，确保全区开展“绩效提升年”活动各项工作扎实推进。如加强对会风会纪督查，会议效率明显提高。加大责任追究力度，做到“一督查一汇报一通报”，限时整改问题，有效促进工作的落实。

【注重队伍建设】 2011年，玉州区以开展“绩效提升年”活动为契机，进一步加强绩效管理，注重打造绩效工作人才队伍。对各级各部门绩效工作人才采取“一对一”约谈及形式多样的培训方式相结合，打造规范型、核心型、活力型、服务型、和谐型的绩效工作人才队伍，为扎实开展机关绩效考评和绩效管理工作的有效落实提供坚实保障。

统　战

【非公经济领域统战工作】 2011年，区委统战部进一步提高认识做好新形势下统战工作。4月7日组织了非公经济人士15人参加玉林企业家企业经营战略交流会，与兄弟县市的非公经济人士进行交流，对提高企业家的战略思维，促进企业家相互间合作起到了一定作用。5月19日积极组织推荐部分企业主要负责人参加在南宁举行的第八期广西非公有制企业成长讲座，听取有关部门领导就中小企业融资政策和措施的讲座，使非公经济人士及时了解把握当前经济形势，调整发展思路保证企业健康发展。6月3日组织部分任市工商联执委以上职务的非公经济人士参加玉林市工商联举办的企业沙龙活动，由统战部、工商联主要领导统一带队前往北流市广西仲礼企业集团公司展开座谈，就“民营企业培养接班人”这一主题作互动交流发言。6月30日，中央统战部五局副局长，全国非公有制经济组织创先争优活动指导小组成员、办公室主任方乃纯率中央统战部调研组到玉林市，就工商联工作及非公经济组织创先争优活动开展情况进行调研，徐建军部长陪同调研组一行到玉林市银丰中药港、玉州区工商联机关、广西正泰彩印包装有限公司实地调研，副部长、工商联党组书记在调研座谈会上汇报了玉州区工商联换届建设工作和非公经济组织创先争优活动情况，并听取了上级领导对玉州区工商联建设工作的重要指示。

【文化统战工作】 2011年，区委统战部按照上级统战部统一部署要求开展文化统战基地创建工作，成立活动领导小组，制定了工作方案，确定了文化统战基地选址。部领导多次到基地建设点，严格按照创建的标准进行检查指导，经过精心筹备，玉林市富英制革有限公司与玉州区清湾江社区作为玉州区的玉林市文化统战基地。区委统战部全体领导、干部于10月26日上午，参加了在玉林市富英制革有限公司举行的玉林市文化统战示范基地揭牌仪式。积极引导和大力支持统一战线成员参与各种传统文化活动，玉林宝炬电线电缆公司赞助举办了第三届宝炬杯山歌会暨《玉林山歌选集》首发式，与各民族同胞共同欢庆农历传统“三月三”民歌节；赞助支持举办了传统龙舟大赛，弘扬中华优秀传统文化。

【党外干部工作】 2011年，区委统战部进一步落实党外干部的培养选拔任用工作。通过加强党外干部的教育培养力度，加大对党外后备干部跟踪考察力度，使优秀的党外干部不断成长。同时把一批优秀的年轻党外干部加入到人才库中培养，为党外干部建设不断补充新鲜血液。是年区委统战部发文对全区股级以上党外干部进行了摸底调查，结合换届年区委统战部与区委组织部门密切配合，在充分调查了解研究的基础上，及时大胆向区委推荐优秀党外干部。

【发展光彩事业】 2011年，整合统一战线开展同心惠民工程，树立良好统战形象推动和谐社会建设。充分发挥统一战线人才荟萃、智力密集优势，引导优秀民主党派人士主动承担社会责任。11月14日，区委统战部会同区委组织部、扶贫办等部门到玉州区大塘镇三和村开展“同心·助农惠农、助农义诊、助农农技讲座、助教教学讲座”等一系列“同心工程. 走进村屯. 情系民心”活动。活动主要内容包括：助农惠农，给村民送上3000多斤化肥、3箱农药，支持农民种植经济作物，发展三和村种植业；助农义诊，组织玉林市第二人民医院、五官科医院、妇幼保健院10多名民主党派医生为村民义务就诊，发放叶酸30多盒；助农农技讨论讲座，请了2名种植、养殖专家进行了《石斛种植》、《家禽家畜防疫》专题讲座，50多名村民参加了讲座；助教教学讲座，请东环小学高级教师为该村40名小学老师进行教学讲课。

【台湾同胞及海外侨胞联谊工作】 2011年，区委统战部创新工作方式进一步拓展港澳台和海外统战工作。玉博会期间来自意大利、加拿大、新加坡、马来西亚、台湾、香港等地区的一批侨领、侨商和30多家侨资企业代表出席了玉州区投资环境推介会，听取区领导介绍玉州区的投资环境和项目基本情况，并在推介会上签约了香料储运中心、保利花园房地产等12个项目，资金总额达34.1亿元。9月24日，市委统战部领导陪同香港玉林同乡联谊会访问团一行32人到玉州区参观考察，参观考察了玉林市富英制革有限公司、玉林市宏进农产品批发市场和玉林市银丰中药港。通过参观考察，了解家乡改革开放30多年的巨大变化，进一步了解地方经济社会的发展。是年共接待港澳台商及外宾考察8次，以优质服务展现玉州对外良好形象。

【民族工作】 玉州区属非少数民族聚居地，没有世居少数民族，全部都是移居少数民族，多以散居形式居住。居住着壮、瑶、满、回、苗、侗、仫佬、土家、黎、蒙、毛南、水、彝、仡佬、朝鲜、京、白、藏等二十几个少数民族。至2011年，玉州区有少数民族人口2万多人，占总人口的3.57%，分布在全区9个镇（街道）；有少数民族暂住人口1万多人，主要是新疆、四川、云南、贵州、湖南等省区到玉州务工、经商、办企业的少数民族。有获国家民委批准为定点生产少数民族专用产品的企业2家。2011年，区委统战部和区民族宗教事务委员会结合自身特点，帮助少数民族聚居区解决饮水难、行路难问题。

【宗教工作】 玉州区有天主教、基督教、佛教三大教派，有经批准登记的宗教活动场所17个。其中佛教15个、天主教1个、基督教1个，分布在玉林城区和9个镇（街道）。有正式教徒3619人，其中佛教3256人、天主教92人、基督教271人；宗教教职人员26人，其中佛教17人、天主教3人、基督教6人；信教众11多万人（不完全统计），并呈逐年递增的趋势。

*创建和谐宗教场所。*2011年，区委统战部、区民宗委严格按照《宗教事务条例》、创建“五好”宗教活动场所和和谐宗教场所有关文件的要求，组织人员对全区各宗教活动场所的规章制度、班子建设和场所内的管理等情况进行一次大检查。检查合格、符合换证要求、具备正式登记基本条件的换发新的宗教场所登记证。对检查不合格，不符合换证要求，不具备正式登记基本条件的场所，提出限期整改的要求。

*引导各宗教活动场所活动依法依规进行活动。*2011年，区委统战部、区民宗委指导各宗教活动场所分别结合各自实际，制订例会学习制度；定期组织各宗教场所负责人学习时事政治及宗教政策、法规；不定期开展抵御渗透和爱国主义思想教育活动及宗教业务知识等学习培训，进一步增强全区宗教界人士爱国爱教的思想意识，增强对宗教政策法规和教义教规的理解，使各宗教活动场所能认真贯彻“三自”方针，提高宗教场所的工作水平。扎实做好全区宗教活动场所领导班子换届工作，至2011年底，大部分宗教活动场所已完成领导班子换届工作。

*打击各种非法宗教活动。*2011年，区委统战部、区民宗委进一步完善区、镇（街道）、村（社区）三级宗教工作网络，把宗教工作的责任落实到基层组织。区委统战部、区民宗委经常与区政法委、玉林市公安局玉州分局以及各镇（街道）保持联系，协助有关部门严厉打击非法集会和非法神、佛像“开光”庆典活动，及时制止非法庙宇从事宗教活动，坚决抵御境外势力的渗透。

机关党建

【组织情况】 2011年，中共玉林市玉州区直属机关工作委员会（简称区直机关工委）编制5名。领导设置：设工委书记1名，副书记1名，纪工委书记1名，武装部长1名。工委下辖党的基层组织219个，其中党委3个、党总支部11个、党支部205个，有党员4351名。

【机关党组织建设】 2011年，区直机关抓好基层党组织的换届和支委缺额补选工作，换届选举支部25个，补选党支部领导班子成员6个。按照“坚持标准，保证质量，改善结构，慎重发展”的方针，做到有计划、有重点地发展党员。建立入党积极分子名册，6月中下旬举办入党积极分子培训班，97名入党积极分子参加了为期7天的党的基本知识培训。是年，共吸收新党员39名，办理预备党员转正57名，做到入党材料齐全、手续完善、程序符合有关规定。

【机关党组织活动】 2011年，区直机关党组织主要活动：一是开展创先争优活动。区直机关党组织和党员扎实开展创先争优活动，围绕建党90周年，换届纪律等重点工作开展新一轮“先锋承诺大行动”，通过领导示范带动、党工青妇联动，区直机关100%党组织和97.8%的党员签订了“承诺书”，基本实现了承诺的全覆盖。机关党组织、党员在“结对百千万，先锋促统筹”、“万名干部进农家”活动中，解决群众关心的热点、难点问题1913个，为群众办实事好事1万多件。二是拓宽特困党员和助贫济困范围。是年，区直机关各党组织共走访、慰问困难党员780多人次，送上慰问金、慰问品共计30.1万元。三是加强机关党建效能建设。区直机关工委把三会一课、“统筹城乡基层党建工作示范区”活动、“党组织建设年”活动、收缴党费、发展党员五大类工作，分为17个小项在绩效考评时对全区直机关党组织工作进行考核，整体推动机关党建工作的全面落实。年内表彰“先进基层党组织”55个，“党日活动”先进集体10个，优秀党员”233名“，“优秀党务工作者”48名，“最佳党建指导者”17名和“最佳离退休党员”107名。四是开展区直机关党员志愿者活动。区直机关工委组织成立区直属机关党员志愿者指导小组，制定区直机关党员志愿者活动方案和具体计划，结合各党组织所在单位业务实际成立以科学技术、文化艺术、医疗卫生、法律法规、扶贫帮困、环境维护等6个工作组组成的党员志愿者服务队，并开展机关党员“出城助农帮困”大行动。区直各单位党组织和机关党员干部走出机关，深入农村，开展送医疗、送科技、送法律、送信息、送文化“五送农家”活动。是年，向群众发放卫生保健知识等宣传资料10000余份，给200多名妇女和儿童免费义诊；与结对社区、村党员过组织生活、上党课150场（次），组织农技人员宣讲500人次；法律进村进户，发放法律宣传资料5000余份。

【开展建党90周年纪念活动】 2011年，区直机关工委组织开展纪念建党90周年宣传教育活动。采取上党课、座谈会、到革命老区、到根据地接受革命传统教育、文艺汇演、摄影竞赛、文体活动等多种形式，回顾党的光辉历程，歌颂党的丰功伟绩，激励广大党员干部坚定理想信念，解放思想，求真务实，积极投身到玉州区的改革开放和现代化建设工作中。组织开展“党员为民服务”日活动。“七一”前后区直机关50多个党组织在玉林城区人民中路开展法律宣传、政策解答、义诊服务、科技项目申报、咨询等“党员为民服务日”活动。活动当天，参与接受服务的群众数千人次，发放各种宣传资料及计生用品一批，活动得到了群众的好评。组织区直机关新党员入党宣誓活动。6月29日，组织41名新党员在区委召开纪念中国共产党成立90周年表彰大会上进行入党宣誓活动，同时在表彰会上，区直机关17个党组织被玉州区委授予先进集体荣誉称号，24名同志被玉州区委授予优秀共产党员荣誉称号，15名同志被玉州区委授予优秀党务工作者荣誉称号。

【开展党工共建活动】 2011年，区直机关工委在抓好党建的同时，还负责区委区政府大院机关工会工作。工委充分利用一部门双职责的优势，结合两项工作实际，制定《玉州区直属机关工委党工共建大行动实施方案》，坚持“党建带动工建，工建服务党建”，大院机关工会广泛开展建功立业竞赛活动，以创建“岗位创佳绩”为主要载体，抓好岗位竞赛，开展党工共建创先争优活动，引导广大职工和工会干部从本职做起，在平凡的岗位上做出不平凡的业绩。扎实推进职工素质提升工程，深入开展“创建学习型组织，争做知识型职工”活动，把创先争优融入精神文明创建和职工文化建设，活跃职工文化生活。在“五一”

期间组织开展丰富多样的球类、棋类、书法类等文体活动，辖区各党组织以系统为单位，积极组织开展各种体育活动竞赛。如：区水产畜牧兽医系统开展了“庆祝中国共产党成立90周年”气排球比赛活动；玉州区人民法院举行唱红歌比赛；玉州区国税系统举办“和谐杯”摄影比赛等等。开展“扶贫帮困，送温暖”活动，是年共组织慰问大院机关工会会员和离退休职工942名，发放慰问物资及慰问金共计153991.7元。

【党费收缴、管理和使用】 2011年，区直机关工委严格执行党费收缴标准。党费的收缴工作做到党员交纳党费有登记；总支、支部上缴党费有记录，每年年终向党员公布一次党费收缴情况；工委收缴党费有票据，党费管理、使用情况年终有结算、有公布。严格执行党费使用审批制度，合理开支留成党费。党费只用于党的事业和党的活动这个规定范围，即用于党员教育，订购、印刷党员学习资料，轮训党员经费，购置党课电教设备，拍摄党课电教片，开展党员活动，表彰先进党组织、优秀党员和优秀党务工作者等。是年共收缴党费414203.97元，按季度上缴区委组织部党费共352073元，党费支出42936.7元，其中补助下级党组织1898.3元，开展党建活动和订购党员学习书籍支出41038.4元。

党校工作

【创建“三合一”农家党校】 2011年，创新农村党员培训形式，在农村全面推进“党校+农家课堂+实践基地”的“三合一”农家党校建设，推进“党校”向自然片屯、农村家庭、产业基地延伸，形成了“大党校、大课堂、大培训”新格局。是年，全区共举办各类培训班655期（次），印发技术资料50000多份，培训农村党员、群众13000多人次。全区建立龙屏庄、中庞村香蒜种植协会、西岸珍珠番石榴种植协会、太阳村彩阳冬瓜种植协会等“三合一”农家党校示范点16个。

【教育培训工作】 2011年，是市、区、镇、村四级党组织的换届年，换届结束后随着各级各部门人员大变动、大调整，干部教育培训工作进入了大教育、大培训阶段。按照中央、自治区、玉林市、玉州区党委关于大规模培训干部的要求，区党校会同组织、人事等部门统一规划，共举办、承办了各类培（轮）训班21期，参训3500多人次。干部培训除了班次多，人数多的特点外，由于结合行动学习的创新学习理念，重点突出“明、新、实、活、严”五字特点，即培训目的“明”，培训观念“新”，培训内容“实”，培训形式“活”，培训纪律“严”。

【教师队伍建设】 2011年，区党校向市委党校选送了3名专职教师参加市委党校组建的行动学习法专题培训班，向自治区党校选派了1名骨干教师参加为期一个月的脱产培训，选派2名骨干教师参加中德合作广西行动学习项目第二期第一批推动者学员第5期研讨班及第一批行动学习骨干促进师培训班。全年共有3篇文章分获自治区、玉林市分别举办的庆祝建党90周年理论研讨会的一、二、三等奖。

【党校新址建设】 2011年，新址建设二期工程前期工作开始启动。区政府将二期工程建设的600万元资金列入2011年财政预算。根据区委决定，玉林市规划管理局于2006年8月1日审批的党校建设总平面图（设计号2006〔规〕—014，图号01），已不符合自治区关于县级党校办学水平评估标准要求和新形势下玉州区党员干部大规模培训轮训的需要，必须先进行修改后才能设计建设。在区委的高度重视下，区委党校的申请报告已于2011年11月8日获得市住建委同意修改总平面图的批复，即由原来总平图设计的三层科技楼改设为六层的学员宿舍楼，原五层的学员宿舍楼、教工宿舍楼改设为六层的要求修改总平面图。根据市住建委的批复要求，经区委同意，区委党校已委托有资质的玉林市建筑设计院按照玉林市住房和城乡规划建设委员会批复文件精神进行新的总平面图设计。

2011年上半年，学校筹措资金在校园内进行硬化路面建设425平方米；为规范学员车辆停放，在篮球场的周边铺设了293平方米的生态停车位；为绿化美化校园，2011年通过多渠道争取，在校园内种植了四季桂、紫檀、彩叶揽人、紫薇、黄花梨、木棉树、秋枫、苹婆等30多个名特优品种，200多棵树木，校园植草覆盖面积超过700平方米。

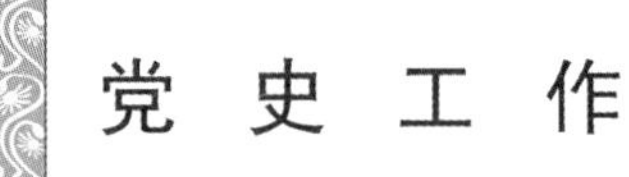

党史工作

【党史机构】 玉州区委党史办公室是参照公务员管理事业单位，与区地方志办公室合署办公，两块牌子一套人马，内设2个股：秘书股、征编股。核定事业编制8名。领导职数：主任1名，副主任2名，股长2名。至2011年底，实有人员6人。

【编纂《中共玉林市(县级)历史》(1919—1997)】 2011年，区委党史办公室继续与兴业县、福绵管理区党史办合作，修改完善《中共玉林市（县级）历史》(1919—1997)。编写人员在原初稿的基础上，深入区档案馆、有关部门查找、核实资料，对初稿精雕细刻，基本完成了玉州区负责部分的修改任务。

【党史宣传教育】 2011年，区委党史办利用纪念中国共产党成立90周年开展的各项活动，开展党史宣传教育。参加玉林市委宣传部组织的“纪念中国共产党成立90周年理论研讨会”，提交论文1篇，并获二等奖；组织党员7人参加纪念中国共产党成立90周年党史知识竞赛活动；参加市委宣传部《关于开展“永远跟您走—红色档案”征集活动》，提供玉州区革命遗迹遗址图片5幅；配合广西电视台、玉林电视台完成《红旗漫卷八桂》（玉州区部分）直播报道的拍摄工作和配合玉林市电视台做好纪念建党90周年《重走革命老区路》广播电视系列专题报道工作。

老干部工作

【离休干部基本情况】 至2011年末玉州区有离休干部59人，其中在行政单位15个共36人；事业单位4个10人（财政全额拨款事业单位3个8人，差额拨款事业单位1个2人）；企业单位13个13人。全区享受厅级待遇的离休干部有1人，享受处级待遇的有29人。抗日战争时期参加工作的离休干部有13人，解放战争时期参加工作的有44人。全区有女离休干部13人，男离休干部44人。平均年龄86岁，其中年龄最大的91岁；年龄最小的79岁。

【落实“两费”情况】 至2011年，玉州区健全和完善离休干部离休费、医药费和财政支持机制，离休干部的离休费、医药费无拖欠，老干部老有所养、老有所医。2011年玉州区列入财政预算的老干部经费为301万元；用以解决老干部离休费、医药费及生活待遇的经费为800多万元。

【按时兑现离休干部津贴补贴】 2011年，根据中组通字〔2011〕29号文件精神，为庆祝中国共产党建党90周年，玉州区落实了离休干部每人每年增发一个月基本离休费的政策。同时在“七一”期间，开展走访老干部活动，每个离休干部发慰问金2000元。

【落实政治待遇】 2011年，玉州区委、区政府十分重视离休干部的政治待遇，春节期间召开座谈会，向老干部通报全区经济社会发展情况，并组织老干部在城区考察、参观；拨款13万元给老年大学，离退休老干部通过老年大学的学习，更新了知识、陶冶了情操。老干部活动中心举办3次全区老年人门球、麻将、气排球赛，开展8次送戏下乡等活动，丰富了老年人的精神生活。

玉林市玉州区人民代表大会

【区、镇人大换届工作】 2011年，是玉州区区、镇两级人大换届选举年，是《中华人民共和国全国人民代表大会和地方各级人民代表大会选举法》修改后首次实行城乡按照相同人口比例选举人大代表。根据《选举法》、《广西壮族自治区各级人民代表大会选举实施细则》的规定和自治区、玉林市人大换届选举工作的部署，玉州区第四届人民代表大会代表的选举工作，认真贯彻《选举法》规定的民主集中制的原则，充分发扬民主，严格依法办事。在区选举委员会和各镇选举委员会的领导下，各选区认真宣传发动群众，依照法定程序，进行选民登记和公布；对代表候选人的推荐、提名，对正式候选人的确定，都经过反复酝酿、讨论协商；采取差额选举和无记名投票方式进行，体现了大多数选民的意愿。经过选举，玉州区210个选区共依法选出307名区级人大代表，所选出的每个代表，均获得了法定的当选票数。

当选的307名代表，具有广泛代表性，其中妇女代表88名，占28.7%；少数民族代表2名，占0.7%；中共党员代表199名，占64.8%；民主党派和无党派人士105名，占34.2%；在文化结构上，大专以上文化的151名，占49.2%；中专高中文化的81名，占26.4%；初中及以下文化的75名，占24.4%。在年龄结构上，35岁以下24名，占7.8%；36岁到55岁220名，占71.6%；56岁以上63名，占20.5%。

这次选出的代表具有先进性，他们均是各条战线，各行各业中的先进工作者、改革开放和经济建设中涌现的先进人物。代表素质也较高，这对于充分发挥地方国家权力机关的职能作用，更好地行使宪法和法律赋予的管理国家事务的权利，进一步健全和完善人民代表大会制度，加强社会主义民主法制建设，加快改革开放步伐，促进“三个文明”建设，都具有十分重要的意义。

换届选举结束后，区人大常委会在区委的领导下，对召开区、镇两级人大会议进行了认真筹划，精心组织，分别于8月和9月召开区、镇两级代表大会，依法选举产生了新一届区、镇国家机关领导人员，为促进全区经济社会发展，提供了坚强的组织保证。

【人民代表大会】

第三届人民代表第六次会议

2011年3月1日至3日在玉林城区举行。出席会议的代表299人，区第三届政协委员、各部、委、办、局、行、社负责人以及区四家班子离退休领导列席了会议。会议听取和审议区人大常委会主任李秀通作的《玉州区人大常委会工作报告》；区人民政府区长潘艳作的《政府工作报告》；区人民法院代院长黎汉飞作的《玉州区人民法院工作报告》；区人民检察院代检察长庞振钰作的《玉州区人民检察院工作报告》；区财政局作的《关于玉州区2010年预算执行情况和2011年预算草案的报告》（书面）；区发展和改革局作的《关于玉州区2010年国民经济和社会发展计划情况与2011年国民经济和社会发展计划草案的报告》(书面)。会议通过了上述报告并作出相应的决议。会议还审议了《玉州区国民经济和社会发展第十二个五年规划纲要(草案)》，批准了《玉州区国民经济和社会发展第十二个五年规划纲要》，并作出了《关于玉州区国民经济和社会发展第十二个五年规划纲要的决议》。会议通过了《玉州区第三届人民代表大会第六次会议选举办法》，并补选黎汉飞为区人民法院院长、庞振钰为区人民检察院检察长。会议期间，人大代表共提出建议、批评和意见25件。

第四届人民代表第一次会议。2011年8月24日至27日在玉林城区举行。出席大会的代表307人，区第四届政协委员、各部、委、办、局、行、社负责人以及区四家班子离退休领导193人列席了会议。会议听取和审议区三届人大常委会和“一府两院”的工作报告，依法选举产生玉州区第四届人大常委会主任李秀通，副主任黄一波、莫春诗（女）、李松、廖贤伟（女）；常委20人；玉州区第四届人民政府区长邹宇鹏，副区长莫科奇、杨红（女）、梁海波、周建红（女）、杨健、唐江涛（瑶族）；区人民法院院长黎汉飞；区人民检察院检察长覃广雄。大会还依法选举产生了玉州区出席玉林市第四届人民代表大会代表82名。会议期间，人大代表共提出议案、建议、批评和意见19件。

【人大常委会会议】 2011年共召开10次。先后听取和审议了玉州区人民政府关于“五五”普法和实施“六五”普法规划报告等“一府两院”的工作报告12个，并依法作出关于加强法制宣传教育工作的决议1个、关于区、镇人民代表大会换届选举的决定等12个。

【人大监督工作】

工作监督。2011年，玉州区人大的监督工作，着重在压缩行政管理成本，公共财政向社会事业、民生领域和基层倾斜以及实现全区经济保持平稳较快发展等方面去开展。区人大常委会听取和审议了区政府关于2010年财政决算的报告；关于2010年本级和其他财政收支的审计情况的报告；关于2011年和上半年财政预算执行和社会发展计划执行情况的报告；关于2011年财政收支预算调整议案（草案）的报告。作出了关于批准区政府2010年决算的决议；关于2011年财政收支预算调整方案的决议。要求区政府在确保当年全年经济增长目标和任务实现的同时，坚持依法理财治税，加强财政监督，严肃财经纪律，努力做好财政工作。为了推动全区经济社会持续协调健康发展。人大常委会还听取和审议区政府及其工作部门关于改革开放、经济建设方面的其他一些报告。如玉州区关于加强城区中小学基础设施建设情况、新型农村合作医疗制度建设情况等。提出了发展培育工业支柱产业和升级现代商贸业，加快转变经济发展方式的审议意见，并建议区政府落实优惠政策，优化企业发展环境，更好发挥服务企业机制的作用。进一步发挥了人大常委会在经济社会发展中的监督作用。

司法监督。2011年，区人大常委会把人民群众普遍关注的司法领域热点问题作为对“两院”监督的重点。年内，听取和审议了区人民法院《关于刑事审判工作报告》、区人民检察院《关于公诉工作报告》，要求法院和检察院切实加强司法队伍建设、强化执法责任、坚持执法为民，化解社会矛盾，促进社会和谐，维护司法公正。

群众信访调处监督。2011年，区人大常委会把做好信访工作作为了解社情民意的窗口和加强人大监督工作、构建和谐社会的重要内容来抓，坚持常委会领导接待日制度，坚持定期听取信访工作汇报，并从群众来信来访中筛选一些突出的问题开展调研，召开相关部门座谈会，寻找解决问题的途径，使信访的问题得到较好解决，维护了人民群众的合法权益。一年来，共接待群众来访182人次，收到来信和上级转信访件88件。均按有关规定进行了分类处理，基本上做到件件有着落，事事有交代。

【人事任免】 2011年，区人大常委会正确处理好党管干部与人大及其常委会依法任免干部的关系，严格执行有关人事任免的法律法规，广开言路，充分发扬民主，认真行使人事任免权。一年来，共任免国家机关工作人员65人次，提供了有力的组织保障。

【人大代表工作】 2011年，区人大常委会以强化服务为着力点，不断加强和改进代表工作，积极搭建代表履职平台，为代表发挥参政议政作用提供有效的保障。一年来，区人大常委会把代表提出涉及全局重大问题的建议意见作为重点督办内容，加强跟踪督办。要求各承办单位强化责任意识，对列入计划解决的建议要积极创造条件，尽快落实到位。区三届人大六次会议收到代表对各方面工作提出的建议共25件。大会闭幕后，区人大常委会专题研究，并依法交由区政府研究办理，承办单位对区三届人大六次会议代表建议已全部办理完毕，并分别答复了代表。区四届人大一次会议共收到代表建议、批评和意见48件，其中46件均按照法定时间办理完毕；2件属于市级办理范围的建议，已转呈市人大，代表对承办的满意度不断提高。此外，区人大常委会坚持常委会组成人员联系代表、走访代表制度。组织各级人大代表召开座谈会，征求代表对常委会和“一府两院”工作的意见。邀请代表列席常委会会议和参与常委会组织的重要活动，扩大代表对常委会工作的参与度。一年来，有计划地安排32名区人大代表列席常委会会议。及时向代表发送常委会公报和通报“一府两院”的工作情况，拓宽了代表的知情权。人大换届选举结束后，为了提高新一届人大代表参政议政能力，常委会加大了学习培训力度，组织代表学习《代表法》、《组织法》、《监督法》等法律法规，使代表了解人大的性质、地位，明确了权利和义务，增强当好代表的责任感。

【人大代表视察活动】 2011年，区人大常委会利用代表活动日和会前视察的方式，组织市、区两级人大代表开展视察活动。11月1日，组织33名人大代表进行视察活动。活动的主题是视察工业项目建设，参观了容县电子工业园等工业项目建设和玉林市毅德国际商贸城。12月20日，组织市、区两级50名人大代表开展2011年会前集中视察活动。本次活动主要是视察玉林市、玉州区人民政府为民办实事落实情况。视察了教育、文化、医疗卫生和计生、强农惠农、城乡风貌改造等五项惠民工程，实地视察了9个点。代表们通过视察、听取汇报、走访群众、座谈、调研等形式，对玉州区为民办实事的工作所取得的成绩，给予充分肯定；针对玉州区工业平台、助农增收、民生工程和发展经济等方面存在的问题与困难，拟写了有关议案和建议12条，为区委、区政府决策提供了重要依据。

【调查研究工作】 2011年，区人大常委会围绕解决社区居民就医难和城区中小学生入学难的问题，组织人大代表分别对社区卫生工作和学校设施建设进行视察调研。代表们在认真调研的基础上，建议政府充分利用现有卫生资源，深化社区卫生体制改革，切实解决居民就医难的问题。在市四届人大一次会议上，玉州区代表团提出了《关于加强城区中小学基础设施建设的议案》，引起大会高度关注和重视，大会作出《关于加快推进我市市、县城区中小学建设的决议》。为此，市、区两级政府高度重视，增加财政投入，计划用5年时间，开展城区中小学建设大会战，彻底解决玉林城区上学难问题。

【指导乡镇人大工作】 2011年，区人大常委会向区委呈报了《中共玉州区人大常委会党组关于2011年区、镇人大换届选举工作的意见》，经区委批转印发到各镇（街）和区直、市直有关部门，指导区、镇两级人大换届选举工作。区人大常委会成立了换届选举工作办公室，加强对镇级人大换届选举工作的指导。在培训动员、宣传发动、选民登记、酝酿提名、推荐代表侯选人、投票选举的各个环节中，充分发扬民主，严格按照《选举法》和《广西壮族自治区各级人民代表大会选举实施细则》的要求，做好各项具体工作。由于高度重视，宣传深入，准备充分，工作到位，全区镇级人大换届选举工作进展比较顺利。共依法选出736名镇级人大代表，代表结构体现了广泛性和先进性，整体素质明显提高。

是年，区人大常委会办公室下发了《关于做好玉州区2011年镇（街）人大工作的指导意见》，使各镇（街）更好地开展人大工作。各镇（街）继续巩固提高人大代表之家的管理水平，设立轮值表，坚持开展人大代表之家活动。镇人大以圩日为人大代表回家活动日，街道工委以逢五、逢十为人大代表回家活动日；人大代表以人大代表之家为平台，积极参政议政，互相交流信息，互相学习，互相提高。

【执法检查】 2011年，区人大常委会先后开展了《农村土地承包法》、《土地管理法》的执法检查。组织执法检查组分别深入到城北、仁东等镇（街）和有关部门对两部法律在全区的实施情况进行检查。通过检查，指出了实施过程中存在的问题，提出了建议和整改要求。同时，配合市人大开展了《农产品质量安全法》的执法检查。

玉林市玉州区人民政府

区政府重要会议

【政府全体会议】 2011年2月25日，区长潘艳主持召开玉州区三届人民政府第五次全体（扩大）会议。会议讨论通过并决定将《政府工作报告（草案）》和《玉州区国民经济和社会发展第十二个五年规划纲要（草案）》提交区人大三届六次会议审议。

2011年8月18日，代区长邹宇鹏主持召开玉州区三届人民政府第六次全体（扩大）会议。会议讨论通过并决定将《政府工作报告（草案）》提交区人大四届一次会议审议。

【区政府常务会议】 2011年，1月至8月召开8次（第48次至55次）玉州区三届人民政府常务会议；9月至12月召开5次（第1次至5次）玉州区四届人民政府常务会议。

第53次常务会议。2011年6月20日召开，代区长邹宇鹏主持。原则同意《玉州区交通基础设施建设大会战实施方案》。

第54次常务会议。2011年7月25日召开，代区长邹宇鹏主持。原则同意《玉州区2010－2015年中小学校布局调整规划方案》、《玉州区人民政府常务会议学法制度》和《2011年玉州区人民政府常务会议学法计划》、《关于修改玉州区人民政府常务会议工作规则的通知》、《玉州区人民政府区长工作例会工作规则》。

第55次常务会议。2011年8月5日召开，代区长邹宇鹏主持。原则通过《政府工作报告》，原则同意《玉州区村干部参加新型农村社会养老保险实施办法》、《玉州区城镇居民社会养老保险试点工作实施方案》。

第1次常务会议。2011年9月30日召开，区长邹宇鹏主持。会议审议并原则通过《玉州区区直机关单位计算机软件正版化整改工作方案》、《玉州区机关大院职工食堂管理运作方案》、《2011年玉州区四家班子领导联系重大项目责任表》、《玉州区征地拆迁“百日攻坚”行动方案》、《玉林国际汽车物流城项目建设合作协议书》、《红星美凯龙家居商城建设合同书》、《玉州区机关大院改造工作实施方案》。

第2次常务会议。2011年10月17日召开，区长邹宇鹏主持。会议研究和审议关于设立城西印刷工业小区警务室的问题、关于提高区森林消防队队员工资的问题、关于调整区检察院司法警察值勤岗位津贴天数的问题、关于建立玉州区医疗纠纷、劳动人事争议人民调解委员会的问题，原则通过《第八届“玉博会”玉州区投资环境推介会工作方案》、《第八届“玉博会”项目开工（奠基、竣工）剪彩方案》。

第3次常务会议。2011年11月21日召开，区长邹宇鹏主持。原则同意区卫生局关于拨付村卫生室建设项目用地旧房屋拆除经费的请示、区科技局关于提高区本级科学技术支出比例的请示、《玉州区公共卫生与基层医疗卫生事业单位绩效工资实施方案》、《2011 年玉州区农村环境连片整治项目实施方案》，审议关于玉州区实行计划生育退休人员依法享受增加待遇的问题、关于在公益性岗位安置残疾人专职委员的问题、关于中小企业贷款担保推荐资格的问题、关于落实玉州区环保检测执法业务用房项目土地的问题、关于明确玉州区第八初级中学建设项目业主的问题等。

第 4 次常务会议。2011 年 11 月 30 日召开，区长邹宇鹏主持。原则通过 2011 年玉州区预算调整方案，原则同意关于拨款发放玉州区义务教育学校 2011 年奖励性绩效工资的请示。

第 5 次常务会议。2011 年 12 月 14 日召开，区委常委、副区长莫科奇受区长邹宇鹏委托主持。会议审议并原则通过《玉州区义务教育学校绩效考核办法和绩效分配办法实施指导意见》。

【全区工业和信息化工作会议】 2011 年 2 月 12 日召开。会议回顾总结玉州区“十一五”时期工业和信息化工作，分析当前面临的新形势和新任务，安排部署 2011 年的工业和信息化工作。会议对所取得的成绩给予充分肯定，指出“十二五”玉州区工业和信息化工作的总体要求和总体目标，强调 2011 年要重点抓好工业投资和项目建设、工业招商引资、健康产业园建设、先进制造业配套产业、其它支柱产业的发展壮大、工业节能减排和淘汰落后产能、“两化”、“三网”融合、工业发展环境优化和工作落实等 8 项工作。

【全区农村工作暨水利工作会议】 2011 年 3 月 30 日召开。会议学习贯彻中央农村工作会议和 2011 年中央 1 号文件精神，以及自治区农村工作会议、自治区水利工作会议和玉林市农村工作暨水利工作会议精神，总结“十一五”期间全区农业农村工作，部署全区农业农村和水利工作。“十一五”时期，全区农林牧渔业总产值由 11.2 亿元增加到 16.9 亿元，年均增长 3.9%；农业增加值由 6.8 亿元增加到 10.3 亿元，年均增长 3.9%；在耕地面积减少的情况下，粮食生产稳定增长，每年播种面积保持在 29 万亩以上，总产量 11 万吨左右；农民人均纯收入连续 5 年保持两位数增长，2010 年突破 6000 元，达 6229 元，翻 1.11 番。农业和农村基础设施不断完善，2008 年在全广西率先实现行政村村村通硬化路的目标，2008—2009、2009—2010 连续两个年度荣获广西农田水利基础建设先进单位。新型农村合作医疗参合率达 91.04%，新型农村社会养老保险参保率达 65.27%，均超额完成自治区下达的指标任务。农业特色优势产业快速发展，各项强农惠农政策全面落实，农村土地流转、林权制度改革、农技推广体系改革实现稳步推进。但农民增收的长效机制依然没有建立，农业生产方式仍然比较粗放，农业抵抗自然灾害的能力依然十分脆弱，农业科技创新、基层农技推广仍然比较缓慢。会议指出“十二五”时期全区农业农村工作的总体要求，强调要重点做好七个方面的工作：一、着力稳定粮食生产，提高粮食安全保障能力。二、着力加强农业基础设施建设，提高农业综合生产能力。三、着力发展特色优势产业，打造特色农业生产基地。四、着力加大科技创新应用，提升科技对农业发展的贡献率。五、着力拓宽农民增收渠道，保持农民收入持续较快增长。六、着力发展农村公共事业，促进城乡基本公共服务均等化。七、着力推进农村综合改革，增加农村发展活力。水利工作要抓好五个方面：一是加强防洪抗旱工作。二是大兴农田水利建设。三是大力发展民生水利。四是加强生态水利建设。五是提高水利服务现代农业综合能力。

【全区项目工作暨为民办实事工作会议】 2011 年 3 月 30 日召开，会议总结玉州区“十一五”时期及 2010 年的项目工作和为民办实事工作，部署 2011 年的项目工作和为民办实事工作。会议对玉州区“十一五”时期及 2010 年的项目、为民办实事工作给予充分肯定，指出 2011 年项目工作的总体要求和目标任务，强调 2011 年玉州区要突出抓好以下七大方面工作：一是千方百计推进重点项目建设，争取在项目带动上有新突破。二是千方百计破解项目难题，争取在推进重大项目上有新突破。三是千方百计抓好项目融资，争取在获得项目资金支持上有新突破。四是千方百计推进项目前期工作，争取在项目储备上有新突破。五是千方百计抓好招商引资，争取在重大项目引进上有新突破。六是千方百计抓好中央投资项目管理，争取在中央投资项目推进上有新突破。七是千方百计抓好项目服务，争取在创新项目管理上有新突破。玉州区2011年要办的10件实事项目工程为：教育惠民工程、实施文化惠民工程、实施医疗卫生和计生保障惠民工程、社会保障惠民工程、安居惠民工程、生态惠民工程、强农惠农补贴工程、农村村屯级道路建设工程、水库移民新村建设工程、城乡风貌和小街小巷改造工程。会议要求，各级各部门要本着对人民群众高度负责的态度，尽职尽责，想方设法，全力推进，确保在12月底前全面完成10件实事项目目标任务。

【全区年中工作会议】 2011年7月25日召开。会议传达自治区、玉林市年中工作会议精神，总结玉州区2011年上半年的工作，分析当前玉州区面临的发展形势，部署2011年下半年的工作。会议由区长邹宇鹏主持。会上区委书记莫荣新、区长邹宇鹏分别作了讲话。区委书记莫荣新传达学习自治区、玉林市年中工作会议精神，肯定上半年所取得的成绩，概括上半年全区发展的四个特点：发展势头良好；社会和谐稳定；发展形势严峻；机遇希望很大。莫书记强调2011年下半年要重点抓好六个方面：一是千方百计抓项目扩投资，增强经济增长的支撑力。二是全力以赴调结构转方式，提高发展质量和效益。三是坚持不懈地发展城市经济，增强发展的活力与动力。四是坚定不移统筹城乡发展，全面保障和改善民生。五是毫不松懈维护社会稳定，营造良好的发展环境。六是凝心聚力抓好党的建设，为发展提供坚强的组织保证。区长邹宇鹏全面总结2011年上半年全区经济社会的发展情况，提出下半年要围绕“三二一”发展思路（“三基地”，即加快建设先进制造业配套产业基地、健康产业发展基地、特色农业生产基地；“两示范”，即加快创建广西统筹城乡发展示范区、非公经济示范区；“一药都”，即加快构建岭南韵味浓郁、健康产业集聚、商贸物流发达、创新创业宜居的南方药都），抢抓机遇，锐意进取，确保2011年各项目标任务全面完成，重点要抓好七个方面工作：一是狠抓工业发展，培育壮大产业集群。二是狠抓商贸物流，全力推进城市经济。三是狠抓统筹城乡，推动城乡协调发展。四是狠抓特色文化，构建教育文化大区。五是狠抓公共服务，继续保障改善民生。六是狠抓节能减排，全面加强生态建设。七是狠抓管理创新，促进社会和谐稳定。

【全区经济工作会议】 2011年12月31日召开。会议学习传达中央、自治区、玉林市经济工作会议精神，总结2011年玉州区经济工作，全面部署2012年经济工作任务。区委书记莫荣新、区长邹宇鹏出席会议并作讲话。会上区委书记莫荣新分析了2012年玉州区经济工作所面临的有利因素和挑战，指出2012年经济工作重点抓好六个方面：一是以重大项目建设为抓手，努力实现经济社会大发展。二是以“借柴兴玉”战略为抓手，努力实现工业发展大突破。三是以商贸物流业为抓手，努力实现第三产业大崛起。四是以“三个三”举措为抓手，努力实现统筹城乡大推进。五是以为民办实事工程为抓手，努力实现民生大改善。六是以社会管理创新为抓手，努力实现社会大和谐。区长邹宇鹏总结2011年经济工作。预计2011年全区经济发展实现“三个突破”：地区生产总值突破200亿元，达218亿元，增长5%；财政收入突破10亿元，达10.8亿元，比去年净增2.1亿元，增长23.9%；社会消费品零售总额突破150亿元，达156亿元，增长18%。此外，预计实现全社会固定资产投资200亿元以上，增长30%；城镇居民人均可支配收入22195元，增长11%，农民人均纯收入6976元，增长12%，实现了“十二五”良好开局。2012年全区经济社会发展的预期目标是：地区生产总值增长10%，财政收入增长15%，全社会固定资产投资增长17%，规模以上工业增加值增长20%，社会消费品零售总额增长17%。城镇居民人均可支配收入增长11%，农民人均纯收入增长13%。工作目标是：财政收入增长18%；全社会固定资产投资232亿元，增长18%，其中技改投资86亿元，增长40%以上。区长邹宇鹏强调，2012年经济工作重点抓好10个方面的工作。第一，开足马力抓好项目建设。第二，开足马力推进工业提质。第三，开足马力做强商贸物流。第四，开足马力统筹城乡发展。第五，开足马力发展现代农业。第六，开足马力提升开放水平。第七，开足马力推动文化发展。第八，开足马力加快生态建设。第九，开足马力保障改善民生。第十，开足马力创新社会管理。

政 府 法 制

【政府法制事务】　2011年，玉州区法制办公室紧紧围绕经济建设中心任务，积极为政府重大决策、经济管理和社会事务、行政行为、合同行为及其他法律事务提供及时、准确、优质的法律服务，有效地促进政府、部门重大决策的依法实施，充分发挥作为政府的参谋助手、法律顾问作用，全年共提供法律服务86次。

【规范性文件监督管理】　2011年，玉州区法制办公室加强规范性文件合法性审查，全年审查以区政府名义出台的涉及有关法律政策把关的文件60件；办结自治区、市政府法规、规章征求意见函86件；审查本级政府及部门拟出台的规范性文件草案征求意见函10件。对出台的规范性文件及时上报市人民政府法制机构进行备案，年内玉州区政府共制定出台规范性文件2件，已向市政府法制机构备案。继续贯彻落实规范性文件清理工作，按照自治区人民政府办公厅、玉林市人民政府办公室转发国务院办公厅《关于深入开展创新政策与提供政府采购优惠挂钩相关文件清理工作的通知》文件要求，于2011年12月完成玉州区的创新政策与提供政府采购优惠挂钩相关文件清理工作，并把清理结果在规定时间内上报玉林市法制办。

【行政执法监督】　2011年，玉州区继续贯彻落实行政执法案卷评查制度。5月开始由玉州区法制办公室牵头组织对全区行政执法单位的案卷进行评查，抽查9个单位共412卷案卷，对抽查中发现的问题形成建议书下发到有关单位并要求限时整改落实；8月6日开展《广西壮族自治区行政执法监督办法》实施一周年宣传日活动，在宣传日活动中以印发宣传资料进行发放的形式开展宣传；组织开展玉州区人口和计划生育依法行政专项督查，配合有关职能部门开展玉州区征地拆迁、农民减负等行政执法专项监督检查工作。

【行政复议和行政诉讼应诉】　2011年，玉州区法制办公室坚持“以人为本，复议为民”的思想，摆正政府与群众的关系，认真履行行政复议职责办理行政复议案件，同时积极探索化解行政争议新机制，注重增强运用调解、和解的办法解决行政争议。全年玉州区法制办代理区政府行政复议3件，行政诉讼8件。

【行政执法人员资格培训考试】　2011年，玉州区继续贯彻落实《全面推进依法行政实施纲要》里的“亮证执法制度”。4月，玉州区法制办公室组织全办人员参加自治区法制办举办的行政执法督察人员资格考试培训。年内，玉州区法制办组织区行政执法人员共计36人参加自治区统一组织的行政执法人员资格培训考试，考试及格率为99%，合格人员取得自治区颁发的行政执法证件，全区行政执法人员基本做到亮证执法、文明执法。

【编制“十二五”法治政府建设工作规划】　2011年，玉州区根据全国依法行政工作会议和《意见》的新精神、新要求，结合本地实际，编制印发了本区《全面推进依法行政建设法治政府五年规划（2011－2015年）》，以建设法治政府为目标，科学合理制定“十二五”期间加强法治政府建设工作规划和年度工作要点，完善工作制度，明确工作任务、具体措施、完成时限和责任主体，确保加强法治政府建设的各项要求落实到政府工作的各个方面、各个环节。

【依法行政考核工作】 2009年4月1日《广西壮族自治区依法行政考核办法》实施，自治区、玉林市根据《办法》制定依法行政考核指标进行各级考核，玉州区自2009年始也依照指标中的各项考核标准对全区8个镇（街道）人民政府（办事处）和区直各部门进行了依法行政的专项考核，2011年将依法行政考核作为一项重要指标列入本区年度的绩效考评工作中，将平时专项考核与年终集中考核结合起来，考核内容更全面，考核范围更明确，考核办法更科学，考核方法更完善。

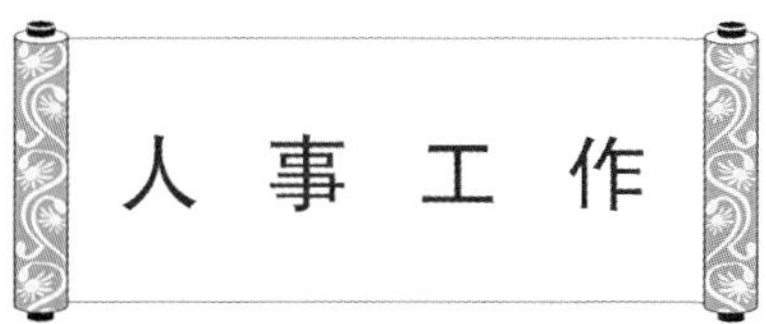

【公务员队伍建设】 2011年，玉州区强化公务员队伍建设。一是抓好公务员考录工作。全年面向社会共招考录用公务员、参照公务员管理事业单位工作人员（政府线）10名，其中乡镇公务员3名。二是做好事业单位参照公务员法管理工作。年初根据市的统一部署，按照自治区文件精神，玉州区共申报参公单位16家，自治区已批复14家。三是做好机关事业单位年度考核工作。全区共有471名政府系列科级以下公务员和5910名事业单位工作人员参加2010年度考核工作，其中：公务员优秀等次74名，称职等次390名，不称职等次4名，不定等次3名；事业单位工作人员优秀等次800名，合格等次5082名，不合格等次2名，不定等次26名。四是做好在行政机关公务员中开展公务员职业道德、《广西国民经济和社会发展“十二五”规划纲要》和保密知识等必修课的培训考试工作，提高公务员队伍的整体能力。

【事业单位人事制度改革】

稳步推进事业单位岗位设置。玉州区应纳入岗位管理事业单位共265个，至2011年底，265个单位全部完成岗位设置方案；62个单位完成聘用认定，占全区单位总量的23.4%。

事业单位新进人员公开招聘。2011年，区人社局组织事业单位招聘人员考试4次，共招聘人员137人，其中，招聘教师123人（含面向代课人员招聘50人），各类事业单位人员5人，特招急需专业人才7人，工勤人员2人。

事业单位聘用制管理。2011年，玉州区对2010年新招聘试用期满的231人全部实行聘用制管理，从而使事业单位新吸收人员的聘用制管理更加规范化、制度化。

【人才工作】 2011年，玉州区加大人才工作力度。一是举办高校毕业生就业专场招聘会。共举办大中专毕业生专场招聘会8场，组织560家企事业单位进场招聘，提供就业岗位6720个，通过媒体、致电、发短信等形式组织未就业毕业生近1790多人进场应聘，达成意向912人。二是做好未就业高校毕业生见习工作。通过学校推荐和自荐，优中选优的方式，选聘17名未就业高校毕业生到区教育、卫生部门等见习基地实习。三是广泛开展人事人才政策法规宣传活动。至年底，发放人事代理宣传资料共2398份，办理人事代理（含档案托管）231人次，大中专毕业生转正定级27人，出具户口入户证明375份，办理人才交流135人次。

【专业技术人才队伍建设】 2011年，玉州区加强专业技术人才队伍建设。一是严格规范管理制度，做好职称评定工作。全区2010年共通过评审获得技术职称资格的有915人，其中，高级71人；中级357人；初级487人。二是认真抓好专业技术人员继续教育培训考试工作。组织各类资格报名考试共720人次。其中：经济考试46人次、外语考试130人次、计算机应用能力考试544人次；专业技术人员公需科目考试共830人次，其中，知识产权272人次、东盟知识221人次、WTO 337人次；组织玉州区工人技术等级国家职业资格与技师培训，共有221人报名，其中：技师111人；高级85人；中级21人；初级4人。三是继续推行非公经济专业技术人才奖励机制。3月份，根据《玉州区专业技术人才奖励暂行办法》，以区政府名义奖励21名优秀非公经济专业技术人才，12名优秀农村实用人才。四是做好专业技术人员的日常管理，专业技术人员继续教育登记验证2756本；到期专业技术人员资格证书登记注册1013本，颁发资格证书915本。

【工资福利工作】 2011年，区人力资源和社会保障局认真做好工资福利工作。一是按有关文件规定，办理机关事业单位工作人员及离退休人员正常增资5378人次，义务教育学校退休教师提高生活补贴2052人次，办理和审核遗属生活困难补助102人；开具工作人员调动工资介绍信695人次。二是按照干部管理权限下文批准39名机关事业单位工作人员退休，办理机关事业单位工作人员退休手续112人。三是严格执行文件精神，抓好机关事业单位建国前参加工作的老工人提高生活补贴标准工作。四是按照自治区文件精神，会同财政、卫生和计生部门研究制订了《玉州区公共卫生与基层医疗卫生事业单位绩效工资实施方案》，并上报区政府审批。

【企业军转干部解困维稳工作】 2011年，区人社局认真做好企业军转干部生活困难补助工作，为209名生活困难补助对象发放了生活困难补助金125.87万元，交缴基本医疗保险9.5万元。同时开展走访慰问送温暖活动，在春节和“八一”期间深入企业通过召开座谈会、送慰问品等形式，加强与全区209名企业军转干部的沟通和联系。

机构编制

【机构编制管理】 2011年，玉州区编委办（以下简称区编委办）围绕落实制度规定，加强机构编制管理。一是加强机构编制总量管理。严格执行中央、自治区有关机构编制的法规和政策，从紧从严控制机构编制，严格实行机构编制集中统一管理。严格做到按需按程序设立机构，严禁行政事业单位超编进人，把好人员调配和招聘的关口。二是严格机构编制工作纪律和办事程序。认真执行“三个一”审批制度，利用工资审批等方式，加强对机关事业单位的机构编制工作的协调配合约束机制。凡未经审核招录（招聘）的人员，一律不予办理入编手续，严格把好机构编制审批权。继续实行机构编制实名制管理，完善编制和实有人员的动态管理工作，及时办理编制变动手续。三是严格按照中央要求，控制乡镇机关事业单位机构编制，确保全区乡镇机构编制和财政供养人员在“十一五”期间只减不增。四是推广使用实名制软件和数据库建设。根据桂编办发〔2010〕68号和桂编办发〔2011〕1号文件精神，结合玉州区实际做好实名制工作。及时向区委、区政府主要领导专题汇报，争取区领导的重视和支持；调查摸底，为开展机构编制实名制工作做好前期准备工作。结合机构编制督查工作，区编委办联合监察、财政、人事部门对全区机构编制和实有人员开展了一次调查摸底，清理了“在编不在岗”、“混编混岗”人员，全面掌握了全区行政事业单位的机构编制人员底子；及时下发了《关于采集区直机关及事业单位机构编制信息的通知》、《关于做好机构实名制管理系统软件推广使用及数据库建设工作的通知》、《关于举办玉州区行政和事业单位机构编制实名制管理信息系统软件使用暨《机构编制证》换证工作培训班的通知》，将开展实名制管理工作的要求及有关精神传达到全区各机关事业单位；落实专人负责机构编制实名制工作，由行政股长和事业股长具体负责；对各单位人员进行了实名制软件操作培训。

金秋助学金1000元；帮助归侨侨眷免费体检，7－9月份，联系协同医院开展“送温暖”免费送体检活动，共为归侨免费体检215人次，出诊医疗专家20人次，发放药物折合资金2.8万元；广泛开展海外华文教育和对外文化合作交流工作，积极为自治区侨办推荐一名“外派教师”的档案工作，玉州区实验幼儿园教师庞冬清到东南亚国家老挝援教1年；落实“侨爱工程”，开展慰问活动，是年8月澳门昭日旅游有限公司爱国同胞刘浩南、刘乐南兄弟俩到玉州慰问百岁老人活动，玉州区共有27位百岁老人得到了慰问金及慰问品，价值1万多元；为归侨侨眷申请低保和廉租房，向有关部门提出申请，先后为练梅英、张彩等12户归侨侨眷申请得到低保、廉租房。

【侨务宣传工作】 2011年，区外事侨务办开展侨法宣传进社区活动，依托“侨法宣传角”开展各项活动，组建了侨法宣传领导小组，设立了两个宣传侨法的大型宣传橱窗、一个有300多书籍的侨法侨情图书角、一个“归侨之家”活动室、一个开展侨法侨情宣传室和一个可提供侨法咨询的侨务协管员，努力促使侨法宣传入角、入区、入楼、入户，推进社区侨务工作不断创新和发展。

【海外联谊工作】 2011年，区外事侨务办利用第八届玉博会期间，走访和接待了到玉参会的美国、加拿大、意大利、新加坡、马来西亚、泰国、香港、澳门等广西同乡会的侨领侨胞，增强了联谊和深厚的感情；热情接待清明节、重阳节、春节期间海外回来探亲的华侨华人，积极向他们宣传推介玉州，欢迎到玉州投资办企业，全年共接待来自美国、澳大利亚、加拿大、新加坡、港澳台胞60多人（次）；积极服务玉州大建设、大发展，主动协调做好海外重点侨领和高层次人才参与玉州区承接产业转移和融入长三角发展建设，搭建交流互访、项目对接、洽谈合作等平台。

【侨务信访工作】 2011年，区外事侨务办高度重视侨务信访工作，采取有力措施，不断完善相关的规章制度，确保件件有落实，事事有回音。共收到来访信9件，上级领导批转信件3件，接待侨属来访22人次，所有来信做到每来必复，有问题协助解决，来信来访结案率为99%。例如：侨属陈玉畴来信反映华侨陈玉泉先生在城西街道祖屋被附近村民要求拆除新建宗祠、陈玉畴家人不同意，附近村民准备采取武力行事，区外事侨务办接到报告后，立即给村委领导打电话，跟他们讲述了华侨的物产是受保护的，并给他们送去了《中华人民共和国归侨侨眷权益保护法》，向群众宣传其保护法的内容，通过侨办做思想工作，华侨祖屋得到了有效保护。

【外事工作】 2011年，区外事侨务办公室认真抓好外事工作，全年共办理因公出国（境）证、照的5批，共6人次，接待港澳台同胞团组3个，62人次，外宾团组2个，16人次。区外事侨务办切实做好外事服务工作：一是服务大局，开拓创新，紧紧围绕玉州区党委、政府的中心工作，关注大局、研究大局、把握大局，立足国内外形势的发展变化对外事工作的新要求，大胆创新工作理念、体制、机制、内容和方式，创造性地开展工作；二是充分发挥外事职能作用，做到既要服务于政府又要服务于经济建设，注重外事工作调查研究，为全区的外事决策和对外工作规划提供依据和建议，为区委、区政府提供全面的外事信息；三是挖掘资源，发展公益事业，充分发挥自己的优势利用海外的平台进行引资、搭桥，经过努力引进了日本国利民工程资金55万元，帮助解决仁厚镇铁匠村茅屋山阪头两个自然村2000多人饮水问题，引进侨心工程“美国欣欣基金会”资金2万元美金，帮助发展利民事业。

接　待

【概况】 2011年，玉州区旅游接待办共接待国内外团组2096个，总计42645人次。其中：外宾团组 41 个，381 人次；港澳台团组 39 个，389 人次；区外团组 446 个，4201 人次；区内团组 1570 个，37674 人次。

【重要接待活动】 2011 年，玉州区旅游接待办协助区委、区政府重新修订了《玉州区党政机关公务接待管理规定》，使各项接待工作有章可循、有据可依。以高标准、严要求、细致周到、满腔热情的服务态度认真圆满地完成了第三届药博会、第八届玉博会等重大会展接待工作，以及第四次党代会、人大会议、自治区巡视组、政银企座谈会等重要团组的接待工作，认真做好了各级考察团考察活动及客商的接待工作，使接待工作更好地服务于经济建设。

信　访

【群众信访】

区本级来信来访情况。2011 年，玉州区本级群众来信来访共 432 件（批），比上年同期 545 件（批）下降 21%。其中，受理群众来信 154 件，比上年同期 214 件下降 28%；接待来访群众 278 批 1622 人次，与上年同期 331 批 2108 人次相比，批次下降 16%，人次下降 23%。其中，集体上访共 80 批 1257 人次，与上年同期 78 批 1622 人次相比，批次上升 3%，人次下降 23%。

到市上访情况。2011 年，玉州区群众到玉林市集体上访 21 批 336 人次，与上年同期 37 批 714 人次相比，批次下降 43%，人次下降 53%。

赴邕集体上访情况。2011 年，玉州区群众赴邕集体正常上访共 5 批 52 人次（其中，有 2 批 34 人次同时被市信访联席办通报为非正常上访），与上年同期 13 批 149 人次相比，批次下降 62%，人次下降 65%；未形成访 5 批 45 人次。赴邕集体上访人员主要是涉军和企业改制群体和民办、代课老师群体。

进京上访情况。2011 年，玉州区群众进京上访共 13 批 23 人次，与上年同期 14 批 25 人次相比，批次下降 7%，人次下降 8%。其中，非正常上访 8 批 11 人次，与上年同期 11 批 18 人次相比，批次下降 27%，人次下降 39%；正常上访 5 批 12 人次，与上年同期 3 批 7 人次相比，批次上升 67% 人次上升 71%。进京上访主要是因征地拆迁遗留问题上访人员和涉军的群体。

【信访案件办理】 2011 年，区信访局按照上级党委、政府部署，开展化解信访积案攻坚活动。国家信访局交办的个别人劳动社保问题和自治区信访局交办的原玉林市玻璃厂企业改制问题 2 件信访积案，严格按照中央、自治区和市委市政府的工作部署开展相关工作并按时完成任务。年内，办理上级批办信访案件共 59 件（其中抄送件 14 件），其中全国交办 8 件，自治区交办 5 件，其余为市交办，所有的上级批办信访案件都得到解决或妥善处理，有效地解决一批群众反映的实际问题。

档　案

【概况】 2011 年，区档案局充分发挥档案工作的职能作用，积极开展业务指导与服务工作，配合林业部门做好林权改革档案归档的培训、指导服务；积极向中央、自治区申报国家重点档案抢救和保护项目，与此同时开展了国家重点档案的抢救工作，共抢救 100 多卷共 9700 多页；接待查阅档案资料的群众 530 人次；指导帮助 25 个单位开展立卷工作；参加上级举办的业务培训班 1 期，开展档案业务培训班 3 期，卷内目录数据修改录入 10000 多条；开展了 2 次档案行政执法检查；创建了 2 个农村村级档案室示范点；与包联村结对子开展“万名干部下农家”的帮扶活动；在多方努力下，5 月底，购买了一辆公务用车，结束了本单位没有交通工具的历史。

【干部队伍建设】 2011 年，区档案局坚持学习制度，切实加强思想政治建设。每周的星期一上午为政治学习日，组织干部开展整治思想学习、传达重要会议精神，以学习机关绩效提升年为契机，每个领导干部职工每周对自己所负责的工作在会上作出总结汇报和计划安排。抓好换届风气，让“5个严禁、17个不准和5个一律”的知晓率达到100%。同时，坚持民主集中制原则，进一步增强班子的凝聚力和战斗力，不断提高决策能力和管理水平。在注重政治思想教育的同时，加强对干部职工的业务知识、法律法规和综合知识培训，是年，组织人员参加上级组织的短期业务培训班2期，对辖区内开展业务培训3期，受训人数达180多人。

【机关单位档案工作】 2011年，区档案局继续加强机关单位档案工作。深入各单位进行指导，对材料的归档范围和保管期限提出指导意见。工作重点是贯彻国家档案局第8号令，档案局对执行第8号令提出了贯彻实施的具体要求，并采取电话督促和上门指导等多种形式，检查各单位执行情况。对发现的问题，及时提出整改意见。同时，还指导25个单位完成年度文书立卷归档工作，解决多个单位在立卷过程中遇到的实际问题。在全区全面推行年度归档检查制度，严格归档标准，为档案进馆抓好基础工作。继续开展机关档案室的升级活动，推进机关档案工作上层次、上水平。开展现行文件开发利用工作，迎接了2次检查，获得好评。全年共收上26个部门的各种政务公开资料87份。

【基层档案工作】 2011年，区档案局有序开展农业农村（社区）档案工作，重点是开展档案室创建示范点活动。在上级部门下达任务后，档案局经过认真的考察和筛选，选定仁东镇大路村、城北街道高山村2个示范点上门指导，进行业务和技能操作培训，赠送一批档案装具。创建了南观社区、南江社区和庆丰社区优秀档案室。积极和镇（街道）协调、联系，深入镇（街道）开展行政村和社区的档案管理人员的培训及指导工作，同时印发了《镇（街道）合格档案室具备条件》、《村级文件材料归档范围》《广西壮族自治区村级档案管理示范村标准》、《广西壮族自治区社区档案工作管理等级标准》和档案室的各种规章制度等。2011年，玉州区全部完成建档任务。同时，配合林业部门做好农业农村方面的工作，派出精干的业务人员配合林业部门的林权制度改革档案整理、归档验收，对所涉及的行政村开展林权制度改革开展了一次专题档案业务培训，内容主要是集体林权制度改革档案整理，参加培训人员50多人。深入行政村调研林权档案整理实际中遇到的困难，并制定了符合玉州区实际情况的、行之有效的多项措施，使玉州区的林权改革在档案验收方面的工作得以通过验收。

【企业等档案工作】 2011年，区档案局监督指导玉州区物质总公司、玉龙饲料厂、城区粮所等4个镇（街道）粮所，共6个破产企业开展档案处置工作，对2个破产企业的档案进行了初步的鉴定和提出整理意见。重大建设项目档案监督指导也积极开展，协同有关单位根据上级业务部门的工作部署，对辖区的改制、破产企业的档案现状进行了调研和指导档案的处置，对落户玉州区的自治区级重大建设项目档案进行了1次全面监督指导。

【档案利用】 2011年，区档案局从为民多办事办实事和服务社会的角度出发，档案局树立“一张笑脸、一句贴心话、一杯热茶”的服务理念，开展预约查档服务，电话咨询查询服务等多项措施的便民服务，杜绝“门难进、脸难看、事难办”的不良办事作风，年内共接待查档人员530人次，查阅档案资料915卷（册），进一步提高了档案利用率。同时，为机关、企事业单位及个人开展编史修志、学术研究、宣传教育等领域提供历史资料。配合多个部门解决了由于历史原因群众多次上访的事件。

【档案日常管理】 2011年，区档案局在档案管理中，坚持把档案库房的安全、清洁、防虫等日常维护工作当做首要的任务来抓。每天都对库房进行安全检查，定期清洁，使库房保持整洁卫生，防火防盗，上半年，对库房喷洒杀虫药水，投放驱虫防霉药。卷内目录录入工作正常有序开展，年内修改、补充完整卷内目录10000条，收集入库记载本区重大活动的档案资料如“药博会”的各项重大方案、工作总结、大型活动音像制品、宣传资料等一批，对玉州区开展绩效提升年活动档案跟踪收集，整理入库。年内，积极向中央、自治区申报国家重点档案抢救和保护项目，获得中央一级国家重点档案抢救和保护补助经费4万元。档案局利用这笔专用经费继续对该馆的国家重点档案进行抢救和保护工作，对破损的档案进行了修裱、加固、字迹恢复等一系列的抢救措施，共抢救保护国家重点档案9700多页。同时对2012年的抢救项目也做了计划和预算，向上级档案部门汇报进度和取得的成绩，努力积极争取2012年抢救经费的落实和投入。在搞好档案的日常管理的同时，开展了2次档案行政执法检查，对辖区内的12个单位进行档案安全检查，指出了一些不利于档案安全管理的问题，帮助指导被检单位做好档案安全保管利用的多项工作。到期档案的接收工作也有序开展，接收了大院建房办的档案500卷，对新入库的档案进行消毒、整理、编排等工作。

玉州区政府党政办公大楼

中国人民政治协商会议玉林市玉州区委员会

【政协全会】

政协玉林市玉州区第三届委员会第六次会议 2011年2月28日至3月2日在玉林城区召开。出席会议的政协委员共219人，分别由中国共产党、农林界、教育界、医药卫生界、经济界、民主党派人士、总工会、共青团、妇女联合会、归国华侨联合会、文学艺术界、新闻出版界、体育界、科学技术界、民族宗教界、工商联、特别邀请人士等组成；列席会议185人。会议听取和审议区政协主席杨伟广代表区政协三届常委会所作的工作报告、副主席赵卫代表区政协三届常委会所作的关于三届五次会议以来提案工作情况的报告；列席参加区第三届人民代表大会第六次会议；审议通过区政协三届六次会议的各项决议。会上，政协委员就统筹城乡发展，加快推进城乡一体化，打造特色商贸、稳步发展工业、促进全区经济结构调整、壮大制衣产业集群等问题作大会发言，并提出意见和建议。会上共有18篇议政发言材料，供区委、区政府及有关部门领导参考。大会还表彰了2010年度政协提案、新闻、信息工作先进单位、先进个人和优秀提案。

政协玉林市玉州区第四届委员会第一次会议 2011年8月23日至25日在玉林城区召开。出席会议的政协委员共218人，分别由中国共产党、农林界、教育界、医药卫生界、经济界、民主党派人士、总工会、共青团、妇女联合会、归国华侨联合会、文学艺术界、新闻出版界、体育界、科学技术界、民族宗教界、工商联、特别邀请人士等组成；列席会议196人。会议听取和审议区政协党组书记陈先敢代表区政协常委会所作的工作报告、庞昌贵代表区政协常委会所作的关于玉州区政协三届六次会议以来的提案工作情况报告；列席参加区第四届人民代表大会第一次会议；选举陈先敢为区政协第四届委员会主席，赵卫、庞昌贵、黎媛、誉德凤为副主席。此外，本届政协常委会增设教文卫体工委。

【参政议政】 2011年，区政协始终坚持围绕全面建成小康玉州这一目标，紧扣全区经济社会发展中的重大问题和区委、区政府的中心工作，认真协商议政。一是建言献策促发展。紧扣“六个玉州”建设和“321”工作思路，通过专题调研、视察考察、大会发言等，建睿智之言、献务实之策、尽为民之责，形成调研报告及建议材料53份，其中向自治区政协、市政协报送提案议政发言材料21份，重点就新型工业化、重大项目建设、企业融资、农村基础设施建设等方面提出了36条意见和建议。配合市政协开展“统筹城乡发展”、“公共文化基础设施建设”等3个专题调研，为党委政府决策提供重要参考。二是破解难题促发展。充分发挥政协联系广泛、智力密集的优势，深入开展“为企业送服务”活动，主动帮助企业解困。召开经济界委员座谈会，就改善经济发展环境、加快中小企业健康发展等问题进行协商，帮助企业增强发展信心，谋划发展。协调有关部门解决企业遇到的困难和问题，使企业家坚定发展信心，做大做强企业。三是列席区委常委会议、区政府常务会议，参与对全区重大事项和中心工作的决策协商。对区四次党代会工作报告、四届一次人大会上的政府工作报告进行协商讨论。召开常委会议、主席会议，重点就《玉州区征地拆迁类信访问题的调研报告》等5个专题进行协商，为区委、区政府及相关部门科学决策、推进工作提供参考，其中《玉州区生态项目建设的调研报告》在全市政协主席座谈会上交流，并获《广西政协报》采用和推广。

【调研与视察活动】 2011年，区政协始终坚持把情系民本、维护民利、改善民生作为政协工作的出发点和落脚点，抓住与民生密切相关的问题，通过民主监督、提案办理、情况反映等形式，为民生改善、社会和谐多做好事、多办实事，努力促进社会和谐稳定。一是围绕热点问题深入调研。坚持情为民所系、智为民所用、言为民所建、策为民所献，组织专题调研组围绕就业、义务教育均衡发展、村（社区）“两委”换届工作、社区民主建设等课题开展调研，体察民情、了解民意、倾听民声，形成了有情况、有分析、有建议的调研成果。二是选择焦点问题开展监督。邀请区纪委、区法院、区检察院向常委会通报工作情况，不断提高反腐倡廉和司法工作透明度。向司法和行政执法单位派驻民主监督员和行风评议员。各民主监督员通过听取汇报、座谈等形式，对派驻单位的依法行政、执法守法、廉政建设等情况提出意见建议20多条，收到良好的社会效果。三是着力解决难点问题促进和谐。协助有关部门切实解决企业融资难、招工难等问题。对征地拆迁类信访问题、企业改制类信访问题等难点工作，深入调研，提出意见建议，促进难点问题的解决。广泛收集社情民意信息，形成《社情民意反映综述》，许多信息得到党政领导重视，问题得到及时解决，促进了民生改善。四是倾情爱心奉献彰显风采。开展“委员联百姓”活动，政协委员主动走访慰问各自联系的群众，及时收集反馈群众意见建议，帮助结对困难户解决实际问题。积极为公益事业发展献爱心，委员共捐款330多万元，支援村基础设施建设及扶贫助学等。组织医卫界委员深入村（社区）开展义诊活动，接待咨询和义诊1000多人次，赠送药品1.2万元；组织农林界委员深入乡村开展农技培训20期，接受培训人员4000多人次。

【海内外联谊】 2011年，区政协充分发挥自身优势，紧紧把握团结民主主题，广泛开展联系，加强交流合作，积极促进爱国统一战线的巩固和发展，为加快玉州建设、推动科学发展凝聚智慧和力量。一是不断健全政协工作网络。重视发挥各党派团体和无党派人士在政协中的重要作用。政协党组坚持联系制度，定期走访，听取意见。召开部分政协委员参加单位负责人座谈会，动员工会、共青团、妇联等人民团体充分发挥自身优势，反映各界群众的利益诉求。重视做好群众来信来访工作，接待委员和群众来访80人次，处理信访18件次，理顺群众情绪，化解矛盾纠纷，增强发展合力。二是积极开展联谊交流活动。积极参加西江走廊政协横向联系协作会议，成功承办玉林市政协主席座谈会。热情接待到玉州区调研视察的上级和兄弟县（市）区政协考察团共16批次，进一步宣传推介玉州，不断提高玉州的知名度。三是重视发挥文化激励功能，协助市政协举办“纪念辛亥革命100周年书画展”活动，组织书画作品50多幅参加书画展。组织政协委员到社区开展文体活动，为社区义演10场次，充分发挥文化在“魅力玉州”建设中的引领前进方向的作用。

【政协提案工作】 2011年，区政协共收到提案86件，立案72件，立案率83.7%。在立案的提案中，集体提案3件，委员提案69件。其中，工交城建方面的提案16件，占22.2%；农林水方面的提案8件，占11.1%；财贸金融方面的提案5件，占6.9%；科技文教方面的提案12件，占16.7%；医卫体方面的提案5件，占6.9%；劳动人事方面的提案7件，占9. 7%；政治法律方面的提案10件，占13. 9%；其他方面的提案9件，占12. 5%；不符合立案标准没有立案的提案14件。提案所涉及的内容有：健康产业园建设；加快微型企业发展；建立健全农业社会化服务体系；全面提升玉林香料市场地位；加强社区规范化建设和管理；义务教育均衡发展；解决征地拆迁遗留问题；加强治安管理，构建和谐玉州；推进城乡基本公共服务均等化等。

【政协自身建设】 2011年，区政协坚持把自身建设放在突出位置，狠抓学习，提高素质，改进作风，激发活力，不断适应新形势、新任务的新要求，努力为政协开展工作、发挥作用提供坚实基础。一是注重加强思想政治建设。把思想政治建设作为加强自身建设的重要任务来抓，不断完善学习制度，组织开展学习活动，引领和推动政协学习党的十七届六中全会和自治区、玉林市、玉州区党代会精神，进一步增强了服务大局、建言献策的能力和水平。二是注重加强委员队伍建设。完善委员履职管理，出台了《关于进一步完善委员活动管理的规定》，建立委员述职档案。以座谈会、报告会、情况通报会等形式，为委员知情创造条件。加强对委员的培训，通过印发政协知识资料、加强履职指导及走访座谈、协商约谈等方法，有效地提高委员履职的本领，激发委员参政议政热情。三是注重加强政协机关建设。全面加强政协机关组织、作风、制度和信息化建设。认真组织开展“创先争优”、“绩效提升年”活动，进一步增强了机关干部队伍的工作活力，收到良好的成效，特别是政协宣传工作成效显著，有26篇文章被《人民政协报》、《广西政协报》采用，其中有5篇文章获评为“玉林市政协好新闻”。完成《玉州文史》第六辑的资料征集工作。

玉州区政协委员到玉林城区湿地公园调研

群众团体

玉林市玉州区总工会

【工会组织建设】 2011年，区总工会加强基层组织建设，重点做好建会“六抓”工作，使基层工会组织活力得到进一步增强。一抓非公企业工会组建工作。坚持“党建带工建，党工共建”的工作思路，全年新组建非公企业法人单位工会690家，建会率达68%。二抓改制企业工会重建工作，使改制后没有注销的企业实现了工会组织不撤、活动不断、经费不减。三抓在镇（街道）中组建联合工会。四抓社区组建工会，全区已有26个社区成立了工会。五抓职工入会工作，重点抓非公企业职工入会工作，全年入会会员2500人，入会率达82%。六抓镇（街道）系统工会工作，对镇（街道）工委领导成员进行了调整，充分发挥镇（街道）、系统工委在组建工会和开展工会活动中的重要作用。

【“双爱双评”建家活动】 2011年，区总工会在全区非公企业中开展以“双爱双评”为主要内容的建家活动，通过开展活动，在企业中营造和谐的劳动关系，促进企业健康发展。年内，全区共创建合格职工之家410个。荣获全国模范职工之家1家，自治区级表彰的先进镇（街道）工委1个，模范职工之家1家，模范之家3家，市级模范职工之家12家。

【创建市达标镇（街）工会和市“十佳”非公企业工会工作】 2011年，区总工会按照市达标乡镇（街道）工会活动方案，结合镇（街）工作实际，落实工作措施，加强指导，在认真考核的基础上推荐2个街道申报验收达标单位和2个“十佳”非公企业。

【厂务公开民主管理】 2011年，区总工会在全区开展厂务公开民主管理活动，在公有制企事业工会中建立职代会制度72家，建制率达100%，厂务公开100%；非公企业工会建立职代会制度383家，建制率达85%，厂务公开85%。指导了开关厂、工矿粮油公司职代会的换届。

【开展“创争”活动】 2011年，区总工会以开展“创建学习型组织、争做知识型职工”活动为动力，提高职工队伍素质，工会的社会影响力得到了进一步扩大。一是在全区建立学习型组织的基层工会554家，占全区工会组织的88%。利用广西工人报、玉林日报、电台、电视台对先进典型进行广泛宣传。二是指导各基层工会根据本单位、本行业的特点，开展职工职业道德建设活动，促进各行各业形成“爱岗敬业、诚实守信、办事公道、服务群众、奉献社会”的良好职业风尚。三是到基层为农民工放电影24场。四是继续建设职工书屋，全区共建自治区级1家，市级3家，玉州区级4家。为基层工会职工营造了浓厚的读书氛围。

【工会干部教育培训】 2011

年，区总工会加大工会干部协管力度，加强干部教育培训工作，全年举办工会干部培训班共2期，参培人数125人；选送12名工会干部参加市总工会、自治区总工会举办的各类培训班学习。

【职工医疗互助保障】 2011年，玉州区认真做好职工医疗互助保障工作。截止12月22日，全区共完成职工医疗互助保障6842份，完成全年任务6269份的110%。协助市总工会对5名参保患病职工进行给付工作，共给付保障金7.5万元。按照《关于向困难职工和劳动模范、先进工作者和五一劳动奖章获得者赠送健康卡的实施方案》文件要求，向180名困难职工、46名自治区级以上劳动模范、先进工作者和五一劳动奖章获得者赠送了医疗互助保障卡。

【职工帮扶工作】 2011年，区总工会积极开展对困难职工进行日常生活援助行动，在元旦、春节期间组织开展送温暖活动，共慰问生活困难职工380人，发放慰问金及慰问物品共12万元。对30名申请困难援助的职工进行了援助，共发放援助金2.8万元。组织开展对参加高考的困难职工子女慰问活动，共慰问困难职工家庭17户。贯彻落实市总工会关于全市工会为企业办实事的有关文件精神，开展对特困职工进行日常生活救助活动。经认真核实，对36名生活特困职工进行为期一年的生活救助，其中25名为市总工会拨款下达的全年任务，11名为区总工会自筹资金进行救助。8月份开展“金秋助学”活动，资助213名的困难职工家庭学生，共发放助学金20.15元。组织4名企业一线骨干职工到南宁工人疗养院参加疗养休养活动。在仁厚镇举办农民工创业技能和家政培训班，开展技能培训促就业行动，共培训职工302人。

【劳模管理工作】 2011年，区总工会认真做好劳模情况的调查，为6名困难劳模申报并获得困难补助金，及时完成全国劳模“三金”和自治区困难劳模的困难补助金的发放工作。为自治区劳模陈轻南申报获得改善居住条件帮扶金；为46名劳模、先进工作者和五一劳动奖章获得者办理健康保障卡；组织3名全国劳模、先进工作者和33名自治区劳模、先进工作者进行体检，保障劳模的身体健康。举办五一劳模座谈会，对11名困难劳模进行节日慰问；按质、按量、按时完成全国、广西五一劳动奖状、工人先锋号的评选、推荐、上报工作。玉州区富英制革有限公司获得全国五一劳动奖状、广西正泰彩印包装有限责任公司获得广西五一劳动奖状、广西正泰彩印包装有限责任公司轮机车间获得全国工人先锋号、玉林市区信用联社城东分社获得广西工人先锋号等称号。

【劳动保护工作】 2011年，区总工会会同区安监局等有关部门开展4次企业工伤死亡事故调查处理工作，并按规定上报事故情况。

【职工维权工作】 2011年，区总工会共接待来访职工62人次，做到有来访登记，有处理记录，及时向领导汇报。玉林市新翰电子制造有限公司1名职工因工伤进行司法诉讼，虽胜诉却无法执行经济赔偿金，区总工会领导及法保部门多次与企业老板、法院协商，使该职工获得了部分赔偿金。

【财务、女工和经审工作】

财务工作。2011年，玉州区总工会严格遵守财经纪律，严格执行会计制度，工会经费做到合法合理使用。12月30日止，上解工会经费约54万元，完成上解任务的100%以上。

女职工工作。2011年，玉州区总工会加大对女职工工作的关注力度。一是深入开展“女职工建功立业工程”；二是推行女职工特殊劳动保护专项集体合同；三是在女职工中大力推广和宣传乳腺癌的预防和保健知识。区总工会联合粉红丝带公益组织举办关爱女职工“爱心”健康知识讲座，300多名女职工参加讲座；四是为80名困难女职工提供经费进行“两癌”检查。

经审工作。2011年，加大了工会经费的审计力度，以审促缴，取得较好的效果，对推行计拨工会经费审验证的单位进行审核，推行面达100%。按要求报送审计报表。

【职工文体活动】 2011年，区总工会在“三八”、“五一”期间举行全区职工汽排球赛。其中，“三八”气排球赛参赛队58个，队员700人，观众3000多人；“五一”气排球赛男队有63个，女队55个，合计参赛队118个，参赛人员1410人，观众4000多人次。

共青团玉林市玉州区委员会

【团队伍建设工作】 2011年，玉州区团委坚持“党团建设同步抓、党团阵地同步建、党团教育同步推”，以“党团共建”活动为依托，形成了“党建带团建、团建促党建、党团共发展”的工作格局。以服务地方经济发展，服务基层组织建设为重点，紧紧围绕玉州区党政中心工作，以创先争优活动为载体，切实把加强基层团组织建设作为开展创先争优活动的一项重点工作来抓，不断扩大团建工作覆盖面。按照“有利于联系团员青年、有利于增强内在活力、有利于整合工作资源”的原则，采取独立建团、依托建团、联合建团等灵活多样的方式，进一步巩固和加强农村、企业、机关和学校的基层团建工作，不断提高非公经济组织、社区（街道）、新社会组织的建团率。7月，团区委继续推进团组织格局创新，进一步推动与玉林师院的合作共建，组织选派由54名优秀学生党员及优秀学生干部组成的挂职团队到各镇（街道）进行挂职锻炼，协调各镇（街道）开展结对帮扶、关爱农民工子女（留守儿童）、科教文卫进农村（社区）等活动的开展。11月25日，玉州区“青春引擎”农村团干部培训班在区委党校正式开班，全区86名村（社区）团支部书记参加了学习培训。切实加大发展团员的工作力度，至2011年底，全区共有660个团组织，共青团员13030名。抓好推优入党工作，积极推荐优秀团员加入党组织。深化“五四红旗团委”、“五四红旗团（总）支部”创建活动，加强自身建设，五四期间，共表彰基层团组织“五四红旗团委”7个，“五四红旗团（总）支部”14个；学校系统“先进团委”11个，“先进团（总）支部”30个，“优秀共青团干部”66名，“优秀共青团员”61名。

【少先队建设工作】 2011年，玉州区团委积极推进“全团带队”工作，把少先队工作纳入团组织年度工作重点。以纪念建党90周年为契机，积极组织各级少先队深入开展“红领巾心向党”广西少先队纪念建党90周年主题活动，先后开展了“红领巾心向党”主题队会，“颂党恩、跟党走 庆六一、畅未来”文艺汇演、“歌唱祖国，歌唱党”红歌演唱、“祖国发展我成长，快乐童年绘蓝图”书画大赛、队员入队仪式、朗诵比赛、征文比赛、游园等活动。7月1日，各级少先队开展了“在光荣的旗帜下——党团队员话成长”统一主题队日活动，通过主题队会，观看爱国电影，写感想，慰问老党员，表达关爱，激发了少年儿童对祖国的热爱之心，对中国共产党的崇敬之情。为了树立榜样、激励先进，团区委对各级少先队组织进行了表彰。年内，共表彰“少先队红旗大队”40个，“红旗中队”60个，优秀少先队辅导员70名。

【服务青年成长成才】 2011年，团区委始终把“用科学理论武装全团、教育服务青年”作为首要任务，以团干部和各条战线青年骨干为重点，帮助团员青年增强团员意识，牢固树立社会主义荣辱观，通过建国、建党、建团等重大纪念日，以“党在我心中”、“永远跟党走”等为主题，广泛开展爱国主义教育活动。针对青少年成长心理特点，深入开展关爱青少年活动，服务青年成长成才。5月31日，联合区关工委、妇联、教育局开展“庆六一、关爱农民工子女”志愿服务慰问活动，给名山中心小学、城西玉豸小学等学校的600名农民工子女送去价值1万元的慰问金和慰问品。6月16日，团区委开展“爱心字典送学子”活动，给大塘镇苏烟希望小学、大塘镇三和共青希望小学、仁厚镇上罗邮电希望小学捐赠共700本字典。7月，组织玉州区古定中心小学的80多名少先队员到大塘镇苏烟希望小学，开展了主题为“童心向党，幸福手拉手”的联谊活动。在活动中，古定小学向苏烟希望小学20名贫困留守儿童和12个班级捐赠了文具、学习用品和一批图书，两所城乡学校分别表演了歌舞等精彩的节目，参加活动的学生进行了“结对子”交流活动。中考期间，团区委在各中学开展了“轻松备考12355与你同行”——2011年12355阳光行动，充分发挥12355服务青少年的作用，通过开展针对中考考生考前心理健康辅导活动，缓解考生及其家长在中考前的心理压力和焦虑烦躁情绪，帮助他们以平和的心态和良好的状态顺利迎接中考。

【服务青年创业就业】 2011年，团区委以发展劳务经济为重点，实现农村劳动力转移就业新突破，通过建立青年就业创业见习基地和开展青年创业小额信贷项目等途径，深化就业创业技能培训，建立平台，切实帮助青年解决创业过程中的瓶颈问题，促进青年创业就业。通过与玉林市信用联社及邮政储蓄银行等金融部门合作的方式，发放小额贷款，推动青年就业创业。春节期间，团区委及区国税局团支部一行到南城百货宿舍区看望慰问了来自桂林、贵港等地的外来务工青年，并给他们送上了价值1000元左右的慰问品，将节日的祝福和共青团的关怀送到外来务工青年心坎上。一年来，团区委共举办青年就业创业培训班3期，培训人数200多人，玉州区各基层团组织也相继举办各类青年就业创业培训班，培训人数2000人次，受训人员基本实现重新上岗。

【预防青少年违法犯罪工作】
2011年，团区委加强青少年思想道德教育，以预防为主，深入开展工作，有效预防青少年违法犯罪。积极联合有关部门开展普法教育，贯彻落实《未成年人保护法》和《预防未成年人犯罪法》，深化青少年自我保护教育活动，增强青少年学法、守法、护法的意识和自觉性，切实维护青少年合法权益。5月26日，联合区教育局、妇联、关工委等有关单位一起组织青少年参观了玉州区法院的少年法庭、第二审判厅和羁押室，观看了青少年违法犯罪图片展览，对预防青少年违法犯罪起到了警示教育作用。6月26日国际禁毒日，团区委以青少年群体为重点，通过板报、发放宣传资料的形式，积极宣传禁毒知识，共发放禁毒宣传画册30余份，发放禁毒宣传资料1000多份，受教育青少年达2000余人。7月11日，自治区预防青少年违法犯罪工作考核组深入玉州区考察预防青少年违法犯罪工作，考核组组长、区高级法院刑三庭法官叶坚、区预防办干部杨春燕、玉林市各县（市、区）团委书记及预防办专职工作人员约20人听取了玉州区预防青少年违法犯罪工作汇报，并到玉州区人民法院进行实地考察，对开展预防和减少青少年违法犯罪工作进行调研和探讨，考核组一行对玉州区预防工作给予了充分肯定。7月30日，团区委组织大学生志愿者参加玉州区人民法院“重树信心关爱成长”暨第二期失足少年培训班活动，大学生志愿者与失足缓刑少年进行“一对一”帮扶，活动旨在帮助失足缓刑少年感受社会温暖，转化思想，矫治陋习，重树信心。11月17日，团区委联合区卫生局、教育局走进中学，共同开展主题为“预防艾滋，珍爱生命，共享和谐”的防艾知识宣传进校园活动，通过播放多媒体影片、专家现场授课、发放宣传手册等形式，在广大青少年学生中普及预防艾滋病相关知识，增强学生的自我防护意识。11月底，在全区各中小学校开展了“为了明天——让法律走进校园”挂图巡展活动，通过挂图展示了全区预防青少年违法犯罪工作成果，并宣传普及了爱国主义、法律法规、维护青少年合法权益、心理疏导等相关知识，对预防青少年违法犯罪起到良好作用。

【精神文明创建活动】 2011年，团区委围绕构建社会主义和谐社会主题，围绕可持续发展战略，大力实施“保护母亲河”行动，实施以“城乡清洁工程”、“文明交通”为主要内容的精神文明创建活动，动员组织全区青少年参与生态保护建设、交通文明我先行等活动。3月5日，组织辖区的100名共青团员和少先队员参加“保护母亲河”志愿服务主题活动，共发放宣传资料1500份，清理南流江垃圾200袋，覆盖面积1578平方米。为进一步弘扬雷锋精神，倡导“奉献、友爱、互助、进步”的志愿精神，3月“学雷锋志愿服务月”，开展了以“大力弘扬雷锋精神 建设绿色和谐广西”为主题的青少年学雷锋志愿服务活动，通过主题教育、造林绿化、共建和谐社区、扶弱助残志愿服务等活动，积极引导青少年学习雷锋精神，树立志愿服务道德情操，为建设和谐玉州贡献力量。为丰富青少年文化生活，弘扬革命优良传统，5月4日，团区委纪念“五四”运动92周年表彰大会暨“玉州·中国人寿公益电影月”活动仪式正式启动，截止5月底，在全区各中学、各镇街共展播30部电影，通过展播思想性、知识性、趣味性、科学性强的红色电影节目，丰富了青少年的文化生活，提高了青少年的综合素质。7月15日，团区委召开学习贯彻胡锦涛总书记“七一”重要讲话精神座谈会，全体领导干部、玉林师范学院挂职大学生参加了此次座谈，围绕胡锦涛总书记重要讲话，与会人员一致表示将以实际行动贯彻落实胡锦涛总书记的重要讲话精神，坚定理想信念，求真务实、勇于创新，为共青团事业努力奋斗。围绕青少年成长发展的多样化需求，团区委积极开展“三下乡”、“四进社区”、“四个一”活动，以“廉政文化进校园”、“婚育新风进万家”、“讲文明、树新风”等活动为载体，通过文艺汇演、现场咨询等方式广泛传播精神文明建设，推动社会主义文化大发展大繁荣。针对青年日益增长的精神文化需求，利用“周六志愿服务广场”这一平台，广泛开展青年文化广场、青年文化节等活动，活跃青年文化生活。以建党90周年为契机，组织各中小学生参加“庆祝中国共产党成立90周年——四代同堂颂党恩书画大展”活动，全区近20幅参赛作品获奖。

【青年志愿服务活动】 2011年，团区委根据“党政关注、百姓需求、志愿者能为”的原则，继续发扬“奉献、友爱、互助、进步”的志愿服务精神，实事求是、开拓创新，树立品牌意识，讲求活动实效，努力拓展志愿服务领域。2月，在区委组织部、区文明办、团区委、区教育局的共同努力下，全区400多名大学生志愿者奔赴3个镇27个村开展大学生党团员创先争优寒假社会服务活动。寒假期间，志愿者通过慰问老党员、组织务工返乡青年和回乡大学生听党课、上门采访创先争优先进典型、在广场举办文艺演出和政策宣讲、关爱农民工子女、举办篮球友谊赛、开展农业科技知识培训和农村青年读书活动、开展金融和创业政策宣传活动等丰富多彩的活动形式，有效推进了玉州区党团共建创先争优活动，为建设和谐玉州贡献智慧与力量。5月17日—19日，第三届中国（玉林）中医药博览会期间，团区委组织培训来自各中专院校的500名青年志愿者投身服务，得到了与会嘉宾的高度认可。征兵工作期间，积极组织青年志愿者在玉林市东门广场参加全市“征兵宣传一条街”活动，对提高广大适龄青年响应国家号召，依法服兵役的意识起到了促进作用。11月27日—29日，组织培训50名志愿者服务全国有效教育·广西改革试点经验成果展示汇报现场会，志愿者的优秀表现得到与会人员和社会各界的好评。

玉林市玉州区工商业联合会

【服务会员工作】

提供融资政策服务。2011年，玉州区工商联为解决中小企业、个体工商户融资问题提供平台，积极组织玉州区企业主要负责人、非公经济人士140多人参加8月10日玉州区大型政银企合作座谈会，通过此次政银企座谈会，促进政府、银行、企业三方积极对接商谈，充分沟通，搭建交流平台努力解决中小企业融资难问题。

探索创新服务载体提高服务能力。2011年，玉州区工商联与玉州区国税局、地税局联合成立了玉州区纳税人权益维护中心。通过建立联合机制，为税企双方平等交流建立桥梁与平台，积极推动税收管理创新，进一步完善纳税人特别是企业诉求的征集、分析和响应机制。为会员及非公经济人士提供知情权、话语权、建议权和监督权服务，组织动员他们在依法、诚信、自觉纳税的同时，积极承担起维权职能，参与维权平台的建设。

学习培训活动。2011年，玉州区工商联组织玉州区非公经济人士参加一系列学习培训活动：4月7日组织非公经济人士15人参加玉林企业家企业经营战略交流会，与兄弟县市的非公经济人士进行交流；5月19日组织推荐企业主要负责人5人参加在南宁举行的第八期广西非公有制企业成长讲座，听取有关部门领导就中小企业融资政策和措施的讲座，使非公经济人士及时了解把握当前经济形势，调整发展思路保证企业健康发展；6月3日组织玉州区部分任市工商联执委以上职务的非公经济人士参加玉林市工商联企业沙龙活动，前往北流市广西仲礼企业集团公司展开座谈，就“民营企业培养接班人”这一主题作互动交流；10月21—23日组织玉州区中小企业管理者40人，参加在玉林市委党校开班的清华大学总裁领导力高级研修班，聆听著名领导力和制度文化管理专家、清华大学总裁班主讲刘田教授《管理者的教练能力提升》和《九型人格与领导力提升》的专题培训，对进一步提高玉州区中小企业管理者综合能力，提升中小企业的整体素质和发展水平起到了积极的推动作用。

【开展调查研究】 2011年，玉州区工商联积极服务创造非公经济发展良好环境。协助上级部门对玉州区非公经济发展环境开展相关调研工作。2011年6月30日，中央统战部五局副局长，全国非公有制经济组织创先争优活动指导小组成员、办公室主任方乃纯率中央统战部调研组到玉州区，就工商联组织建设工作及非公经济组织创先争优活动开展情况进行调研，玉州区工商联全体领导干部配合做好调研工作，区委统战部副部长、工商联党组书记陪同调研组一行到玉林市银丰中药港、玉州区工商联机关、广西正泰彩印包装有限公司实地调研，并在调研座谈会上汇报了玉州区工商联换届建设工作和非公经济组织创先争优活动情况。2011年7月26日至27日，玉州区工商联副主席陪同自治区监察厅、自治区工商联、自治区政务服务中心成立专门工作组深入玉州区部分企业，就非公企业发展环境开展走访调研活动，并组织5家企业代表参加了在玉林市政务服务中心召开的座谈会，做好企业与政府部门的牵线搭桥；2011年11月2日组织非公经济人士10人参加玉林市民营企业投融资情况调研座谈会，与市工商联领导进行深入沟通交流，为市工商联充分了解非公经济发展状况、掌握第一手材料完成市委交办的调研课题提供了平台。

【参政议政】 2011年，玉州区工商联认真履行职能工作，充分发挥工商联在引导非公有制经济人士参与政治和社会事务的主渠道作用，充分发挥工商联在政府管理非公有制经济方面的助手作用，为玉州区的社会经济发展建言献策。于2011年两会期间组织引导会员及非公经济代表人士积极参政议政，组织引导工商联界的政协委员及非公经济代表人士于两会期间撰写并提交提案13件，工商联机关撰写提交提案2条，党组书记、副主席谢强做了《关于加快转变经济发展方式促进非公经济健康发展》议政发言。

【思想引导及光彩事业】 2011年，玉州区工商联重视开展非公经济人士思想政治工作，教育引导他们健康成长。认真做好抓典型、树典型、学典型的工作。配合做好自治区优秀社会主义事业建设者评选推荐工作，推荐上报广西通用商贸公司黄向平董事长、玉林得利宾馆胡其胜总经理为参加评选人选。开展自治区民营企业“关爱员工、实现双赢”（双爱双评）评选表彰活动，推荐了在构建和谐企业、自觉履行社会责任方面有突出表现的企业玉林富英制革有限公司为典型并将有关材料上报，有效推动玉州区民营企业构建和谐劳动关系，充分调动广大民营企业家和员工的积极性。组织30名玉州区非公有制经济人士，在玉州区会议中心3楼会议室分会场，收看收听全国非公有制经济先进典型事迹报告会，学习听取10名全国先进典型代表作事迹报告和全国政协主席贾庆林的重要讲话。

积极引导非公经济人士参与“光彩事业”和社会公益事业，引导非公经济人士积极参与捐资助学、扶贫助残、社会文体活动等公益事业，各方面捐款达310万元。非公经济人士在感恩回报社会、支持新农村建设、关心下一代及留守儿童等活动中给予了大力的赞助支持。

玉林市玉州区妇女联合会

【双学双比活动】 2011年，玉州区各级妇联继续带领广大妇女开展“双学双比”群众性活动。是年，全区共表彰25名“双学双比”竞赛活动女能手。

【“巾帼建功”活动】 2011年，玉州区各行各业的妇女在各自的岗位上继续扎实开展“巾帼建功”活动，并取得了一定的成绩。是年，全区共表彰先进妇联组织8个，优秀妇女干部10人，“巾帼建功”标兵12人。并推选5名优秀妇女代表参加12月召开的广西壮族自治区妇女第十二次代表大会。

【创建基层组织示范点】 2011年，区妇联继续在全区范围内开展创建基层组织活动。年内，创建玉林市级基层组织示范镇（街道）2个：仁东镇、南江街道；市级基层组织建设示范村（社区）2个：仁东镇周村、玉城街道州佩社区。创建村（社区）妇女之家70个，全区创建率81%，同时还创建了2个市级“妇女之家”：南江街道坡塘村、玉城街道州佩社区。年内，玉州区获评为自治区教育工作示范点；东环小学获评为自治区家庭教育示范家长学校；玉城街道南观社区获评为自治区家庭教育工作示范社区；富英制革有限公司被推荐为全国城乡妇女建功先进集体；名山珠砂村养猪能手张凤被推荐为全国城乡妇女建功先进个人等。

【培养、选拔和推荐妇女干部工作】 2011年，区妇联充分发挥培养和输送女干部的重要基地作用，及时将综合素质高、工作业绩突出、群众口碑好的优秀女干部向区委组织部门推荐。在年内区乡两级换届中，区妇联向组织部门推荐新一届的镇（街道）妇联主席人选。在村（社区）换届选举工作中，区妇联紧抓契机，积极争取组织部门和民政部门重视支持，出台文件积极推荐优秀女性进入村“两委”（支委、村委），参与村级事务管理工作，实现了“两个100%和一个三分之一”（即村、社区100%建立了妇代会；三分之一村“两委”配备了女委员）。

【春季惠农大行动】 2011年，区妇联积极开展“万名干部进农家”春季惠农大行动主题实践活动，整个活动以科技惠农、法律惠农、健康惠农、文化惠农为主题，以提高农村留守儿童整体素质和大力宣传妇女儿童权益保障法为重点，积极探索符合玉州区实际的城乡发展一体化妇女儿童工作新格局。3月24日，在大塘镇苏烟村委大楼内，区妇联带领“巾帼文明岗”深入大塘镇，现场为村民们安排讲解妇女儿童维权的法律知识，送上一批科普宣传资料，还为到场的留守儿童送上一批学习用品和食品；4月14日，区妇联到包联村——城西街道玉豸村开展惠农活动，为8名困难户送去化肥20多包和科技书籍100多册。

【妇女儿童工作】 2011年，玉州区通过开展活动、打造平台等形式，营造全社会关心妇女、尊重妇女，重视妇女工作的良好社会氛围，创造有利于妇女儿童发展的社会环境。一是开展“三八”节系列庆祝活动。3月8日，在振林宾馆举办各界妇女纪念“三八”国际劳动妇女节101周年座谈会，来自全区各界及各条战线的100多名妇女姐妹欢聚一堂，畅谈玉州美好明天。区妇联还到城北街道开展“三八”节城乡互动慰问活动，慰问该街道的20户贫困妇女，为她们送去价值3000多元的生活用品和食品；其他各镇（街道）妇联也根据各自实际，组织开展了拔河比赛、郊游、座谈等丰富多彩的纪念活动，以多种形式庆祝妇女节。二是开展“六一”儿童节庆祝活动，在全区营造关爱儿童的良好氛围。5月31日，由区关工委牵头，工青妇及企业家代表等一行12人组成慰问团，分别到名山中心校和城西玉豸小学，慰问20名贫困农民工子女及留守儿童，送去慰问金7400元及价值3000多元的学习用具。年内，继续开展的“春蕾计划”活动，得到玉柴集团的大力支持，获得3000元的资助款，帮助了10名贫困春蕾女童。三是开展“争做合格家长 培养合格人才”家庭教育大讲堂八桂行活动，年内在社区及学校共举办了3场培训，约900人参加。

【妇女维权工作】 2011年，玉州区切实维护妇女儿童合法权益。一是深入开展普法活动。“三八”维权周活动中，区妇联与司法局、公安、法院等10多个单位一起，深入仁厚镇开展活动，发放资料，现场解答释疑，共发放资料2000余份；在城区，区妇联联合区法院，开展了“妇女儿童维权岗”创建活动，建立妇女儿童维权律师服务团（队），开辟绿色诉讼通道，对涉及妇女儿童权益的案件，实行优先立案、优先审理、优先执行，真正地为受侵害的弱势妇女儿童提供法律援助和司法救济。二是做好信访工作。对来访的妇女做到热情接待，耐心倾听，高度重视，认真处理，使来访妇女感受到温暖与关爱。一年来，共接待来访来信35例，对于妇女合法权益受到侵害的信访案件，区妇联高度重视，主动介入，对于能解决的问题，积极协调解决。对于家庭暴力等典型案例，积极与公安、法院等部门协调解决，处理率达95%以上。各镇（街道）妇联充分发挥“娘家人”作用，耐心接待上访群众，倾听妇女们的心声，将矛盾纠纷化解在萌芽状态。三是科学有序地进行妇女儿童“两个规划”自查评估工作。11月15日，顺利通过了自治区的终期评估，各项目标检查均达标。现正进行新的“两纲”目标的科学编制过程，启动新“两纲”的全面实施。

【开展“禁毒”和“防艾”宣传活动】 2011年6月26日，区妇联、禁毒办等成员单位联合在青年广场开展“不让毒品进我家”主题禁毒宣传活动，发放宣传资料1000余份，开展禁毒咨询160余人次，并举办禁毒宣传板报展。晚上，举行文艺演出，把宣传活动推向高潮。12月，配合全市开展的防艾宣传日活动，区妇联分别到仁东镇中庞村和玉城街道南观社区开展防艾知识进家庭宣传。

【实施农村妇女“两癌”免费检查项目】 2011年，区妇联针对出现的农村“两癌”患病贫困妇女的治疗难的问题，积极争取到全国妇联设立的“贫困母亲两癌救助专项基金”，第一期到位的社会救助基金2万元已分别给2名特困妇女进行了拨付。

玉林市玉州区归国华侨联合会

【概况】 2011年，玉林市玉州区归国华侨联合会（简称区侨联）在区委、区政府的领导下，在市侨联的指导下，团结广大归侨侨眷和海外侨胞致力于促进经济发展、参政议政、维护侨益和促进祖国统一等各项工作，坚持求实的工作作风，努力创造新业绩。2011年，共接待来信来访32件次，协调解决各种纠纷和问题10件次，办结率为100%。做好参政议政工作，按照章程玉州区侨联向市政协推荐提名1名侨界政协委员、向玉州区政协推荐提名4名侨界委员。配合玉林市政协开展侨联工作调研，撰写了《充分利用侨力资源，推动侨胞回玉创业》的侨情调研报告。积极参加第三届中国（玉林）中医药博览会和第七届玉博会。逢年过节，区侨联通过寄发贺年卡及发电子邮件，向海外侨胞拜年，送上家乡的新年祝福与节日问候，2011年，共发出贺年卡105多封，电子邮件120件次。为广大归侨、侨眷服务，维护归侨侨眷权益是侨联的工作重心，区侨联通过各种渠道以多种形式认真做好群众工作，深入贯彻《归侨侨眷权益保护法》和国务院《信访条例》等法律法规，切实解决归侨侨眷中的热点难点问题。开展困难归侨侨眷摸底工作，了解到印尼归侨余秀珍体弱多病，请求政府同意把残疾归侨余秀珍列入享受归侨定恤金，得到政府的支持，安置到玉州区社会福利中心供养；侨眷余贤煌夫妇下岗多年，无固定收入，一家三口住十多平方米的小房子，无经济能力购买住房，区侨联了解情况后积极向政府反映，帮助申请一套廉租房，解决了他们一家的住房问题；区侨联协助市侨联争取侨胞捐资助学款6000元，解决了四名贫困生的实际困难；6月份区侨联干部联合玉林协同医院“送侨法、送医疗”下乡村，现场发放体检卡300多张，关心弱势归侨、侨眷，免费到协同医院进行身体健康体检；重阳节是广西第25届敬老节，区侨联走访慰问玉州区25名百岁以上老人。积极做好联谊工作，区侨联与玉林市其他县市区的侨联主席一起，赴广东省茂名参加“海内外侨界青年茂名联谊”活动，结识了一批海内外侨界朋友，有200多名来自马来西亚、新加坡、美国、加拿大、俄罗斯、澳大利亚和香港、澳门、台湾等十多个国家和地区海内外侨界青年，以及广东、广西各地侨联同行，广东茂名、韶关、中山、阳江和广西玉林、梧州、北海等11市侨联签约结成友好侨联；第八届玉博会期间，区侨联主席陪同来自意大利、台湾的侨领、侨商参加了推介会；整理了加拿大华人陈焕庭和侨眷杨秀雄相关资料，报送中国华侨出版社，入编《侨星谱》，以弘扬中华优秀传统文化，为海内外炎黄子孙架设心灵桥梁为宗旨，为更好地宣传华侨华人精英的风采，传承推广所做出突出贡献的归侨侨眷和海外优秀人物；为纪念中国共产党成立九十周年，参加自治区侨联举办的“九十大庆书画展”，并为书画展报送了三篇作品；玉州区侨联陪同来自意大利、加拿大、美国、新加坡、香港等国家和地区的海外侨商一行8人，考察银丰中药材市场、玉林健康产业园。举办玉州侨联五十周年座谈会和玉州区首次归侨侨眷迎春座谈会。12月底走访慰问60多名贫困归侨侨眷。

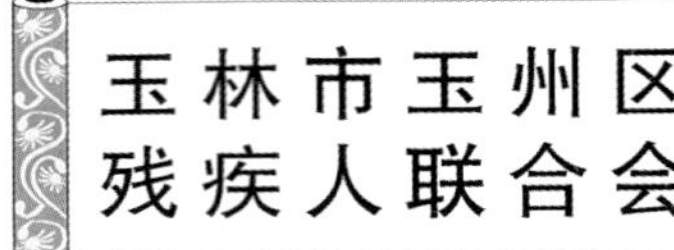

玉林市玉州区残疾人联合会

【残疾人就业工作】 2011年，玉州区残疾人劳动就业工作坚持集中与分散相结合的方针，多渠道、多层次、多形式促进残疾人就业。是年集中就业138名，按比例安排残疾人就业293名，共收缴残疾人劳动就业保障金40.83万元。

【残疾人康复工作】 2011年，玉州区残疾人康复工作有新的拓展：一是实施“百万贫困白内障患者复明工程”，完成白内障手术185例，人工晶体植入率达100%，手术脱盲率达98%，手术后脱残率达98%。二是继续开展精神病防治康复工作，坚持社会化、综合化、开放式的精神病防治康复措施，使精神病转好率达65%以上，监护率达95%以上，肇事率0.5%以下。三是做好残疾预防工作。开展“预防残疾 共享和谐”残疾预防系列宣传活动，共发放和回收知识问卷40份。四是做好贫困残疾儿童抢救性康复项目筛查。其中：聋儿人工耳蜗安装筛查1人，聋儿助听器安装筛查3人，肢体残疾儿童筛查7人，智力残疾儿童筛查9人，孤独症儿童筛查1人，矫形器安装筛查1人，轮椅助行器等需求筛查3

人，助视器安装筛查1人。五是开展肢体残疾人小腿假肢安装工作，小腿假肢安装8名。六是在全区对符合配置条件的残疾人家庭逐步实施贫困残疾人家庭无障碍改造，为他们配置无障碍设施，重点解决残疾人洗澡、上厕所、做饭、户内活动和出行等日常生活困难，满足他们生活和出行的基本需求。共为95户残疾人家庭进行无障碍改造和发放“残疾人无障碍生活辅具”。两项改造资金8万元。

【残疾人扶贫工作】 2011年，玉州区的残疾人扶贫工作有：一是有偿扶持贷款10户。每户扶持5000元。通过对残疾人进行有偿扶持，鼓励其创业，并带动其他残疾人就业、创业。二是继续开展“党员扶残温暖同行”工程活动，对有劳动能力和就业愿望较强，并具有可行性项目的贫困残疾人家庭，每户补助项目扶持资金1000元以上，并帮助扶助对象掌握1—2门致富实用技术，共扶持43户。三是开展残疾人危房改造工作，给每户残疾人1000元的资助，共扶持88户。

【残疾人的教育和培训工作】 2011年，区残联争取把听力、视力、智力残疾儿童少年教育纳入九年义务教育体系，采取随班就读为主，适合接受普通教育的残疾儿童少年入学率达到与当地健全儿童少年同等水平。6月，有23名残疾人参加玉林市残联举办的残疾人职业技能培训班。玉州区对各镇（街）、村（社区）共94名残疾人专职委员进行培训。建立残疾中、高考生和残疾人子女的档案，为残疾考生和残疾人子女顺利进入高等级学校做好服务。对考入中高等学校残疾人学生和残疾人子女全部资助，共资助15名。“扶残助学金”按照每人1500元到3000元的标准发放，共发放助学金额3.85万元。

【加强基层残疾人组织建设工作】 2010年，玉州区残疾人综合服务中心建设项目被定为第四批扩大内需中央投资项目之一，中央投资40万元，自治区财政配套20万元。2011年5月通过验收并投入使用，并开办了玉林市阳光海岸儿童康复培训中心，专门针对“自闭症（孤独症）”、“学习障碍”、“发育迟缓”的儿童进行综合性康复训练。健全和完善以区残联为主导、镇（街道）残联为骨干、村（社区）残疾人协会为基础的三级残疾人组织网络。同时切实解决好社区残疾人专职委员待遇问题，镇（街）、社区34名残疾人专职委员岗位纳入2012年区公益性岗位，并统筹解决其工资福利待遇问题。继续做好第二代残疾人证的发放工作，严格按照有关规定程序报市残联审定后发证，残疾人持证率达34%。

【关爱残疾人】 2011年，区委、区人大、区政府、区政协领导的在春节和助残日期间深入到村到户慰问贫困残疾人家庭、残疾儿童，共送上慰问金额22.9万元。第二十一次“全国助残日”在市残联的带领下，以“改善残疾人民生，保障残疾人权益”为主题，在青年广场开展普法咨询活动，在全社会营造了理解、帮助、尊重、关心残疾人，支持残疾人事业的社会氛围。

玉林市玉州区科学技术协会

【组织机构】 1997年撤地设市，县级玉林市科学技术协会随之更名为玉林市玉州区科学技术协会（以下简称区科协）。沿袭原方式，区科协与区科技局合署办公，实行一套人马两块牌子。2006年8月，区科协与区科技局分署，正式列为党群机构序列。区编委核定内设机构1个（综合股），机关事业定编2名；下辖玉州区科协电影放映队（2007年7月，经区编委批准，玉州区科协电影放映队更名为玉林市玉州区科普工作中心，核定编制2人）。2011年，区科协干部4人，其中：主席1名，副主席1名，主任科员1名。

【玉州区获命名为全国科普示范区】 2011年3月中旬，自治区科协受中国科协委托，对玉州区创建“2011－2015 年度全国科普示范县（市、区）”工作进行检查验收。5 月，玉州区获中国科协命名为“2011—2015 年度全国科普示范县（市、区）”。

【实施《全民科学素质行动计划纲要（2011—2015）》】 2011 年，区委、区政府将全民科学素质工作纳入了《玉林市玉州区国民经济和社会发展第十二个五年规划纲要》，并坚持“党委领导、政府推动、部门协作、社会参与”的原则，全区社会各界力量全面实施《科学素质纲要》；区科协认真履行玉州区全民科学素质工作领导小组办公室职责，在充分调研的基础上，草拟了《玉州区全民科学素质行动计划纲要（2011—2015）实施方案》以及《玉州区未成年人科学素质行动（2011—2015）实施方案》、《玉州区农民科学素质行动（2011—2015）实施方案》、《玉州区城镇劳动人口科学素质行动（2011—2015）实施方案》、《玉州区社区居民科学素质行动（2011—2015）实施方案》、《玉州区领导干部和公务员科学素质行动（2011—2015）实施方案》等五个重点人群的实施方案和《玉州区科学教育与培训基础工程（2011—2015）实施方案》、《玉州区科普资源开发与共享工程（2011—2015）实施方案》、《玉州区大众传媒科技传播能力建设工程（2011—2015）实施方案》、《玉州区科普基础设施工程（2011—2015）实施方案》、《玉州区科普人才建设工程（2011—2015）实施方案》等五大工程的实施方案，明确玉州区“十二五”时期全民科学素质工作的指导思想、工作方针、发展目标以及成员单位的具体职责。

【农村科普工作】 2011 年，区政协着重从四个方面抓好农村科普工作，一是开展农村党员大培训活动。是年，联合区委组织部等 13 个部门共同牵头组织开展农村党员大培训活动，全年举办各类实用技术培训班 320 期（次），发放培训教材 1 万多份，培训农村党员 6300 多人（次），农村党员素质得到进一步的提高；二是开展科技、文化、卫生“三下乡”活动。12 月 15 日，与宣传部牵头组织区直 21 个科普成员单位近 100 名科技工作者在玉州区仁东镇开展了文化、科技、卫生“三下乡”活动。科技工作者通过提供咨询、答疑、技术指导服务等形式，解答农民群众生产生活上遇到的各类问题，现场接受群众咨询 6000 多人（次），捐赠科技书籍 1900 多本，发放技术资料 16000 多份，为农民义诊 600 多人（次）；三是开展春季惠农大行动。会同区直涉农部门、各镇（街道）农业综合服务中心技术人员深入村屯开展春季惠农大行动、万名干部进农家主题实践活动，全区培训群众 10 多万人次，发放各种技术资料 10 多万份；四是实施广西“五个一”农村适用技术培训工程。全年共举办农村适用技术培训 30 期（次），培训农村专业技术协会会员、农村党员、周边农户、业务联系户 5500 人（次）。

【青少年科技创新大赛】 2011 年 4 月，组织全区 13 个科技活动项目参加广西青少年科技创新大赛并获奖，其中：一等奖 1 个，二等奖 4 个，三等奖 7 个。玉州区科协获广西壮族自治区科学技术协会、自治区教育厅授予 2011 年广西青少年科技创新大赛优秀组织奖；2011 年 9 月，区科协与区教育局共同开展了以“节约能源资源、保护生态环境、保障安全健康”为活动主题的“青少年科技创新大赛”活动，全区共有 127 所中小学、3 万多名学生和科技辅导员参加，收到参赛作品 825 件（篇）。在推荐预选作品参加 2011 年玉林市青少年科技创新大赛中，获玉林市青少年科技创新大赛表彰奖励 71 篇（件）。

【科普广场活动】 5 月 14 日，玉州区科协联合相关部门在玉林市青年广场举办科普广场活动。10 月 13 日，玉州区科协与玉林市科协联合举办了“十月科普大行动”启动仪式。接着开展科普广场活动，科普志愿者通过发放科普资料、赠送科普读物、展示科技产品、提供技术知识咨询等形式，向广大群众宣传科普知识。

【农村科普示范基地建设】 2011年，玉州区委、区政府把“打造特色农业生产基地”作为玉州区“十二五”时期加快发展特色农业产业、实现“富民强区”的重大战略，明确提出重点建设万亩台湾珍珠番石榴种植基地、千亩丰顺蔬菜标准园基地等十大特色农业产业化基地。玉州区科协围绕这一目标，认真抓好基地的科普示范工作，至年底，培育、命名城北西岸番石榴新技术示范基地等农业科普示范基地30个，基地类型涉及种植业24个，养殖业6个。

【学（协）会工作】

科技工作者状况调查。2011年3月，区科协围绕“科技工作者事业发展需求及发挥作用状况”课题，在区经贸局、区水产畜牧兽医局、玉林市第二人民医院、PS版印刷材料有限公司等22个样本单位、1330名工程技术、农业技术、卫生技术等人员中随机抽查了30名开展问卷调查。此次调查的目的，是全面、客观了解科技工作者群体的事业发展需求及发挥作用状况，分析影响科技工作者事业发展及发挥作用的各种因素，反映科技工作者的呼声和要求，通过研究提出有关对策及建设，为党和政府制定科技及科技人才政策提供科学依据和合理化建议。

农村专业技术协会调查统计工作。5月，开展了农村专业技术协会调查统计工作。据统计，玉州区现有农村专业技术协会64个（其中市级2个、区级6个、镇街级2个、村级45个），会员6524人。协会分布情况：玉州区级协会5个、玉城街道2个、城北街道6个、城西街道10个、名山街道14个、仁东镇16、仁厚镇2个。

自然科学优秀学术论文评选。6月，组织开展玉州区自然科学论文收集、评选工作，共收到论文24篇，经玉州区自然科学优秀学术论文初评小组评审，评出优秀自然科学学术论文10篇并推荐参加玉林市自然优秀科学论文评选活动，有3篇论文获玉林市自然科学优秀论文奖。

玉林市玉州区文学艺术界联合会

【概况】 2011年，区文联认真履行“联络、协调、服务”的职能，发挥团结凝聚、鼓励指导、推动促进的作用，指导文艺创作，狠抓文艺队伍建设。共组织文联各协会作者在地级刊物上发表各类文艺作品90篇（件），其中有部分作品分别在国家级与省部级展出、演出和获奖。在玉州区首届文化艺术节和区委宣传部、文体局共同承办了“书时代华章，展玉州风采”书画摄影作品展；诗词学会成立30周年，组编了由中国文化出版社出版的《玉林当代诗词选》一书；书法家协会举办了“庆祝中国共产党九十华诞暨玉州区书法家协会首届书法作品联展”；曲艺家协会所创作、演唱的作品《爱的赞歌》在“庆祝建党九十周年暨感动中国－全国第六届新创词曲大赛”中，荣获一等奖，为“广西八音”申报第三批国家级非物质文化遗产名录；电影电视家协会选定非物质文化遗产“南少林十八路庄”为项目，组织会员创作了20多篇报告文学、100多个传奇故事，编写了大型图书《南少林十八路庄》；摄影家协会在地市级以上报刊、展览发表、展出各类摄影作品共40多件，会员卢河加入中国摄影家协会。

玉林市玉州区关心下一代工作委员会

【组织网络建设】 2011年，在基层党委、政府换届时，各级基层及时调整好关心下一代工作委员会组成人员。在全区8个镇（街道）60个行政村、27个社区、110间中小学，调整充实了关工委领导班子。一批相对年轻、热爱关心下一代工作的老同志充实到领导班子。同时各级关工委大力开展创建“四型”（学习型、服务型、调研型、创新型）“五好”（领导班子好、骨干队伍作用好、制度建设执行好、活动经常效果好、积极探索创新好）关工委活动，推动关工委自身建设。

【“五老”队伍培训】 2011年，区、镇（街）、部分村（社区）、学校的关工委都举办了为期半天的“五老”（离休老干部、老劳模、老专家、老教师、老党员）人员培训班，共举办培训班35次，培训关工委干部、“五老”人员1250人次。其中区40人次、镇（街）400人次、村、社区学校810人次。

【开展“学党史、忆党恩、跟党走”等活动】 2011年7月1日是中国共产党建党90周年纪念日，在“七一”前后，玉州区各级关工委相继举办老少同庆建党90周年红歌演唱会、座谈会、文艺演出会、诗歌朗诵会等，并写文章、出墙报等颂扬党的丰功伟绩，使青少年受到一次知党、爱党、信党、颂党、跟党走的中国特色社会主义教育。这些活动持续了一个多月，参加活动的“五老”人员有2000多人次；开展座谈会、宣讲会、朗诵会、家庭会、师生大会、歌唱会等共1000多场次；展出各种墙报、板报500多版；受教育的青少年20多万人次。

【关爱帮扶活动】 2011年，各基层关工委十分关注青少年特别是青少年中特殊群体成长中的一些问题，组织“五老”人员从多方面关爱3000多名留守儿童、残疾儿童和流动儿童。“五老”人员中有21人和21名有不良行为的未成年人结对子，开展一帮一活动；区关工委与玉州区人民法庭共办“玉州区人民法庭失足少年培训班”，给失足青少年上法制课、心理教育课，对失足少年进行帮教；城西街道新定村北巷关工小组成立了关心下一代助学基金会；“六一”前夕，区关工委与区老干局、区团委、区妇联一起给名山小学、新团小学送去2000多元的慰问品，给这两所小学的40名家庭贫困少年儿童发放200元、300元、500元不等的助学金。

政 法

审 判

【概况】 2011年，玉州区人民法院设有14个中层部门和5个人民法庭，管辖玉州区、福绵管理区、玉东新区各类案件的审判、执行任务。全院共有在编人员122人，其中本科以上学历111人；审判人员76人。年内，区法院坚持“三个至上”指导思想，充分发挥审判职能，依法惩治犯罪，调节经济、民事、行政法律关系，深化调解工作，加强执行工作，为玉州区的转型跨越发展提供良好的司法保障与服务。全年共受理各类诉讼案件4461件，审结3019件；受理执行案件599件，执结594件，执结率99.17 %，标的到位率99.69%。考核审判质量和效率的综合指标居于玉林市法院首位。全院共获全国级集体荣誉1个次，自治区级集体荣誉14个次，地市级集体荣誉11个次；获全国级个人荣誉2人次，自治区级个人荣誉23人次，地市级个人荣誉25人次。其中区法院荣获全国法院党建工作先进集体和自治区、玉林市和玉州区新农村建设先进后盾单位，以及广西法院2011年度先进集体、商事审判先进集体、无执行积案先进集体等荣誉；法院党总支荣获广西政法系统、广西法院以及玉州区先进基层党组织等荣誉；法警大队荣获广西法院司法警察岗位大练兵考核比赛第一名、玉林市司法警察业务技能竞赛团体一等奖；文惠新荣获“全国三八红旗手”称号，被评为全国法院系统2010年度12名亮点人物之一。

【刑事审判】 2011年，区法院正确适用法律和贯彻宽严相济刑事政策，依法严惩严重危害社会治安的暴力犯罪、黑恶势力犯罪、毒品犯罪和多发性侵财犯罪；对情节轻微的初犯、偶犯和过失犯罪，依法从宽处理，努力创建平安和谐稳定的社会环境。同时积极推进量刑规范化改革，最大限度地确保量刑公正和均衡。全年共受理各类刑事案712件1009人，审结574件801人。生效的案件中，判处10年以上有期徒刑14人，判处5年至10年有期徒刑30人，判处5年以下有期徒刑524人，判处拘役38人。适用缓刑48人。对未成年犯，贯彻“教育、感化、挽救”的方针。庭前，邀请人民陪审员、关工委以及爱心人士参与社会调查。庭中，引入心理矫治，邀请家长、老师、社区干部等人员共同帮教；庭后，积极开展回访帮教，对缓刑少年犯落实社区矫正措施。全年受理未成年人刑事案件94件207人，涉及未成年人152人，比上年同期下降12.15%。审结75件162人。生效的案件中，判处3年以下有期徒刑72人，判处拘役21人。适用缓刑39人，单处罚金5人，非监禁刑占28.39%。缓刑少年犯中有8名重返校园，重新犯罪率为零。

【民事审判】 2011年，区法院加强民事审判工作，维护公民合法权益。全年共受理各类民商事案件3704件，审结2415件。其中审结劳动争议、服务等合同纠纷案件1406件，审结人身损害赔偿、相邻关系、财产权属纠纷等案件615件，审结婚姻、赡养、继承等案件109件。审判中，注重扩大简易程序的范围，提高办案效率。全年民商事案件适用简易程序审理的案件1665件，简易适用率68.94%；深化调解工作，进一步完善人民调解、行政调解、司法调解衔接联动的“大调解”工作机制，积极开展司法确认工作，调动社会各方面力量，把矛盾化解在萌芽状态。全年民商事案件以调解方式结案1377件，撤诉369件，调撤率达72.3%。诉前调解及诉前联动调解案件1048件，其中立案前调解363件，指导人民调解284件，协助行政调解90件，其他联动调解311件，司法确认案件367件。

【行政审判】 2011年，区法院加强行政审判工作，依法维护行政相对人合法权益，积极推动依法行政。全年共受理行政案件30件，审结21件，其中维持行政决定9件。审判中，积极探索和推行行政案件协调制度，努力化解纷争，促进行政管理关系和谐。通过协调促使行政争议当事人和解后原告自动撤诉的案件有5件。

【审判监督】 2011年，区法院坚持“实事求是，有错必纠”原则开展再审工作。全年共受理再审案件15件，审结9件。其中维持4件，改判1件，撤诉1件，终结再审程序2件，再审案件改判率为11％；强化审判管理和监督。严格按照《审判质效考评办法》的规定，考核奖惩干警工作。实行案件质量责任倒查追究、案件事中监督等制度。每月将法官的办案情况上墙公布。严抓发回重审、二审改判和再审改判案件，人大、政协及有关部门提出的当事人反映较大、一再申诉、反映的案件等重点案件的检查工作；开展“百万案件”和“万件案件”评查活动，切实把好案件质量关。全年全院无一错案，正常审限内结案率99.972%；推进司法公开。认真落实司法“六公开”，打造阳光司法。依托中国法院网络直播平台，开展庭审网络图文直播工作。年内，网上直播案件及重大活动17次；组织社会公众开放日活动2次，共接待社会各界群众500余人次；加强人民陪审工作，全年人民陪审员参加陪审的案件976件，陪审率90.6%。

【案件执行】 2011年，区法院大力推进执行工作，维护人民群众合法权益。全年共受理各类执行案件599件，执结594件，实际执结率99.17％，标的到位率99.69%。在执行中，积极开展反规避执行活动。对规避执行的被执行人，适用财产报告令、拘留、限制出境和高消费等执行措施，并充分利用媒体力量，加大对被执行人的曝光力度，全力破解规避执行行为。活动期间，共拘留20人，限制出境2人，媒体曝光典型案件10件，执结案件150件；创新执行机制，制订《执行查证备案制度》，对发现有财产可供执行的案件，及时转入执行程序，对无财产执行的直接备案。全年共立执行查证案件505件，转执行案件152件，备案登记353件；积极开展清理涉及信访案件活动。对当事人上访的案件，建立台账，制订息访预案，按照“四定一包”原则将案件明确落实到人，限期执结。加强协调力度，注重思想疏导与法律疏导相结合，多渠道做好申请执行人和被执行人的调解工作。全年共和解执结案件569件，和解执结率95.79％。

【立案信访】 2011年，区法院出台《关于民商事案件立案及案件内部管辖的规定》，将玉林、南江、名山三个法庭的民商事案件收归立案庭统一立案，规范立案管理。立案中严格把好“管辖关”、“证据关”“收费关”和“移送关”等，年内无错立、漏立的案件。认真做好信访接待工作，根据最高法院有关涉诉信访工作的“五项制度”，制定了《关于推行五项制度加强涉诉信访源头治理的工作方案》，进一步完善信访工作长效机制，强化涉诉信访的预防化解和源头治理工作；坚持院领导轮流接待群众来信来访制度，注重思想疏导，在“事要解决、息诉罢访”上下功夫。全年共处理群众来信65件（次），接待群众来访230人（次），全部按规定处理，没有因审判执行工作引发新的涉法涉诉信访案件。

【司法为民】 2011年，区法院坚持能动司法，服务民生。积极为残疾人、老年人、农民工等弱势群体提供法律咨询、诉讼指导和便民服务；开展司法救助工作，使经济确有困难、无力交纳诉讼费用的人民群众能打得起官司，全年共减、缓、免交诉讼费118.31万元，同比增加12%；积极开展“访企业、送服务”活动，印制并向企业发放服务联系卡，深入70多个企业调研、座谈，及时发现企业的经营活动和日常管理中存在的相关问题，帮助企业树立诚信意识和用法维权意识；加大法制宣传力度，深入学校、单位上法律课、举办“少年法庭开放日”、家长法制课，提高群众和学生的法律意识，预防未成年人违法犯罪的发生，全年共开展各种法制宣传活动22次，发放宣传资料11000余份，解答法律咨询1200多人次。

【管理创新】 2011年，区法院以自治区高院开展的“管理机制创新年”活动为契机，积极参与社会管理创新，着力提升社会管理能力。完善审判管理制度。建立了院长主管，副院长分管，审判管理办公室具体管和各业务庭负责的“管理到人，责任到位”审判管理责任体系。出台了《关于均衡结案管理工作考评办法》、《关于落实新修定司法统计报表填报有关事项的通知》等制度，把审判管理覆盖到审判质量、效率、效果各方面，确保月度、季度、年度均衡结案。2011年，全院结案均衡度为75.28%；全面启用锐新审判管理系统，充分利用信息化管理手段，加强审判的程序监控和节点管理，实现对案件质量管理的有效监督和指导；创新社会矛盾调处机制。在上年成立两个交通巡回法庭取得的经验基础上，8月，又分别成立了劳动人事争议巡回法庭和医疗纠纷巡回法庭。巡回法庭在履行为群众提供咨询、指导调解、立案、诉讼调解、司法确认、财产保全、审判等职责的同时，与相关的职能部门、人民调解委员会、检察、保险等部门构建了“五位一体，三调联动联调”一站式的矛盾纠纷调解机制，促进了矛盾纠纷的化解。全年，交通巡回法庭共受理案件406件，审结300件，其中调撤231件，调撤率77%。调撤的案件当场赔付的199件，兑付赔偿款1401.067万元；此外，司法解认159件，指导人民调解113件，诉前财产保全36件，为当事人兑付赔偿款100多万元。3月31日，自治区政法委、综治办、区高院等7家单位在玉林召开全区创新道路交通事故纠纷调处工作现场会，交通法庭的工作得到了与会领导的充分肯定；劳动人事争议巡回法庭自8月份成立以来，共参与调解案件51件，进行司法确认案件51件，接受法律咨询69人次。

【队伍建设】 2011年，区法院围绕“抓党建、带队伍、促审判”的工作思路，加强队伍建设。以党建带队建，组织干警认真学习贯彻党的十七大、十七届四中、五中、六中全会精神；深入开展“创先争优”、“人民法官为人民”、“发扬传统、坚定信念、执法为民”等主题实践活动，切实找准人民法院为大局服务的结合点、切入点和着力点；以建党90周年为契机，举行“我为法院添光彩”演讲比赛、党建知识竞赛、唱红歌比赛、读红色经典、红色之旅、瞻仰革命烈士墓以及组织党员重温入党誓词、党员公开承诺、党员志愿服务、街头送法、法官与农户结对帮扶等系列活动，进一步增强党员干警“为大局服务，为人民司法”的自觉性、主动性，不断增强干警的政治思想素质；积极组织干警进行业务培训，以自治区高院开展的“争创五个一百”（“100名优秀党员”和“50名优秀党务工作者”“50名先进基层党组织”及“100名先进集体”、“100名先进个人”及“100名办案标兵”）等活动为平台，围绕提高庭审驾驭、诉讼调解、法律适用、文书制作“四项技能”，广泛开展岗位练兵活动；以学习身边的人、身边的事为抓手，出版

《人民法官文惠新》一书，开展学习“全国模范法官”文惠新等院里的先进典型活动，在全院形成“赶、比、超”的良好竞争氛围；加强法院文化建设，大力弘扬“公正廉洁、司法为民”的院训精神，深化“六个一”文化系列特色载体，开展青年法官论坛、气排球、登山、演讲、书画等比赛文体活动，使干警受到法院文化的熏陶和教育，9月，被自治区高院授予全区首批法院文化建设示范单位称号；抓好司法警察工作，推行流程化管理规范警务活动，确保院内安全和审判秩序；加强党风廉政建设。认真开展“清廉务实、执政为民”主题教育活动，制作2012年法院廉政台历，以文化促廉政。全年，全院共拒吃请252人次、拒说情305人次，拒礼物（折款）、现金共12650元。

【调研信息宣传工作】 2011年，区法院积极开展“大调研”活动。全年各部门协助完成自治区高院下达的调研任务15个，学术论文25篇，自抓调研课题5个，报送典型案例25个。干警撰写的论文1篇获得广西法院系统第二十二届学术论文优秀奖，3篇获广西加强和创新社会管理理论学术论文比赛三等奖。建立健全《关于加强与新闻媒体协同工作机制》，获得自治区高院在全广西法院推广。全年编印《法院工作简报》84期、《法院信息》64期、专题简报共25期，编发信息文章共635篇，获上级法院及各级媒体采用1398篇次。其中国家级媒体采用198篇次，省级媒体采用462篇次，市级媒体采用738篇次。信息数量、各级媒体采用数量均居于玉林市法院首位。

【基础建设】 2011年，区法院以进一步营造良好的工作条件和执法环境，为审判执行等工作提供强有力的保障作为出发点，切实加强基础建设。拆除了院内的两幢危楼，改建为停车场，解决停车难的问题；对全院干警的旧电脑进行了更新换代，全院在编干警122人以及各聘用人员，达到了人均1台电脑。每台内网电脑均安装了锐新审判管理系统，对案件的立案、分案、送达、开庭、判决、执行、报结、送检、归档等一系列审判流程予以全程动态监控，对案件的办案进度、审理期限、案件质量等情况实施实时监管，进一步规范了审判行为，提高审判质量和效率。党委政府大力支持法院基础建设，在城北划拨50亩土地作为法院新办公大楼建设用地。年内，开展了用地手续办理及规划设计工作。

检察

【工作概况】 2011年，区检察院深入贯彻落实科学发展观，切实抓好社会矛盾化解、社会管理创新、公正廉洁执法三项重点工作，不断强化法律监督，强化自身监督，强化队伍建设，深入推进建设社会和谐稳定模范区活动，努力把检察工作和检察队伍建设提高到新水平。是年，共受理提请批捕案件848件1289人，经审查批准逮捕751件1112人；受理移送审查起诉案件827件1216人，提起公诉710件1019人；立案查办职务犯罪案件50件56人。同时，全面贯彻宽严相济刑事政策，加强对轻微犯罪依法从宽处理的探索研究，更加重视对不批捕、不起诉的运用，积极推进刑事和解工作。是年，共作出无逮捕必要处理15件25人，作出相对不起诉处理28件41人。适用刑事和解处理15件15人，和解后作相对不起诉处理11人、建议人民法院从轻处罚4人。是年2月，玉州区检察院被自治区人民政府评为全区第二届“人民满意的公务员集体”。

【刑事检察】 2011年，区检察院充分发挥批捕、起诉职能作用，严厉打击涉黑涉恶犯罪、严重暴力犯罪、多发性侵财犯罪、涉众型经济犯罪等各种影响统筹城乡发展和威胁民生安全的刑事犯罪活动。是年，共批捕故意杀人、绑架等严重刑事犯罪案件7件9人，“两抢一盗”犯罪案件330件481人，毒品犯罪案件94件105人，涉黑涉恶案件3件15人。

【查办职务犯罪】 2011年，区检察院依法查办贪污贿赂、渎职侵权等各种职务犯罪案件，加大对社会保障、国家资金补助、征地拆迁、医疗卫生、公共投资等事关民生民利的职务犯罪案件的查办力度。共查办贪污贿赂案件17件18人、渎职侵权案件3件3人，其中涉农职务犯罪案件5件5人、重点部门重要岗位职务犯罪案件3件3人。加大职务犯罪预防专业化建设，成立职务犯罪预防局，开展以案释法及其他种类的警示教育370次；针对发案单位在管理和制度等方面存在的问题，提出检察建议62件次；通过预防调查发现职务犯罪线索并被侦查部门立案侦查17件；开展预防咨询560件次；受理行贿犯罪档案查询1477件次。

【立案监督】 2011年，区检察院按照“坚决、慎重、准确、及时”的要求，依法监督纠正刑事立案、侦查活动、刑事审判、民事行政审判等诉讼过程中的违法行为。采取经常性监督与专项监督、依法抗诉与检察建议相结合的方式，共实施刑事立案监督28件36人，实施侦查活动监督14件。

【审判监督】 2011年，区检察院刑事审判监督提出抗诉3件，民事审判和行政诉讼监督提请抗诉5件，提出再审检察建议1件。

【控申工作】 2011年，区检察院完善群众诉求表达、处理机制，通过日常接待、检察长接待日、下访巡访、联合接访等方式，共受理群众来信来访158件192人，受理举报线索49件51人，受理刑事申诉案件5件，上述案件目前已办结147件。

【三项重点工作】 2011年，区检察院坚持以执法办案为中心，在履行检察职能的基础上，深入推进社会矛盾化解、社会管理创新、公正廉洁执法三项重点工作。一是加强检察环节矛盾化解疏导力度，深入推进社会矛盾化解。积极推进对初犯、偶犯、过失犯、未成年和老年人犯罪以及因邻里、亲友纠纷引发的轻伤害和解案件等轻微刑事案件的依法从宽处理政策。加强对影响社会稳定的热点敏感案件的分析研判，把排查、预防和化解矛盾纳入执法办案的每个环节。建立不起诉、不批捕、撤案案件风险评估和化解机制，全年共对88件不捕案件、28件不诉案件和1件撤诉案件提前进行风险评估，并在作出决定后进行答疑说理和心理疏导，有效预防因被害人不服而引发的上访。健全检调对接工作机制，分别建立民行检察工作站、驻玉林市劳动人事争议调处中心和玉林市医疗纠纷调处中心工作站和派驻南江街道乡镇检察室，依托“大调解”工作平台，对32件民事申诉案件、15件轻微刑事案件先行调解，最大限度化解矛盾纠纷。二是提高检察机关社会管理水平，深入推进社会管理创新。结合围绕检察职能开展“四走进四服务”主题实践活动，深入乡镇、社区开展法律宣传，积极参与社会治安综合治理。通过刑事个案回访制度，积极参与对被不起诉人员等特殊人群的帮教管理。三是加强执法公信力建设，深入推进公正廉洁执法。把强化自身监督放在与强化法律监督同等重要的位置，确保检察权依法正确行使，完善内部监督机制，加强检务督查力度，进一步推行“阳光检察”，自觉接受外部监督。

公 安

【侦破命案】 2011年，玉林市公安局玉州分局开展“命案必破”专项斗争。全年侦破命案15起。

【严打多发性犯罪】 2011年，玉林市公安局玉州分局对盗窃、抢劫、抢夺三类多发性犯罪始终保持严厉打击的高压态势。全年侦破“两抢一盗案件”652起，刑拘、逮捕、劳教涉嫌犯罪人员一批。

【打击毒品犯罪】 2011年，玉林市公安局玉州分局开展“扫毒行动”。全年共破获毒品案件77起，共缴获海洛因314.67克、冰毒片剂83.79克、氯胺酮

（k 粉）4420.49 克、摇头丸 720.5 克、其他毒品 32378.56 克。年内，成功破获一起特大贩毒案件，缴获手枪 1 支，子弹 2 发，毒品 k 粉 511.1 克、麻古 14.5 克、冰毒 16.5 克、神仙水 91 克。

【打击经济犯罪】 2011 年，玉林市公安局玉州分局侦破经济犯罪案件 10 起，涉案金额共 100 余万元。

【打击赌博违法犯罪】 2011 年，玉林市公安局玉州分局查处赌博案件 100 起，查处庄家赌头 28 人，逮捕、劳教、治安处罚涉赌人员一批。6 月 27 日上午，自治区公安厅在玉林城区举行了 2011 年广西抵制“黄赌毒”誓师大会暨全区公安机关集中销毁赌博游戏机活动。

【治安防控体系建设】 2011 年，玉林市公安局在玉林城区内共建立并投入使用 6 个警务站。自投入使用，玉林城区的“抢夺”案件与上年同期相比下降 12.95%，特别是 2011 年 8 月份（流动警务站运行 1 个月）的抢劫案、抢夺案与上年同期相比，分别下降 50%、29.63%，街面犯罪得到有效遏制。

【完成各项安保任务】 2011 年，玉林市公安局玉州分局圆满完成“第三届药博会”、“第八届玉博会”、“第一届汽车博览会”等安保任务，制定保卫方案、预案 40 多个，全年共动用保卫力量 1800 多人次，圆满完成各类保卫任务，得到各级领导和社会各界的好评。

【队伍建设】 2011 年，玉林市公安局玉州分局共有 137 个集体、278 名个人获各级表彰，其中有 16 个集体、43 名个人分别获自治区表彰，有 10 个集体、10 名个人分别立三等功。分局获自治区公安厅评为全区公安机关“争创 2009——2010 年度无违法违纪先进公安局”、2010 年度全自治区刑侦工作追逃工作成绩突出县（市、区）公安局、全自治区公安机关深入打击整治发票犯罪先进集体、2010 年度全自治区公安机关执法质量考核评议达标单位。

社会治安综合治理

【平安建设】 2011 年，玉州区以“建设幸福和谐玉州”为目标，主动服务为第一要务，积极履行为第一责任，深化“社会管理创新、社会矛盾化解、公正廉洁执法”三项重点工作，充分调动全区政法各部门和各级各部门的工作积极性，形成全区抓稳定“一盘棋”的工作格局，实现了“六个下降”（即：实现全区刑事案发案量下降、治安案件发案量下降、信访总量下降、赴邕进京集体访下降、赴邕进京非正常上访下降、群体性事件下降）和“六个不发生”（确保不发生在全国、全区造成重大影响的敌对势力和敌对分子渗透破坏活动；不发生因民族问题引发影响社会稳定的重大事件；不发生在全国、全区造成恶劣影响的重大群体性事件、恶性刑事案件、暴力恐怖事件和涉黑涉恶团伙犯罪案件；不发生在全国、全区造成恶劣影响的群死群伤重特大治安灾害和安全生产事故；不发生敏感时期、重大活动、重要目标和要害部位安全保卫工作重大事故；不发生在全国、全区造成重大影响的冤假错案和政法干警违法犯罪案件）工作目标。区委、区政府表彰了“2008－2010 建设平安玉州活动”先进集体和先进个人。是年，玉州区在大力推进区、镇（街道）、村（社区）三级区域平安创建活动的同时，深入推进平安企业、平安校园、平安医院、平安家庭等基层系列平安创建活动，结合提升公众安全感的工作部署，把工作重点放在平安家庭的创建上，全区签订平安家庭承诺书 12 万份，签订率达 90%；继续深化平安铁路示范区创建活动，进一步完善系列平安创建体制机制，认真开展涉铁不稳定因素排查、铁路沿线周边治安整治行动、铁路道口专项整治行动和爱路护路宣传活动，进一步优化辖区铁路周边环境，一年来，共排查化解涉铁矛盾 1 件，妥善处置涉铁突发事件 1 件，整治积水立交涵洞 10 个，安装防护栅栏28.28公里，查处涉铁治安案件2件，整治废旧金属收购站点3个，发放铁路护路宣传手册5万多份。

【基层组织建设】 2011年，玉州区全面开展村（社区）综治信访维稳工作站建设。根据玉林市委的部署，以“三室一厅”、“十项制度”、“五本台账”为建设标准，在上年开展镇（街道）综治信访维稳中心取得的成功经验的基础上，区政法委深入到各镇（街道）调研，指导各镇（街道）组织各村（社区）全力抓好综治信访维稳工作站的建设。到6月底，全区86个村（社区）全部完成综治信访维稳工作部的建设，提前完成区、镇（街道）、村（社区）综治信访维稳工作网络的建设工作任务。6月29日，仁厚镇在陆川县召开的全市综治信访维稳工作站建设现场会上做经验介绍。

【社会治安重点地区排查整治】 2011年，玉州区组织政法部门、各镇（街道）对辖区内的情况进行全面的摸底排查，并逐一梳理和登记，全面掌握治安混乱地区（部位、场所、路段）和治安突出问题，全区共组织工作组21个，排查81次，排查发现需重点整治地区5个。根据排查出来的5个重点地区的不同情况，制定出了切实可行的工作措施，逐件落实责任单位和责任人，落实领导包案、挂帐督办，集中力量调处整治，治安混乱地区得到有效整治。

【社会治安防控体系改革】 2011年，玉州区结合实际情况，以警务机制改革为切入点和突破口，区财政投入经费近3000万元用于流动警务站建设。玉林市委要求玉州区年内完成6个流动警务站建设已经完成，巡防队员和流动警务站已经投入工作和使用，并实行24小时不间断巡逻防范。同时，全区在深入调研、广泛征求意见的基础上，对区、镇（街道）和社区共240名专业治安巡防队员进行了重编整组，采取集中管理的模式，由玉林市公安局玉州分局统一调配使用，与城区复合型警务站巡防队一起，把巡防力量摆在街面，进一步加强对社会面上的控制，有效提高了群众见警率，确保了街道上的治安稳定。

【政法综治宣传工作】 2011年，玉州区组织政法各部门和各镇（街道）认真开展政法综治宣传月活动。开展宣传一条街活动，共悬挂标语21条；结合国家安全、“6.26”禁毒宣传日活动，出版国家安全知识版报、禁毒知识宣传版报各1版，印发各类宣传资料2万多份；组织区司法局、各镇（街道）共9台宣传车，利用二天时间在全区各镇（街道）的重要地段、村（社区）进行巡回宣传；6月，利用市委政法委在《玉林日报》开设“坚定信念建一流队伍，执法为民保一方平安——2011年玉林政法宣传周”活动专栏为契机，组织动员政法各部门进行投稿，从21日至27日，《玉林日报》刊登玉州区政法部门稿件共3篇，充分展示了玉州区政法机关在平安建设、维稳工作所取得的新成效，向广大市民展示了玉州区政法队伍“执法为民”的良好形象。

【政法队伍建设】 2011年4月起，全区政法系统紧紧围绕“干警受教育，工作得推进，群众见实惠”为目标，开展“发扬传统、坚定信念、执法为民”主题教育实践活动，把主题教育实践活动与业务工作同部署、同规划、两不误、两促进。一是切实加强组织领导。成立以区委政法委书记为组长，政法各部门主要领导为成员的领导小组，并制定详细的活动方案，对活动内容逐项分解，确保活动具有操作性；建立主题教育实践活动领导干部联系点制度，政法委和政法单位，定期参加联系点的活动，带动和促进主题教育实践活动深入开展。二是突出活动特色。紧密结合政法干警的思想和工作实际，不断创新形式，开展丰富多彩、特色鲜明、政法干警喜闻乐见的活动，把主题教育实践活动内容丰富起来，形式活跃起来，有效增强主题教育实践活动的吸引力、感染力、影响力。组织干警认真学习胡锦涛总书记“七一”重要讲话精神，组织收看中央政法机关光荣传统教育报告会，参加文惠新英模先进事迹报告会，组织干警瞻仰革命旧址，重温入党誓词，共举办专题报告6场，观看优秀革命影片20余部，精读红色经典书籍35余部，开展座谈讨论10余场次；组织参观《广西党风廉政建设和反腐败工作成果展》，受教育人数达400多人。三是统筹兼顾促进工作。按照贴近工作事迹、贴近群众需要的原则，设立了“党员示范岗”、“党员公开大承诺”、警务公开栏，把各项便民措施、服务项目、政策依据，办事程序全部公开，简化办事程序，提高办事效能和服务质量；深入开展“让社会更平安、让群众更满意”为主题开门评警活动，推进窗口行业服务承诺兑现落实，将有关承诺服务项目及监督电话，打印成卡，发放给辖区群众，切实从各个环节做到司法为民；按照“四个一律”规定和从严治警各项要求，加强执法规范化建设和执法监督工作，坚决纠正执法过程中不规范、不公正的问题，坚持“阳光执法”，保障人民群众对政法工作的知情权、参与权、监督权。期间，共召开“警民恳谈会”、评议会等152余场，邀请社会各界参评代表426余人，设立咨询服务台18个，接受群众咨询1630余人次，发放宣传单18500余份，集中解决群众反映强烈的执法突出问题20起，为群众做好事实事420多件。

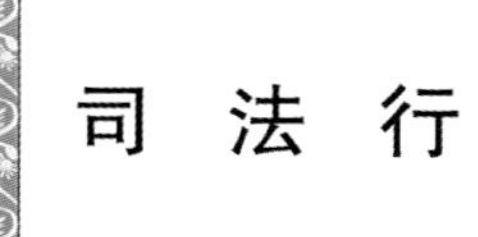

司法行政

【普法宣传】 2011年，区司法局认真总结“五五”普法工作，不断创新普法方式方法，扩大法制宣传教育覆盖面，为开展“六五”普法工作打好基础。一是落实玉林市领导干部学法用法联系点会议精神，布置完善玉州区领导干部联系点城北谷山村、仁东大路村、城西莲塘村及玉城街道南观社区等联系点的有关工作；二是组织法律援助、律师、法律服务等人员配合革命传统主题教育、禁毒工作，开展了法律宣传、咨询活动，共举办法律宣传142场次，发放宣传资料37000余份，解答咨询3310余人次；三是协调指导全区9个镇（街道）及区直部门开展“安全生产”等法律法规宣传活动，共发放各种法制宣传资料4800余份，解答咨询1600多人次，悬挂巨型条幅40余条。

【人民调解工作】 2011年，区司法局以信访稳定为主线，下大力量化解民间矛盾纠纷。一是充分发挥区、镇（街道）、村（社区）、组四级调解网络作用，积极开展民间矛盾纠纷的调解处理，努力维护玉州区的社会治安稳定和换届选举工作的顺利开展。二是做好“春节”、“春耕”、“清明”、“两会”等特殊时期的民间纠纷排查调处工作，制定矛盾纠纷排查调处方案，组织各镇（街道）、村（社区）人民调解组织开展矛盾纠纷排查调处活动，实行民间纠纷排查调处月汇报制度，突出信息反馈，加强镇（街道）司法所的领导，及时掌握纠纷排查调处情况，全年共排查调处各类纠纷3982件，成功3708件，成功率达93.1%，劝阻群众上访17起。三是积极开展人民调解规范化建设，彻底改变了调委会“三无”（无人员、无牌子、无印章）现象，实现了“六有”（有人员、有牌子、有印章、有办公室、有调解室、有办公设备）目标，巩固了社会治安稳定的“第一道防线”。

2011年，玉州区创新社会管理，扩大行业人民调解工作机制，多方联动，在市公安交通管理部门设立玉州区道路交通事故纠纷人民调解委员会，以“三调一合”调处理赔“一站式”的服务新机制，形成行政调解、人民调解、司法调解三位一体的大调解格局，使当事人一站式就能办结交通事故认定，民事赔偿纠纷调解、财产保全、审理执行等事宜，确保了交通事故案件快处、快调、快赔、快结。当年，道路交通事故第一调解委员会受理案件91起，调解成功62起，接受群众咨询75人次，道路交通事故第二人民调解委员会受理案件24件，办结23件，赔偿标的120.4万元，建议法院立案1件，接受群众咨询42人次；医疗事故纠纷人民调解委员会、劳动人事纠纷人民调解委员会也都分别于今年9月、11月挂牌成立，区医疗事故纠纷调解室已开始调解第一宗纠纷，努力为群众排忧解难息纷争，充分发挥各级人民调解组织在维护社会稳定“第一道防线”的作用。

【社区矫正工作】 2011年，区司法局根据最高人民法院、最高人民检察院、公安部、司法部《关于在全国试行社区矫正工作的意见》（司发通〔2009〕169号）精神和《自治区社区矫正工作领导小组关于在全区开展社区矫正工作的实施意见》，以及《玉林市社区矫正工作领导小组关于在全市开展社区矫正工作的实施意见》要求，玉州区从2011年开始全面开展社区矫正工作。区司法局和各司法所全部设立了社区矫正办公室，配备社区矫正岗位人员，健全完善了有关制度，配备了办公设备，安装启用“社区矫正信息管理平台”，确保矫正对象接得下、管得住，始终处在监控范围，不发生脱管、漏管。当年全区接收社区矫正对象37人，解除矫正1人。

【刑释解教人员安置帮教工作】 2011年，玉州区以预防重新犯罪为目标，推进安置帮教社会化。按照“帮教社会化、就业市场化、管理信息化、工作职责规范化”的工作思路，健全安置帮教组织，扩大帮教队伍，增强帮教力量。全区已形成了区、镇（街道）、村（社区）三级帮教组织网络。全区共接收刑释解教人员155人，全面落实了帮教责任，确保“两劳释放”人员的安置帮教，避免、减少刑释解教人员重新犯罪。

【法律援助】 2011年，玉州区以拓宽援助渠道为途径，扩大法律援助覆盖面。建立了区、镇（街道）法律援助工作站，降低援助门槛，扩大援助范围，简化办案流程，以诉讼和非诉讼方式，为农民工追讨欠款，开展为农民工追讨工资等法律援助活动，最大限度维护农民工的合法权益。全年共办理援助案件164件（其中刑事14件，民事69件，非诉讼案件81件），解答法律咨询298多人次，代书137余份，为受援人挽回经济损失168万元。

【法律服务工作】 2011年，区司法局一是开展信访案件办理质量提高年活动，加强对法律服务工作者职业道德和执业纪律的培训。二是组织律师、法律工作者进行社会主义法治理念、执业道德、执业纪律教育，严格执行上级有关重大维护稳定案件必须向本局汇报的规定，把好社会影响关。三是加强《律师法》的宣传，完善律师管理制度，健全档案，规范执业行为。在年检、注册工作中，对执业单位和执业人员的执业行为、职业道德、规范管理等方面进行了一次全面的检查，督促律师事务所规范化管理制度的完善。对片面追求经济利益、进行不正当竞争、扰乱执业秩序、收费不规范、办事不认真、包打官司等违规从事法律服务的问题，坚持发现一个，查处一个，决不护短，确保律师、法律工作者坚持诚信服务，规范执业。一年来，基层法律服务共代理案件181件，代书176份，解答咨询2712件，法律援助16件，挽回经济损失69.7万元。

【“三大纠纷”调处】 2011年，至12月15日统计，玉州区共发生土地、山林、水利“三大纠纷”案件110起。其中突发案件2件（名山绿杨村第2组、3组与第7、8组争议原杨德馨祠旧址案，仁东镇中庞村马屋片和竹园坡片因修路引起纠纷），重大案件5件（南江四张塘案、玉城江滨路549号案、石棠社区新塘案、石棠社区庙背塘案、名山硃砂村9、10组与13、14、18、19组争议大岭头案）。在这些案件中，涉案人员多，争议土地面积大，案情复杂，易激化矛盾和引发群众性事件的案件达24件。区调处办在调解案件过程中，深入基层组织召开案件协调会、通报会、汇报会达80多次，召集当事人召开陈述会、调解会110多次，组织当事人进行争议现场勘验会70次，努力构筑维护玉州区社会稳定工作的第一道防线，基本实现“抓好队伍、理顺关系、提升绩效，尽快调处”的统一。当年，区调处办受理“三大纠纷”案件76件，结案68件，调解率90%。其中土地争议的案件42件，结案37件；林业的案件32件，结案29件；水利的案件2件，结案2件。其中协议结案的有64件，办理政府处理决定的有4件，及时处置化解和协调一触即发的群体事件的案件有19件，确保社会稳定和各建设项目顺利施工案件有28起。同年，区调处办还接待群众来访1500多人次，处理信访件23件。

2011年3月10日，自治区综治办领导到玉州区法院调研

人民武装

【兵役工作】 2011年，玉州区人民武装部（以下简称区人武部）采取有力措施，进一步调动适龄青年应征入伍的积极性，协调移动公司、电信公司和联通公司给适龄青年及家长发送手机短信80万余条，发放征兵宣传单30000余份，书信1500多封，在区党政网上发布征兵宣传帖子。各镇（街）征兵宣传车巡回宣传320多台次，在村口的信息墙展出醒目标语。10月31日，区征兵办在市人民中路东门广场开展了声势浩大的“征兵宣传一条街”活动。全区适龄青年报名2162人，报名率10.8%，其中高中以上文化程度1088人（应届毕业生385人）。福绵管理区适龄青年报名1109人，报名率8.1%，其中高中以上文化程度456人（其中应届毕业生105人）。经过严格政审、体检，全区征兵任务数200人，实际征集217人（其中含玉东新区20人，女青年8人）；福绵管理区90人，实际征集101人（含女青年1人）。大专以上兵员32人，占兵员总数的10%，高中（含中专、职校）文化程度的224人，占兵员总数的70.4%。

【民兵工作】 2011年，区人武部严格按照要求，切实抓好民兵工作。

民兵整组 民兵整组工作，严格按照上级文件精神和玉林市2011年整组工作指示，周密计划，严密组织，突出重点，在巩固深化动员准备、优化后备力量结构和加强应急专业力量建设上下功夫，认真抓好各项工作的落实。通过整组，增强了民兵工作的地位和作用，提高了民兵队伍“平时服务、急时应急”和“战时应战”的能力。3月下旬，接受了军分区首长带工作组对全区民兵整组工作的检查验收，得到了军分区首长的充分肯定。4月初，协调区政府，组成联合检查组，对镇（街）和部分村民兵营的整组情况进行全面的检查验收，检验了三分之二左右的基干民兵队伍。从检查验收的情况来看，达到了预期的目的。根据上级的指示制订下发了16种表册卡共16万多份（本）。在方法步骤上，严格抓好调查摸底、骨干培训、宣传教育、编组配干和出入转队及抓好作战力量的编组、集合点验、健全制度、完善资料、检查评比等八个步骤。整组后，玉州区、福绵管理区基层民兵组织重点突出，布局合理，支前保障力量执行任务的能力有所提高。坚持把正常整组工作与力量的编组紧密结合起来，按照上级指示、任务要求，努力做到“实编化”。

民兵训练 民兵军事训练，以《民兵军事训练大纲》为依据，按照广西军区和玉林军分区2011年度军事工作指示，在军分区和玉州、福绵两区党委（党工委）、政府（管委）的直接领导下，于4月1日开始，至9月30日结束，分三个阶段进行。第一阶段为组织民兵“四会”教练员集训和专武干部及基干民兵营、连（排）长的训练。专武干部、基干民兵营（连、排）长训练时间为5月22日至5月31日、7月11日至7月25日，共25天；民兵“四会”教练员集训时间为6月1日至6月5日，共5天。第二阶段为组织应急、防化、机炮、心理战、物资油料、交通运输、医疗救护和装备维修、空军勤务保障和森林灭火等分队的训练。各分队训练时间为6月1日至6月11日，7月11日至25日，天数为10天到15天不等。第三阶段为组织82迫击炮、107单管火箭炮、情报侦察、通信和工兵等分队的训练。训练时间为7月11日至7月25日，共15天。训练地点为本级组织的训练在市职业教育中心学校校区，到其他县（市）组织的训练分别是：82迫击炮分队在北流市，107火箭炮分队在博白县，情报侦察分队在容县，通信分队在陆川县，工兵分队在兴业县。整个民兵军事训练，区人武部精心筹划，充分准备，严密组织，严格要求，严格管理，严格训练，安全顺利，按质按量完成了年度民兵训练任务。

民兵执行抢险和维稳任务　2011年，春节期间组织民兵应急分队240人完成城区巡逻执勤任务。玉博会和药博会期间，组织民兵210人协助公安完成维护社会治安任务。在执行任务过程中，做到人员、装备全部按时到位，齐装满员，平时管理有序，往返途中安全。

【军事工作】　2011年，区人武部按军事斗争准备的要求抓好各项工作，“八一”前后，区委莫荣新书记、区政府邹宇鹏区长亲自组织地方党政领导460人进行“军事日”活动，进一步增强了党政领导的国防观念。调整了玉州区、福绵管理区武委会、国防动员委员会机构，部署了新任务。从3月份上旬开始，先后两次召开有关会议，认真研究修改完善方案，按时间节点抓好各项工作落实。协同地方党委、政府，充实完善了玉州区、福绵管理区军事斗争准备相关领导机构，并在分别召开的玉州区、福绵管理区相关工作部署会议上进行了明确。10月份，莫荣新书记、邹宇鹏区长亲自组织区武委会暨国防动员委员会领导小组成员、区武装部机关干部及120多名民兵应急队员参加了广州军区组织的“广字－38号．崇左”演习，进一步提高了各级领导的组织指挥能力和民兵应急队伍的执行任务的能力。

【安全稳定工作】　2011年，开展了“条令月”活动，结合条令月活动加强正规化建设和安全管理。加强人员教育管理，开展好安全知识、法律法规、条令条例的教育，在内容上重点突出共同条令、《管理法规摘编》、《广西军区部队职工日常管理规定》、《广西军区部队管理若干问题暂行规定》、《安全工作条例》、《预防犯罪工作条例》等条令法规的学习教育。对重要岗位人员进行政审，人人签订了思想排查保证书，个人与科室、各科与部里签订责任状；加强防间保密教育，重申保密管理规定，加强防间保密制度、“四反”和保密常识的教育学习，增强“四反”工作的意识，严格落实防间保密制度。规范涉密载体的使用和管理，严格落实登记手续；加强营院管理，加强对作战值班室和门卫值班管理，进一步规范各种值班制度，严格要求值班干部必须保持24小时在职在位，杜绝使用呼叫转移，保证上传下达畅通。严禁职工顶替干部履行作战值班员职责。门卫值班坚持来访登记和查问制度，防止不法分子进入营区。坚持营区巡逻制度，保证营区24小时不失控；突出重点时期的管理，在各种防护期期间，教育好本部干部职工，按上级要求停止休假，严格控制车辆外出，保持了内部稳定。同时协助地方做好参战退役人员的稳定工作，多次派人到民政局汇审核实参战退役人员的身份，使他们尽早得到参战补助，没有参战的积极做好解释工作。在重要敏感期间，没有发生上访问题。年底被军分区评为安全“四无”单位。

【基层武装部建设】　2011年，区人武部在2009年、2010年抓建好的两批基层武装部规范化建设的基础上，进一步对照建设标准，固强补弱，同时组织专武干部到南江街道武装部参观学习，让各单位学有榜样，干有标准，扎实抓好5个基层武装部规范化建设落实，通过各级努力，顺利完成了建设任务。是年，会同地方党委充分利用地方换届的时机，多次同地方党委、政府沟通协调，配齐配强了专武干部队伍。玉州区、福绵管理区共14个镇（街道）有5名基层武装部部长得到重用，2名干事提任部长，争取了5名公开招考专武干事的指标，激发了专武干部队伍的内动力。5月底结合专武干部培训的时机，区人武部领导采取灵活的方式对全体参加集训的专武干部进行了集体和个别的谈心，帮助专武干部进一步理清了思路、明确了目标、增强了责任感。

【干部在职训练】 2011年，干部在职训练主要采取发资料自学，领导传帮带、请分区指导等方法进行。首长机关共完成军事训练40天，坚持每月集中4天时间训练，分别完成共同科目、队列、微机、业务理论等内容，所训科目均达到了良好以上成绩。在巩固体能训练的同时，结合作战任务，加强参谋“新六会”的学习训练。12月，区人武部参加军分区组织的干部军事训练考核中获总分第一名；年底被军分区评为“军事训练先进单位”。

【拥政爱民工作】 2011年，区人武部积极参加城乡清洁工程和植树造林活动，组织干部职工到辖区进行冬修水利工程。积极参与协助地方搞好退役人员管理。加强了与地方联席办、维稳办、民政、公安部门的沟通协调。坚持协助地方做好参战退役人员的稳定工作。通过调阅档案资料、汇审等，配合玉州区民政局、福绵管理区民政局做好各类退役人员的身份核实工作。5月份和10月份分别组织干部职工家属进行一次孕检，未发现计划外怀孕现象。配合区委、区政府于7月份成功取得自治区“双拥模范区”称号；12月，区人武部被玉林市被评为“双拥工作模范单位”，被玉林市评为“军（警）民共建精神文明先进单位”。

【机关营院建设】 2011年，区人武部针对营院部分设施陈旧的实际，进行了相应改造。重新制定了营院管理规定，印成传单发至每家每户。重新完善安装了视频监控系统，利用高科技手段对营院进行全时全程监控。重新聘请了3名复退军人，进行24小时不间断站岗执勤。对5户租住户进行了清理，筹资重新设计加固了标语牌，改造了营院老化的电线路，完善了消防设施，检修了避雷设施，重要目标加装了防盗网，引资近200万元装修了一个高标准的招待所，改建、装修了铺面。

【新闻报道工作】 2011年，区人武部积极组织干部职工和民兵预备役报道骨干采写稿件，在地级以上各种报纸杂志见稿59篇，其中《战士报》8篇，民兵生活11篇，《广西日报》1篇，《广西武装》10篇，地市级25篇，分区转发经验材料6篇。区人武部被《广西武装》评为“二O一一年度刊授教育先进单位”，被军分区评为“三写”活动先进单位。

陂耀村公共服务中心

工 业

【工业发展概况】 2011年，玉州区积极发挥“引导、扶持、协调、服务”职能，在追求规模经济数量总量扩张的同时，注重质的提升，切实加大企业培植力度，扶持激励企业做大做强。一是重点发展玉柴配套产业，实施“借柴兴区”战略，拉长做大玉柴机械产业链，把玉柴配套产业逐步打造成为全区工业的集聚高地和经济增长的重要板块。至年底，全区共有玉柴配套企业75家。二是重点培育壮大优势产业，重点发展机械制造、健康食品、皮革服装、建筑材料四大产业，提高区域经济核心竞争力，提升企业实力。全年新增5家规模以上工业企业，14家工业企业进入申报规模以上工业企业并于2012年2月获得通过。目前，全区四大产业产值占全区规模以上工业总产值的84%以上，税收占工业税收80%以上。三是重点扶持重点骨干企业，协调各级政府、部门，力争从资金、政策、项目、服务等方面对华原、嘉德、科创等一批发展潜力大的重点企业进行倾斜。是年，全区18家企业入选“首批广西千家成长型中小企业”，入选企业数量在玉林市名列前茅。

【主要工业经济指标】 2011年，由于金融危机对中小企业冲击尚未完全消除，且玉州区的中小企业特别是工业企业抗风险能力不强，部分企业开工不足。特别是玉柴股份有限公司工业产值的下降，玉州区的玉柴配套企业同样受到了影响。全区47家规模以上企业，其中25家为玉柴及玉柴配套企业，由于玉柴股司1－12月产值114.26亿元，比上年同期（134.62亿元）减少18.68亿元，同比下降15.12%，其他配套企业相应下降。此外，电力供应形势严峻，负荷缺口大，全区电力供应出现电力电量双缺局面。7月、8月工业供电形势紧张，拉闸限电严重影响部分中小企业的正常生产。据估算，玉州区47家规模以上企业，其中25家因停电限电减少规模以上工业总产值5亿元左右。因此，整个玉州区的规模以上企业总产值出现负增长。是年，全区（含玉东新区）实现工业总产值280.43亿元，工业增加值85.83亿元。实现规模以上工业总产值232.54亿元，规模以上工业增加值68.34亿元；完成技改投资74.27亿元。

【工业企业技改】 2011年，玉州区以现有企业为依托，以技术改造为主要手段，以重点项目为载体，将技改提升落实到具体项目上，充分发挥国家、自治区工业扶持专项资金的引导作用，鼓励企业不断加大技改投入，培育企业发展后劲。一是加快提升技术标准和工艺装备水平。鼓励企业用好国家增值税转型等政策，引导企业以市场需求为导向，大力购置关键设备进行技术改造。二是积极组织企业申报国家、自治区各类重点项目。用足用好国家、自治区等各级的企业发展扶持政策，积极组织企业进行各类项目申报上级扶持资金，帮助企业增强自主创新能力。是年，共争取上级专项扶持资金525万元。三是加强重点技改项目的谋划。建立技改投资重大项目库，精心筛选和储备一批技术含量高，经济效益好、竞争力强的大项目。2011年，新备案的工业技改项目19个，形成有效的项目储备增量。玉林市嘉德机械有限公司新增年产500万套发动机连杆建设项目、玉柴华原机械（玉林）有限公司微型车、轿车发动机过滤器生产线的技改项目等2个重大项目获列入2011年第二批增补自治区层面统筹推进（前期）重大项目。

【工业企业科技创新】 2011年，玉州区健全完善自主创新体制机制，围绕优势主导产业，以推进企业技术中心培育和认定评审工作为载体，引导企业切实增强创新意识，组织企业积极申报各类科技创新项目；引导企业运用高新技术与先进适用技术，加快改造技术装备，提升传统生产工艺水平，推动企业自主创新、联合创新、引进消化吸收再创新，促进产品的升级换代，增强企业发展的“内生动力”，提升企业竞争能力。是年，全区获新认定自治区级企业技术中心3家，市级企业技术中心9家；获得2011年自治区信息化示范企业1家，2011年自治区信息化应用企业4家，4项技术成果获“2011年广西装备工业行进工艺工装及优秀设备改造成果奖”。

【培育工业产品品牌】 2011年，玉州区建立完善工业产品品牌培育管理体系，支持企业争创名牌产品和驰名商标，指导企业提高品牌培育的科学化水平，提高企业品牌培育的能力和绩效，培育一批企业及示范项目，打响品牌，增强企业竞争力。是年，共组织15家企业参加中国工业企业质量信誉承诺，2家企业参加广西工业产品质量信誉市场评价和消费者（用户）评价，5家企业申报工业企业品牌培育试点企业。至年底，全区有20多家重点企业拥有自己的自主品牌，产品得到了广大用户的高度认可，在全国具有一定的知名度。

【优化中小企业发展环境】 2011年，玉州区切实把企业培育作为经济工作的重点，不断完善重点工业企业协调机制，加大要素问题解决力度，促进企业健康运行、做大做强。一是抓好中小企业融资环境建设。组成服务帮办组，全面走进企业、全面排查制约融资难原因，搞好煤电油运等重要生产要素的协调保障。加强政、银、企的协调对接。10月，区政府主持召开有146家中小企业参加的政、银、企合作座谈会，共为29家企业落实银、企对接意向贷款约7亿元，授信意向额度达12.44亿元。同时，区财政也注资500万元作为中小企业贷款担保风险补偿基金，调动金融机构支持区内中小企业发展的积极性。二是抓好中小企业服务建设。以“三网一平台”（即以电话、传真为主的有线网、电子邮箱无线网、中小企业网为依托，搭建中小企业交流平台）为载体，发布各类政策和技术信息，积极承办或组织参与国内外各类中小企业展览会、研讨会、论坛等活动。至年底，共有100多家企业参与国内外各类中小企业展览会、研讨会、论坛等活动，收到了很好的效果。三是抓好中小企业人才培养。依托国家中小企业银河培训工程，积极选送中小企业管理人员参加高级企管人员培训班，为培育成长型中小企业管理创新提供了智力支持。是年，全区共有60多家企业参加自治区以及玉林市等各级部门举办的培训班，参加培训人数达300多人次。

【企业改革工作】 2011年，玉州区在继续推进国有集体企业改制的同时，积极做好改制企业后续工作和处理企业遗留问题，维护稳定。年内重点抓好自行车二厂、玻璃厂的改制工作，两家企业改制工作基本完成。

【节能降耗减排工作】 2011年，玉州区把工业企业降耗目标任务分解到企业，认真抓好目标任务的落实，特别对重点耗能企业跟踪服务，其中富英制革有限公司产值能耗同比下降22.05%，节能量1322吨标准煤，完成任务344.15%。淘汰落后产能方面，市第一水泥厂、旺美造纸坊、彬林造纸加工坊、聚发造纸厂、仁东小庞纸厂、中庞第二造纸厂等6家企业已完成淘汰落后产能任务并已验收通过。清洁生产方面，玉林制药股份有限公司、玉林达业机械配件有限公司已分别签订清洁生产审核合同，清洁生产推行情况已通过自治区工信委审核验收。是年，玉州区共有5家企业获得中央财政淘汰落后产能奖励资金，1家企业获得自治区财政淘汰落后产能奖励资金。

【工业集中区建设】 2011年，园区新建道路1400多米，完成排水、排污管道500多米，完成给水管道350多米，架设供电线路1100多米；建成标准厂房10万平方米，在建标准厂房5万平方米；累计引进入园企业73家，竣工投产的企业40多家。按1－3季度经济运行分析估算全年园区将实现工业总产值31亿元；工业增加值8.5亿元；税收1.2亿元；工业项目实际投资8.2亿元；基础设施投资1.8亿元。

【城西工业园】 城西工业园地处玉林市城区西面，玉石公路西侧，与玉林市城区连为一体，与清湾江为畔。规划面积3500亩，园区主要发展印刷、食品、机械制造等产业。2011年，有10家企业入园，其中4家企业已开工建设。至年底，共有49家企业购地入园，计划投资近5亿元。其中：投资5000万元以上的1家，投资3000—5000万元的3家，投资1000—3000万元的12家，投资1000万以下的33家。现有40家企业动工建设，已有新翰电子、福绵福顺、宏丽制衣、驰原电动车配件、美贝食品、佳心意食品、庆林塑料、国宏彩印、嘉和食品等一批企业竣工、投产。园区二期的路基、排水、排污等“六通一平”建设工作正在进行中。

【岭塘工业园】 岭塘工业园地处玉林市城区南面，东邻市经济开发区，西连民主南路，北接江南新区和中药港，南靠玉柴小挖基地，离市区中心3公里，在建的二环路、金港大道贯穿整个园区，交通便利，区位优势十分明显。园区规划用地3600亩，园区主要发展物流（西药、交通）、机械、电子产业。一期开发土地430亩，土地平整、供水、供电及排水、排污及道路硬化、灯光工程完成。至2011年底，已有4家企业入园，分别是：玉林市科创机械有限公司玉柴配件生产项目、玉林本草堂中药饮片生产项目、玉林市福参仓储标准厂房建设项目、玉林市润堂仓储标准厂房建设项目。共投资1.8亿元，建设标准厂房14万平方米。

【坡塘工业园】 坡塘工业园地处玉林市西南部、玉公公路西侧，毗邻玉柴工业园，紧靠二环路，距玉林火车站2公里，离市区中心约3公里，交通便利，区位优势十分明显。至2011年底，园区已开发土地295亩，5家企业入园建设，分别是：玉柴华原机械（玉林）有限公司、玉林市益隆机械有限公司、玉林市嘉义机械有限公司、玉林市通力制绳厂、玉林市金光机械有限公司，共投资4.7亿元，规划建设标准厂房7.3万平方米，现已建成标准厂房约6.76万平方米。

【玉林健康产业园】 玉林健康产业园位于玉林城区西北面，地处玉州区城西街道、仁东镇、仁厚镇境内，区位优越，交通便捷，距城区10公里，北靠广昆高速公路，西邻荔浦至玉林高速公路出口，324国道贯穿园区南北，年吞吐量达50万吨的仁东火车货运站坐落园区。园区以“健康、低碳、绿色、高科技”为发展理念，以高科技生物制药、中药材加工、保健品、食品加工、医疗设备、器械设备制造为主，科学规划为六大功能区：高科技生物制药区；食品、保健品生产区；医药包装、食品包装、机械配套服务区；医疗设备、器械生产区；仓储物流区；综合配套服务区。力争10年内，逐步把园区打造成聚集一流中医药人才的南方健康产业品牌基地、最具竞争力的中国与东盟（10＋1）合作机制先进高科技生物制药贸易出口基地；建设成为集生产、流通、商贸、休闲、娱乐于一体的现代化生态园区和现代商务新城区。园区规划占地面积12.4平方公里，2011年，园区东、西两侧开发土地1000多亩，累计已开发土地4000多亩；引进企业6家，累计引进企业44家。其中，玉林制药集团、玉林市本草堂中药饮片、玉林市洋平石斛科技生产项目、玉林市祥生中药饮片项目、玉林市巨安保健品生产项目、玉林味香园食品有限公司等31家重点健康产业已竣工投产，计划投资100多亿元，已完成投资40多亿元。2011年12月，玉林健康产业园获得自治区A类产业园区，并被农业部认定为第一批国家农业产业化示范基地。

农 业

农业发展综述

【农村和农业基本情况】 2011年，辖区4个镇、5个街道，有村民委员会80个，村民小组1628个，乡（镇）村农户9.05万户，乡（镇）村人口37.86万人，乡（镇）村劳动力资源23.96万人。农业机械总动力196899千瓦，拖拉机666台，机耕地面积22206公顷，农村用电量10986万千瓦小时，农用化肥施用量实物34506吨，农药使用量366吨，有效灌溉面积7250公顷。全年农作物播种面积33473公顷。辖区农林牧渔业总产值207779万元（按现价计算），比上年增长3.3%（按可比价计算）。其中，农业产值93640万元；林业产值1560万元；牧业产值93319万元；渔业产值16626万元；服务产值2634万元。农民人均纯收入7226元。

【农业技术推广】 2011年，全区示范推广水稻免耕抛秧8966.67公顷、超级稻5633.33公顷、测土配方施肥技术33466.67公顷、间套种技术840公顷、“三避”技术6840公顷，全部超额完成上级下达的目标任务。全年建设粮食高产创建、间套种、测土配方施肥、设施农业、农业标准园等各种示范片（基地）16个，面积3466.67公顷，带动全区推广新品种、新技术、新产品126项（个），面积7.5万公顷次，累计实现节支增收2.3亿元。其中，在城西街道永上村建设的“早稻+晚稻+冬种马铃薯”一年三造高产栽培技术示范基地，以早稻优质高产、晚稻高产早熟早收获、抢早冬种马铃薯季节为关键技术，采取早稻种植高产优质超级稻品种Y两优1号，晚稻种植高产优质早熟超级稻品种甬优6号，冬种马铃薯种植高产优质脱毒品种合作88，10月24日开始收获水稻，10月30日完成马铃薯种植，全年建设面积73.33公顷，经验收，全年每公顷产稻谷18090公斤（干）、马铃薯产量37500公斤（鲜），每公顷产值110250元，其中稻谷54000元、马铃薯56250元，每公顷纯收入69750元，比传统种植模式每公顷增收45000元。该基地多次成为自治区、玉林市、玉州区接待上级领导、外宾和现场会议检查参观现场。

【创建国家级蔬菜标准园】 2011年，区农业局按照农业部蔬菜标准园创建要求，抓好丰顺公司各项创建工作的落实，重点抓好规模化种植、标准化生产、商品化处理、品牌化销售、产业化经营“五化”建设，新投入300多万元新建和完善了育苗大棚、水肥一体化、预冷保鲜库、专用有机肥生产线等配套设施，建成现代农业设施生产面积100多亩。积极推行病虫害绿色防控、水肥一体化、标准化生产等先进适用新技术，建立完善标准化生产技术规程、质量检测与控制体系、投入品监管制度、定期检测制度、基地准出制度、产品质量可追溯等一系列质量管理保障制度，实现生产标准化、质量安全化、产品商品化、销售品牌化“四化”创建目标，创建工作取得了显著成效。2011 年实现商品菜总产量 2 万多吨，总产值 6000 多万元，带动农民增收 1500 多万元，并以 95 分高分顺利通过农业部园艺作物标准园验收专家组验收。

【打造广西最大番石榴生产基地】 2011 年，玉州区以城北街道西岸村、钟周村为中心，以新品种、新技术、新方式为抓手，通过土地流转、水果标准园建设、水肥一体化、病虫害绿色防控、品牌打造等新手段，继续加大对台湾珍珠番石榴新兴优势产业的扶持发展力度。是年，全区新发展面积 150 多公顷，累计面积达到 330 多公顷，成为广西最大的连片台湾珍珠番石榴生产基地，获得农业部热作标准化示范园。

【建设农业技术展示园】 2011 年，区农业局积极推进玉州区农业新技术示范园建设，该园建设面积 3.3 公顷，位于广西最大的番石榴基地城北西岸村，以高产、稳产、高效的台湾珍珠番石榴为载体，集成应用疏密行种植、水肥一体化、测土配方施肥、绿色防控、农业三避、生物有机肥等农业实用新技术和机械化作业展示、农业休闲观光、农业新技术培训等综合性功能为一体的玉州区农业新技术示范园已初现雏形。是年末，完成整体建设规划设计和主导新品种新技术展示区、综合配套服务区等功能区建设，2012 年元旦投入试运营。

【“三个千万亩”增粮增收行动】 2011 年，玉州区继续实施“三个千万亩”增粮增收行动，即“千万亩超级稻示范推广行动计划”、“千万亩秋冬种产业开发行动计划”、“千万亩农作物间套种技术推广行动计划”。是年，“千万亩超级稻示范推广行动计划”实现显著增产。层层创建粮食高产示范片，大力推进以示范推广超级稻种植为重点的粮食高产创建工作。全年投入资金 80 多万元，在早稻抓好以城北街道为中心的农业部万亩水稻高产创建示范片的基础上，早晚稻分别在南江岭塘村、城西永上村、城北高山村、仁东木根村等建设 6 个超级稻示范片，带动和促进超级稻示范推广。全年示范推广超级稻 5693.33 公顷，完成任务 5466.67 公顷的 104.1%。其中高产创建示范片面积 1080 公顷，平均每公顷产量达 7825.5 公斤，增产 12.7%。“千万亩秋冬种产业开发行动计划”实现显著增收。建设秋冬种示范片 6 个，完成秋冬种开发面积 12100 公顷，完成任务 12000 的 100.8%。其中，秋冬菜 9833.33 公顷，完成任务 8666.67 公顷的 113.46%，马铃薯 1286.67 公顷，完成任务 1200 公顷的 107.2%。据统计，全区秋冬种开发实现农民人均纯收入增加 50 元以上。“千万亩农作物间套种技术推广行动计划”实现增产增收。重点抓好名山太阳村黑皮冬瓜间套种荷苞豆等 2 个示范片，促进全区推广间套种技术 840 公顷，完成任务 666.67 公顷的 126%。

【农村土地流转】 2011 年，玉州区农村土地向规模经营集中步伐加快，农业规模经营发展提速。全年新增流转面积 255.33 公顷，累计流转面积 2726.67 公顷，完成任务 2333.33 公顷的 116.9%，土地流转率达到 34.2%，比上年同期增长 10.3%，其中 1.33 公顷以上农业规模经营单位 113 个，增长 16.7%，面积 1533.33 公顷，土地规模经营率达到 19.5%，比上年增长 17.1%。

【农业产业化】 2011 年，区农业局组织申报市级以上农业龙头企业 10 家，其中市级 6 家、自治区级 3 家、国家级 1 家。玉林市健康产业园获国家农业部全国第一批国家级农业产业化示范基地，新增广西丰顺、博涛、华邦、宏进、中药港、大自然等 6 家农业企业获市级农业产业化重点龙头企业。新发展农民专业合作社 25 家，累计农民专业合作社达到 92 家。2011 年全区拥有农业产业化龙头企业 26 家，农民专业合作组织 92 家，各种产业化组织联结带动农户 2.51 万户，带动面达到 43.3%。

【农业区划】 2011 年，玉州区重点抓好国家、自治区下达的农业遥感地面样方监测工作，全年完成国家级农业遥感样方监测工作24次，上传监测数据24组，占应监测上报任务的100%，累计上报各种报表和图像材料24套，100%完成监测上报任务。配合玉林市农业遥感监测站做好5个自治区级农业遥感样方的早、晚稻监测工作，各项监测工作顺利完成。

【农村劳动力培训】 2011年，区农业局围绕农民科技培训、新型农民科技培训工程、“百万农民党员大培训”、“千万农民大培训”等活动，结合玉州区农业发展和农时实际，积极开展水稻免耕抛秧、农药安全合理使用技术、“三避技术”、蔬菜无公害生产技术、测土配方施肥技术、农产品市场营销等主题培训，全年组织举办区、镇（街道）、村三级农业技术宣传培训436期，培训农民15.3万人次，印发技术资料15万份，其中开展农民实用技术1.27万人次。

【农产品流通服务】 2011年，玉州区贯彻落实《广西壮族自治区人民政府办公厅关于切实做好当前农产品销售工作的通知》和《自治区农业厅做好农产品产销工作的实施方案》精神，重点抓好农产品价格市场监测和信息服务，加强产品宣传推介、网上促销、组织外销和开展南北市场产销合作对接，加大本土农产品生产、加工、流通企业（合作社、大户）扶持，壮大、提升本土核心经销队伍和农民合作社实力，积极采取有效措施，全方位做好农产品产销对接。先后组织20多家企业参加广西第一届名特优加工农产品展销会、2011广西名特优新农产品上海展销会，有力地加强区内外农产品产销对接，拓宽产品销售渠道，促进全年农产品顺畅销售，保障农产品市场稳定。

【农业执法】 2011年，区农业局抓好农业投入品管理，开展以农业投入品为主的专项执法检查活动，全年共出动农业执法检查人员860人次，印发宣传资料14000多份，检查农资企业720个次，查处农资违法违规案件18起，查获违规农资产品144.6吨，为农民挽回经济损失322.9万元。深入开展打击农产品（种植业）生产违法添加非食用物质和滥用食品添加剂、毒鼠强和禁销高毒高残留农药的专项整治活动，全区没有发现滥用食品添加剂、“毒鼠强”和禁销高毒高残留农药的销售和使用行为，农资产品质量稳定，货源充足，供应保障。

【农产品质量安全监管】 2011年，区农业局抓好农产品质量安全监管工作，全年共检测蔬菜样品3267个，合格样本3255个，合格率为99.63%，超过自治区要求合格率95%的4.65个百分点，全区蔬菜产品质量保障，无质量安全事故发生。

【农民负担和农村经济经营管理】 2011年，区农业局抓好农村土地承包合同纠纷的信访接待、调解和立案调查处理工作，受理土地承包纠纷案件受理土地承包纠纷案件共7件，其中玉林市农委转办1件，玉州区信访办转办2件，区农业局直接受理4件，完成合同纠纷案件调处2件，答复2件，正在调查取证处理的3件，全区无重大涉农纠纷事件发生。抓好农民负担检查监督工作，开展惠农强农资金落实情况和涉农负担乱收费及一事一议筹资筹劳情况等专项执法检查活动8次，检查涉农收费单位22个，纠正违规收费10多万元，全区无严重违规涉农收费现象。

种　植　业

【粮食作物生产概况】 2011年，辖区粮食作物播种面积19793公顷，总产量108193吨。其中，春收粮食播种面积643公顷，产量2826吨；夏收粮食播种面积9664公顷，产量55146吨；秋收粮食播种面积9486公顷，产量50221吨。

【稻谷生产】 2011年，辖区稻谷播种面积18032公顷，产量102165吨，其中早稻面积9060公顷，产量53557吨，晚稻面积

8972公顷，产量48608吨。

【玉米生产】 2011年，辖区玉米播种面积206公顷，产量1034吨。

【豆类生产】 2011年，辖区豆类播种面积418公顷，产量825吨。

【薯类生产】 2011年，辖区红薯播种面积658公顷，产量1666吨；马铃薯播种面积479公顷，产量2503吨。

【油料生产】 2011年，辖区油料（花生）播种面积1380公顷，产量4187吨。

【蔬菜生产】 2011年，辖区蔬菜播种面积11023公顷，产量309457吨。是年蔬菜生产效益明显增加，蔬菜价格普遍上涨，上涨幅度是近年最大的一年，平均上市价格同比涨幅超50%，每亩增加收入500元以上。

【甘蔗生产】 2011年，辖区甘蔗种植面积266公顷，总产量25451吨。

【水果生产】 2011年，辖区果园面积5335公顷，水果产量14922吨。

【木薯生产】 2011年，辖区木薯播种面积453公顷，产量2698吨。

畜 牧 业

【生产概况】 2011年，辖区共有养殖农户8946户（养殖场），其中规模养殖场（指规模猪场为年出栏100头以上，禽类养殖为年出栏1000羽以上，水产养殖为养殖面积50亩以上）227家。辖区出栏肉猪31.95万头，比上年增0.33%；出栏肉牛0.40万头，比上年增2.29%；出栏兔6.15万只，比上年增19.35%。出栏家禽831.72万羽，比上年增5.11%；生猪存栏18.96万头，比上年增4.74%；兔存栏3.275万只，比上年增1.82%；家禽存栏430.42万羽，比上年增11.48%。肉类总产量35962吨，比上年增2.18%；禽蛋总产量6724吨，比上年增4.83%；奶类产量88吨。辖区畜牧业总产值93319万元（当年价），比上年增长2.93%。

【动物疫病预防控制工作】 2011年，玉州区加强动物疫病预防控制做好畜禽免疫注射工作。全年共免疫注射：猪33.78万头、家禽871.37万羽、牛存栏1.1万头。主要采取常年免疫，春秋两季加强强制免疫相结合的措施。全区高致病性禽流感、口蹄疫、高致病性猪蓝耳病、猪瘟等4种强制免疫疫病的应免畜禽免疫密度达到100%，抗体合格率达到70%以上，符合农业部的免疫要求。加大动物疫病监测力度，密切监控动物疫病发展动态。全区没有发生重大动物疫病。

【动物卫生监管工作】 2011年，玉州区做好动物卫生监管工作，一是加强督促管理，增强业主食品安全意识；二是开展养殖场用药安全生产督查；三是加强动物及动物产品的检验检疫工作；四是强化生鲜乳抗生素残留专项整治；五是切实做好兽药经营监管工作。

【规范兽医从业行为】 2011年，玉州区规范兽医从业行为，做好村级、民间兽医的注册登记管理工作，共有201人进行注册登记并组织培训。做好官方兽医（动物检疫员、动物防疫监督员）的培训、管理工作。全年共组织培训官方兽医3次，培训人员112人次。

【农民培训工作】 2011年，玉州区水产畜牧兽医局共举办水产畜牧业养殖、动物疫病防控知识培训班13期，培训农民达到1660人。

【落实国家惠民政策】 2011年，玉州区落实能繁母猪补贴政策，给全区6348户养殖户发放能繁母补贴221.51万元。落实生猪标准化建设补助政策，全年共有5个规模生猪养殖场获准国家补助，补助资金50万元 。

渔　业

【生产概况】　2011年，玉州区大力推进渔业结构调整，不断培育壮大区域特色渔业；大力推进渔业科技创新，不断提高渔业科技水平；发展庭院渔业养殖。渔业生产继续稳步发展。是年，辖区淡水养殖面积1472公顷。其中，池塘养殖1156公顷、河沟养殖2公顷、山塘水库养殖244公顷、其他养殖70公顷。水产品总产量15570吨，比上年增10%。其中，淡水捕捞1415吨（其中鱼类1090吨）、淡水养殖14155吨（其中鱼类13426吨）。渔业总产值16626万元（当年价），比上年增长10.9%。

【水产特色养殖】　2011年，区渔业生产在做好传统水产品733.33公顷养殖面积的基础上，进一步发展水产品特色养殖。是年，全区中华鳖、黄沙鳖养殖面积88公顷，鳄鱼养殖面积1.33公顷，鲟鱼养殖面积5.33公顷，本地塘角鱼养殖面积233.73公顷，鲶鱼养殖面积178公顷，生鱼养殖面积37.33公顷。

【建立首个水资源循环利用的特种种养示范基地】　2011年，玉州区在城北街道排榜村建立首个500亩水资源循环利用的特种种养示范基地。该基地利用养殖场内地势落差的优势，通过完善内部管网和沉淀过滤系统建设，实现基地无种养废水外排，水资源循环利用。即第一级水养殖对水质要求较高的鲟鱼等高价值鱼类，废水经人工湿地和深沉过滤池处理后，部分用于灌溉作物，部分经管网流入一下级；第二级水养殖普通鱼类等，废水沉淀过滤后，经管网流入第三级；第三级养殖鳖类水产品，废水深沉过滤后，经管网流入最后一级用于水培的作物。

林业·水利

林业

【概况】 2011年，玉州区紧扣生态建设主题和林业改革主线，开展林业工作。全区森林覆盖率达33.32%，比上年度增长0.32个百分点；完成林业固定资产投资25424万元，比上年增长19.8%；林业生产总值达到84870万元，同期增长28.5%，其中花卉产值达到4143万元，比上年增长34.5%。

【“绿满八桂”工程及创建国家森林城市工作】 2011年，区人民政府办公室印发《2011年玉州区实施“绿满八桂”造林绿化工程建设工作方案》，成立玉州区“绿满八桂”工作领导小组和“创建国家森林城市”工作领导小组，下设工作办公室。实施“绿满八桂”造林绿化工程和创建国家森林城市，以通道绿化、城市绿化和村屯绿化为重点，“山上治本”与“身边增绿”同步推进。一是组织开展“大种树、优生态、惠民生”主题植树活动。区四家班子领导成员参加玉林城区的每月植树日活动。全区共组织8次专题植树活动和绿化日植树，共11000多人次植树4万多株。二是加快山上造林进程。全区完成山上造林134.14公顷，占任务的100.6%；完成义务植树70万株，占任务的100%；完成中幼林抚育160公顷，占任务的120%。三是开展百万农户种千万棵树活动。经宣传发动，全区发动1.8万户农户共植树18万株，占任务的100%。四是玉州区佛子山现代花卉苗木生态园项目进入前期工作，前期经费已到位，区政府召开租地工作动员会，抽调工作队进村开展工作。

【集体林权制度主体改革工作】 2011年，玉州区继续推进集体林权制度主体改革工作，10月份自治区进行检查验收。主要指标完成情况：一、确权发证率。完成确权的村民小组1252个，占林改村民小组总数1298个的96.46 %。确权发证面积11420公顷，确权发证率93.61 %。在确权发证面积中，公益林确权发证面积1006.67公顷，商品林确权发证面积10413.33公顷。二、确权到户率。确权到户面积10653.33公顷，确权到户率达87.3%。三、均山到户率。完成商品林均山到户面积为8340公顷，均山到户率为80.1%；公益林均山到户面积为520公顷，均山到户率为51.66 %。四、林权证核查准确率。林权证发放面积11420公顷，发放林权证3.1万本，宗地5.6万宗，涉及农户5.9万户。在自查中检查1515本林权证，合格1485本，不合格30本，合格率为98%。

【为民办实事工作】 2011年，区林局根据区委、区政府部署做好为民办实事工作。一是继续把沼气池建设列入为民办实事内容，上级下达给玉州区非贫困村沼气池建设任务为200座。截止2011年10月30日，提前完成沼气池建设200座的任务。二是做好村屯绿化建设。2011年玉州区城乡风貌综合改造村屯绿化示范点：城北街道凤村大井自然村、大塘镇大塘村横岭自然村和大塘镇苏烟村新屋自然村3个点的村屯绿化任务全部完成。三是抓好国家级和自治区级公益林共933.33公顷和大容山水源林1026.67公顷的管护和建设工作，通过宣传发动，共完成自治区级公益林签订管护合同面积980公顷，发放生态效益补偿金14.33万元；完成大容山水源林共管协议签订面积1026.67公顷，发放生态效益补偿金23多万元。

【森林采伐限额】 2011年，市下达玉州区人工商品林蓄积37868立方米，其中：一般用材林蓄积4395立方米，工业原料林蓄积33473立方米。年内实际批准采伐商品林蓄积17455立方米，其中：一般用材林蓄积4217立方米，工业原料林蓄积13238立方米，控制在市下达的木材生产计划指标内。

【森林公安工作】 2011年1月至4月底，根据自治区林业厅、玉林市林业局的部署，玉州区森林公安在辖区范围内组织开展打击涉林犯罪，维护林区社会治安的“春季攻势”和“亮剑行动”。截至12月底，玉州区林业局共出动执法人员800人次，其中森林公安民警570人次，出动车辆227台次，清查木材交易场所108处，清查木材加工经营场所120处，查处林业行政案件40起，收缴木材221.302立方米，单板64.548立方米，立破刑事案2起，逮捕2人，收缴国家二级保护的野生动物蛤蚧19条。

【森林防火】 2011年，玉州区贯彻落实森林防火工作的各项措施，进一步加强森林防火宣传工作，发放（张贴）森林防火宣传资料33800份、标语3580条，出动宣传车216辆次。重点做好清明、“重阳”节期间及其他高火险时段的森林防火防范工作。是年，全区发生森林火灾6起，森林过火面积52.27公顷，森林受害面积5.69公顷，无人员伤亡事故。

【林业有害生物防治及植物检疫】 2011年，玉州区继续将林业有害生物防治工作纳入目标管理责任书内容，将防治责任落实到各有关单位。加强对全区森林有害生物监测，对发生松毛虫危害的松林354.6公顷，松突圆蚧虫害210.33公顷和桉树尺蛾虫害面积41.33公顷进行防治，施放生防菌1000公斤、BT粉766公斤、白僵菌2010公斤；检疫木材88943立方米。

水　　利

【水利基础设施建设】 全区2010－2011年冬春水利建设累计完成投资2036万元，占计划投资2024万元的100.59%。其中：水利水毁工程修复3处，完成投资20万元，占计划的100%；农村人饮项目15处，完成投资1460.65万元，占计划投资的100%，解决饮水困难人口2.74万人；建设水土保持小流域治理工程1处，完成投资120万元，占计划投资的100%；建设中小型灌区节水改造及渠道防渗2处，完成投资196.95万元，占计划投资的100%；地方面上农村水利建设完成投资132万元，渠道清淤346.7公里，干支渠道防渗1公里，田间渠道防渗14.73公里，超额完成任务。中小型灌区节水改造及渠道防渗工程1处，完成渠道防渗1.92公里，完成投资75万元，占计划投资的100%；农村学校人饮项目1处，完成投资31.4万元，占计划投资的100%。

【防汛抗旱】 2011年，玉州区按照“安全第一，常备不懈，以防为主，全力抢险”的防汛工作方针，做好防汛抗旱各项工作。一是落实组织机构及防汛工作责任制。二是修订完善防汛预案，落实水库防汛通讯、抢险物资和抢险队伍。三是加强水库安全检查，组建防汛抗旱培训基地，开办水库管理员培训班。四是严阵以待防御强降雨。在每一轮强降雨期间，区水利局领导坚持24小时带班值守，利用卫星定位系统随时抽查水库管理员值守情况，做好防御，确保水库安全度汛。五是力促抗旱工作。是年降雨明显比往年偏少，导致部分乡镇出现用水困难及农作物受旱现象，玉州区积极向上申请抗旱经费，科学调度用水，投入抗旱调水经费10.8万元向兴业县买360万立方米解决仁东、仁厚镇农田水紧缺问题，同时组织灾区群众开展生产自救，抗旱期间日投入抗旱人数1.6万人，投入大小抗旱设备3710台套。

【农村人饮解困工程建设】 2011年，玉州区实施为民办实事项目——农村饮水安全工程项目，共9项，计划总投资1490.8万元，其中：中央投资1151万元，地方配套339.8万元，计划解决饮水不安全人口28783人。玉州区水利局严格按照工程基本建设程序及上级有关要求有步骤安排实施，至2011年10月底全部完成项目建设任务。

一湾江水向南流江　（李岳青摄）

【水政水资源管理】 2011年，玉州区加强对取水许可、水事秩序等方面的监察力度，推动水政监察工作有序开展。在“世界水日”水法宣传周活动中，发放水法规宣传手册200多份，悬挂横标15条，发放水法宣传画300套。依法依规处理1起侵占毁坏河堤案件，责令其进行强制拆除新建河堤，恢复原貌。

【水土保持】 2011年，玉州区针对城区开发建设项目和矿山开发项目的快速发展，加大水土保持监督力度，开展水土保持综合治理。对自然地貌破坏严重的情况，做到行动迅速，及时处理，有效地控制了水土流失。2011年投入资金100万元开展浪塘江小流域水土保持综合治理工作。

【水利普查工作】 2011年，玉州区开展第一次全国水利普查工作。3月14日区召开“第一次全国水利普查”工作动员会。会议指出，水利普查工作是关系全国的重大国情国力调查，是加快水利改革发展步伐、促进经济社会可持续发展的重要基础性工作。会议要求，各镇（街）、各部门要充分认识水利普查的重要意义，统一思想、明确任务、落实责任，确保玉州区“第一次全国水利普查”工作有序、有效进行。区按水利普查工作要求成立区水利普查工作领导小组，开展水普人员培训，建立健全玉州区水利普查台帐。8月份开始启动普查数据获取及预录入工作，完成普查表的发放与回收，完成空间数据清查名录采集。

交通·城建

交通

【概况】 2011年，玉州区农村公路通车总里程231.802公里，其中在养公路203.998公里。按行政等级分，有县道7.519公里，乡道175.572公里，村道48.711公里；按技术等级分，有二级公路12.839公里，四级公路194.084公里，等外公路24.879公里；按路面等级分，有高级路面152.493公里，次高级路面17.941公里，低级路面61.368公里。全区80个行政村、27个社区均实现了通硬化道路，全区农村公路养护平时好路率保持在80%以上，晴雨通车率100%，年终好路率达90%以上，获2011年玉林市农村公路养护路况评比第一名、玉林市农村公路建养工作综合评比第一名。年内，玉州区交通运输局被评为玉林市交通运输工作优秀单位、玉林市2011年农村公路建设养护管理工作先进单位一等奖、玉林市交通战备工作先进单位。

【公路建设】 2011年，玉州区委、区政府决定从2011年起至2013年在全辖区范围内开展交通基础设施建设大会战。2011年区财政安排1000万元作为大会战项目奖励资金，加强通自然村（屯）道路硬化建设工作。是年，全区完成建设农村道路项目89项，总里程89.87公里，完成投资2687万元。其中：自治区交通运输厅建设计划项目1项，完成仁东至下罗公路硬化工程，全长1.7公里，总投资89万元；大会战通自然村道路硬化项目88项，总里程88.17公里，完成总投资2598万元。

【公路养护管理】 2011年，玉州区管养农村公路总里程203.998公里。玉州区通过农村公路养护体制改革，使全区农村公路养护实现了管养分离，走上公司化、市场化养护的管理模式，提高了管养工作效率，降低了农村公路养护成本，基本理顺了与原养护人员的劳动关系，促进了农村公路建管养的良性发展，使农村公路养护管理的整体水平得到全面提升。据年底的公路检评，参加检评（村道、施工路段不检评）的177.272公里，良等路达162.045公里，中等路1.3公里，次等路7.937公里，差等路5.99公里，按检评里程计好路率91.41%，差路率3.37%，晴雨通车里程率100%，全区农村公路网络经受住持续强雨天气的考验，没有发生断通现象，保持了安全畅通。为此，玉州区交通运输局在2011年自治区农村交通工作会议上做了经验发言。

公路绿化主要做好仁东～中坡、唐步岭～新桥、名山～腾扬、寒山水库环库路等重点线路及示范路的绿化，分别种植九里香、芒果树、盘架子总数4500多株，投入资金13.21万元。

【路政管理】 2011年，玉州区交通运输部门坚持依法行政，不断加强路政管理，通过不断增强执法力量并确保经费投入、不断加强队伍教育提高路政管理队伍素质、加大路政法律法规的宣传力度、进一步加强治超工作、加强内业管理等一系列的措施，路政工作取得良好成绩：全年路政立案共21起，办理结案21起，其中：查处违法建筑3起，教育当事人自行拆除违法建筑3处122平方米；查处超限运输车辆18辆；清理路面堆积物160处，共2671立方米。

【水上交通安全管理】 玉州区境内无渡口码头。2011年，为了确保辖区内水上交通安全，玉州区交通运输部门制订了检查工作方案，明确检查内容和检查要求，成立了水上交通安全检查领导小组。加强水运行业安全管理，层层签订了内河交通四级安全管理责任书，签订率100%。在重要节假日及汛期期间加强对辖区河流、水库的安全检查，确保没有船舶进行非法载客营运行为，全年无水上交通安全责任事故发生。

城镇建设

【农村危房改造工程】 2011年，区住房和城乡建设局把农村危房改造工作列为全局工作重点，作为一项德政工程、民生工程、为民办实事工程抓实抓好，严格按照上级下达的目标任务，积极稳妥推进。当年，自治区下达给玉州区的危房改造任务是1350户，总投资2160万元（其中上级财政补助1809万元；区财政配套351万元），开工率、竣工率及验收合格率均达到100%。

【城乡风貌改造工程】 2011年，玉州区风貌改造点共3个，分别为城北街道凤村大井自然村、大塘镇大塘村横岭自然村和大塘镇苏烟村新屋自然村。共涉及2个镇（街道）3个自然村，房屋外立面改造共222户。8月中旬，根据玉州区制定的《玉州区风貌改造三期工作实施方案》和《玉州区风貌改造三期工作以奖代补实施方案》，开展了三期风貌改造工作。首先完成了3个村庄的规划编制，至年底，城乡风貌改造中的外立面改造工作已按计划投入资金255万元，外立面改造项目累计完工户数222户，道路硬化累计投入41万元，完成道路硬化2.1公里。

【小街小巷建设工程】 2011年，玉州区小街小巷建设坚持“谁受益、谁投资”的原则，采取社会集资加财政投入的办法来筹集建设资金。为此，区住建局不断加大宣传力度，采取上级支持一点、镇（街道）支持一点、路段单位支持一点、受益群众集资一点、区直单位支持一点、社会募集一点的办法筹集资金。财政投入100万元，共完成了15条小街小巷的硬化建设任务，占全年总任务的100%。

【村镇规划】 2011年，在工程时间紧、任务重的情况下，区住房和城乡建设局精心组织，财政投入182万元，其中上级配套97.5万元，完成了65个村委所在地或中心村的规划编制工作。

【南梧高速路玉林出口引线路段两侧绿化工程】 绿化地段位于南梧高速公路玉林出口引线段，长约12公里的两侧各宽5米。该项工程涉及玉州区的大塘镇、城北街道和仁东镇。2011年，南梧高速公路玉林引线路段通道绿化工程总投资约770万元（其中：玉林市补助720万元；玉州区配套资金50万元），种植乔木11000株，灌木68000平方米。

【保障性安居工程】 玉州区负责玉林城区廉租住房保障申请的受理、调查、初审、公示工作。2011年，初审廉租住房补贴任务是1850户，当年已受理、初审1926户廉租住房申请户到市房管所进行审批，完成率104.10%。

【规划审批及技术服务工作】 2011年，区住建局始终以服务为宗旨，在做到严格执行有关规划法规、标准的同时，努力做好各项规划技术服务工作。当年为玉州区仁东镇大路村农村土地综合整治项目一期工程、城北供销社大塘供销综合楼工程、仁厚初中教学楼等8个项目提供综合技术论证服务工作，核发3个建设工程规划认可证。

【住房保障工作】 2011年，在办理已购公有住房上市过程中，区住房和城乡建设局继续按照玉政发〔2001〕4号《玉林市人民政府关于印发玉林市已购公有住房上市交易实施细则的通知》要求，做到严格把关，认真审核。当年共办理了99套已购公有住房上市手续，建筑面积共9278.03平方米，其中出售68套，建筑面积6274.05平方米，抵押31套，建设面积3003.98平方米。

同年，区住建局继续做好经济适用住房建设资格资格审查和单位合作建房的指导和管理工作。当年，共为134人进行了购买经济适用住房（集资建房）资格审查和出具相关证明材料。

【安全生产督查工作】 2011年，区住建局认真贯彻《建筑法》、《安全生产法》、《建设工程安全生产管理条例》等法律法规，紧紧围绕上级的工作部署，层层落实责任状，认真开展安全生产督查工作。一是健全安全生产督查机构；二是深入学习贯彻《安全生产法》；三是及时转发有关安全生产的文件，并根据工作情况提出相关要求；四是深入建筑工地，开展安全生产大检查工作。当年局机关干部组织安全生产知识集中学习9次，召开安全生产工作会议6次。认真抓好系统安全生产督查工作和"安全生产月"宣传活动，做好"药博会"期间和"玉博会"的安全生产工作，共印发宣传资料420份。

【规划建设监察执法工作】 2011年，区住建局加强规划建设监察执法工作：一是树立"以人为本"的规划建设监察执法理念，采取更具人性化的管理措施或办法，有效地防止违法建设的发生。二是加强执法力度，严格执法。全年共出动人员约600人次，车辆200次，依法对违法建筑立案195件，立案率为96%，处理187件，处理率95%；及时处理违法建房35000平方米、临时建筑45000平方米，扼制了违法建设的漫延势头。三是大力加强城乡规划法的宣传工作，营造依法依规建设的良好氛围。始终做到以宣传教育为主，处罚为辅，使广大群众不断增强依法依规建房的观念，减少违法建房行为的发生。

【城乡清洁工作】 2011年，区住建局紧紧围绕"城乡清洁工程"开展工作，结合实际，全面推动城乡清洁工程由点到面扩大、由城区中心外延到镇村、由政府单一行动到全社会共同参与，着力构建城乡清洁工程长效机制。全年共投入资金515万元，组织开展环境卫生整治统一大行动16次，累计组织出动5.4万人次，运输车辆2500多辆次，清理卫生死角400多处，对责任区702条小街小巷认真抓好清扫保洁工作，部分重点路段实行24小时保洁，清运各类垃圾8.7万多吨，置换垃圾桶220个，新安装果皮箱50个，新购置垃圾清运车1辆。同时加强督查，确保工作落实。经常性对各镇（街道）进行明察或暗访，督查出问题，当即发出书面整改通知，限期整改。编辑出版督查通报，把督查情况向全区通报。印发督查通报6期，发出整改通知书30份，促进对存在问题的整改。

旅 游

【概况】 2011年，玉州区旅游工作紧紧围绕“2011低碳旅游年”和“中国文化游”主题，扎扎实实做好各项工作，全年玉州区共接待入境旅游者1.01万人次，比上年增长17.9%；国内游客318万人次，比上年增长17.11%；旅游外汇收入351.99万美元、国内旅游收入28.02亿元，比上年增长33.17%，超额完成了既定目标。无旅游重大投诉事件和旅游安全事故发生。3月30日玉林市花园国际大酒店举行荣膺国家四星级旅游饭店揭牌及荣获国际金钥匙组织中国区金钥匙授徽仪式。

【行业管理】 2011年，玉州区旅游接待办公室继续在相关部门的配合下，积极推进旅游项目建设，对旅游企业经营状况、旅游产品等进行检查，强化旅游企业守法经营、诚信经营意识，完善自律公约，加强行业自律，协调解决好旅游经营和发展的热点、难点问题。清理整顿旅行社及营业部，认真受理旅游投诉，妥善处理，维护消费者合法权益，建立良好的旅游服务环境。

旅行社管理。切实抓好对旅行社的管理。认真按照国家旅游局和自治区旅游局的要求，按时组织和指导旅行社参加年检；认真组织学习国家颁布的《旅行社服务质量赔偿标准》，继续贯彻落实《对旅行社设立分社有关事宜的政策法规》和《试行旅行社委托代理招徕旅游者业务有关事项的通知》，严格按照《旅行社条例》规范旅行社业务操作。

旅游饭店管理。逐步规范化宾馆饭店服务。精心组织，大力发动辖区内宾馆饭店及社会餐饮企业参加第八届玉林国际旅游美食节之“玉林烹饪武林大会”大赛；完成了1家星级宾馆饭店满四年星级复核和4家星级宾馆年度复核工作。积极指导凤林国际大酒店、嘉和国际大酒店开展申报星级旅游饭店准备工作。

旅游安全管理。玉州区坚持以人为本，强抓旅游安全工作。年初与旅游企业签订安全责任状，建立健全旅游安全责任制，加强旅游项目与旅游设施的安全检查，以春节黄金周、“五一"小黄金周、端午节为主线开展旅游安全出行宣传教育活动和安全生产大检查，及时排除安全隐患。强抓消防演练和应急救援队伍建设。重大节假日前夕会同消防、公安、安监等部门对旅游企业的消防安全工作进行专项检查，针对宾馆酒店消防设施、食品卫生进行检查，严格旅行社工作人员安全意识培训、旅行社用车资质审核；同时积极配合自治区和市委市政府有关部门开展不定期的旅游设施设备安全大检查，杜绝安全事故的发生，确保玉州区旅游行业稳定快速的发展。

【旅游宣传促销】 2011年，玉州区旅游接待办加大宣传促销力度，充分调动旅游企业开展旅游形象宣传和旅游产品促销的积极性，组织参加了“3.15旅游诚信经营与消费维权咨询日”宣传活动、“5.19”中国旅游日玉林主会场宣传活动等，现场接受咨询80多人次，发放资料1000多份；组织参加了中国国内旅游交易会、广西首届特色旅游产品评选、广西休闲农业摄影大奖赛”等活动，多角度、全方位展示玉州旅游风情。9月份，结合市旅游局围绕“诚信兴商，放心消费”的主题在旅游行业开展“诚信兴商宣传月”专题活动。

【旅游从业人员教育与培训】 2011年，玉州区旅游接待办积极组织开展旅游从业人员的培训，以提高其从业技能及自身素质，按年度工作计划共组织了33人次参加了玉林市旅游局举办的2010年导游人员年审培训工作、“农家乐”旅游从业者培训200多人次，组织相关企业参加了2010版旅游饭店星级标准培训班、玉林市旅行社信息化管理系统培训班。同时，要求各旅游企业对新员工实行岗前培训，对老员工不定期进行在岗培训，使其知识及时得到更新。

【旅游设施及景区建设】 2011年，玉林佛子山国际生态养生度假小镇项目列入玉州区重点建设项目，玉州区旅游接待办公室主动配合做好企业服务工作；协助玉林市旅游局完成高山村景区大门的设计，计划于2012年动工建设；积极动员莱秀苑、云香农家寨加入到星级农家乐创建队伍中。

翩翩起舞

商业·贸易

商业发展综述

【商业发展概况】 2011年，玉州区全区社会消费品零售总额累计实现156.54亿元，同比增长18.06%。全年商品销售总额2959573.5万元，其中批发1430168.5万元，零售1529405万元。第三产业增加值1232830万元，第三产业占生产总值的53%。

【对外贸易】 2011年，玉州区加大出口企业和外商投资企业服务和协调管理工作，引导出口企业开拓国内市场应对金融危机带来的影响，通过深入出口企业调研座谈，鼓励出口企业挖掘企业内部潜力，励行节约，降低生产成本，调整外贸出口策略。是年，全区外贸进出口总额7965万美元，同比增长16.5%。

【家电下乡工作】 2011年，全区家电下乡产品销售107936台，销售额2.77亿元。家电以旧换新销售18784台，销售金额6785.24万元。

【酒类零售管理和家畜屠宰管理】 2011年，玉州区做好食品安全检查和家畜屠宰管理。进行经常性生猪屠宰执法检查，查处私屠滥宰行为。全年全区家畜定点屠宰生猪153685头，定点屠宰率达95%以上。

【商业系统企业营销概况】 2011年，玉州区商业发展总公司下辖商业系统实现商品销售总额16278.1万元，完成年度目标任务15804万元的103%，与2010年同期对比增加474.1万元，增长3%；税金540.4万元，完成年度目标任务560万元的96.5%，与2010年同期对比减少19.6万元，减少3.5%。

【扩大社会消费】 2011年，各租赁企业采取了一系列的灵活措施，应对资金紧张，物价上涨，经营成本增加，社会销售不畅等困难。一是开拓市场。各租赁企业抓住年节假日的黄金销售季节，以充裕的商品货源，灵活的促销措施，优质的售后服务，抓好各个年节假日时段的商品的销售工作，出现了节假日购销两旺，社会消费活跃的良好局面，各个节假日实际消费品零售总额增长20%左右。二是抓好肉食市场。市华邦食品公司主营生猪屠宰经营，在今年生猪出栏偏紧，存栏少，生猪市场价格上升，波动较大的情况下，积极与养殖专业公司建立互利合作关系，同时加强对区内外生猪货源的组织，畅通货源渠道，扩大生猪货源，稳定了肉食市场，全年，该公司生猪屠宰量达15.2万头，满足了人民群众的需求。三是特色服务促销。各餐饮服务业，推出社会大众消费的年夜饭，茶市、婚宴、生日宴，升学宴等，使餐饮业经营效益稳步上升，全年营业额增幅在20%左右。

【提高资产效益】 2011年，商业系统下属企业多分布在玉林城区繁华黄金地段，资产有明显的优势。是年，商业系统下属企业，对租赁到期的商业网点铺面，运用市场手段，公开向社会招租，公平竞争，使租赁门店实现利益最大化。其中：市百货公司对到期的7家门店铺面，进行新一轮的租赁，通过媒体报纸刊登招租广告，以市场价格定租金，向社会招租，使租金水平大幅度提高；百货大厦今年7月份到期后向社会招租，产生新的租赁业主，租金由原来40万元提高到201万元。

【帮扶贫困职工】 2011年，商业总公同及下属企业以人为本，从关心职工的切身利益问题入手，积极做好社会保障工作。一是做好最低社会生活保障工作。各企业深入职工家庭调查研究，摸清低收入贫困职工家庭的现状，对符合申报最低社会生活保障的困难职工家庭，及时办理申报工作，让困难职工领到最低社会生活保障，到年底止，为375户家庭办理了低保，享受了政府的最低社会生活保障，在一定程度上缓解了困难职工的困难。二是做好保障性住房家庭的工作。商业系统由于历史上住房欠债大，职工住房拥有量低，住房一直都比较紧张。为此，总公司及下属企业对住房困难的职工家庭，积级做好保障性住房的申报工作，把符合条件的住房困难户，及时上报政府保障性住房办公室，办理保障性住房，到年底止，为300多户办理了申报保障性住房，第一、第二批符合条件的住户，已获得了实物配租，使这些住房困难户享受到了保障性住房，解决了住房困难。

【商业安全生产管理】 2011年，商业总公司针对租赁承包后的新情况，加强对新租赁承包企业的安全管理，总公司与下属12家企业签订了2011年度安全生产责任书，从制度上强化谁主管谁负责的安全管理责任形式。此外，加强日常的安全管理，实行每月一例会，每季一检查，节假日期间，重点防范，通过日常的细化管理，打牢安全生产的基础，全年通过组织安全工作大检查，共检查出25处安全隐患，下达整改通知书，按照安全管理法规，加以整改，消除隐患，全年投入安全整改资金20万元，对安全隐患进行了整改，有效地确保了安全生产，杜绝了安全事故的发生。

【第三届药博会】 2011年5月23日至25日，由中国中药协会、玉林市人民政府、自治区卫生厅、自治区科技厅、自治区食品药品监督管理局、广西中医学院共同主办，玉州区人民政府、玉林市博览事务局、自治区中医管理局、玉林市商务局、玉林市卫生局、玉林市食品药品监督管理局、玉林银丰中药港投资发展有限公司“南方药都”网、中药材天地网承办的第三届中国（玉林）中医药博览会在玉林市银丰国际中药港举行。第三届药博会继续以“健康·发展·合作·共赢”为主题，以“弘扬中医药文化，发展中医药产业，壮大南方药都”为宗旨，以“政府引导、企业参与”为运作机制，打造以中医药为媒介的招商引资平台。本届药博会共分经贸、学术、文化三大板块11项活动。经贸板块共有5项活动。一是举办中医药展；二是举行玉林（玉州）健康产业园开工仪式暨招商推介会；三是举行2011年广西医疗机构药品购销合同签订会；四是举行玉林市百亿中医药产业发展规划新闻发布会；五是举行中药材订货会。学术板块共有3项内容。举办南方药都论坛－－中医药壮瑶医药产业发展论坛；举行2011年全国中药材信息研讨（玉林）会暨全国中药材百强网商颁奖典礼；举行中医养生讲座。文化板块共有3项内容。举行招待晚宴暨岭南荔枝品尝会；开展中医义诊活动；举行中药材标本展。药博会期间达成贸易成交额30.15亿元，其中合同成交额7.13亿元；签约项目10个，总投资额38.3亿元。在南方药都药品（药材）进出口贸易营销峰会暨大宗药材（药品）交易签约仪式上，现场签订贸易意向合同20个，意向合同成交额23.02亿。广西区内县级及县级以上医疗机构签订了80.07亿元的药品及器械购销合同。

【第八届玉博会】 2011年10月23日至25日在玉林国际会展

中心举行。缅甸联邦共和国副总统吴丁昂敏乌，全国政协经济委员会副主任、中国工业经济联合会会长、工业和信息化部原部长李毅中，自治区政协副主席李彬，国务院发展研究中心副主任侯云春，全国人大常委会委员、全国人大内务司法委员会副主任委员、民建中央副主席、武汉大学战略管理研究学院院长辜胜阻，广东省广西商会会长、自治区原副主席雷宇，中共玉林市委书记金湘军，玉林市人民政府市长韩元利，中国中小企业国际合作协会常务副秘书长郑红等各级领导、海内外各界人士以及投资商、参展商共1000多人出席了10月23日的开幕式。本届玉博会以“科技创新、跨越发展”为主题，共分为中小企业发展论坛、商品展示展销、项目推介洽谈签约、玉林国际旅游美食节、文化活动、地方特色产品展等六大板块内容。共有来自美国、荷兰、瑞士、澳大利亚、阿根廷、委内瑞拉、智利、巴基斯坦、缅甸、柬埔寨、刚果（金）等27个国家、地区及国内23个省（市、自治区）和港澳台地区的嘉宾、客商前来参会参展。开幕式当天下午，由中国中小企业国际合作协会和玉林市人民政府共同举办的以“后金融危机时期中小企业的困局与破局”为主题的第八届中小企业论坛在玉林国际会展中心举行。本届玉博会共设展位1300个，其中境外企业展位364个；市外（不含境外）企业展位520个。共达成贸易成交额156.24亿元，其中合同成交额93.16亿元；意向成交额55.36亿元。共签订合同项目121个，项目总投资397.39亿元。其中，玉州区实现贸易合同成交额23.79亿元，其中合同成交额6.98亿元，意向成交额16.81亿元，签约项目12个，投资总额34.1亿元。

粮食·商业

【粮食企业营销情况】 2011年，区粮食购销企业实现经营量53242吨，比上年减少23512吨，销售收入4395万元，比上年减少1404万元；其他业务净收入234万元，比上年增加49万元，利润23万元，比上年减少15万元；附营商业其他业务净收入136万元，比上年增加12万元，亏损71万元，比上年减亏15万元。

【粮食收购】 2011年，自治区下达玉州区粮食直补订单收购任务9500吨，比上年增加1000吨。收储企业全体人员通过深入乡村宣传粮食直补政策和各项惠农政策，完成自治区下达的储备粮订单9500吨收购任务，并完成玉林市市级储备粮1210吨收购任务和本级储备粮2380吨收购任务。配合政财部门发放粮食直补订单资金228万元，增加了玉州区种粮农民的收入，把党和国家支农惠农政策落到实处，也拓宽了粮食企业经营渠道，提高企业经济效益。

【粮食储备】 2011年，玉州区共储存各级储备粮3333万公斤，其中：中央储备粮998万公斤（代储），自治区储备粮1443万公斤，市级储备粮371万公斤，本级储备粮521万公斤。此外，区储备粮公司严格按照储备粮抛售轮换要求，抛售本级储备粮1183吨，既平抑了粮食市场供应，实现政府对粮食的宏观调控，确保了粮食安全，又获得良好的经济效益和社会效益。

【粮食安全管理】 2011年，玉州区继续推行仓储目标责任制和“四防”安全工作目标责任制，实行“一符四无”粮食考评制度和严格执行储备粮“一符、三专、四落实”制度，加强对各级储备粮的安全管理，组织全区开展春季、秋季粮油安全普查，普查总存粮35030吨。同时加强行业生产安全和食品安全工作。是年，辖区内无重大粮食安全事故，实现“四无”存粮100%。

【粮食仓储设施建设】 2011年，区为了确保全区粮食安全，采取仓储维修资金集中使用的办法，经多方筹措资金，在夏粮收购前投入34万元维修仁东粮所仓库，投入122万元对南江粮库的晒场进行维修和购置机械化装卸设备，大大改善了基层单位仓储设施，提高工作效率，为夏粮收购工作顺利开展打下了良好基础。

【粮食市场管理】 2011年，玉州区粮食局全面推进依法行政，认真做好粮食流通监督检查工作。严格按照《粮食流通管理条例》和《粮食流通监督检查暂行办法》，认真开展粮食收购资格核查、粮食收购活动检查、粮食流通统计制度执行情况检查、政策性用粮购销活动检查、粮食质量检查、粮食仓储设施及运输工具检查等工作，确保市民用上放心粮油。同时加强收购市场管理，坚决贯彻《粮食收购条例》，严格执行《粮食收购许可证》制度，国有粮食收购企业持证率达100%，夏粮收购期间，积极与工商部门配合开展辖区粮食收购市场检查2次，规范粮食市场经营秩序，较好地维护了粮食流通的正常秩序，辖区没有重大涉粮案件发生。

【实施“放心粮油工程”】 2011年，为贯彻落实《广西壮族自治区人民政府办公厅关于实施放心粮油工程的意见》，根据《玉林市玉州区放心粮油工程实施方案》，按自治区粮食局的要求，年内区粮食局自筹资金10万元，在名山粮所筹建玉州区第一个放心粮油示范店，让群众吃上放心粮油。

【粮油保供稳价工作】 2011年8月起，按照自治区人民政府的统一部署和全区物价工作会议要求，在自治区粮食局和玉林市粮食局的指导下，区粮食局积极配合政府做好平价大米玉林城区销售供应工作。在玉林城区南桥市场、垌口市场、东岳市场、玉州市场、大牛窝市场设5个供应点。截止12月31日，已销售大米851吨，受惠群众85100人次，有效遏制市场粮价上涨过快的势头，稳定市场粮食价格，确保全区实现居民消费价格总水平涨幅控制在5%左右的政府调控目标，取得了良好的社会效益。

供销合作商业

【概况】 2011年，玉州区供销联社系统全年商品购进总额63772万元，完成年计划105.9%，比上年增18.3%；商品销售总额76924万元，完成年计划106.8%，比上年增24%；农副产品收购额1066万元，完成年计划118.4%，比上年增40.1%，消费品零售额10978万元，完成年计划113.2%，比上年增29.1%，售给农民的农业生产资料24661万元，完成年计划106.3%，比上年增17%，社办工业产品销售额13152万元，完成年计划119.6%，比上年增29.4%；实现利润57万元，完成任务的100%，比上年增14%；上缴各种税费总额826万元，完成任务的100%，比上年增6.6%。

【农资供应】 2011年，玉州区各基层供销社和农资公司早计划、早部署、早行动，认真做好市场调查预测，多方筹措资金，做好货源的组织、储备；发挥农资龙头企业的作用，积极做好农资连锁经营，增强市场竞争力，扩大市场份额。全年供应化肥91561吨，农药4781吨，分别比上年增22.9%和6.2%。认真做好督促检查工作，全年开展农资质量检查9次，抽查农资经营点110个，协助有关部门做好农资打假专项整治活动，促进放心农资下乡进村，维护农民的合法权益。督促各经营单位开展诚信经营，完善进货查验制度，建立登记台账，销货台账，向社会公开承诺农资商品质量，接受社会监督，确保农资商品质量，让农民放心消费。开设玉林市桂鲜泰蔬菜配送有限公司无公害蔬菜基地的示范种植与配送是供销社助农增收的重点项目，为政府“菜篮子”工程解决实质性问题，又为广大市民提供“放心菜”的惠民工程，对稳定玉林城区市场蔬菜价格也起到较好的调节作用。

【招商引资工作】 2011年，玉州区各基层供销社充分发挥闲置场地的作用，通过招商引资，盘活集体资产，资产经营取得了明显的经济效益。

改造加油站。南江供销社引进资金合作改造新联、云良加油站，分别投资200多万元和80万元，按国家标准三级加油站进行改造升级，建成后，新联加油站每年管理费将从0.8万元增加到13万元。城北供销社引进资金改造排榜、大塘加油站，原排榜加油站与中石化公司恢复续约，拆旧建新排榜加油站总投资200多万元，每年创收12万元，每年比增5万元；大塘加油站总投资80多万元，年创收7万元，比上年增4万多元。

改造营业网点。城北供销社拆除大塘百货大楼旧危房，自筹资金110多万元重建，共7间半，面貌焕然一新。一楼作为营业铺面，二楼引进制衣厂，每年增收近10万元。城北供销社还在松城圩引进一个守信合板厂，总投资200多万元，每年创收5万元。市供销企业总公司供销大酒店投资200多万元对内外进行全部升级装修改造，树立新形象。

以地换地。茂林供销社肥料仓占地面积6000多平方米，位于海峡两岸（广西·玉林）农业合作试验区现代农业示范基地和人民东路拓宽道路施工范围，需要拆迁。根据《广西壮族自治区人民政府关于加快供销合作社改革发展的实施意见》（桂政发〔2011〕10号）的“对国家重点项目和城镇规划占用供销合作社场地的，应就近划给同等效益位置的土地，先建后拆”，“建一拆一”等规定，玉州区供销社主要领导多次与玉东新区领导汇报、沟通和协调，茂林供销社也据理力争，要求按照自治区政府有关文件规定执行，即就近划给同等效益位置的土地，按同等面积重建，增强供销社为农服务的能力。通过努力，这项工作取得了一定进展，玉东新区同意按照有关文件精神，给予补偿土地10亩，玉州区供销社将利用该块地建设农资物流配送基地。

项目跟踪。玉林市丰强电子有限公司系玉州区委区政府重点招商引资重点项目，现安排下岗职工和返乡农民工1640多人，务工收入3500多万元，全年生产手机耳机电线3600多万条。2011年，该公司加大招工力度。玉州区供销联社从系统各单位抽调人员，大年初四至初十每天出动5个招工组到陆川、博白、梧州、兴业、桂平等地进行宣传招工。仅春节期间招收了840名新员工，开创了建厂以来的招工最高纪录。该公司还改善员工居住和工作环境。争取日方投资20多万元，全面装修改造了员工饭堂，重新更换了变电房至员工饭堂的电源线路，进一步地保障了饭堂的用电质量和用电安全。加强食堂卫生安全管理，食堂工作人员首先取得从业人员《健康证》，方能上岗，每年体检一次，培训食品卫生知识，建立食堂原材料购进档案，做到食品卫生安全。保持环境清洁，每天有保洁员清扫卫生，保证正常供应热水，投入近5万元加装了一台空气能热水机。

【企业改制】 2011年3月，玉林市第二农资公司、市日杂公司完成改制审计和资产评估工作，制定了企业改制实施方案（草案）报区联社审核和送区企改办审查。根据玉州区企改办审查意见，玉州区供销社再次对日杂公司企业改制实施方案（草案）进行修改完善。6月21日，日杂公司将企业改制实施方案（草案）提交职代会审议，37名职工代表全票赞成。该公司在职职工109人，退休人员116人，6月份已与企业签订解除劳动关系协议书的职工达108人（另外1人已迁居境外），占99.1%。玉林市第二农资公司改制实施方案（草案）报区企改办审查同意后，该公司于7月15日召开职工大会，同意64票、反对1票、弃权3票，以94.1%的赞成票表决通过了企业改制实施方案（草案）。该公司退休人员75人，在册职工71人，于8月底前全部与公司签订了解除劳动关系协议。玉林市果品公司和物资回收公司也正在做改制前期工作，先后分三批召开职工座谈会征求意见，并按企业改制要求开展财务审计的准备工作。玉林市果品公司完成了资产评估、财务审计工作，制定了企业改制实施方案（草案），经玉州区供销社审核后已于8月底送报玉州区企改办审查。玉林市物资回收公司企业改制工作曾于2006年进入程序，改制实施方案（草案）也送玉州区政府各有关部门审查，但因提交职工大会表决未获通过而流产。2011年6月份又重新启动改制程序，资产评估、财务审计工作正在进行。改制工作也面临一些困难，企业改制工作也因各企业资产状况不一，有的企业严重资不抵债，无法筹集改制资金。同时，职工对安置补偿的要求与现行政策也有较大差距。玉林市物资回收公司职工要求企业改制时，要将拆车场和再生资源交易市场折成股份无偿分给职工，或用拆车场和市场收入为职工缴交养老和医院保险，直至退休为止。这显然是不符合现行企业改制政策规定的。

开展春季惠农活动

财税·金融

财　　政

【财政收入情况】 2011年，玉州区财政收入完成108236万元，完成年初预算的107.06%，比上年增加21082万元，增长24.19%（按五户企业划转可比口径计增长23.31%，下同）。其中，上划中央收入完成30143万元，完成年初预算的104.26%，比上年增加5896万元，增长24.32%；上划自治区收入完成15159万元，完成年初预算的97.94%，比上年增加2088万元，增长15.97%；地方一般预算收入完成62934万元，完成年初预算的110.97%，比上年增加13098万元，增长26.28%。此外，基金预算收入1077万元，上年结余8490万元，基金补助收入3414万元。

【财政支出】 2011年，玉州区一般预算支出完成127452万元，完成年度预算的94.71%，比上年增支15685万元，增长14.03%；基金预算支出1846万元，比上年减支235万元，下降11.29%。一般预算支出主要项目的完成情况是：一般公共服务支出31205万元；国防支出220万元；公共安全支出3052万元；教育支出39276万元；科学技术支出1280万元；文化体育与传媒支出435万元；社会保障和就业支出13214万元；医疗卫生支出17619万元；环境保护1637万元；城乡社区事务支出1073万元；农林水事务支出10542万元；交通运输支出131万元；资源勘探电力信息等事务支出971万元；商业服务业等事务支出2524万元；国土资源气象等事务支出145万元；住房保障支出3513万元；粮油物资管理事务支出275万元；储备事务支出25万元；国债还本付息支出58万元；其他支出257万元。

【财税征管】 2011年，玉州区财税部门按照“聚财有法”的要求，密切关注经济发展趋势、宏观政策走向和税制改革动态，切实采取有效措施，着力实现“收入实、运行稳、结构优”的目标。加强税源“精耕细作”，加强税源科学分类管理和风险管理。加强对房地产业、建筑安装业、制造业等重点行业的税源监控，切实增强组织收入工作的前瞻性、主动性。严格执行非税收入“收支两条线”管理。全区财政收入比上年净增2.1亿元，实现了一年增长2亿元台阶的跨越式发展，总量突破10亿元，创历史新高。

【财源建设】 2011年，玉州区财政部门按照促增长、调结构、推改革的原则，积极筹措资金，创新政策手段，支持和服务经济发展。按照区委“321”工作思路，通过运用财税政策、财政资金的乘数效应以及营造良好的融资环境，加大对“321”关键领域、重点项目政策和资金扶持力度，为加快发展创造了条件。

扶持园区发展。2011年安排财政资金1000万元支持工业园区建设，安排200万元支持健康产业园项目建设，改善园区基础设施，完善配套功能，优化投资环境，促进园区经济健康发展。

扶持中小企业发展。根据国家资金投向，积极向市、自治区推荐申报了2011年自治区中小企业发展专项资金、中央奖励淘汰落后产能、自治区企业技术改造资金、关闭小企业补助资金、广西地方特色产业中小企业发展资金、外经贸区域协调发展促进资金等50多个项目，争取到上级专项财政资金9313.9万元，到位扶持资金居历年之最；扶持正菱汽配、富英制革等8家企业获得自治区中小企业流动资金贷款贴息501.86万元。区财政注资500万元作为中小企业贷款担保风险补偿基金。为29家企业落实贷款授信意向额度达12.44亿元。

【支持民生建设】 2011年，全区各级财政部门认真落实好各项公共财政政策，确保了各项民生支出落实到位，推进城乡公共服务均等化。

全区财政农林水事务支出达10542万元，同比增长22.77%，大力支持农业基础设施、土地整治、农村道路、人饮工程、超级稻种植、水土保持综合治理等项目建设，促进农业和农村经济发展；积极推行村级公益事业建设“一事一议”财政奖补，共拨付上级财政奖补及本级配套资金988万元，实施79个“一事一议”项目建设；认真贯彻落实各项惠农政策，兑现对种粮农民订单直补、农资综合直补、水稻良种补贴、大中型水库移民后期扶持、能繁母猪补贴等惠农补贴资金2742.84万元；安排危房改造资金1122.6万元，改善1350户农村困难户居住条件；安排城乡风貌改造资金215.42万元，支持改善农村人居环境。

全区财政教育累计支出达39237万元，比上年增长27.16%，确保了全区教育经费投入达到了“三个增长”的要求。安排资助贫困学生上学专项经费20万元。及时拨付中央及自治区下达的教育专款和补助资金5974.5万元，其中：2011年义务教育阶段学校预算内生均公用经费补助3270.2万元，义务教育寄宿生生活费转移支付934.3万元，2011年进城务工农民子女义务教育经费530万元，免除城市义务教育阶段学杂费转移支付353万元，2011年中小学校舍安全工程财政专项资金810万元，第三批化解农村义务教育债务奖补资金77万元。

全区财政社会保障和就业支出达13214万元，比上年增长34.43%。坚持就业优先战略，建立健全促进就业的财政投入保障机制；推动实现新型农村社会养老保险和城镇居民养老保险制度全覆盖，继续提高退休人员基本养老金水平和城乡居民最低生活保障水平。全年全区城乡低保对象达到2.13万人，全年共拨付城乡居民最低生活保障补助资金2442万元。

全区财政医疗卫生支出达17619万元，同比增长11.51%，加强公共卫生服务体系建设，切实增强公共卫生服务能力；深化医药卫生体制改革，安排资金598万元支持59个村卫生室建设；加快推进新型农村合作医疗和城镇居民医保改革、国家基本药物制度改革、基本公共卫生服务均等化改革；组织实施医院、基层医疗卫生机构新财务会计制度；增加医疗救助投入。

推进“汽车、摩托车、家电下乡”和“家电以旧换新”工作。2011年，全区累计销售汽车、摩托车4392台，销售金额2494万元；销售“家电下乡”产品107936台，销售金额2.77亿元；累计兑付“汽车、摩托车、家电下乡”财政补贴3049万元，补贴兑付率91.91%，在全市排名第6名，兑付“家电以旧换新”财政补贴456万元。

【财政改革】 2011年，玉州区财政部门进一步巩固和完善财政管理制度改革，推进财政科学化精细化管理。一是完善部门预算编制标准，使部门预算的编制更符合政策要求。二是继续深化国库集中支付制度改革。进一步扩大集中支付的范围，提高资金拨付效率，2011年，通过国库集中支付系统拨付资金4.44亿元，同比增加1.57亿元，增长54.7%。三是全面实施非税收入收缴方式改革。顺利完成非税收入收缴系统的扩面实施工作，建立“单位开票、银行代收、财政统管”非税收入收缴管理模式。四是扎实开展政府采购监督管理。认真做好行政事业单位公务用车维修、加油及保险定点采购招标工作，全年共监督办理政府采购金额12，544.97万元，比预算金额12，689.67万元节约资金145.22万元，节约率1.14%。五是加大财政投资评审力度，提高财政资金的使用效益。加强对项目投资预决算的审核及跟踪问效，并对重点项目实行全程监督，不断提高评审质量，财政投资评审工作取得了新进展，是年，全区共评审各类项目177个，送审金额12742.07万元，审定金额11595.1万元，核减额1146.97万元，核减率达9%。

【财政监管】 2011年，玉州区各级财政部门结合财政工作实际，扎实开展各项财政监督检查。一是治理“小金库”工作不断深入。全区新发现小金库3个，共涉及金额54.436万元，追缴财政资金（含以前年度查出的问题）89.57万元，退回违规资金4.5万元。全面推进防治“小金库”长效机制建设，全年建立和完善管理制度5个，玉州区财政局荣获2009－2011年全市“小金库”专项治理工作成绩显著单位荣誉称号。二是开展财政专户清理整顿工作。归口管理专户45个，撤销没有发生资金往来业务的专户8个，并对全区的专户清理和资金安全进行了检查。三是开展公务用车问题专项治理工作。顺利完成了265个行政事业单位、401辆公务用车登记自查数据的汇总上报工作，清理纠正违规车辆35辆。四是加强财政监督检查。切实加强对中央和自治区重大决策部署，特别是重大财税政策贯彻落实情况的监督检查，不断加大惠民资金和项目、抗旱救灾资金管理使用的监管力度，积极开展县级新型农村合作医疗管理机构和乡镇卫生院会计信息质量、中小学教育经费管理使用情况等监督检查，严肃查处违纪行为，切实维护了财经秩序。

国家税务

【国税税收收入】 2011年，在经济形势复杂，收入任务重，收入工作压力大、工作难度大的情况下，国税系统坚持以组织收入为中心，通过严格落实组织收入原则，深入分析宏观经济形势，加大税源分析预测力度，强化重点税源监控和欠税管理，深入开展纳税评估挖潜增收、堵漏增收等有效措施狠抓组织收入工作，圆满完成了年度组织收入任务。全年税收收入突破3亿元大关，收入34944万元，同比增收6917万元，创历史新高。

【税收优惠政策落实】 2011年，国税系统主动服务地方经济发展大局，采取加强领导，抓好宣传，完善措施，强化督查等四项措施认真落实中、小、微企业以及涉外、涉农企业等税收优惠政策，配合地方政府促进非公经济发展。全年累计办理各类减免税1969万元，办理出口退税141万元，办理免抵税额调库134万元。

【强化税收征管】 2011年，国税系统构建县局、分局、税收管理员“三级纵向”配合格局，定期通报税源管理信息；全面推广应用税源专业化辅助支持系统，对系统的数据进行了进一步的归集整理，加强了对房地产行业的专业化管理，完善了行业管理办法和行业操作指南；积极应用出口退税风险预警子系统，实现对出口退税风险的精准掌控，加强所得税管理，全年组织企业所得税收入11480万元，同比增收5774万元，增长101.2%；加强税源巡查与征管状况监控分析，开展低税负行业清理工作；结合人员换岗工作开展漏征漏管户专项清理，共发出办理税务事项通知书149份；加强发票管理，扎实做好新版发票推广应用工作，及时做好638户纳税人新版发票预计使用量的采集录入、宣传、培训等工作；继续加强征管质量考核，通过加强期税管理，抓好日常催报催缴、加大逾期申报处罚力度、扩大财税库联网缴税范围等。

【依法行政】 2011年，国税系统严格做好税务行政许可和行政审批，加强一般纳税人认定及认定后续管理，依托税收执法考核信息系统加强执法过程监督，及时纠正执法过错行为，全年清理税收执法管理信息系统的错误信息86条；围绕增值税一般纳税人管理、税收优惠、发票超定额部分企业所得税征收、所得税管理台账、核定征收企业所得税是否进行公示等八方面的内容对各分局开展执法督察；认真开展税收征管和财务管理检查、规范性文件清理工作，清理废止不规范的税收文件6份；开展行业税收检查，联合市国税局稽查局重点对房地产行业开展专项税收清理，查补入库税款4660万元。

【税收服务】 2011年，国税系统以提高纳税人满意度为工作目标，积极推进纳税服务专业化、标准化、信息化、集约化建设；积极配合市国税局做好纳税服务品牌建设工作，推行电话语音申报提醒服务和多元化申报方式及网络服务平台，继续为纳税人提供更加便捷高效的服务；联合工商联、地税建立纳税人权益维护中心，积极维护纳税人权益，借助政风行风热线、12366咨询热线、举报热线等平台拓展纳税人诉求渠道，全年按时回复12366热线咨询、投诉、举报等问题6次，其它方式回复纳税人问题3次；与玉州区地税局成立合作领导小组，加强和深化国、地税局合作，完善国税局、地税局协作方式和内容，减轻纳税人办税负担，与玉州地税局联合成立“玉州区纳税信用等级评定委员会”进一步规范、推进纳税信用等级评定，激励纳税人依法诚信纳税，提高纳税人纳税遵从度和税收征管质量，全年对8户企业进行了纳税信用等级评定，均评为A级；以走访企业、召开座谈会形式主动向纳税人征求工作意见建议，采取措施改进纳税服务，以街头设点、召开座谈会、下企下户调查、国税门户网站、税企公用邮箱和“税苑”QQ群等为依托，加强税法宣传和咨询辅导。

【税收信息化建设】 2011年，国税系统全力推进税收信息化建设，进一步夯实征管基础，大力提高工作效率和征管水平；完善数据查询分析比对，提高数据的应用程度，结合税务与组织机构代码共享信息比对差异数据的清分清理，加强征管数据信息的核查，及时反馈处理意见；加强与工商、地税等部门登记信息交换，强化户籍信息监管；做好推广“数字证书”应用试点工作，保证企业网上申报的合法性和安全性；通过升级设备监控、系统维护、数据备份等系统以及构建运维技术支持平台，强化信息安全检查监督。

【纳税评估】 2011年，国税系统全面加强纳税评估，纳税评估以评促收、以评强管成效明显。重点对房地产行业、建安行业、汽车销售、电动车组装等行业开展评估，全年共评估户数213户次，评估入库税款4650万元。在加强评估的同时，注重评估成果的应用转化，把评估成效反映到问题查实和增加收入上，切实提高税源管理的质量和效率。

【税收宣传】 2011年，国税系统税收宣传月期间，紧扣“税收·发展·民生”的宣传主题，在促进发展、惠及民生上加大税收宣传力度，坚持税收宣传与税收征管、纳税服务相结合，通过街头设点开展咨询、分类开展行业宣传、与企业结对帮扶、上门送政策解难题、组织纳税人代表参加纳税人权益论坛、组织党员志愿者专家服务队开展税法进企业、进校园、进社区“三进”等活动，增强税收宣传的针对性、实效性，积极营造良好的税收环境。同时，深入开展调研、信息、宣传工作，全年共在国家级、自治区级、市级、地方党委政府刊物和媒体发表信息近160篇，介绍、宣传全局各项工作做法和体会，提高知名度。

【文明创建活动】 2011年，国税系统注重将文明创建工作与岗位实际以及税收发展等结合起来，不断创新载体，建设系统文化展厅，完善分局图书阅览室等，促进国税文化建设的步伐；以开展争先创优活动为载体，积极开展“税收惠农大行动”、

“为民服务一条街”、“万名党员干部进农家”、“窗口单位为民服务”、“送温暖”、“重走红军路，接受革命传统再教育”等系列活动；积极参与社会公益活动，先后开展捐资助学、慰问“春蕾女童”、特困老党员、困难职工和帮扶困难企业、困难村等活动，向结对帮扶村送农资、送科技、送解困金、助修水利等，发动干部职工捐款6300元帮助包联村仁东石地村硬化村道。

地 方 税 务

【地税工作概况】 2011年，玉州区在册纳税人22929户。其中国有企业49户，集体企业174户，股份合作企业11户，有限责任公司2881户，股份有限公司11户，私营企业1户，其他企业807户，港澳台商投资企业9户，外资投资企业9户，个体经营户18890户，其他纳税户87户。全年共完成各项收入57027万元，比上年增加10158万元，增长21.67%。按收入级别分：自治区级收入55890万元，比上年增加10102万元，增长22.06%；玉州区级收入55276万元，比上年增加9908万元，增长21.84%，完成年初任务的103.16%，完成调整后任务的100.3%。

【地税机构改革】 2011年9月5日，玉州区地税局启动新一轮机构改革，共历时三个月完成。改革后，局机关内设机构7个，分别为办公室、法规税政股、征管和科技发展股、收入核算和财务管理股、人事股；设派出机构8个，分别为玉州区地方税务局重点税源管理税务分局、玉城南区税务分局、玉城北区税务分局、南江税务分局、名山税务分局、城西税务分局、城北税务分局、仁东税务分局。此次机构改革新提拔副科级干部2人，新提拔分局长3人，提拔副分局长（股）长12人、交流换岗分局（股）长5人。年末，玉州区地方税务局共有在职职工345人，其中公务员90人、助征员142人、事业编干部2人，工人5人、合同工106人。

【税收征管】 2011年，玉州区地税局抓好重点税源管理工作，全区纳入自治区地税局重点监控范围的141家企业共入库地方税收18071.28万元，比上年增长22.19%。年内，玉州区开工建设的重大投资项目31个，共入库地方税收3730.65万元，比上年增长23.74%。重点税源实现税收占全年税收总任务的比重达到36%。是年11月，开展房产税、城镇土地使用税专项清理行动，重点以房屋租赁营业税、房产税和城镇土地使用税为突破口，对房产税和土地使用税进行逐户税源清查，并专项下达任务、专项考核、定期通报。截至年底，共检查668户纳税户，查补入库税款244.28万元。

【税政管理】 2011年，玉州区地税局认真做好税政管理工作。抓好“城建税和教育费附加信息比对”（简称“两税信息比对”）工作。及时将纳税户信息下发至税收管理员，依托“两税信息比对”系统，针对差异金额分析原因，开展实地调查，及时追缴税款。通过比对，是年共入库税款137504元，其中城市维护建设税86281元、教育费附加37619元、其他税费13604元。做好营业税起征点提高后的征管工作。自11月1日起，认真落实营业税起征点幅度修改为：按期纳税的，为月营业额5000－20000元（原规定为1000－5000元）；按次纳税的，为每次（日）营业额300－500元（原规定为100元）的政策，使个体纳税人享受到营业税起征点提高带来的实惠，促进个体经济的发展繁荣。做好个人所得税纳税申报工作。抓好年收入12万元以上个人双向个人所得税纳税申报，9月1日落实个人所得税工资薪金费用扣除标准由2000元提高到3500元的政策，指导、培训扣缴单位安装使用好个人所得税代扣系统，对相关企业、部门代扣代缴个人所得税情况开展专项检查，做好股权转让所得征收个人所得税管理工作。依法用足用好减免税政策。2011年，玉州区地税局对符合税收减免税条件并申请减免税的3户企业进行了审核报批或确认，共减免企业所得税797.52万元；为2户福利企业的残疾人工资加计扣除减免税款51.82万元；对10户符合困难性税收减免税条件的企业进行了审核报批，共减免房产税和城镇土地使用税11.77万元、减免营业税2.26万元。全年共减免287户下岗再就业纳税户的个人所得税45.7万元。

【税务稽查】 2011年，玉州区地税局围绕以查促收、以查促管的工作思路，以抓好土地房屋买卖的土地增值税清算工作为重点，对土地二级市场转让土地使用权和销售不动产的单位进行土地增值税清算，共入库税款5630万元。对收到购房个人的银行按揭贷款后不按期纳税的房地产开发公司进行清理，派出检查小组分别到建行、中行、工行等商业银行取证，在银行的配合下，查出应缴未缴税款1127万元，并全部入库。全年累计检查纳税人123户，入库税款、滞纳金及罚款共计9849.37万元。加大打击发票违法行为力度。加强与公安经侦大队的配合，开展联合行动，实施专项整治，重点查处以收据代替发票、借用发票和“大头小尾”发票等问题，开展打击虚假发票“买方市场”违法犯罪活动，全年共查处违规发票52份，补缴税款、滞纳金、罚款等合计9.27万元。

【税收宣传】 2011年，玉州区地税局认真做好税收宣传和纳税服务工作，精选宣传内容，制作宣传资料，通过电视、广播、条幅、大型户外平面媒体等多种渠道进行纳税宣传。开展税法进社区、进企业、进校园“三进”活动，加强与主要媒体的合作，扩大税法宣传面，提高纳税人的税法遵从度；举办“转方式、调结构”政策咨询会，举办“地税开放日”活动，引导纳税人了解经济转型、结构调整方面的税收政策，及时开展政策宣传上门，对各项税收优惠政策和国家宏观调控政策，及时上门对企业进行传达和宣知。

玉林市区农村信用合作联社

【概况】 2011年末，玉林市区农村信用合作联社（以下简称玉林市区联社）管辖玉州区、玉东新区、福绵管理区等3个区域的农村金融服务。辖内共有13个信用社（营业部），70个营业网点，是本市服务网点分布最广、资金实力最强、支持地方经济发展和支农最直接的金融机构。

资金实力。截至2011年底，各项存款余额779389万元，比年初增加154647万元，增幅为24.76%，完成全年增长任务的103.10%，其中对公存款余额167074万元，比年初增加5150万元，增幅为3.18%，储蓄存款余额612216万元，比年初增加149498万元，增幅32.31%。

中间业务。截至2011年底，中间业务收入为975.26万元，比上年同期增加192.89万元，增幅为24.65%，完成850万元年任务的114.74%；其中代理保险业务收入69.15万元，比上年同期增加6.22万元，增幅为9.88%，完成58万元年任务的119.22%；桂盛卡累计发卡51152张，完成年发卡任务31000张的165.01%。

贷款规模。截至2011年底，各项贷款余额475318万元，比年初增加73915万元，增幅为18.41%，其中涉农贷款余额383133万元，比年初增43648万元。存贷比例60.99%，比年初下降3.27个百分点。各项贷款累计发放227628万元，比同期多放16773万元，累计收回152838万元，比同期多收14844万元。

经营效益。截至2011年底，全辖财务总收入36700万元，同比增加8794万元，增长31.51%，其中贷款利息收入30827万元，同比多收6027万元，增长24.30%；经营利润12249万元，同比增加2726万元，增幅28.63%。完成全年联社经营利润计划10570万元的115.88%，其中计提拨备7277万元。

【金融电子产品升级】 2011年，玉林市区联社加大金融电子产品的开发升级力度，不断优化完善结算手段，实现全国通存通兑和实时汇兑，发行桂盛借记卡，安装运行ATM自助银行设备，加入银联结算，开发完善电话银行（966888）、网上银行和短信通等金融电子产品，有序推进存取款一体机、金融自助终端等自助银行的布设，建设了功能齐全、服务完善的电子银行服务体系，拓宽了城乡一体化金融服务的渠道。

【代理业务】 2011年，玉林市区联社充分发挥网点遍布城乡、人缘地缘熟悉等优势，做好“新农保”、城镇居民养老保险的金融服务。截至2011年12月底，该联社共代收16.2万人参保费，代收金额7445万元；代发6.5万人养老待遇，代发金额4250万元，城乡两保总存款余额为4458万元，其中财政专户存款余额为2800万元，收入支出户存款余额1658万元。

【网点建设】 2011年，玉林市区联社加快示范网点的建设工作，将辖内的城站分社等8个网点拟定为精品网点，计划从网点装修、布局、人员和设施的配备等各方面加大该8个点的建设力度，通过以点带面推动全辖网点的服务质量再上新台阶，提高柜面吸存能力，以全新的面貌为广大客户提供更便捷、更高效、高人性化的金融服务。

【信贷管理】 2011年，玉林市区联社按照银监会的统一部署，开展“假冒借名贷款专项治理”活动。活动期间，全辖自上而下集中精力进行了排查外对和清收处置工作，开展促进不良贷款的清收压降工作。截至年底，全辖排查外对笔数占比为99.98%，金额占比99.99%；全辖共收回不良贷款本息475.44万元。开展抵质押贷款风险排查整治活动，从真实性、足值性、有效性及完整性等方面对抵质押贷款风险易发、高发部位进行重点排查，有效地防范了信贷风险。深入贯彻落实贷款新规，扎实推进贷款全流程和精细化管理。对贷款调查、审查、审批、发放等岗位进行全面清理，规范设置，制定贷款“四岗”管理办法和“四岗”职责，举办贷款“四岗”培训班。同时，制定下发《贷款审批委员会制度》，进一步完善贷款审批程序。为确保全区信贷管理系统在12月12日顺利上线运行，该联社分期分批对所有的信贷人员进行计算机操作技能培训并考试，顺利实现信贷管理系统上线运行，成为全区农合机构第二批、自治区联社玉林办事处辖区农信社第一批上线的单位。

【支农服务】 2011年，玉林市区联社继续发挥“服务地方经济、服务中小企业、服务人民群众”的传统和优势，围绕玉林市经济建设、产业结构调整、社会主义新农村建设和县域经济发展等，提供更多更好的金融产品和服务。重点做好春耕备耕和水利建设信贷服务，支持农村种、养大户，农村各类经济组织和涉农企业，农产品加工、储运、销售等整个农业产业链条，支持农村基础设施和农田水利建设，支持城镇中小企业、个体工商户和各种有承受能力的消费需求。对农业贷款实行利率优惠，建立农贷“绿色通道”，简化操作程序。推进各类按揭贷款、汽车消费贷款、最高额循环贷款等信贷产品。此外，该联社还实行“贷款六公开”，并在基层营业网点开设春耕生产信贷专柜32个。开展“送金融知识下乡”活动，印制《农村金融知识读本》分送客户，利用圩日设置流动宣传台，接受群众现场咨询，利用当地报刊加大宣传力度，树立工作典型，宣传该联社的支农服务和成效。截止2011年底，全辖涉农贷款余额383133万元，占比80.61%。比年初增加43648万元，增幅12.86%，累计发放涉农贷款179569万元。

【支持小企业发展】 2011年，玉林市区联社以“质量、效益和可持续发展”为指导原则，把支持小企业作为信贷的切入点，加大贷款投放力度，对符合产业政策、法律法规、有市场、科技含量高、产品附加值大、有持续经营能力、有合法、充足的还款来源的企业放宽准贷条件，对信用度高、在农村信用社开户存款的客户给予利率优惠，实行让利营销。此外，还成立信贷工作组，深入企业开展跟踪服务，为其项目论证、市场营销等提供建议和意见。继续深化“六项机制”建设，加快组建小企业贷款中心步伐，发挥专营机构作用，提高办贷水平，创新自主品牌。针对一些效益良好但因抵押担保未能落实而造成融资难的小企业，为其量身定做贷款担保方式，如企业联保、股东连带保证、专业担保公司履约保证、经营权抵押等担保方式，为小企业解决发展资金瓶颈。积极与政府有关部门联系，配合有关部门做好小企业贷款风险补偿工作，确保小企业贷款风险补偿政策落实到位。定期召开银、企座谈会，加强与小企业客户沟通，及时掌握小企业发展动向。同时，鼓励小企业减少现金结算，推广运用电子支付结算工具，为完善信用信息建立良好基础。制定小企业金融服务工作规划，实现小企业贷款增速不低于全部贷款增速，小企业贷款增量不低于上年的工作目标。年内，该联社对全辖信贷员进行计算机培训，对大堂经理和大堂保安进行优质文明服务培训，举行员工业务技能比赛，增强员工的凝聚力和综合实力。截止2011年底，小企业贷款余额215922万元，占比45.43%，比上年增加85372万元，增幅65.39%。

【落实内控制度】 2011年，玉林市区联社重点围绕稽核审计、案件防控及党风廉政建设等三项工作开展综合治理，制订年度工作方案，建立健全案件防控责任工作机制和考核机制。全年共开展稽核审计33次，着重开展“突击替岗”审计试点工作。组织开展7次替岗审计工作，对11个网点开展替岗，共替岗审计14人次，累计投入162个工作日。突击替岗工作有效地考查员工业务操作的合法合规性，及时发现和预防各类操作风险和员工道德风险，进一步提高案件防控水平，有效地消除金融风险隐患。同时，开展内控制度执行情况检查、突击查库、对公存款账户风险排查、单人临柜合规性检查、案件防控“回头看”排查和大额存款进出风险滚动式排查等多项检查，对检查发现的问题进行了认真的整改，进一步提高了全辖的内控管理水平。

【构筑安保防线】 2011年，玉林市区联社落实安全责任制，全辖分级签订安全防范责任书和安全目标管理责任书。加强安防教育培训和守押队伍管理，坚持每日组织守押中心人员进行安全晨训，每周组织守押人员进行军事技能训练，每月组织学习安全保卫规章制度，并进行案情案例通报，严格落实每半年一次的培训工作，定期对守押中心持枪人员进行枪械培训，严密掌握守押队伍的思想动态，对持枪人员进行思想排查，落实谈心制度。在玉林办事处举办的第三届军事技能比赛中，该联社获得了团体第三名的好成绩。加大安检力度，坚持以专项检查、常规检查和突击检查相结合，着力做好元旦、春节、“五一”等重大节日的检查工作，严格落实每月对辖内70%营业网点的安全检查和枪支弹药检查，确保各项安全保卫规章制度的落实。

【队伍建设】 2011年，玉林市区联社坚持德才兼备、以德为先的用人标准和服务信用社事业科学发展的用人导向，在部分营业网点配备大堂经理和大堂保安，并对他们进行了上岗培训。提拔中层正职7人，提拔中层副职15人。上半年进行重要岗位轮换129人次；其中：基层社正副主任20人，主管会计9人，联社机关管理人员17人次，其他重要岗位83人次。年内选拔16名年轻有为的员二充实到中层管理岗位。加强理论学习，每月开展不少于4次的集中学习。开展业务技能学习培训，上半年共举办培训班18期，培训人数960人次。举办业务技能大比武，提高职工素质。

经济管理与监督

宏观经济管理

【概况】 2011年，玉州区发展和改革局（以下简称区发改局）切实履行经济综合管理部门的职责，创新性地开展工作。主要完成玉州区2011年度国民经济和社会发展计划的制订，加强对全区经济发展的监测评估，做好国民经济和社会发展计划执行情况报告、项目投资分析、固定资产投资分析、节能减排跟踪督查、医疗卫生体制改革、中央投资项目争取和建设，为玉州区委、区政府科学决策提供参考依据。区发改局创新项目投资管理机制，加强项目投资管理，采取有效措施，扩大投资规模，促进项目建设和投资，保持投资对经济发展的强劲拉动力。实施投资50万元以上新开工项目284个，计划总投资119.6亿元，完成投资74.2亿元，其中列入自治区层面统筹推进前期工作重大项目3个，分别是玉林市新翰电子机械有限公司扩建年产60万件曲轴箱、飞轮壳铸件及加工生产线技术改造项目；玉林市嘉德机械有限公司发动机连杆生产项目；玉柴华原机械（玉林）有限公司微型车、轿车发动机过滤器生产项目。争取国家和自治区支持的项目26个，计划总投资3242.2万元，获支持资金2277.3万元。全区经济保持较快发展的良好态势。全区生产总值232.64亿元，比上年增长5.1%；财政收入10.82亿元，比上年增长24.2%；全社会固定资产投资实现200.11亿元，比上年增长36.6%；城镇居民人均可支配收入22195元，比上年增长10.59%；农民人均纯收入7226元，比上年增长16%。

【年度目标计划及计划执行情况】 2011年，区发改局编制完成《关于玉州区2010年国民经济和社会发展计划执行情况与2011年国民经济和社会发展计划草案的报告》，提交2011年3月2日召开的玉州区三届人大第六次会议审议通过，确定玉州区2011年的经济社会发展主要预期目标为：全区生产总值增长10%；财政收入增长16%；全社会固定资产投资增长16%；社会消费品零售总额增长18%；城镇居民人均可支配收入和农民人均纯收入各增长10%、12%；城镇登记失业率控制在上级下达的指标范围内，万元生产总值能耗降低到市分解下达任务内；规模以上万元工业增加值能耗降低到市分解下达任务内；各项事业进一步发展。2011年全区国民经济和社会发展主要指标计划执行情况为：生产总值增长5.1%；财政收入增长24.2%；全社会固定资产投资增长36.6%；社会消费品零售总额增长18.06%；外贸出口总额增长16.05%；城镇居民人均可支配收入增长10.59%；农民人均纯收入增16%；城镇登记失业率控制在4.09%以内，万元GDP能耗、万元规模以上工业增加值能耗、化学需氧量排放总量、二氧化硫排放总量控制在玉林市下达控制指标范围内。

【中长期发展规划编制】 2011年，区发改局组织开展完成“十一五”规划成效评估、“十二五”重大建设项目的规划、重点专项规划的安排和编制，部署开展重点领域重要课题研究和编制“十二五”规划思路研究报告等重点工作。按照中央、自治区、玉林市的要求和区委、区政府的部署，编制《玉州区国民经济和社会发展第十二个五年规划纲要（草案）》并把《纲要（草案）》（征求意见稿）印发到区四家班子领导、区政府各办局、工业集中区管委，广泛征求意见。2011年2月18日，玉州区政府组织召开各界人士代表座谈会，广泛征求和听取各界人士对《纲要（草案）》的修改意见和建议。编制小组还结合中央、自治区、玉林市及玉州区经济工作会议等重大会议，及时把相关会议精神和工作要求融入《纲要（草案）》中，经过不断地修改和补充完善，形成《纲要》（草案），最后提交2011年3月2日召开的玉州区人大三届六次代表大会审议通过并印制成本，发放到各个部门实施。

【经济结构调整】 2011年，辖区实现生产总值232.64亿元，比上年增长5.1%。一、二、三产业增加值分别实现12.5亿元、96.86亿元和123.28亿元，分别增长3.3%、1.6%和7.9%。三次产业结构由2010年的5.1:41.4:53.5调整为2011年的5.4:41.6:53。全年实现农林牧渔业总产值20.8亿元，比上年增长3.3%。新增20亩以上流转点29个，累计土地流转面积2733.33公顷，流转率34.2%。玉林健康产业园获国家农业部认定为第一批国家级农业化示范基地；丰顺、博涛、华邦、宏进、大自然等6家企业获市级农业产业化龙头企业，新发展农民专业合作社25家，累计农民专业合作社92家。全年粮食直补订单收购任务、各级粮食储备任务顺利完成。“菜篮子”工作成效较好。全年蔬菜总产量30.95万吨，比上年增长2.5%；肉类总产量、水产品总产量分别增长2.2%和10%。水果总产量149万吨，比上年增长24%。工业化步伐加快。全年实现工业总产值280.43亿元，比上年增长0.1%，其中规模以上工业总产值232.54亿元，比上年减少2.5%；规模以上工业增加值68.34亿元，比上年减少1.8%。工业化率达6.869，工业化进程加快。机械制造、健康食品、皮革服装、建筑材料等四大产业不断发展壮大，产值占全区工业总产值的83.83%。全年新增规模以上企业19家，全区辖区规模以上企业达71家，其中玉州区本级规模以上企业59家，13家工业企业进入规模以上工业企业程序，有18家企业入选“首批广西千家成长型中小企业”。投入1300万元加快园区建设，新建标准厂房10万平方米，在建标准厂房5万平方米。玉林健康产业园通过自治区A级产业园区评审。玉州区本级销售收入超亿元企业17家。服务业发展较快，全年实现第三产业增加值123.28亿元，比上年增长7.9%，占生产总值的比重达53%。社会消费品零售总额156.54亿元，比上年增长18.1%。积极促进农村消费，全年家电下乡销售额达2.258亿元，排名广西县（市、区）前列。宏进农批市场二期即将投入使用，毅德商贸城的开工建设，带动了市场流通经济的发展。城区基础设施不断完善，促进城市消费日趋活跃。

【项目建设投资】 2011年，辖区全社会固定资产投资完成200.11亿元，比上年增长36.6%。全区在建项目399个，比上年同期增加13个，计划总投资295.85亿元，年内完成投资118亿元，同比增长38.59%。其中，新开工项目284个，比上年同期增加1个，计划总投资119.6亿元，年内完成投资74亿元，同比增长57.13%；续建项目115个，比上年同期增加12个，年内完成投资44亿元，同比增长15.65%。按产业分类为：在建工业项目160个，其中新开工项目121个；在建房地产项目49个，其中新开工项目13个；在建商贸流通项目62个，其中新开工项目59个；在建交通能源项目23个，其中新开工项目15个；在建基础设施项目38个，其中新开工项28个；在建农林水项目42个，其中新开工项目

39 个；在建社会事业项目 25 个，其中新开项目 9 个。

【重大项目建设】 2011 年，玉州区在建重大项目 151 个，完成投资 87.82 亿元，完成市下达全年任务 49.8 亿元的 176.35%，比上年同期增长 20.43%。其中，新开工重大项目 69 个，完成市下达全年开工项目任务 36 个的 191.67%，完成投资 45.12 亿元，完成市下达全年任务 25.5 亿元的 176.94%，同比增长 26.85%；续建重大项目 82 个，完成投资 42.7 亿元，完成市下达全年任务 24.3 亿元的 175.72%，同比增长 14.32%。已竣工重大项目 62 个，完成市下达全年目标任务 21 个的 295.24%。

【项目审批】 2011 年，区发改局共办理审批立项、核准、备案手续的项目 164 个，项目计划总投资 207 亿元。其中备案项目 77 个，项目计划总投资 125 亿元；核准项目 51 个，项目计划总投资 26 亿元；审批项目 36 个，项目计划总投资 6 亿元。

【争取上级项目资金】 2011 年，玉州区加大争取资金力度，早谋划、早部署，加强对接，全年争取中央预算内投资项目 26 个，计划总投资 3242.2 万元，获支持资金 2277.3 万元。其中农林水项目 14 个，获支持资金 1901.8 万元；医疗卫生基础设施建设项目 10 个，获支持资金 5.5 万元；中小学校舍安全工程项目 2 个，获支持资金 370 万元。

【节能减排和生态建设】 2011 年，玉州区强化节能管理，进一步淘汰落后产能，严格落实节能减排工作责任制，主要污染物控制排放和淘汰落后产能目标完成。全区完成淘汰落后水泥产能 30 万吨，淘汰落后造纸产能 6.85 万吨；完成化学需氧量减排量 2560.38 吨、氨氮减排量 113.34 吨、二氧化硫减排量 6.7 吨、氮氧化物减排量 97.62 吨。11 月 15 日起在全市各县（市、区）中率先设点开展财政补贴高效照明产品推广活动，推广财政补贴节能照明产品 9.19 万只，完成市下达任务的 158%。生态环境建设积极推进，“绿满八桂”工程及创建国家森林城市工作成效明显，完成山上造林 134.13 公顷、义务植树 70 万株、中幼林抚育 160 公顷。

【各项改革】 2011 年，玉州区医药卫生体制改革扎实推进。基本医疗保障进一步完善，2011 年城乡三项医疗保险参保率为 95.83%；基本医疗保障水平不断提高；医保基金的管理使用进一步加强；城乡医疗救助制度初步建立。乡镇卫生院综合改革稳步推进，基本卫生服务全面开展，基层医疗卫生服务体系建设进一步加强，59 个村卫生室建设按时完工。国家基本药物制度在政府办的基层医疗卫生机构全面实行。全区按要求全部开展 9 类 15 项基本公共卫生服务项目，基本公共卫生服务实施率 100%，人均基本公共卫生服务经费标准达到 25 元。集体林权制度主体改革工作顺利完成，通过自治区检查验收。继续深化粮食体制改革，落实粮食购销直补政策，完成全年各级储备粮收购 13099 吨，其中自治区直补订单粮食收购 9500 吨。继续推进国有集体企业改制，自行车二厂、玻璃厂两家企业改制工作基本完成。

【开放合作】 2011 年，玉州区扩大区域合作，加大引进项目力度，实现区域合作稳步扩大目标。全区共引进新开工建设项目 79 个，合同投资额 82.6 亿元，比上年同期减少 20.8%，到位资金 83.8 亿元（含续建项目，其中新上项目到位资金 42.26 亿元），比上年增长 40.10%。其中，广西区外境内合作项目 54 个，合同投资额 60.33 亿元，到位资金 63.27 亿元（含续建项目，其中新上项目到位资金 32.93 亿元），同比增长 38.30%。承接东部产业转移项目 40 个，总投资 34.54 亿元，到位资金 49.51 亿元（含续建资 27.28 亿元）。新设立外商投资企业 4 家，合同外资额 2191 万美元，实际利用外资 3656 万美元。成功协办第八届玉博会，贸易成交额 156.24 亿元，签约项目 8 个，计划投资 35.9 亿元。

成功承办第三届药博会，贸易成交额30.2亿元；签约项目10个，计划投资38.3亿元。全年外贸进出口总额7965万美元，比上年同期增长16.5%，其中出口总额4890万美元。

审　计

【工作概况】 2011年，玉州区政府及上级审计机关安排区审计局审计计划项目17个，实际共完成审计项目49个，超过年初审计项目计划数的288.35%。查出管理不规范金额10250.91万元，通过上缴财政等促进增收节支346.73万元，核减工程造价434万元，出具审计报告及审计调查报告48份。

是年，区审计局在以建设审计专网为标志的金审工程一期的基础上，大力推进二期建设，先后投入10多万元购买视频设备及对路由器等设备进行升级，对本局局域网和审计专网进行了联接，开通了审计视频会商系统。继续推行电子政务的无纸化办公，以提高工作效率及减少资源浪费。

【地方政府性债务审计】 2011年，全国地方政府性债务审计工作开展后，上级审计机关也立即开始对玉州区地方政府性债务情况进行审计。为配合好上级审计机关的审计工作，根据上级审计机关要求，区审计局抽调了精干审计力量参与市审计局派驻到玉州区的地方政府性债务审计组，协调好地方政府及部门与审计组的沟通，同时负责做好农、林、水、公、检、法及教育、卫生等部门的债务审计工作，为地方政府债务性审计组工作按时按质按量完成提供有力支持，工作成果也得了上级审计机关的肯定和表彰。

【财政审计】 2011年，区审计局牢固树立财政审计“一体化”的新理念，以完善财政法规和规范财政管理为目标，深化财政预算执行审计。注意审计对象的选择，审计重点的把握。通过对上年度本级预算执行情况审计，发现管理不规范问题4个，共查出管理不规范金额8254.9万元。

【政府投资项目审计】 2011年，区审计局严格执行《政府投资建设项目审计办法》和实施意见，全面落实政府投资民生建设项目审计制和跟踪审计制，重点保证对民生工程建设项目和资金的全程跟踪审计。为贯彻落实中央关于扩大内需的政策和民生工程建设项目保障的要求，把关民生工程建设情况，对涉及的公路、沼气池、饮水安全工程及校舍安全等项目进行大规模审计，保障民生工程建设资金最大限度落实到项目上，使政府投资的民生工程建设项目真正达到惠民的目的。同时创新政府投资审计方式，对重大在建政府投资项目继续进行跟踪审计，收集工程建设资料，及时发现和纠正在建设过程中出现的问题，出具跟踪审计阶段性报告，报告中提出的问题得到了建设单位的重视，并及时整改，审计建议也得到被审计单位的采纳，保障了政府重大在建工程顺利的推进。2011年，共完成投资审计项目38个，核减工程投资和结算价款434万元。

【专项资金审计】 2011年，区审计局继续以维护民生，促进和谐社会建设为目标，加强对关系经济社会发展、涉及人民群众切身利益的各种专项资金的审计。主要开展了新农村合作医疗基金筹集、使用和管理情况审计及养老保险基金专项审计调查的专项审计。是年，完成审计和审计调查项目2个，涉及专项资金总额14726.65万元。

【经济责任审计】 2011年，区审计局继续积极探索经济责任审计方式、方法，运用新的经济责任审计评价办法对被审计部门领导进行公正、客观评价。根据组织部门的委托，区审计局对7名领导干部任职期间履行经济责任情况进行了审计。为组织部门选人用人提供参考依据。是年，审计局出具领导干部任期经济责任审计报告7份，共查出管理不规范金额1907.8万元。

统　计

【概况】　2011年，玉州区统计局以提高统计能力、统计数据质量和政府统计公信力为目标，以《统计法》为准绳，以改革创新为动力，以提高统计数据质量为中心，以提高优质服务为导向，统计工作取得了新的成绩。第二次全国R&D资源清查工作获得了国家级先进集体奖励，第六次全国人口普查获得自治区级先进集体，服务业统计工作获得了自治区级三等奖，城镇住户调查获得自治区级先进，国民经济核算专业、工业统计、能源统计、贸经统计、农业统计、劳资统计、服务业统计、科技统计、农村住户调查、城镇住户调查、统计分析调研究工作等专业在玉林市统计系统专业评比中都获得了奖励，荣获玉林市统计工作先进集体评比二等奖，玉林市统计行政执法工作先进集体三等奖，玉林市统计宣传工作先进集体三等奖。

【统计技能】　2011年，区统计局通过加强对干部职工的综合素质教育，抓好统计干部队伍的业务技能培训，广泛开展走进基层、深入调研活动，提高干部的统计技能。局领导班子及时组织干部职工学习贯彻各级统计和经济工作会议精神，学懂吃透有关精神，带领广大干部职工认清形势，在争创新业绩、推动科学发展、促进社会和谐、加强自身建设中勇当“排头兵”，树立先锋形象；定期组织干部职工学习业务知识、及时更新专业知识，面对工作中遇到的新情况、新问题，大家集中讨论，互相交流，共同学习，共同提高；采取以会代训的形式对镇（街）助理、辅助调查员、调查员不断进行业务培训，全年共培训统计人员3000多人次；深入厂矿企业，深入调研，写出一系列的专业调研报告，及时反映全区经济社会发展情况。

【统计数据质量】　2011年，玉州区统计局坚持把提高统计数据质量作为核心任务抓紧抓好，采取了一系列措施对各级统计数据质量实行严格的管理和控制，切实把好数据质量关。一是围绕企业一套表和联网直报制度完善源头数据工作，做好“三上”企业的基本情况和主要数据的核查，督促基层统计单位健全统计台账，完善报表“三签章”制度。二是做好基层企业特别是“三上”企业的业务指导和培训工作，共培训企业人员3000多人次。三是严把统计数据质量关，对敏感指标实行月度监测，对工业、农业、城乡居民收入、社会消费品零售额、能源消耗、投资、劳动工资、服务业等专业指标实行严格的审核评估。四是加强与核算部门之间的协调和配合。每季度召开一次数据质量评估和有关部门的联席会议，对核算中出现的问题及时协调解决。

【城乡居民住户调查工作】　2011年，玉州区农民人均纯收入、城镇居民可支配收入是广西科学发展“10佳县（市）区”和玉林市“10佳乡镇”评比的两项重要指标。根据自治区统计局的部署，继续做好农民人均纯收入、城镇居民可支配收入抽样调查。据统计，2011年农民人均纯收入达到7226.3元，增长16%；城镇居民人均可支配收入达到22184元，增长10.95%。

【第六次全国人口普查工作】　2011年，玉州区继续把第六次全国人口普查工作抓好，人口普查工作重点是做好《户主姓名底册》录入处理和小区建筑物数字化工作，为做好人口普查后续性工作，发挥统计人能吃苦、能战斗的良好作风，做到思想上、行动上高度重视，强化人员责任意识，选派精干人员，力求规范操作，在时间紧、任务重的情况下，2个月的时间内高质量完成了区17万户《户主姓名底册》过录和1800个小区建筑物数字化录入工作任务，为人普资料的开发提供了翔实的资料。

【发展新增规模以上工业企业和限额以上批发零售住宿餐饮业工作】　2011年，统计局做好规模以上工业企业和限额以上批零住餐企业的培育工作，一是加大工业项目的招商引资力度；二是重点扶持1000万元－2000万元的老企业，使之快速发展为新口径的规模以上工业企业；三是抢抓机遇，把符合条件的限额以下批发零售住宿餐饮企业发展成为限额以上批发零售住宿餐饮企业，向国家统计局申报新增规上工业企业14家，限额以上批零住餐企业70家，新增规上工业企业和限额以上批发零售住宿餐饮业为区规模以上工业增加值占工业增加值的比重、商贸业占经济总量的比重起到了提高作用。

【统计服务水平】 2011年，区统计局努力提高统计服务水平。一是按“快、精、准”的原则，及时做好了月度、季度经济运行分析及预测数据工作，本着科学、严谨、细致、求实的原则，及时搜集、整理、提供了各种报告、讲话所需的资料，认真核查和统一材料的相关数据，保证了数据的一致性。二是加大监测力度，开展调查研究，撰写统计分析和统计信息，及时报送区主要领导，为区委区政府做出战略决策提供翔实的数据文字资料。2011年，共撰写统计分析、统计信息、动态26篇，被自治区统计信息内部网采用10篇，玉林市采用12篇，玉州区政务信息网采用22篇，编印统计资料6期，及时向区委区政府及有关部门提供数据和文字材料等方面的服务300多人次。

【“四大工程”建设】 2011年，区统计局根据《广西壮族自治人民政府关于实施统计“四大工程”的通知》和《自治区统计局关于开展2011年全区企业一套表试点工作的通知》和《自治区统计局关于开展“三上”企业基本情况和主要数据核查工作的通知》的精神，严格依照上级布置要求，成立局领导小组，制订实施方案，统一部署，统一培训，对辖区内“三上”企业基本情况和主要数据进行全面核查，及时派出专业人员学习掌握数据采集处理软件知识，11月，组织玉州区规模以上工业企业、资质建筑业和房地产业、限额以上批发零售住宿餐饮业、服务业等300多家企业进行联网直报业务培训和联网直报试报工作，12月份，规模以上工业、资质建筑业和房地产业、限额以上批发零售住宿餐饮业开展入库处理工作。当年，规模以上工业、资质建筑业和房地产业、限额以上批发零售住宿餐饮业入库量由去年的230家增加为314家。

【统计法制建设】 2011年，区统计局加强统计法制建设。一是大力宣传《统计法》，利用各种统计会议、下基层调研、网站、上街宣传、群发短信等方式大力宣传《统计法》和统计“四大工程”建设。分发了统计宣传资料500份，群发信息1000多条。二是借“三上”企业核查的契机，扎实开展统计执法大检查情况。对限额以上各单位都进行了统计执法检查，依照法律程序对5个违法单位发出了处罚通知，有效改善了统计工作环境，大大提高了社会公众对统计法的认识。三是继续做好了“两证”的办理和年审工作和统计人员教育培训工作。

【抽样调查】 2011年，玉州区按照上级统计部门的部署，克服人员少、经费少、统计对象配合程度低的困难，进行了劳动力抽样调查，人口变动调查、限额以下批发零售及住宿和餐饮业抽样调查，抽样调查效果比较好，达到了上级的要求。

招 商 引 资

【工作概况】 2011年，玉州区以突出“三个重点”（即突出引进大品牌、大商贸、大物流等大项目为重点；突出依托玉柴品牌进行产业引进为重点；突出引进促进劳动力就业，增加农民增收的项目为重点），依托玉州区位优势，结合玉州发展定位，重点围绕先进制造业、健康产业、商贸物流业、特色农业，特别是围绕生物医药产业、节能与环保产业、新能源和新材料等产业招商，争取引进一批能带动产业扩张的项目；继续实行“首问负责制”、“限时办结制”、“责任追究制”等，极大方便了咨询、办事的客商。是年，全区共引进广西区外合作项目54个，项目总投资60.33亿元，到位资金32.93亿元；广西区外续建项目42个，到位资金30.35亿元，累计广西区外合作项目到位资金63.28亿元，同比增长38.3%，完成玉林市年度考核目标任务52亿元的121.7%。其中引进投资额3亿元以上的项目9个。

【外资利用情况】 2011年，全区共新批设立外资企业4个，合同计划投资额2191万美元，合同外资额1565万美元，实际利用外资额3657万美元，同比增长143.5%，完成玉林市年度考核目标任务3500万美元的104.5%，其中外资额100万美元以上外资项目2个。

【招商引资推介活动】 2011年“招商月”期间，玉州区共组织12个招商小分队，分赴北京、广东、浙江、福建、江苏、上海等省市开展招商活动，其中，外出招商引资区的四家班子领导有15人次，各镇（街道）书记、镇长（主任）8人次，区直部门领导10人次。在“招商月”活动期间，全区共举办招商推介会、洽谈会12场，实地考察了70多家企业。获得招商信息29条，其中意向信息16条；共签约项目6个，占任务的120%；项目总投资17.75亿元。新履约落地开工项目3个，占任务的150%；新签亿元以上项目3个，占任务150%。活动月期间，区外境内到位资金4.3856亿元，占任务的106.97%，全面完成市下达“招商活动月”的各项目标任务。

【会展成果】 2011年，第三届“药博会”玉州区签约项目10个，总投资38.3亿元。第八届玉博会玉州区签约项目8个，合同投资额35.9亿元。第七届（南昌）泛珠三角区域合作会上，签约项目1个，总投资2.5亿元。在展会筹备和举办期间充分利用其所带来的人流、信息流等，大力宣传推介玉州，展现玉州，取得了很好的成效。

安全生产监督管理

【概况】 玉州区安全生产监督管理局（简称玉州区安监局）与玉州区安全生产委员会办公室（简称玉州区安委办）合署办公，两块牌子，一套人马。内设机构3个，分别是综合股、协调救援股、监督管理股。下属机构有玉州区安全生产监察大队，另外还负责管理玉州区烟花爆竹治爆大队。2011年，玉州区安监局牢固树立“安全发展”的理念，坚持“安全第一，预防为主，综合治理”方针，认真抓好安全生产工作，确保全区安全生产形势总体稳定。2011年，全区共发生各类安全生产事故156起，死亡51人（占全年安全生产死亡控制指标51人的100%），受伤79人，直接经济损失403878元。与上年同比，事故起数上升1.30%，死亡人数上升6.38%，受伤人数下降23.00%、直接经济损失下降14.18%。其中：道路交通事故85起，死亡39人，受伤77人，直接经济损失95007元。同比事故起数下降7.61%，死亡人数上升5.41%，受伤人数下降23.00%，直接经济损失下降24.98%。工矿商贸企业发生事故6起，死亡11人，受伤2人，直接经济损失115500元。同比事故起数下降45.00%，死亡人数上升10.00%，受伤人数持平，直接经济损失下降61.00%。火灾事故65起，无人员伤亡，直接经济损失193371元。同比事故起数上升27.45%，死伤人数持平，直接经济损失上升303.00%。水上交通和农机无伤亡事故。2011年，玉州区获玉林市人民政府评为安全生产工作优秀单位。

【安全生产责任制】 2011年，玉州区安监局强化安全责任的落实工作。强化企业主体管理责任，监督烟花爆竹、非煤矿山、危险化学品企业负责人，认真履行安全生产主体管理责任，进一步健全安全生产管理制度；强化辖区政府行政领导责任，监督辖区政府按照安全生产“属地管理”的原则，履行本辖区安全生产工作的管理职责；强化行业主管部门管理责任，监督各行业主管部门切实履行安全生产行业管理工作职责，加强对企业的安全生产管理；强化相关部门的相关安全管理责任，监督各相关发证部门履行发证后的安全生产管理责任。2011年，全区共有26个单位与玉州区政府签订了安全生产责任书，经玉州区安监局牵头组织考核，有玉城街道等25个单位获玉州区人民政府授予安全生产工作优秀单位。

【安全生产管理】 2011年，玉州区安监局大力抓好烟花爆竹、危险化学品、非煤矿山的安全生产管理工作。烟花爆竹方面：坚持每周至少用2－3天时间对生产企业进行巡回检查，发出责令整改通知书32份；抓好企业负责人、管理人员及从业人员的安全教育培训，2011年协助上级组织烟花爆竹生产企业负责人、管理人员及从业人员培训2次，受教育800多人；抓好高温时段、重大节日和重大活动期间的停产工作；抓好批发企业的管理，责令玉州区3家批发企业迁移到城区以外批发经营；抓好零售点的管理，按市政府文件规定，烟花爆竹零售布点全部设在城区以外。危险化学品方面：对全区危险化学品企业进行调查摸底，全面摸清生产、经营、储存企业基本情况，限制经营企业数量，纠正过去只重发证，不重管理的现象；利用危险化学品企业换证复查的机会，督促企业对复查检出的安全隐患及时整改，共督促企业整改安全隐患213项；开展平时检查，全年共检查危化品单位156家次，开出现场检查记录表156份，整改指令书49份。非煤矿山方面：开展安全生产标准化建设，按照自治区和市安监局的统一要求，玉州区安监局在详细摸清企业基本情况的基础上，制定了企业安全标准化建设推进方案，经玉州区安监局组织专家验收评定，2011年有5家非煤矿山企业达到了五级标准化企业；加强平时检查工作，全年共检查企业98家次，开出现场检查记录98份，发出整改指令书22份。

【安全生产办证】 2011年，玉州区安监局按照烟花爆竹、危险化学品安全生产许可要求，严格安全生产准入条件，从源头上把好安全生产关。着力整顿烟花爆竹经营秩序，由历年来烟花爆竹零售点150家左右减少到2011年的48家。全年颁发《烟花爆竹经营（零售）许可证》48个；颁发《第三类非药品类易制毒化学品备案证明》4个；1至11月，协助市安监局审查发放《危险化学品经营许可证》82个。从12月1日起，《危险化学品经营许可证》颁发权下放到玉州区安监局后，办证2个。

【安全生产执法】 2011年，玉州区安监局严格按照安全生产法律法规的要求，对违法违规的企业，该关闭的坚决按标准关闭到位，该处罚的依法坚决处罚到位，做到有法必依，执法必严，违法必究。全年共处罚企业（个人）44单，收缴安全生产罚没款175多万元，安全生产执法力度在广西县级安监部门中是最大的。8月，在广西安监系统安全生产执法经验交流会上，玉州区安监局做了典型经验介绍。烟花爆竹、非煤矿山执法方面：对城北街道广旺烟花爆竹厂等3家违法违规生产企业进行查处，罚款11万元；对玉林市远强烟花爆竹批发公司等2家批发企业违规经营进行处罚，罚款7万元；对国能烟花爆竹零售点等2个违规经营烟花爆竹零售店进行处罚，罚款0.6万元。对曾弟烟花爆竹销售部、曾十四烟花爆竹零售店给予吊销许可证的行政处罚。对玉林市闽发建材厂在未取得《安全生产许可证》的情况下从事生产经营活动，作出了罚款人民币15万元的行政处罚。“打非”执法方面：玉州区安监局和区烟花爆竹治爆大队联合其他有关部门，开展了28次“打非”行动，共出动人员2450人次、公务车辆320辆次、清查户数1500多户（次），捣毁非法生产窝点33个，没收非法爆竹成品1274件、烟花2871件，价值50多万元；水毁爆竹半成品1378件、引线260件；处理生产原料34袋、生产机器31台，捣毁工棚18个。安全生产事故查处方面：2011年，玉州区发生工矿商贸企业安全生产事故6起，按照事故查处“四不放过”的原则，玉州区安监局牵头组成事故调查组查处事故4起，处罚企业4家，配合市安监局查处事故2起，事故查处结案率为100%。

【安全生产检查】 2011年，玉州区安监局制定周、月、季检查计划，组织执法监察人员，深入企业开展安全生产检查。玉州区安委办每季度制定全区安全生产大检查工作方案，及时通报全区安全生产情况，确保全区安全生产信息畅通。在全国“两会”、“五一”、“十一”、元旦、春节、玉博会、南博会重点时期，区委、政府领导亲自检查安全生产工作，对重大安全隐患，区领导都要现场勘查、听取整治方案、提出整治要求。2011年，全区共组织检查组261个（次），出动检查人员2522个（次），检查单位（企业）2465家（次），发现安全隐患1523家（处）。下达整改指令书256份，责令限期整改企业256家，责令停产停顿企业3家，已整改1447处，整改率达95%，限期整改76处。

【安全生产宣传培训】 2011年，玉州区安监局以第十个“安全生产月”活动为契机，加强宣传工作，6月11日是“安全生产月”活动咨询日，玉州区安监局组织全区20个安委会有关单位在玉林城区的青年广场进行安全生产咨询日宣传活动，发放资料5000多份，受教育群众10000多人次；出动安全生产宣传车一辆，在城区和大塘镇、城北街道等镇（街道）开展安全生产巡回宣传，受教育群众50000多人次；组织开展全区安全生产法律法规有奖答题活动，共有3000多人参加。“安全生产月”活动期间，全区悬挂宣传横幅388条，宣传警示标语6000条；出版安全生产宣传专栏56期。一年来，玉州区安监局组织各有关企业有特色地开展安全生产法律法规知识和安全技能的培训，共组织企业开展培训21期，受教育2000多人次。

人旺财旺路路旺　（陈伟平摄）

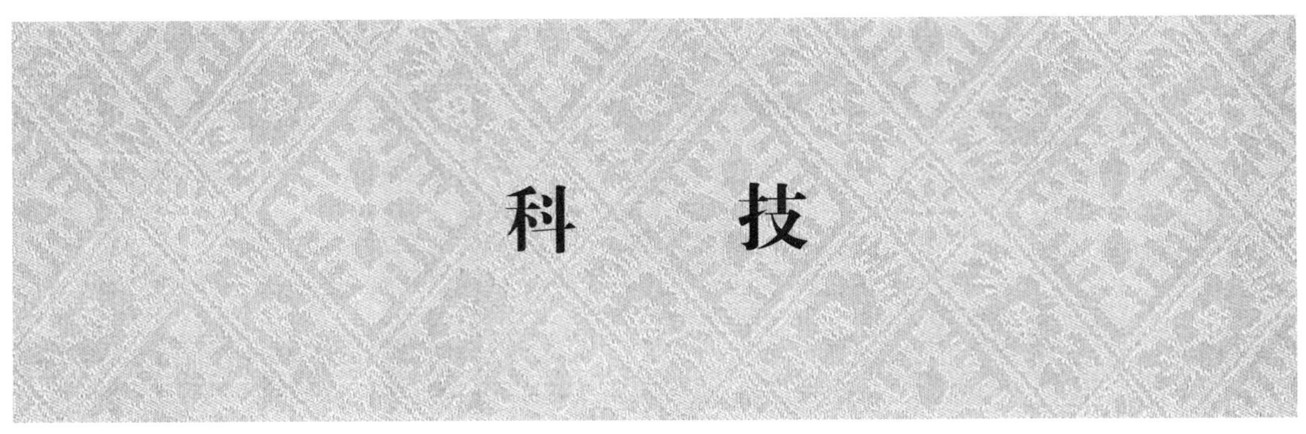

科　技

科技发展综述

【实施环保型畜牧产业开发与示范项目】 2011年，玉州区继续实施《国家科技富民强县专项行动计划项目—玉州区环保型畜牧产业开发与示范》项目。

建立健全专项组织管理制度。根据环保型畜牧产业开发与示范项目，玉州区建立健全了以下专项组织管理制度：《玉州区环保型畜牧产业化开发与示范项目实施保障措施》、《玉州区"国家科技富民强县专项行动计划项目"实施管理制度》、《玉州区富民强区工作协调领导小组工作制度》、《玉州区富民强区工作协调领导小组成员单位组成及职责分工制度》、《玉州区富民强区工作协调领导小组办公室人员组成及职责制度》、《玉州区大力发展畜牧产业的实施方案》、《玉州区科技富民强区专项行动计划项目工作管理办法》、《玉州区畜牧业科技服务体系建设与服务平台建设实施方案》。区科技局不定期检查、督促专项组织管理制度、配套政策措施的执行落实。

开展环保型畜牧产业化技术培训。针对项目培训需要，全区形成三位一体、三轮驱动的培训方式。一是开展政府机关联合培训。（1）生猪养殖技术培训。区科技局与区水产畜牧兽医局共同制定《2011年玉州区水产畜牧养殖业科技培训工作实施方案》，采取集中授课、示范点的现场指导培训和观摩学习的方式，对循环养殖的技术骨干进行猪、牛栏搭建、饲料搭配、疫病防治、养殖场粪污处理等循环养殖技术培训；对兽医服务技术员、网络信息员和维护员进行各类专业技术培训，共完成培训各类技术骨干和专业技术人员4600人次。（2）沼气池建设、维护、使用技术培训。根据项目实施要求，区科技局与区扶贫办在大塘镇三和村、大双村、苏烟村，以及仁厚镇茂岑村，联合举办环保型畜牧产业化开发与示范项目沼气利用技术培训班。参加培训的农民717人。培训内容主要有沼气生产利用技术基本知识、沼气池的建设和使用技术、家用沼气池的启动、沼气池的日常管理、沼气池常见故障及处理办法、沼气池的保养、沼气池安全管理及使用等。二是开展企业自主培训。（1）猪屠宰质量控制技术培训。玉林市华邦食品有限公司在养殖、兽医、沼气、屠宰技术、肉品品质检验等方面开展培训，共举行培训班6期，参加培训1200多人次。玉林润民肉类联合有限公司在屠宰技术、肉品品质检验等方面开展培训，共举行培训班4期，参加培训680人次。（2）牛巴、猪皮革加工技术及质量控制等技术培训。玉林邝氏食品有限公司对牛巴加工技术及质量控制技术培训方式灵活：采用寓培训于娱乐的方式，如"三八"妇女节活动中，把各种生产技能知识融入抢答竞猜有奖活动中，在娱乐中增加知识，一举两得；操作程序的培训则采用理论与实践相结合的方式，实施"实践－理论－实践"技术路线，确保生产技术正确、熟练；场地卫生及个人卫生的培训则是抓典型，树榜样的方式，用先进的榜样让大家学习，达到先进榜样的效果才算培训合格。企业有320人次参加各式培训。玉林文十六食品有限公司的培训则是聘请专家、教授莅临公司对职工进行培训，分工序、分岗位在生产技术、质量管理和安全生产知识等方面，共举行了3期培训班，参加培训95人次。玉林市富英制革有限公司培训猪皮革加工技术骨干110人，开设皮革加工技术、质量控制培训班6期，培训岗位人员、农民工达2500人次。三是通过网络传播开展培训。在玉州区政府信息网站开辟科技网络服务专栏（富民强县专项行动板块），将科技富民强县专项行动项目的政策法规、规章制度、养猪技术、猪牛皮加工技术、牛巴加工技术，沼气利用技术，以及研究成果，及时公布于板块栏目。同时及时宣传环保型畜牧产业开发与示范项目的工作动态与进展，将国家、自治区新出台的支持与扶持项目发展的政策措施、要求及时在网上公布，发挥现代网络传播速度快、成本低、易到位的优势，达到在网上培训的性质，实现宣传与培训双丰收。

形成畜牧产业综合开发格局。在实施项目过程中，继续采取综合开发的技术路线，如成品鲜牛、猪肉除供应市场外，支持实施牛巴加工、猪皮革加工，科学利用先进的“猪血收集器”收集猪血，向生化企业提供合格的血浆，组织辖区的牛巴企业向国家地理标志主管部门成功申报了牛巴地理标志。

发挥龙头企业示范作用。在实施项目过程中，利用玉林市富英制革有限公司龙头企业，发挥技术创新服务中心作用，增强与广西乃至全国制革企业、科研单位、大专院校的制革技术开发和技术交流，推广应用制革清洁化生产科技成果，由原来需要200立方水生产出蓝皮，优化为只需120立方水即能生产出蓝皮，减少用水40%。

项目实施与环保同步进行。在实施项目过程中，支持采取建设大中型、小型沼气池，支持建设生化污水处理系统。组织龙头企业富英公司引进污泥压滤机4台，科学处理猪皮革加工带来的污水、污泥，实现清洁化生产。

做好迎接检查工作。10月10—11日，自治区科技厅对玉州区环保型畜牧产业开发与示范项目进行项目中期检查。区科技局组织各项目任务承担单位做好各项工作，并组织人员撰写了工作总结和汇报材料，整体工作受到好评。

对有关资料统一进行建档。年底，区科技局对项目专项执行相关资料进行了归类，共细分为专项组织管理、各项目承担单位总结、各项目承担单位培训、《协议书》、清洁化生产、申报牛巴地理标志、宣传、技术创新服务中心、产品检测、生猪储备、沼气池、荣誉证书、产品购销合同、图片、企业管理制度、经费使用凭证、其他等17类档案资料，分别编写了目录，建立档案。

总结项目实施成果。区科技局一手抓项目推进，一手抓项目实施成果的总结，提炼形成学术论文。以项目实施为研究背景，区科技局技术专家撰写的《环保型畜牧产业发展的三角系统模型优化研究》，在2011年中国农业系统工程学术年会上交流，并刊载于由中国科学院主管、中国科学院农业研究委员会和中国科学院亚热带农业生态研究所主办的农业综合性学术刊物《农业现代化研究》（2011年增刊）。

【科技工业项目发展】 2011年，区科技局推行科技项目实施、申报、储备“三管齐下”工作思路，以大申报、大实施、大储备“三大措施”，推动玉州区科技工业项目发展。一是大申报科技工业项目。2011年，根据自治区科技厅关于2012年工业项目申报指南要求，积极组织辖区工业企业申报项目，安排专业科技人员上门提供技术指导。其中，玉林市瑞锋饲料油脂有限公司、广西玉林富利海化工有限公司、玉林正菱汽车配件有限责任公司等企业都申报了项目。二是大实施科技工业项目。重点组织实施了“内燃机中冷器研制与开发”、“防水交联电缆技术引进和开发”等项目。三是大储备科技工业项目。组成科技工业项目储备调研组，深入区重点企业，了解企业发展需求、发展潜力、发展方向，帮助企业形成具有自主知识产权的工业技术专利，结合现代科技发展，以及国家科技项目支持方向，深挖企业发展潜力，与企业共同探讨，形成初步的科技工业项目发展方案，储备一批科技工业项目。

【推进农业科技工作】 2011年，玉州区面向社会主义新农村建设，重点围绕水稻、果蔬、畜牧等特色优势农业，加快农业科技成果的转化和先进技术的应用示范。一、加强农业科技基础平台建设。根据社会主义新农村建设对重大农业科技的需求，突出增强自主创新能力、提高成果转化水平的目标，围绕支撑和服务重点产业发展，推进农业科技基础平台建设，重点抓好广西富英皮革科学研究所、广西洋平石斛科技研究所等科研机构的基础科研设施建设，组建科技创新团队，培育和构建了一批科技创新平台。其中，广西洋平石斛科技研究所新建了700平方米全自然采光组培车间，新购置超净工作台30台、冷暖空调机28台、培养架1300个、培养瓶30万个等配套组培育苗仪器设备。二、组织开展农业科研攻关活动。一是动物皮革发展相关技术攻关。组织广西富英皮革科学研究所开展制革标准工艺研究，继续开展与四川大学皮革学院合作的“猪皮制革清洁生产技术及关键工序废液循环利用技术的开发和工业化链接项目”的研究工作。在制革的脱毛、膨胀工序用ID无硫脱毛剂、烧碱等代替传统的硫化碱、石灰进行皮革的脱毛、膨胀。实现可全部不用石灰，使用硫化碱可由原来的3%减少至1%。二是药材发展相关技术攻关。组织广西洋平石斛科技研究所承担的广西科技计划项目“濒危中药材马鞭石斛组培快繁与栽培关键技术创新研究”进展顺利。所选育的品种“容山堂3号铁皮石斛”在广西农业厅作了品种登记，办理了“广西农作物品种登记证”〔（桂）登（药）2011009〕。

【科研项目成果的鉴定推荐工作】 2011年，区科技局全面做好“高压氧对糖尿病微血管病变干预作用的临床研究”等科研项目成果的鉴定推荐工作。组织科技人员申报市科研成果登记3项，申报市科技进步奖项目3项，做好科技保密管理和知识产权保护工作，激励科技人员积极投身于科研活动。

【科学技术普及、专利宣传】 2011年，区科技局大力开展科学技术普及活动。2011年1月7—9日、5月15—21日、11月15—21日，由局牵头组织，区科协、农业局、经贸局、教育局等21个区直部门单位配合，在全区范围内分别组织举办了2011年广西科技活动周玉州区活动和2011年全国科技活动周玉州区活动大型科普活动，出动科技人员2500余人。同时开展玉城科普广场活动、科技下乡、科技下企业、地震海啸核辐射大型科普图片展等一系列科普活动，据统计，有10万群众参加了大型科普活动，接受科普咨询4.5万人次，开展实用技术培训班210班（次），接受培训4.7万人次，举办科普讲座25场，听众5000人次，发放科普宣传资料3.5万份、科普丛书2000册，推广农业新技术35项、新品种40个。

【全国科普统计工作】 2011年5月份，根据国家科技部和统计部门的通知要求，在区委办、区政府办的协调下，由区科技局牵头组织，在全区开展2010年全国科普统计调查工作，区科协、区教育局、区农业局、区卫生局、环保局等16个部门共同完成了全国科普工作统计调查表48份，并建立了区科普工作统计数据库，100%完成了全国科普统计下达任务。

【提升民生科技进步力度】 2011年，玉州区按照改善民生工作要求，围绕资源利用、环境保护、生态建设、卫生健康、生产安全等社会发展目标，加快推进民生科技进步力度，促进社会和谐发展。开展了地方性重大疾病和城乡社区常见多发病防治等科学研究，组织科技人员申报玉林市科学研究与技术开发计划项目，“超声、心电图、冠状动脉造影诊断冠心病的对比研究”等5项，其中“经颈超声对鼻咽癌的诊断价值”等3个项目获准市立项实施。

【专利申报工作】 2011年，区知识产权局积极落实《国家知识产权战略纲要》，加强知识产权保护，组织实施自治区“知识产权强县（市）试点示范”项目。做好组织申报专利的各项工作，全区（含市直）申报专利429件，其中发明专利111件；加强专利工作队伍能力建设，举办知识产权培训班3期，培训人员300多人次。获授权284件，其中发明专利22件。

【深入推行选派科技特派员制度】 2011年，玉州区继续在全区深入推行科技特派员制度，探索建立开展科技特派员活动长效机制。一是延长科技特派员服务时间。贯彻落实玉林市有关科技特派员工作要求，将市政府下派玉州区的第四批科技特派员20名服务时间延长一年，即延长至2011年12月31日止。二是组织科技特派员申报创业项目。组织全区65名科技特派员申报市科技特派员创业项目16项，其中“玉林市优质蔬菜标准化生产示范基地建设”等13项科技项目获立项实施，玉林市科技特派员办公室配套科技项目经费5.6万元。三是组织科技特派员开展新技术培训。组织科技特派员开展农业实用新技术培训班135期，发放技术资料23000份，培训农村劳动力21500人次。四是引进推广农业优良新品种、先进实用技术。以组织实施科技特派员创业项目为载体，引进推广农业优良新品种、先进实用技术，建立健全农业生产科技示范基地21个，辐射带动周边25000户农户依靠科技发展农业生产。据统计，当年，通过科技特派员开展科技服务“三农”活动和实施科技特派员项目带动，引进推广农业优良新品种50个，推广应用生物有机肥技术、肉猪高效益饲养配套技术等先进实用技术45项，直接产生经济效益2500万元。

【科技交流】 2011年，玉州区通过打造科技交流合作平台，开展科技招商引资活动。以2011年广西新技术新产品交易会、2011年北京科技博览会、2011年深圳第13届高交会为契机，打造科技纵、横向交流平台，开展科技交流合作活动，扩大科技招商引资渠道。元月7－9日，组织区科技代表团20人，参加2011年广西科技活动周开幕式和2011年广西新技术新产品交流交易会；组织区4家企业5个科技项目和7个科技新产品参展，实现企业签约科技项目1个，项目计划总投资2000万元，完成市政府下达给我区的科技交流目标任务。5月16－21日，全国科技活动周期间，组织区科技代表团参加2011年北京科博会，采集了一批科技项目和科技信息。11月16－21日，组织区科技代表团，参加深圳第13届高交会，充分利用深圳高交会平台，推进多区域合作，促进区域经济发展。

【科技项目申报】 2011年，根据自治区科技厅关于项目申报指南要求，区科技局将指南材料转发各中小企业、各有关单位，积极协助各中小企业、各有关单位做好申报的相关工作。安排专业科技人员上门提供技术指导。其中，玉林市瑞锋饲料油脂有限公司、广西玉林富得海化工有限公司、玉林正菱汽车配件有限责任公司等企业申报了项目。局机关申报了《玉州区莲塘村科普示范村建设》等项目。

【申报工程技术研究中心（企业技术中心）工作】 2011年，为了加快构建企业科技创新体系，加强创新体系建设，开展产学研合作和技术创新活动，带动人才集聚和创新投入，提高企业自主创新能力，加速科研开发与科技成果转化，区科技局根据《玉林市科学和技术发展“十二五”规划》、《玉林市工业和信息化发展“十二五”规划》、《玉林市技术研究开发中心组建、认定管理办法》（玉市科〔2004〕47号），积极组织推荐区有关企业申报工程技术研究中心、企业技术中心。经市科技局和市工信委考核评定，玉州区有6家企业组建的工程技术研究中心（企业技术中心）为玉林市第一批工程技术研究中心（企业技术中心）。

【节能减排工作】 2011年，区科技局紧紧围绕科技发展“十二五”规划的节能减排要求，全面发挥职能部门作用，采取三项措施展开节能减排工作。一是把节能技术研发列入年度科技计划，积极宣传科学节能减排。在制定年度工作计划时，区科技局便将节能技术研发列入年度科技计划，广泛发动相关企业开展节能技术研发，降低生产成本，减少排放，节约能源，提高效益。在科普活动周、专利技术活动周，共发放了998份科学节能减排、节能减排专利方面的资料。二是组织实施重点节能科技工程。区科技局将组织实施重点节能工程，作为推进科技项目的重头戏。主要实施了富民强县专项行动项目，具体实施了环保型畜牧产业化开发与示范，在富英皮革公司引进节能环保技术，在润民公司继续开展屠宰污水生化处理，大大减少了工业生产污水的直接排放，美化了环境。三是推广先进节能技术与产品。区科技局继续推进先进节能技术与产品，实施科学研究与技术开发项目。组织玉林市富英制革公司实施了制革清洁生产技术应用及关键工序废液循环利用技术，组织玉林达业机械股份有限公司引进了半自动喷砂技术（减少大量的工业污水排放）、水性漆技术、机变频技术、使用日本高压静电喷枪技术、使用上海普瑞森数控等离子切割机、真空钎焊炉省电技术等，组织玉林润民肉类联合有限公司引进了猪场生化污水处理技术。

地震预防工作

【防震减灾工作体系建设】 2011年，玉州区加强防震减灾工作体系建设。5月，区地震局制定《组建玉州区地震灾害应急救援队伍建设方案》。10月11日，玉州区调整防震减灾工作领导小组。玉州区在全区8个镇（街道）落实了8名防震减灾助理员，86个村（社区）落实172名地震灾害速报员。全年区政府财政投入防震减灾经费17.88万元。

【地震监测】 2011年，玉州区正常开展工作的地震监测站有：玉州岭塘断层气二氧化碳地震监测站。当年玉州区增设一个地震前兆宏观观测点，为玉城街道东明社区苏昭芬观测点，观测项目为井水。原有的4个站点正常开展观测工作，分别为：仁东镇中庞周庆宏观测点，有井水、鱼塘2个观察项目；南江街道岭塘社区牟定兰观测点，有猪、鱼塘2个观察项目；名山街道旺瑶社区赵坤林观测点，有猪、井水2个观察项目；南江街道岭塘村林贵勇观测点，有井水、猪2个观察项目。

【震害防御】 2011年6月，区地震局开展重要生命线工程及可能发生严重次生灾害工程地震灾害隐患排查工作，对存在的安全隐患进行排查处置；11月，区地震局到仁东镇大路村开展农村民居防震保安示范村调查摸底工作；当年玉州区抗震设防要求确认共20项，其中行政许可10项，技术咨询服务10项。

【地震应急救援演练】 2011年5月12日全国“防灾减灾日”前后，区地震局、教育局联合组织全区中小学校开展地震应急演练活动，通过开展地震应急演练活动，提高广大师生的防震减灾意识、素质和地震避险、自救技能，提高了学校组织学生快速疏散的能力。参加演练的学校共110所，师生共51037人。

【地震应急避难场所建设】 2011年，玉州区继续建设完善玉州区九中地震应急避难场所，增设了指示标识牌等必要的设施。建成的设施包括：1套广播、监控设施等应急管理设施、50000平方米以上应急棚宿区、1个应急医疗救护室、1个应急物资储备室、2套应急发电机组共10000w（没有铺设应急供电线路）；2条临时露天应急厕所排污管道、1个60米深水井（尚未安装水泵等设施）、1个200立方米的自来水储水池。

【防震减灾宣传】 2011年5月12日上午，玉林市政府和玉州区政府共同组织开展2011年“全国防灾减灾日”宣传活动，进行防震避险知识宣传，发放科普读物等，玉林市副市长岑宛玙参加了活动，并向过往的社区居民、市民发放宣传资料。通过开展社区“防灾减灾日”宣传活动，起到了引导社会公众依法、积极、主动参与防震减灾活动的作用。

5月12日全国“防灾减灾日”前后，区地震局、教育局联合组织全区的防震减灾科普示范学校及部分中小学，以“普及防震减灾知识，保护生命财产安全”为主题开展科普宣传教育活动。通过讲座、展板展示、发放宣传资料、咨询等形式开展科普宣传教育活动，共开展讲座6场、制作了23块宣传展板、发放宣传资料15000多份、悬挂宣传横标26条。

12月17日，在区委宣传部的带领下，区精神文明办、教育局、科技局、地震局、农业局、科协等25个玉州区科普联席成员单位共100多人，到玉州区仁东镇开展“文化、科技、卫生”三下乡”活动。区地震局全体人员参加了此次活动，接受群众咨询190多人次，发放《防震避震宣传手册》、《地震来了怎么办?》等地震科普宣传资料约900余份。

鹏洞村道路硬化开工

环境保护

【减排工作】 2011年，全区完成化学需氧量减排量2560.38吨，完成氨氮减排量113.34吨，完成二氧化硫减排量6.7吨，完成氮氧化物减排量97.62吨，4个主要减排因子均完成或超额完成任务。市级24个化学需氧量减排重点项目、22个氨氮减排重点项目均已按时完成。

【环保执法】 2011年，玉州区继续加大环保执法力度。一是强化对企业环保的监控工作，已取缔关停的17个非法炼油窝点没有出现复产现象；二是对群众关注的热点问题开展执法检查，新开通“12369”环保投诉热线，共处理环境污染投诉案件589件，立案查处环境违法企业37家；三是城区范围内没有新上2吨以下的燃煤锅炉。对9家废气污染严重、群众反映强烈的企业，督促其上马了废气污染防治设施。完成9家企业的锅炉、煤改电、煤改油、煤改柴改造工作；四是开展重金属行业的专项整治。年内，辖区现有的2家重金属排放企业，一家已关停重金属排放生产线，一家已上马清洁生产项目；五是自9月20日起至年底，开展了秋冬季环境整治专项行动，对涉水企业、噪声污染企业、小食品油提炼企业进行了一次全面的集中巡查执法行动，共调查摸底废油提炼、小食品油提炼厂11家，集中处置群众信访案件65个，立案查处违法企业9家，强制断电1家。

【企业监管】 2011年，全区完成建设项目环保审批377个，核发排污证1616个，出具监测数据238组。通过OA系统网上审批、政务中心窗口一站式服务、缩短审批时限等措施，确保了我区一批项目快批快建，尽快形成经济效益。

【设施建设】 2011年，玉州区在全市率先完成镇（街道）环委会的组建工作，各镇（街道）配备了环保专干、落实了固定办公场所，极大强化了全区基层环保工作力量。年内，完成监测技术人员上岗证考试，20多个监测项目通过自治区监测总站的考核；通过集中财力购置和积极向上级争取，年内，先后购置分光光度计、流量计、便携式PH计等大批仪器设备，硬件实力得到极大增强。

【生态建设】 2011年，玉州区重视对生态环境的保护和建设。一是聘请广西大学环境科学学院的专家教授，对寒山水库工程养护站水源地和玉州区鸦桥自来水厂水源地开展基础环境调查及评估，并组织编写了保护区划分技术报告；二是城北街道凤村大井自然村、大塘镇大塘村横岭自然村分别获列为自治区农村连片整治项目，获中央、自治区资金扶持134.3万元；三是开展水源地项目申报及推进工作。完成苏烟水库上游大双村、苏烟村上地坡自然村生活污水排放现状调查，配合市环保局开展了投资100多万元的大双村生活垃圾整治项目。一年来，玉州辖区的苏烟水库、南流江弯角取水点两个主要水源地，全年水质分别达到国家二级、三级标准。全区空气质量均符合国家二级标准，区域环境噪声控制在国家的标准范围内，环境质量总体保持良好水平。

教 育

【概况】 2011年，玉州区有公办幼儿园7所，在园幼儿3089人；小学86所，在校生51677人，学龄儿童入学率100%，辍学率为0，小学毕业生升学率100%，每万人口在校生957人；普通初中17所，在校学生21682人，毛入学率106.2%，辍学率1.6%，每万人口在校生361人。全区小学有专任教师2071人，师生比为1：25；普通初中专任教师1539人，师生比为1：14。全区小学校园面积907245.4平方米，生均面积18.5平方米，校舍面积240252平方米，生均面积4.9平方米；初中校园面积436488.5平方米，生均面积20.8平方米，校舍面积200890平方米，生均面积9.4平方米。

【教育经费】 2011年，玉州区教育经费总收入31697万元，比上年多收入3995万元，增长14%。其中财政拨款收入28197万元，比上年多收入2485万元，增长9.7%。教育经费总支出31102万元，比上年多支出4089万元，增长15%。其中财政拨款支出27807万元，比上年多支出2095万元，增长8.1%。总支出中，人员经费支出22967万元，公用经费支出4246万元，基建支出2500万元，其他支出1389万元。

【改善办学条件】 2011年上半年玉州区在建校舍安全工程项目8个，总投资1330万元，建设面积11780平方米，其中城区学校项目2个，投资300万元；农村学校项目6个，投资1030万元。上半年拆除中小学D级危房9000平方米。2011年下半年玉州区完成中小学校舍维修项目7个，总投入250万元；完成中小学校舍新建（拆建）项目8个，总投入1450万元。玉州区12所农村初中、7所中心校和2所村小更新课桌椅21436套，讲台398张。实施义务教育薄弱学校改造工程，投入830万元在36所学校778个班配置多媒体设备。2011年，玉州区获中央拨款600万元、自治区拨款360万元、玉州区配套240万元用于义务教育学校购置教学实验仪器设备、图书及多媒体远程教学设备。积极争取自治区资金支持，更新农村义务教育学校课桌椅2万套。

【实施教育惠民工程】 2011年春季期，玉州区根据上级有关文件的规定，农村义务教育阶段公办中小学实行免收书费、杂费入学，城市公办中小学免收杂费、借读费入学，财政安排1420.6万元补助学校经费。玉州区共资助农村义务教育阶段家庭经济困难寄宿学生7798人，补助标准每生每期500元，共资助金额389.9万元。2011年玉州区政府奖学基金对城区非寄宿制中小学生实行困难补助360人，补助标准每人每学年150元，共计5.4万；城区家庭经济贫困初中学生补助145人，补助标准每人每学年200元，共计2.9万元；寄宿制家庭经济贫困学生生活费补助10人，补助标准每人每学年1000元，共计10000元。

2011年秋季期，玉州区从教育惠民入手，积极关注民生。发放农村义务教育阶段家庭经济困难寄宿生生活费，受惠学生8074人，资助金额403.7万元；

补助城区家庭经济困难学生521人，资助金额6.38万元；补助家庭经济困难大学新生95人，发放路费和短期生活费10.7万元；办理生源地信用助学贷款1356人，发放贷款797.29万元。高度重视进城务工人员随迁子女接受义务教育问题，玉州区公办学校有进城务工人员随迁子女12246人，其中：初中1883人、小学10363人，外省迁入学生1641人、外县迁入学生7660人，城区农民工学校的农民工随迁子女3368人（小学3114人、初中254人）。

【教育科研】 2011年上半年，玉州区教研竞赛硕果累累。一是课题立项多，科研论文多。教师积极撰写教育教学论文、教学案例，获市级以上奖励的有800多篇，申报市级课题120多项。二是教学竞赛获奖成绩显著。教师参加教学比赛获市级以上奖励13人次。其中：国家级奖励2人次，自治区级奖励10人次，（其中一等奖7人次，二等奖3人次）。区教研室陈健萍副主任获“全国五一巾帼标兵”称号。

2011年11月，自治区政府副主席李康就义务教育教学改革到玉州区进行专题调研。李康对玉州区推行有效教育取得的成绩给予了充分肯定。11月28—30日，全国有效教育广西改革试点经验成果展示汇报会在玉州区召开，中国教育学会会长顾明远、自治区教育厅副厅长白志繁，中国教育学会相关部门领导、教育部基础教育二司付宜红、《人民教育》杂志副总编任小艾、项目首席专家、中国教育学会有效教育研究所所长、MS－EEPO有效教育创始人孟照彬，以及北京、天津、上海的教育教学专家，湖南、贵州、辽宁、云南、山东、陕西、澳门等地的观摩团队，区内各市、各县（市、区）教育局局长，试点项目县（市、区）的观摩、展示汇报团队等约600人参加了现场会。玉州区有效教育实验成果在会上展示，自治区教育厅把玉州区定为广西基础教育学校教学改革研修基地。全国教育学会会长顾明远对玉州有效教育实践情况进行了高度评价：“玉州有效教育的实践是规范的、系统的、科学的、有效的”。2012年第一期《人民教育》刊登《期待已久的变革－广西有效教育改革与实践纪实》，玉州区有效教育（MS－EEPO）成果在全国引起了良好的反响。

【学校体育】 2011年，根据玉林市教育局《关于印发〈玉林市中小学校大课间体育活动实施方案〉的通知》（玉市教函〔2011〕106号）精神，组织了玉州区中小学25名学校领导、体育教师赴柳州市观摩学习开展阳光体育课间活动、特色活动，有序的推进玉州区学校的大课间体育活动开展。3月举办了玉州区中小学体育教师教学比赛，评选出优秀体育教学课共36节，其中一等奖15名，二等奖21名。5月举办玉州区初中学生篮球比赛，获女子前六名的单位是：七中、南江一中、苗园中学、九中、城北初中、名山中学；获男子前八名的单位是：七中、三中、苗园中学、南江一中、九中、大塘初中、城西一中、四中；14名老师获评为优秀教练员，10名老师获评为优秀裁判员。

开展义务教育阶段学生英语学习质量和体育健康状况监测。对玉州区18个样本校校长、监测工作人员、巡视员、保密员分别进行专门的岗前培训，9月在玉州区18个样本校进行了国家基础教育质量监测。玉州区教育局荣获2011年国家基础教育质量监测“优秀组织奖”。开展中小学校大课间体育活动，2011年秋季期在市三中等11所中小学中进行了大课间体育活动试点。组队参加玉林市第十五届中学生田径运动会，玉州区荣获初中组团体总分第二名。11月组织开展玉州区第十四届中小学生田径运动会，评选优秀教练员25名、优秀裁判员25名。12月，举行玉州区第四届“园丁杯”气排球比赛，共有30支男、女队参赛。组队参加玉林市“全国中小学生第三套广播体操比赛”。举办玉州区全国中小学生第三套广播体操比赛，37人被评为优秀教练员，古定中心小学等24所小学、市三中等15所初中分获不同等次奖励。市三中、苗园中学、古定小学、实验二小等4所学校被评为玉林市中小学校体育工作先进单位。

【卫生工作】 2011年，玉州区开展学校公共卫生防疫和食品卫生安全工作检查。以抽查档案资料、现场实地察看、访谈等形式对学校公共卫生防疫、食品卫生安全进行检查，加强了学校流感、手足口病等传染病防控监督与管理工作，有效防范传染病，确保学生的身心健康。加强食堂、小卖部的食品卫生、饮用水安全防范工作，避免传染病和食物中毒事故在学校发生。特别是加强对民办学校的食品安全检查，与210所民办中小学、幼儿园签订了《玉林市玉州区学校食品安全承诺书》，诚信、守法向师生提供“安全、卫生、营养”的餐饮服务。开展中小学生口腔、个人卫生健康教育活动。在广州洁宝公司的大力支持下，4—5月份开展中小学生口腔、个人卫生健康教育活动。全区共有17间小学、5间初中4854名师生参加了活动。有关学校通过上专题课、组织班会、宣传版报等多种形式开展学生口腔、个人卫生健康教育活动，加强学生掌握口腔、个人卫生知识，养成良好的个人卫生习惯，提高了学生的健康水平。

强化卫生管理，以管理确保食品安全。在玉州区中小学、幼儿园开展了严厉打击食品非法添加的专项整治活动；会同卫生、工商、纠风、公安等部门开展了学校食用油检查，排查制止食用地沟油。与民办中小学、幼儿园统一签订了《玉林市玉州区学校食品安全承诺书》，对民办学校、幼儿园的食堂提出炉具、案板、餐具、专用池等“不锈钢化”，燃料“电、气、油化”，建筑结构“砖混化”，功能分区更加“合理化”。食品卫生设施得到了不断改善，成为各学校、幼儿园食品卫生安全的有力保障。

【艺术教育】 2011年3月，玉州区教育局演出的《特殊的约会》节目，荣获玉林市“地税杯”首届女性文化艺术节综艺大赛、曲艺、小品类一等奖；在2011年广西第四届“八桂画童”美术、书法和摄影大赛中，玉州区中小学和幼儿园共上送美术作品102件、书法作品52件、摄影作品20件，这些作品充分展示了玉州区青少年学生的艺术创造性和艺术才能。5月，玉林市主办、玉州区承办的“庆六一童心颂党”文艺汇演在东环小学成功举办；6月，由玉州区教师为主组成的玉州合唱队，参加玉林市“建党90周年歌咏大赛”，获得了第一名的好成绩。另外，玉州区青少年宫发挥校外课堂的作用，组织兴趣班学员参加“第十二届广西电子琴比赛”，5人获一等奖、8人获二等奖、3人获三等奖，青少年宫获优秀组织奖；组织学员参加广西“童歌唱给党”系列比赛活动，2人获金奖；组织部分学员到广西人民大会堂参加由广西区妇联、广西教育厅、广西妇联、广西电视台共同主办的“童心向党——2011广西儿童庆祝六一国际儿童节喜迎中国共产党成立90周年”文艺演出晚会录制活动；组织钢琴班部分学员参加2011“保利·音妙杯”广西钢琴大赛暨2011上海国际青少年钢琴大赛广西赛区选拔赛活动，3人获一等奖。8月，青少年宫组织钢琴班2名学员参加2011第四届上海国际青少年钢琴大赛，获1个银奖、1个铜奖。10月，举办了玉州区中小学音乐、美术教师说课比赛，本次活动有31所学校的38名教师参加了比赛，并选出4名教师参加市比赛。城西一中邓泽慧等3人获玉林市中小学说课比赛一等奖。东环小学陈远获广西中小学美术优质课现场执教比赛一等奖。10月至11月进行玉州区书画比赛，此次比赛是以各校上送参加第五届艺术展演的书画、摄影作品以及参加交通安全书画的作品参评，分绘画、书法、摄影三项进行了评比，共收到美术作品204件、书法作品97件、摄影作品11件，选送作品参加玉林市第五届艺术展演活动以及2011年交通安全书画评比活动，获绘画作品一等奖63名、二等奖141名；书法作品一等奖44名、二等奖53名；摄影一等奖7名、二等奖4名。11月，组队参加玉州区首届文化艺术节，健美操《让你心跳》获得第一名。组织小组表演唱《幸福·快乐时光》、钢琴四手联弹《小松树》等节目参加共青团广西区委、广西青少年宫协会共同主办的“共享快乐 快乐成长”第三届广西青少年宫系统精品文艺展演。《幸福·快乐时光》节目还参加了玉州区首届艺术节开幕式演出活动。12月，组织参加玉林市第五届艺术展演的表演比赛，共有11个节目参加各种形式的比赛。为丰富中小学师生的文艺生活，玉州区教育局于2011年12月30日举办了“玉州区中小学师生庆祝元旦文艺汇演”。

【幼儿教育】 2011年春季期，玉州区认真贯彻《国务院关于当前发展学前教育的若干意见》，制定了《玉州区发展学前教育三年行动计划》。上半年召开玉州区学前教育工作会议，表彰了一批先进集体和个人，实验幼儿园等8所幼儿园获评为玉林市学前教育先进集体，20名教师获评为玉林市学前教育先进个人，直属机关第二幼儿园等45个幼儿园和83人获评为玉州区学前教育先进个人。举办了“六一”幼儿体操比赛活动；举办了玉州区第25期幼儿园教师培训班，并组织参培教师观摩了南宁部分幼儿园的教育实践活动；组织幼儿园教育专干、幼儿园长观摩了垌口幼儿园等26所民办幼儿园教育教学实践活动。

2011年秋季期，玉州区学前教育快速发展。玉州区有各类幼儿园202所，幼儿班1153班，幼教工作者2759人，已入园（班）就读的幼儿23016人。玉州区学前教育入学率由2010年的91.3%提高到了95.98%。制订《玉州区学前教育发展三年行动计划》，统筹推进玉州区幼儿教育。实验幼儿园省级课题《幼儿园体育游戏特色教育的研究》顺利结题，8名教师的论文等科研成果获广西优秀科研成果奖，机一幼积极组织教师参加广西幼儿园优秀看制教具评比活动，组织幼儿参加全国幼儿创意美术大赛，有30人获金奖，151人获银奖。机二幼组织幼儿参加广西幼儿讲故事大赛，有2人获二奖，1人获三奖。实验幼儿园组织参加全国幼儿美术书法摄影作品大赛获特等奖1人，金奖10人，银奖11人。

【职业与成人教育】 2011年，玉州区继续贯彻《国务院关于大力发展职业教育的决定》，以农民培训为重点，开展多形式、多层次的职业技术培训。上半年，自治区教育厅对玉州区两所（仁东、城西）成人技术学校配备了价值7万元的现代化教学设备。各镇（街）、村（社区）成人文化技术学校对村民（居民）开展了农村职业技术培训。2011年6月，玉林市政府和自治区人民政府对玉州区职业教育攻坚工作进行评估验收，玉州区三年职业教育攻坚工作已达标。积极配合市、自治区开展中职招生“大篷车”进校宣传活动，召开各初中校长会议布置有关工作，落实各初中送生任务，并以玉区教〔2011〕78号文下发到各初中，各初中也积极配合进行中职招生宣传工作。据不完全统计，2011年报读中职学校人数有3213人，完成率86.09%。

2011年，玉州区职业与成人教育协调发展。经宣传发动，截止到2011年11月，自治区招生考试院录取玉州区报读中职人数有5129人（含成人中专）（市教育局下达任务4575人），完成率112%，超额完成市下达的送生任务。12月，玉州区对大塘镇大塘村成人文化技术学校、玉城街道南观社区、州佩社区成人文化技术学校、南江街道云良村成人文化技术学校等4所成人文化技术学校进行检查，分别听取了各中心校长汇报、检查成教办2010年拨到学校款项购置课桌椅情况，实地察看成人文化技术学校教室的配备及相关成教育资料，规范成人教育的工作，加快了成人教育工作的发展。

【民办教育】 2011年，玉州区严格做好民办学校、幼儿园审批备案登记和办学许可证年审工作。上半年审批了民办小学、幼儿园、短训学校25间，并对以前审批的民办小学、初中、幼儿园、短期培训的学校进行了年检；组织对民办学校开展全区性安全检查一次；组织民办小学六年级学生参加全区质检，区教研室组织考试，统一评卷，并把学生推荐到公办初中就读，使民办学校学生享受与公办学校学生一样的待遇。下半年，审批民办小学、幼儿园、短训学校25所；组织对玉州区民办学校安全检查3次，召开安全会议五次，举办民办幼儿园园长业务培训2次；并组织部分园长到南宁优秀民办幼儿园参观学习；组织部分园长到玉州区教育局审批管理较好、上档次、上规模的幼儿园进行现场参观学习；组织民办幼儿园“六一”幼儿体操比赛和2012年民办中小学生迎春文艺汇演；组织民办小学6年级学生参加玉州区质量检测，统一考试，统一评卷。

【师德师风建设】 2011年，玉州区在教师中开展加强师德师风建设活动，认真贯彻《中小学教师职业道德规范》，牢固树立育人为本、德育为先的思想，关心学生成长，热爱学生，尊重学生，公平公正对待学生，促进学生全面发展；自觉加强师德修养，遵守职业道德规范，为人师表，以自己良好的思想和道德风范去影响和培养学生。5月区教育局与玉州区纠风办联合下发了《玉州区开展有偿补课和举办或变相举办重点班专项治理的工作方案》，各中小学校长和任课教师分别签订了《严禁有偿补课办班和举办或变相举办重点班承诺书》，为深入推进治理教育乱收费及加强师德师风建设提供有力的保证。一是师德工作开展有针对性。10月，举办以“弘扬师德、廉洁从教，当人民满意的教师，办人民满意的教育”为主题的师德论坛，师德论坛以演讲比赛的形式进行，帮助教师树立“全面发展、人人成才、多样化人才、系统培养、终身学习”的新的人才观和教育观，树立良好的教师职业形象，规范教师的从教行为。实验二小开展“以案明纪，引以为戒”警示教育专题活动，组织教师撰写“以案明纪”心得体会和开展党员教师民主生活会自查自纠活动，不断推进科学发展及和谐社会、和谐校园建设。二是爱国主义教育活动覆盖面大。2011年，以庆祝中国共产党成立90周年为契机，组织中小学生参加“历史的选择”“共产党好”爱国主义读书教育活动。玉州区6万名学生参加，占玉州区学生总数的88%，玉州区教育局获第18届玉林市青少年爱国主义读书教育活动一等奖。南江一中刘星池获演讲比赛一等奖（第一名），5名学生获论文评比一等奖、14名学生获二、三等奖。三是学生德育活动形式丰富。组织玉州区师生学习贯彻胡锦涛同志在庆祝中国共产党成立90周年大会上的重要讲话精神，扎实推进玉州区未成年人思想道德建设；组织开展了中华经典诵读大赛，开设青春期知识讲座，在中小学生中加强人口基本国情和青少年学生的青春期教育。玉州区实验三小、大北小学与结对帮扶学校开展“共建连心桥，幸福手拉手少先队联谊活动”，并向帮扶学校捐赠了玻璃钢篮球板、电脑打印机等。玉州区区九中采取“读经典明理，学榜样成材”德育模式，引导学生多读书、读好书、好读书，指导督促学生做好“明理本”，写自己的所见、所闻、所悟。同时开展“好书漂流”活动，做到资源共享。

【教师业务培训】 2011年春季期，玉州区教育局认真抓好教师业务培训工作。一是继续做好学校领导班子成员的轮训工作。选送了部分中小学校长和中层领导参加“广西农村初中校长研修班培训”、“苏粤桂三省区中小学校长高层论坛”、“玉州区初中教务主任和全区中小学总务主任培训”等各级各类培训共136人次。3月份举办了玉州区中小学校领导“一纲两法”和有效教育（MS－EEPO）知识竞赛，并组织教师现场观摩，有效地提高了学校行政领导和教师掌握教育法规、有效教育理论水平。二是科学送培，切实做好“国培计划”项目培训工作。“国培计划”是国家推进素质教育，努力提升教师业务水平的一项重要举措。1月，组织6名教师参加2011年“国培计划广西骨干教师短期集中培训”。5月，选送19名中小学骨干教师参加“广西区域性教师教育网络联盟计划城区义务教育骨干教师远程培训”。6月，选送6名英语骨干教师到北京参加“2011年农村及转岗教师全封闭口语培训”；选送2名教师参加广西“中华优秀传统文化与创新人才培养教育论坛”。三是加强“毓秀”班培训工作。3月份，举办“毓秀班”（二）至（五）班启动仪式，参加“毓秀班”学员共计300多人。3至6月份，共举行了三期“毓秀班”专题培训活动。“毓秀班”以参与式培训为主要方式，以任意素材为载体，通过限时备课、说课、评课等形式，强化对有效教育操作技能的理解和认识，使这批教师成为骨干力量，为推进有效教育实验做了充足的人才储备，为玉州区骨干教师的成长创建了平台，有效地带动全区中小学教师积极参与教改实验。

2011年秋季期，教师业务培训工作扎实推进。一是加强行政领导培训。认真选择送培人员参加“国培计划”项目和“区培计划”项目的培训，2011年秋季期共选送90名校长参加各级各类比赛，其中7月和9月，选送5位校长（副校长）、园长参加2011年广西中小学校长幼儿园园长安全管理培训和21名校长参加安全管理远程培训；9月，选送2名校长参加农村中小学骨干校长培训班；10月选送7名校长参加玉林市初中校长提高班培训；11月，对小学40名教导主任进行中小学学校领导轮训；12月，组织15名中小学校长参加2011年玉林市农村中小学骨干校长培训。二是加强骨干教师培训。9月，组织200名初中骨干班主任参加“国培计划”知行中国初中骨干班主任的远程培训工作，获得省级优秀项目县区称号，其中22人获省级优秀学员，6人获国家级优秀学员；10月，组织120名中小学教师参加2011年广西“国培计划”农村骨干教师远程培训；9月至12月，选送17名中小学骨干教师和11名农村骨干教师分别参加“国培计划”和区培计划脱产培训，选送11人参加顶岗培训。10月，组织500名中小学教师参加玉林市举办的“名师论坛”暨班主任培训会。认真做好其他师范院校的短期培训的送培工作；认真做好教师继续教育工作，全区参加继续教育总人数达到3296人。

【教育人事工作】 2011年，玉州区教育局按照区委组织部、区人社局工作部署，在玉州区中小学、幼儿园中推进事业单位岗位设置管理工作。2月份，安排了155名新招聘的老师到各中小学、幼儿园任教，充实了教师队伍。6月，配合玉州区人社局招聘小学（幼儿园）教师109名。另外，应届大学生双向选择招聘了15人，其中安排到小学任教9名，安排到初中任教6名，2011年9月份开始上岗。上半年，经过教育教学基本素质和能力测试及专家评审委员会的评审，认定幼儿园教师资格65人，小学教师资格150人，初中教师资格108人。

2011年公开选聘了11名学科教研员，充实教研员队伍。进一步修订完善了玉州区中小学实施奖励性绩效工资指导意见，使奖励性绩效工资发放更趋合理，更能调动教职工积极性。2011年秋季期，玉州区发放了在职教师奖励性绩效工资，补发了退休老师2010年1月至9月的生活补贴。做好职称评审和2011年下半年教师资格认定工作，审核并报送高级职称评审材料102人，中级职称材料417人，审核评审了初级职称92人，重新确认了33人职称资格。办理认定中小学、幼儿园教师资格37人。认真做好原民办教师、代课人员的身份确认、任教年限审核及报批备案等工作，截止2011年12月31日止，收集了1320多份材料，确认了两批人员共1079人的原民办教师，代课人员身份及任教年限。

卫 生

【新型农村合作医疗】 2011年，玉州区继续实施新型农村合作医疗。一是基本医疗保险覆盖面稳步扩大。全区有296，490农民参合，参合率为98.33%，参合人数比上年度净增20951人次。全区补偿参合病人256620人次，参合农民平均住院补偿率36.55%，参合农民受益率86.55%。农民参合率、群众受益面、政策内补偿比上年大幅度提高，资金使用率控制在正常范围内。在区内的定点医疗机构实行即时报销，参合农民出院时只须支付应承担的部分药费便可即时进行报销，大大方便了群众，有效缓解了老百姓“看病难、看病贵”问题。二是基本医疗保障水平逐步提高。2011年新农合人均筹集标准由2010年150元/人．年提高到230元/人．年，政策范围统筹基金最高支付限额达5万元，新农合统筹金支付比例达到居民收入6倍以上；农村低保人员、五保户、计划生育双女结扎户、独生子女户参加新农合参保费由财政资助，新农合“保大病”的作用得到进一步增强。

【实施国家基本药物制度】 2010年2月28日开始，玉州区各镇（街道）卫生院全面实施国家基本药物制度后，全部配备和使用基本药物，基本药物实行网上集中统一采购，统一价格，统一配送的“三统一”政策，在卫生院实行零差率销售，2011年全区下拨自治区财政基本药物零差率销售补助资金224.201万元到各卫生院，降低了广大群众基本用药费用负担。

【基层医疗卫生服务体系建设】 2011年，中央预算内投资项目卫生系统有：玉州区人民医院项目，进度为建设地下一层和主体一层；城西社区卫生服务中心项目、城北社区卫生服务中心项目主体已完成装修工程；名山社区卫生服务中心项目已投入使用，极大地改善了城镇、农村医疗卫生条件，为广大群众就医提供了更加优质、舒适的环境；玉州区村级卫生室标准化建设已完工；对村医开展医疗服务项目培训，全年共培训118名乡村医生。

【基本公共卫生服务】 2011年，根据自治区实施国家基本公共卫生服务项目方案，玉州区开展居民健康档案、健康教育、免疫规划、传染病防治、儿童保健、孕产妇保健、老年人保健、慢性病管理、重性精神疾病患者管理、卫生监督协管服务十项基本公共卫生服务项目。

居民健康档案。全区建立城乡居民健康档案33.3万份（其中城镇15.7万份、农村17.6万份）建档率为54.9％；电子健康档案32.3万份（其中城镇15.1万份、农村17.2万份），电子建档率为53.2％，高于自治区电子健康建档率50%要求。

健康教育。全区共发放健康教育材料及健康处方共30多种、50多万份，播放音像资料51种，举办健康教育讲座和公众健康咨询活动317次，出版健康教育专栏322期。

预防接种。全面实行儿童预防接种信息系统管理，全年累计建证8294名儿童，建证100％，全年累计应种剂次306945，全年累计实种剂次 302966，本年度疫苗接种率 98.7%。

传染病防治。各医疗卫生机构全部实行疫情网络直报，及时发现、登记并报告辖区内发现的传染病病例和疑似病例。2011 年辖区发现和报告 379 例传染病病例和疑似病例；传染病报告率 100%，及时率 99.5%；无重大传染病疫情和突发公共卫生事件发生。

儿童保健。为 0—6 儿童建立《儿童保健手册》，对新生儿开展访视，实施儿童保健。2011 年度新生儿活产数为 7742 人，对 7510 名新生儿进行了 1 次以上的访视，访视率为 97.0 %；0—6 岁儿童 52400 人，健康管理 45159 人，健康管理率 86.2%，系统管理 42627 人，系统管理率为 81.4%。

孕产妇保健。全年累计为 7709 名孕产妇建立了《孕产妇保健手册》，为 7580 名孕妇开展了产前 5 次及以上的孕期保健服务；产妇 7714 名，对 7507 名产妇进行了产后访视，访视率为 97.3 %，产前健康管理率为 97.9%。

老年人保健。累计为 32658 名 65 岁以上老年人建立了健康档案，并开展健康危险因素调查，提供疾病预防、自我保健及伤害预防、自救等健康指导，健康管理率为 67.2%。

慢性病管理。为辖区 35 岁以上的人群进行高血压筛查，全年共筛查 91515 人；累计为 25333 名高血压患者建立了健康档案，健康管理率为 37.1%，；规范健康管理 16480 名高血压患者，规范管理率为 65.1%；通过门诊服务和健康体检等方式重点对 35 岁以上的人群进行 2 型糖尿病筛查，全年共筛查 26039 人，累计为 3325 名糖尿病患者建立了健康档案，健康管理率为 40.1%；规范健康管理 2810 名糖尿病患者，规范管理率为 84.5%。

重性精神疾病管理。根据专业机构提供的信息和调查精神病人情况，通过各村委（社区）/居委会有关人员的协助确认，全区登记在册的重性精神疾病患者 669 人，健康管理率 13.8%；对 526 名患者进行了面对面随访或电话随访，督导患者或指导患者家属督导患者按时服药，指导患者进行生活功能训练并嘱咐患者家属加强监管，以免患者伤人或损物等，规范管理率为 78.6%。

开展卫生监督协管服务。在玉林市卫生监督所指导下，全区各单位从 2011 年 10 月份初步开展卫生监督协管服务工作，为辖区相关单位建立资料，建档率 100%；学校卫生巡查 211 次，饮用水卫生巡查 155 次，职业卫生巡查 12 次，发现非法行医线索 11 条，报告率 100%。

【重大妇幼公共卫生项目】 2011 年，玉州区妇幼保健工作继续开展降低孕产妇死亡率和消除新生儿破伤风项目（简称“降消”项目），实施农村住院分娩补助共 7261 人，完成全年补助任务 99.92 %；补助金额共 299.26 万元。同时开展宫颈癌、乳腺癌“两癌”检查项目，自治区分配玉州区宫颈癌检查任务 22000 人、乳腺癌检查任务 1500 人。当年完成宫颈癌筛查 23012 人，完成任务 104.60%；乳腺癌筛查 1842 人，完成任务 122.80%。

【医政管理】 2011 年，区卫生局对全区医疗卫生系统加强医政管理。一是开展“三好一满意”、“医疗质量万里行”主题活动，加强对卫生院的监督管理，保障医疗质量和医疗安全，提高医疗服务能力及服务质量，制定并下发《玉州区医疗卫生系统“三好一满意”活动 2011 年实施方案》。6 月份和 9 月份分别对玉州区各医疗卫生单位开展打击“两非”专项检查工作，未发现有违规、违纪现象。二是对玉州区的医疗单位抗菌药物临床应用管理开展专项整治工作，促进抗菌药物合理使用，有效控制细菌耐药，保证医疗质量和医疗安全。三是举办基层常见病中医适宜技术培训班，共培训 205 人，其中卫生院、社区卫生服务中心 13 人，村卫生室、社区卫生服务站 192 人。全区中医药适宜技术推广覆盖率达到 100%。每个卫生院和社区卫生服务中心都掌握不少于 10 项中医药适宜技术，每个村卫生室和社区卫生服务站都掌握不少于 4 项中医药适宜技术。中医药适宜技术得到广泛应用，中医药在农村和社区卫生服务中的作用得到充分发挥，广大基层人民群众能方便享受到“简、便、验、廉，安全有效”的中医药服务。四是按照自治区卫生厅、玉林市卫生局的统一要求，组织市第二人民医院、区妇幼保健院开展广西“优质护理服务示范工程”活动，进一步夯实基础护理，提高临床护理服务水平。在市第二人民医院开展信息化技术建设工作，建立以电子病历为核心的医院信息化管理系统。组织市第二人民医院开展2011年临床路径管理试点工作，共有19个病种实施临床路径管理，共完成156例病人实行临床路径管理。五是组织全区219名考生参加全国执业医师资格考试工作，全区48名考生参加全国护士执业资格考试工作；21名考生参加广西住院医师规范化培训考试；启用全国联网的《医师执业注册联网管理系统》，进一步规范执业注册工作，办理医师注册52人次，其中执业注册25人，变更注册27人。六是认真履行食品安全综合协调职责，做好严厉打击食品非法添加和滥用食品添加剂行动和信息报送工作，加强对地沟油、问题乳粉、食品调味料、塑化剂等进行安全监管。全区各镇（街道）、相关部门层层签订食品安全责任状，开展食品安全工作。七是认真做好医疗纠纷及医疗事故技术鉴定受理工作。全年共接待医疗纠纷来访17件，解释与回复17次，受理医疗事故技术鉴定1例。无因医患纠纷引起群体事件发生。

【实施“百万贫困白内障患者复明工程”】 至2011年底，共为165名群众进行免费白内障筛查，100位符合国家援助标准的白内障患者接受了全免费白内障手术，共计减免8万元。

【防治艾滋病攻坚工程】 2011年，按照广西防治艾滋病攻坚工程目标要求，玉州区以行政村为单位艾滋病防治知识健康教育覆盖率达100%。全区60个行政村共刷写防艾墙体标语160条，出版艾滋病防治知识专栏60期，板墙报66板，发放防艾知识宣传资料12.72万多份，流媒体播放宣传共1000多小时；60个行政村卫生室100%设置免费发放安全套点和放置宣传材料，村民在村卫生室免费领取安全套3万多只；高危行为人群艾滋病防治知识知晓率达到90%以上；校内青少年艾滋病防治知识知晓率达到98%；校外青少年知晓率达80%以上，城市居民、农村居民艾滋病防治知识知晓率达到80.2%；各医疗保健机构承担预防艾滋病母婴传播服务的人员培训覆盖率达到90%以上，孕产妇、婚前保健人群预防艾滋病咨询率达95%，孕产妇艾滋病病毒抗体检测率达到87.15%；上述指标全部达到自治区和玉林市防治艾滋病攻坚工程的要求。

玉州区防治艾滋病宣教进村入户和在村卫生室设置免费发放安全套点的做法在中国新闻网、广西日报、玉林日报、玉林晚报、玉林电视台等新闻媒体进行了报道，得到了自治区防艾办的肯定并在广西推广。

结合“科技活动周、6.26世界禁毒日、世界艾滋病日”等在玉林城区和各镇（街）集市日开展了16场艾滋病知识大型宣传和现场咨询活动，悬挂宣传横幅，展出艾滋病防治展板，发放艾滋病防治宣传资料15000余份，艾滋病防治宣传扑克800余副，安全套8000多只，接受群众咨询800余人次；贯彻落实自治区、玉林市防艾办关于“百堂讲座下基层”活动，积极开展和完成了社区居民的讲座活动；对全区卫生系统的医务人员1000多人和全区村级卫生所120人进行了艾滋病知识培训宣传；到全区的17所初中及仁东镇大路村土地综合整治项目施工建设工地等开展艾滋病宣传教育进校园、进工地活动，活动在玉林日报、玉林晚报、互联网等进行了报道。

加强艾滋病检测网点建设，市第二人民医院、区妇幼保健院、市皮防站三家区直医疗卫生单位建立HIV筛查实验室，并经上级有关部门验收合格；8家镇（街道）卫生院申报设立艾滋病检测点正待验收，艾滋病哨点监测完成率不低于95%。免费接受艾滋病病毒抗体检测的孕产妇检测率达87.2%，达到自治区目标任务要求。

【免费婚前医学检查】 2011年，玉州区实行婚姻登记与婚前保健相结合的“婚育综合服务”模式，以免费婚检工作为平台，通过《广西妇幼卫生信息管理系统》网络管理，把婚检—地贫防治—“增补叶酸”项目—孕产期保健—“降消”项目—儿童保健—计划免疫—妇幼卫生信息管理等妇幼重大和基本公共卫生项目有机地结合起来，形成一条龙服务，促进全区公共卫生服务孕产妇系统管理、儿童系统管理。全年婚姻登记人数12494人，婚检人数10566人，婚检率为84.57%，完成自治区下达的免费婚检率80%的任务。

【爱国卫生运动】 2011年，玉州区深入开展爱国卫生工作，以预防疾病为目标，有针对性地开展卫生知识宣传和四次全区性大型爱国卫生活动，努力倡导文明健康的卫生习惯，提高群众的卫生意识。2011年4月是全国第23个爱国卫生月，按照“属地管理，单位负责”的原则，深入扎实地进行环境卫生大整治，在农村重点治理“五乱”、“五改”、“三建”等现象，在城区以治理脏、乱、差为突破口，强化对农贸市场、城乡结合部、背街小巷等卫生死角的治理和临街单位门前“三包”责任制的落实，铲除了四害孳生场所，减少和切断疾病的传播途径，使城乡各地环境卫生得到了明显改善。据不完全统计，全年4次活动中全区共发动群众290000人次，清运垃圾1476吨，清理卫生死角1615处，接受宣教人数153560人次，举办知识讲座3次，制作宣传版报102块，发放宣传资料69500张，公众健康咨询3次，投放鼠药0.218吨，购买鼠谷683包，粘鼠板68张，杀虫饵粒1038合，杀蚁饵粒806包，清香杀虫剂280瓶，其他消杀药品200公斤，消杀面积27万平方米。当年，区卫生局利用5月31日第24个“世界无烟日”开展宣传活动，制作横幅3条，出动宣传车3辆，设置咨询台2处，医务人员15人，发放控烟宣传资料600余份，健康教育手册150本，测量血压近100余人次，对过往群众86余人现场进行解答疑问，得到了广大群众的赞誉与好评。全区20家医疗卫生单位（含社区服务中心）已全部成功创建无烟单位。

【党风廉政和行风建设】 2011年，区卫生局结合工作实际，认真落实党风廉政、行风建设责任制。3月25日，召开2011年全区卫生系统党风廉政暨行风工作会议，与下属14个医疗卫生单位签订《玉州区卫生系统2011年度贯彻落实党风廉政建设责任制责任书》、《玉州区卫生系统2011年度贯彻落实行风建设责任制责任书》。10月28日下午，在市第二人民医院举办玉州区卫生系统预防职务犯罪暨新任领导干部廉政教育培训班。全面加强医疗质量管理，改进医德医风。针对个别医护人员医德医风方面存在的突出问题进行集中学习整改，使医护人员的精神面貌、组织纪律性、工作效率和服务水平明显提升。贯彻落实好《政府信息公开条例》和“四项制度”，实施行政问责办法、服务承诺制、一次性告知制、限时办结制等四项制度。各医疗单位坚持以病人为中心，落实了“首问责任制”和“首诊责任制”，不断简化服务流程，有效遏制了滥检查、乱收费、收“红包”、药品提成、回扣等不正之风，树立“忠于职守、执业为民，乐于奉献，廉洁行医”的卫生新风尚。

文化·体育

文　化

【文化体育基础设施建设】2011年，玉州区加大农村文化体育基础设施建设力度。一是投资84万元建设城西街道新定村、仁东镇石地村、仁厚镇上罗村等3个村级公共服务中心，按“五个一”建设要求，完成全年建设任务的100%。二是建成40家农家书屋。农家书屋工程是国家重点实施的五项重大公共文化服务体系建设工程之一，是年全区新建农家书屋40家，为40家书屋配送60000本书（价值72万元）和书架，还投入8万元为40家书屋购置了阅览桌椅、书报架、消防器械等。至此，全区100%的村（社区）建成农家书屋，共有86家农家书屋向群众开放。三是为基层发放文化设备和经费。4月，为城西永上村等7个村各发放一套包括电视机、DVD、扩音机、音箱、灯光等在内的文化演出设备；建设谷山、新团等12个村（社区）篮球场；向南观等37个村（社区）共发放农村开展文化活动经费92500元。此外，争取上级支持，投入40万元装修区文化馆，面貌焕然一新。经过全国第三次群众艺术馆、文化馆评估定级工作领导小组评估，玉州区文化馆获定级为国家一级馆。

【节庆文化】　2011年，玉州区举办了迎春文艺晚会、玉州区小星星迎春文艺晚会、中小学生迎新文艺汇演、玉州区庆“五·一”暨文化馆建馆60周年广场文艺演出、“颂党恩 跟党走”建党九十周年文艺晚会；6月底组织玉州区合唱队参加玉林市庆祝建党90周年“颂歌献给党”歌咏比赛荣获一等奖；协助市委举办两场宣讲胡锦涛总书记“七一”重要讲话精神演出，协助市委组织部举办宣讲胡锦涛总书记“七一”重要讲话精神进社区活动；还举办了玉州区庆“八一”警民联欢文艺晚会、2011年玉州区迎国庆广场文艺演出、陂头村非物质文化遗产展专场演出等，共举办大型晚会20多场。11月28日至12月28日，为贯彻落实党的十七届六中全会精神，推动文化大发展大繁荣，玉州区举办首届文化艺术节，共有开闭幕式文艺晚会、健美操比赛、书画作品展、基层文艺巡演、基层文艺大展演等六大板块，举办晚会、展览30多场次，来自区直各部门、企业、学校以及各镇（街道）、村（社区）干部群众共3000多人次参赛参演，观众达3万多人次；参展书画摄影作品300多幅，作者200多人，观众达1万多人次。本届文化艺术节充分展现了玉州岭南特色文化底蕴和玉州儿女的风采，为推动玉州文化大繁荣大发展起到了很好的效果。

【群众文化活动】　2011年，区文体局不定期安排专业人员深入镇（街）村（社区）指导开展各项文化体育比赛活动，先后指导新联村文艺队、玉豸村文艺队的周年庆典晚会、陂头村非物质文化遗产展演等活动，玉城南观艺术团、城西陂头艺术团等知名群众性团体起到了良好的示范带头作用。年内，创办玉州区

2011年国庆音乐会暨江南爱乐群众文化活动示范点，为音乐爱好者提供活动场所；指导玉州区老年体协辅导站开展文艺联欢演出、拳剑武术球类比赛，举办玉州区春节象棋擂台赛、围棋赛等共23场次。区文联举办迎春摄影作品展、国庆书法作品展和“书时代华章，展玉州风采”书画摄影作品展，区文化馆协办的华洋百货少儿书画舞蹈大赛，深受群众欢迎。

【非物质文化遗产和文物保护】 2011年，玉州区组织普查小组对蕴藏在玉州民间的非物质文化遗产项目进行“拉网式”普查登记，逐村逐项进行普查、登记、造册，进而开展有效的保护。是年，玉州区“广西八音”入选国家级、自治区非物质文化遗产名录，文化馆庞伟元获评为该项目国家级、自治区级非物质文化遗产代表性传承人；玉林牛巴等12个项目入选玉林市第一、第二批非物质文化遗产名录。文物保护取得新进展，城北街道高山村被公布为国家级和自治区级“历史文化名村”，粤东会馆、大成殿等重大文物古迹的维修改造工程顺利完成。

【文化市场管理】 2011年，玉州区以整顿和规范文化市场经营秩序和开展“扫黄打非”、集中整治为契机，坚持“一手抓繁荣，一手抓管理”的方针，大力培育和规范文化市场经营秩序。一是加强法规培训。对文化市场经营企业法人和管理人员进行集中培训，学习法律法规，强化广大业主依法经营的理念，共培训相关人员300多人次。同时，加强对执法人员的培训，平时每周一组织业务学习，执法人员全部参加上级举办的文化市场执法培训。二是严把审批关。年初，对全区所有文化企业进行年度审查检验，对新开或变更的30家经营网点进行实地考察、媒体公示，严格审查，严格把关。三是加大日常监管和开展专项整治工作力度，年内，在文化部、自治区、玉林市部署的各项专项工作中，区文化综合执法大队积极配合或专项整治共出动8460人次，其中检查网吧285家次，责令改正3家次，警告8家次；检查游艺164家次，责令改正7家次；检查演出市场15场次，责令改正2家次；检查歌舞娱乐场所KTV 127家次，责令改正10家次；检查音像市场282家次，责令改正2家次，警告6家次，扣缴非法盗版光盘4996张。组织开展扫黄打非，检查书报刊372家次，责令改正3家次，警告8家次，扣缴非法出版物8686册（份）；检查印刷50家次，责令改正4家次。四是推进使用正版软件。按自治区要求，玉州区于10月份举办正版软件安装使用培训班，区政府机关全部安装办公正版软件和操作系统正版软件，有效推进玉州区政府机关使用正版软件工作。五是完成文化市场综合执法改革。组建了玉州区文化市场综合执法大队，并定为相当于副科级事业单位，落实了责任和措施，确保今后文化执法工作更加顺畅。

体　育

【群众体育】 2011年8月8日，区文体局组织举办“广西第三届体育节”玉州区全民健身系列活动启动仪式，当天举行了领导干部健步走、气排球友谊赛及中老年健身舞表演。活动期间共举办30多场体育比赛。年内，区文体局还积极协助玉州区老年体协组队参加玉林市老年体协举行的气排球、太极拳剑、乒乓球、健身球、门球、地掷球等6项比赛。10月，玉州区老年体协组队代表广西在巴马参加全国老年人气排球交流活动，获优胜奖。11月16日，为纪念邓小平题词“太极拳好”35周年，玉州区老年太极拳协会在市体育馆周边广场举行纪念活动，500多名太极拳爱好者表演了太极拳、太极剑、太极扇等节目。

【学校体育】 2011年11月，区文体局和区教育局共同举办了玉州区第六届“园艺场杯”中小学生中国象棋赛，12月，区文体局与教育局联合在城北二中举办玉州区第十四届中小学生田径运动会，共有200多名运动员参加比赛。

社会工作

人口和计划生育

【工作概况】 2011年，玉州区区间（2010年10月1日—2011年9月30日）总人口数为60.3836万人，出生7870人，人口出生率13.06‰，比责任状指标（14‰）低0.94个千分点。区间内出生政策符合率94.7%，比责任状指标（91%）高3.7个百分点，同比提高0.6个百分点。区间内出生人口性别比为111.67，比责任状指标（113）低1.33，比2010年下降2.13。区本级财政投入人口计生事业经费预算安排为1540万元，全部按预算拨付，同比增加150万元，增长10.79%，高于经常性财政收入增长幅度（2011年经常性财政收入预计增长10.17%），本级人均投入25.50元。1—11月拨付1415万元，拨付到位率91.90%。1-11月，玉州区委、区政府，区人口计生领导小组、人口计生部门与其它部门联合出台的计生工作有关文件达29个，为历年最多，有力推动和保障了全区人口计生工作的持续健康发展。

【人口问题综合治理】 2011年，玉州区切实加强部门协调，充分运用公共政策和资源，着力解决人口数量、素质等方面的突出问题；深化部门联席会议制度，大力开展打击“两非”专项行动；建立出生实名登记制度，协调有关部门支持人口计生部门开展日常性工作。政府积极支持，为所有社区流管员配备了专用电脑；出台了流动人口就业、就读、就医、投资的“十项政策”；开展了“婚育课堂村企行”活动、生殖健康促进计划、便民维权服务活动、流动人口诚信计生“四项活动”；年内开展流动人口免费技术服务3.5万多人次，免费提供技术服务方面成效明显。按照成员单位联席会议制度要求，年内2次召开联席会议，研究综合治理出生人口性别比和流动人口服务管理等工作。区卫生部门每月26日、民政部门每月30日向计生部门通报出生人口、落实节育措施和违反计生政策怀孕以及新婚登记的信息；区计生、卫生、公安部门实行出生实名登记管理的文件，严格落实出生实名登记各个环节工作，进一步规范婚姻登记、孕妇入院登记、新生儿出生登记、《出生医学证明》出具和入户登记等管理工作；区委政法委积极协调公安局、派出所帮助计生部门共同做好全员（流动）人口数据库完善工作；区卫生、计生部门切实加强对各级医疗卫生保健机构和服务站机构的管理，从源头上遏制“两非”行为产生。严格按照法律法规征收社会抚养费，对违法生育的对象一律立案处理，社会抚养费实行“收支两条线”管理。截至11月30日，玉州区立案537例，立案率达100%；征收社会抚养费251万元。年内，玉州区计生系统稳定，无计生信访积案发生，无计生干部上访、串访事件，无因计生问题引发的计生违法行政恶性案件发生。

【诚信计生工作】 2011年，玉州区积极开展以诚信计生为主的人口计生综合改革，探索建立计划生育基层群众自治的长效机制，切实打造“政府主导定原则，民需我为搞服务，协议管理做保障，群众自治做主人”的诚信工作模式，树立了城北街道高山村、钟周村，仁东镇大路村等诚信计生典型。不断加强对基层群众自治工作和“两无一提高”活动的规范和指导，29个行政村基层群众自治示范作用成效明显，实现“两无”镇3个、村21个，分别比上年增加1个、3个。

积极构建政府践诺主导模式。一是制订了《玉州区诚信计生试点工作实施方案》、《玉州区开展诚信计生工作实施方案》，积极探索建立诚信工作模式。二是印发了《关于转发玉州区人口和计划生育局关于全面推进诚信计生工作的实施意见》，明确提出了推进诚信计生的具体目标：2011年100%的村（居）委会开展诚信计生，实行计划生育的育龄妇女诚信计生承诺书签订率达85%以上。三是实行诚信计生联席会议制度。年内，玉州区委、区政府分管领导先后主持召开诚信计生工作会、诚信计生推进会、诚信计生经验现场会等会议，民政、卫生、住建、扶贫、农业、信用社等10多个部门参加会议，把开展诚信计生融入到加强和创新社会管理工作中，把公共服务与管理延伸到村（社区）、到户，进一步促进了公共服务的均等化。

大力规范诚信计生行为。一是按照试点先行、典型带动、均衡发展、全面推进的原则，建设9个区级示范村，补助诚信计生经费24万元，完善镇（街道）、村（社区）诚信计生工作专栏310块，规范村级阳光计生、诚信计生和奖励政策公开内容，规范妇检制度，健全育龄妇女档案，实行诚信计生档案“一户一档”。二是投入资金80万元，对村级健康服务室进行内部设置和温馨化改造，配备必要的服务设施，不断完善村级优质服务阵地。三是积极推行诚信计生规范镇（街道）、村（社区）两级申报制度，制订了《玉州区诚信计生目标任务和评估标准》，由镇（街道）、村（社区）主动申请达到诚信计生示范要求，统一组织考核评定、表彰，区财政划拨专款建立诚信计生奖励机制，对实现“两无一提高”的镇（街道）、村（社区）给予重奖。

切实提升诚信计生受益度。一是重点落实好国家、自治区及玉州区已出台的计划生育奖扶特扶、独生子女保健费、退休职工计划生育奖励、高考加分等对计划生育家庭的奖励政策。将落实城镇独生子女父母奖励纳入重要日程，定期进行专项督查。2011年，本级配套落实农村计生家庭奖励扶助经费90万元；财政兑现独生子女保健费24840人、298万元，其中兑现非财政拨款事业单位、城镇无业人员19.11万元；兑现机关事业单位职工退休奖励56人，兑现非财政拨款单位退休职工计生奖励1515人、84.65万元，落实率达100%；当年享受国家农村计划生育奖励扶助、特别扶助及广西计划生育奖励扶助的对象达471人，奖扶资金35.79万元；累计有129名农村独生子女和双女户考生享受中考、高考加分照顾。二是玉州区政府划拨诚信计生专项工作经费，切实提高诚信计生家庭享受各项奖励优惠政策的标准，上提奖励标准达10%－50%，并由区财政出资为独生子女诚信家庭子女购买爱心保险1942户、5763人、6.153万元。三是各镇（街道）、村（社区）强化举措提升诚信计生活力。仁东大蒜协会、南江铸造协会等社团组织采取措施帮助计划生育困难家庭脱贫致富；仁东镇大路村通过村里的协会扶持计生诚信户加入当地种养殖联盟；城北街道高山村的升学奖励基金办法，向诚信计生家庭子女考上大专、大学、重点大学时再提高奖励标准等。四是以农业开发、扶贫开发、农村小额贴息贷款、社会保障、社会救助、教育资助、公共卫生等7项普惠政策对计划生育家庭特别是加入诚信计生的家庭实行优先优惠。2011年，全区有67名农村独生子女户、双女结扎户、诚信计生户获得政府贴息计生小额贷款，获发放贷款134万元；3555户诚信计生家庭参加了人社部门举行的免费就业培训和推荐；20户诚信计生家庭获得危房补助金额30万元，每户获得补助1.5万元；科技部门为诚信计生户优先提供科技信息123条，发放科技丛书210册。

完善村民自治和创建“两无一提高”。制定了《玉州区开展计划生育村民自治和创建计划生育村民自治合格村、先进村活动2011年工作实施方案》和《玉州区2011年计划生育“两无一提高”活动工作实施方案》，把落实“村为主”机制要求纳入新一届村“两委”班子的重要职责，按照“六好”要求，完善孕情包干服务制，严格控制政策外怀孕，促进“两无”工作的开展；并要求凡是创建计划生育村民自治合格村、先进村的，都必须开展并实现诚信计生，以诚信计生和“两无”工作要求促进合格村、先进村建设。年内，玉州区实现“两无”镇（街道）、村（社区）均比去年有所增加，目前开展诚信计生的村80个、社区27个（含茂林镇），占村（社区）总数的100%；村级、社区级分别成立诚信计生小组1994个、1642个，参加小组的依法生育育龄妇女分别为30751人、29024人；村（社区）依法生育育龄妇女参与率86%；参加诚信计生小组的育龄妇女放环35232例、结扎12119例。

【计划生育利民政策】 2011年，玉州区把关爱计生特困家庭和诚信家庭纳入“民生工程”，将计生家庭和诚信计生家庭纳入农村危房改造补助范围。建立计划生育风险救助制度，设立专项资金对计生困难家庭实施救助，落实独生子女死亡的计生家庭的奖励政策，把独生子女、双女结扎户特困家庭纳入最低生活保障。提高诚信计生家庭落实长效避孕节育奖励标准，对村干部动员群众落实避孕节育措施给予误工补助。在新农保试点工作中，对农村独生子女和双女结扎户和计生特困家庭，由财政负责缴纳个人应缴费用。探索了计划生育优先优惠政策与普惠政策有效衔接的新经验。

【计划生育优质服务】 2011年，玉州区开展“优质服务年”活动，积极为广大育龄群众免费提供计划生育技术服务，并取得明显的效果。整合卫生、计生部门资源，成立婚育综合服务中心，实行婚姻登记、计生服务“一站式”服务，开展免费婚前医学检查工作，免费婚检8488例，并通过广泛宣传、发放指导、跟踪服务，将免费增补叶酸预防神经管缺陷项目落到实处。优生筛查率达80%以上；婚前免费检查率比2010年提高15个百分点。在2010年获得“国优”县（区）称号的基础上，玉州区全面开展创建计划生育优质服务示范站活动，不断提高区、镇（街道）、村（社区）三级技术服务能力。区政府继续将加强计生服务体系建设纳入为民办实事工程，制订了《玉州区创建计划生育示范性服务机构实施方案》、《玉州区开展免费孕前优生健康检查项目试点工作实施方案》，以开展免费孕前优生健康检查试点工作和建设“幸福家园”为载体，成立了创建计划生育示范站工作领导小组，从强基础、促规范、优服务入手，投入250万元进行区级计生服务站、村级公共服务中心人口计生健康服务室和25个家健康服务室等标准化、规范化建设，自治区人口计生委下拨价值140万元的技术设备全部配备到位。是年，区本级还自行投入100多万元，为区计生服务站新增配备了血液分析仪、尿液分析仪、电子阴道镜、臭氧治疗仪、双目显微镜、乳透仪、彩色B超等医疗器械设备，建设了X光室，更新了办公桌椅，制作了宣传展牌20块和一批便民服务设施，使区级站的硬件设施达到了“四优一满意”的要求。10月下旬，区计生服务站正式申报自治区级示范站。此外，村级生殖健康服务室配备了侧照灯、检查床、身高体重计、避孕药具柜、办公桌、文件柜、血压计、听诊器、体温计等常用设备，夯实了优质服务基础；列入自治区村级公共服务中心建设任务的城西街道新定村、仁东镇大路村、仁厚镇上罗村3个“幸福家园”按时完成；筹资5万元，建设10个新家庭文化屋，全部配备了图书、书架、新家庭文化屋牌匾等设备。积极开展创建国家计生示范站活动，继续狠抓阵地、制度、功能室、台账资料规范化和队伍建设职业化等“五化”建设。2011 年，区级服务站事业编制 22 名，职工 21 人，医师、护士应注册 18 人、已注册 18 人，注册率 100%；其中 14 人取得了执业或执业助理医师证书，4 人取得了执业护士或护师证书，持证率 100%，计生干部职业化制度基本建立。积极启动实施免费孕前优生健康检查试点工作。开展生殖道感染干预工作，举办优生优育知识培训，通过印制性传播疾病、艾滋病防治知识折页加大宣传，提高育龄人群的自我保健意识，并对 68973 名已婚育龄妇女进行生殖健康检查。在开展出生缺陷干预服务方面，对易发出生缺陷的已婚育龄妇女，在其妊娠 4—7 个月期间每月免费检查一次，一旦发现异常及时告知并建议终止妊娠。下半年以来，共为 300 对夫妇免费进行优生检测。普遍推广孕前、孕中补充复合营养素和服用“斯利安”、“福施福”等干预措施，降低新生儿出生缺陷发生率。镇、村认真做好环情、孕情监测及查病，指导群众选择以长效避孕措施为主的安全、有效、适宜的避孕方法，定期随访，服务到家。

【人口和计划生育宣传】 2011 年，玉州区全方位宣传计生优惠服务政策。一是投入经费 50 万元，新设置永久性计生宣传牌 15 块、大型宣传牌 5 块，扩建人口学校 25 间，建设人口文化长廊 5 个、新家庭文化屋 23 个、“幸福家园”村（居）综合服务平台 23 个，使农民也能和城里人一样阅读到人口计生、农业科技、健康生活、文化娱乐等方面的书籍。二是注重媒体宣传，充分利用各级媒体的人口计生专栏和玉州区人口网，努力扩大计生宣传的覆盖面和影响力。1 – 9 月，玉州区在市级以上媒体共刊发文章 56 篇，其中自治区级 16 篇、市级 7 篇、区计生局网站 33 篇，为历年最多。三是依托阵地建设，先后组织开展了“全家福进万家”、“百台文艺演出进乡村”、“十个优秀计生小品进社区”、“青春期教育进校园”、“生殖健康进村屯”等活动，教育、共青团、计生等部门联合发起了青年纪念建党 90 周年系列活动之“青春辉映党旗红——玉州·中国人寿公益电影月”宣传活动，播放青春期教育短片帮助青少年提高计划生育法律意识，开创了计生宣传新局面。

【出生人口性别比偏高治理】 2011 年 4 月，玉州区制定了《玉州区开展集中打击非医学需要胎儿鉴定和选择性别终止妊娠行为专项活动方案》，全面开展打击“两非”工作，并结合“5. 29”计生协会纪念活动、“7. 11”世界人口日宣传活动等广泛进行“关心女孩成长，树立文明新风”等内容宣传，为综合治理性别比偏高问题打下良好的基础。8 月 16 日，全国召开整治“两非”专项电视电话会议后，玉州区迅速召开了卫生、计生、公安部门联席会议贯彻全国会议精神，研究施行出生实名登记制度有关问题，制定了《关于继续开展出生人口性别比偏高问题专项治理活动工作方案》，进一步把工作职责落实到相关部门和镇（街道），要求每个镇（街道）在 8 – 10 月行动期间至少提供 2 例“两非”线索，配合查处至少 1 例“两非”案件。年内，组织开展了 2 次打击“两非”专项治理行动，配合市执法检查组检查计生服务机构 9 家、医疗机构 2 家、民营医院 9 家、个体诊所 138 户、药品经营 298 户，没有发现违法出售终止妊娠药品；配合市严厉打击“两非”行为 1 次，进一步整肃了城区“两非”环境。是年，玉州区区间内出生人口性别为 111. 67，比 2010 年下降 2. 13。

【流动人口服务管理】 2011 年，玉州区积极推进均等化服务。印发了《玉州区人口和计划生育局关于推进流动人口计划生育基本公共服务均等化实施方案》，落实流动人口管理服务经费 40 万元，实行流入人口与户籍人口同宣传、同服务、同管理、同待遇，计生、公安、工商、民政、人社、维稳办等部门将流动人口计生工作职责纳入基层工作制度，共同完善针对流动人口就业、就读、就医、投资等方面的“十项政策”，同时，积极组织开展新市民婚育课堂村企行、推进新市民生殖健康促进计划、实施便民维权服务、开展流动人口诚信计生等“四项活动”，全区基本实现了流动人口免费宣传教育服务、免费计生技术服务、生殖健康服务、免费避孕药具供应、随访服务、生育关怀服务六个均等化，并在免费婚检和优生检测两个均等化上取得了初步效果。是年，玉州区流入人口36733人，其中已婚育龄妇女7874人，流入已婚育龄妇女接受国家免费技术服务5901人次，获得避孕药具28563人次；流动人口免费技术服务率达95.90%，比自治区指标高5.6个百分点；开展流动人口计生特困家庭慰问帮扶活动，为他们送去2.5万元的慰问金和慰问品；教育部门各级学校新接收农民工子女入学11023人，其中有3497人在城区指定的7间学校就读。健全全员（流动）人口信息管理。深入开展“人口计生统计数据质量信得过”活动，加快推进全员（流动）人口数据库建设步伐。区计生局及时制定培训方案，举办了2期培训班，对全区计生规统工作人员、各镇（街道）计生工作人员和微机操作重点人员共230多人进行培训及上机操作。区、镇（街道）计生部门和村（社区）三级的硬件建设全部配备到位，达到自治区提出的落实人口信息软硬件达标的要求。一年来，玉州区已录入全员人口信息590763人，入库率98.3%，比自治区平均值高6.88个百分点；流动人口个案信息51030人，入库率93.6%，比自治区指标高3.6个百分点。加强与流入地区域协作。年内，新增跨省区域协作2个，与相关县（区）签订协作协议书25份，分批派员开展跨区域协作活动，协查有关婚育情况，促进了工作的交流与协作。据统计，共互通流动人口信息1437条，立案查处违法生育行为3起。

【干部任内计生审查制度】 2011年，玉州区实行对干部职工在任期、离任、晋升时的人口计生工作进行考核，严格执行计划生育审查制度。年内，玉州区拟提拔使用的科级领导干部513名，各级推荐的党代表、人大代表、政协委员、工商联执委候选人等人员377人，推荐的劳模和先进个人562人，1228名干部职工晋级、调资，交流、招录公务员和事业单位人员180人，安置公益性岗位人员250人，全部经人口计生部门审查计划生育政策执行情况。同时，切实加强对党员、干部和社会公众人物违法生育的依法查处工作，对违法生育行为依法依规处理。年内，纪检监察部门查处违反计生政策案件8件，8人受到党内严重警告处分。

【计生工作队伍建设】 2011年，玉州区着力构建职业化计生干部队伍，落实计生干部岗位津贴每人每月500元，月工资待遇接近公务员水平。有序推进计生技术服务机构和区流动办绩效改革，人社、财政、计生等部门联合制定了《关于提请审定玉州区公共卫生与基层医疗卫生事业单位绩效实施方案的请示》，对区计生局下属的区计生服务站、区流动人口计生管理办公室、8个镇（街道）计生服务所的128名在编在职干部，全部纳入事业单位绩效工资改革范围，推进队伍职业化能力建设。高度重视增加技术服务人员比例，目前，区流动办落实编制10名，配备专职工作人员10人；镇（街道）落实流动人口管理人员458人，村（社区）配备率达100%。是年，区编委办为区计生服务站增加事业编制1名，区计生服务站落实编制23名，现有技术人员18人，全部取得了职业资格；镇级在岗技术服务人员21人，其中执业医师10人、执业助理医师8人，确保了技术队伍水平提高与服务站（所）能力改善相匹配，项目建设与规范化管理同步推进。重视计生协会组织建设，区、镇（街道）全部成立了计生协会机构，共落实工作人员23人，配备率达100%。区编委落实了区级计生协会《三定方案》，区政府及时配备了1名专职副会长。全区各计生协会在基层诚信计生、扶贫开发、社区建设、村（居）民自治等工作中，切实履行“带头、宣传、服务、监督、交流”

的职能，为促进基层“三个文明”建设，推进人口事业发展作出了积极贡献。年内，玉州区委组织部、区委党校举办科级领导干部、新农村指导员、村“两委”支书主任、计生专干等人口理论、计生政策法规专题培训班共5期，共培训400多人；组织开展计划生育行政执法人员培训2次。2011年，玉州区共有计生行政执法机构9个，计生行政执法人员129人，100%人员具备行政执法资格。

劳动和社会保障

【就业工作】 2011年，玉州区认真贯彻统筹城乡就业政策，以农村富余劳动力和大中专毕业生等群体为重点，全力促进就业工作。一是积极宣传就业政策营造良好就业氛围；二是主动搭建服务平台举办大型招聘会；三是设立“爱心超市”提供岗位备就业特困人员选择；四是加强人力资源市场建设做好日常服务工作；五是积极开展技能培训促进就业。全区城镇新增就业人数4335人，完成市下达的年度目标任务3450人的125.7%；城镇失业人员再就业人数623人，完成市下达的年度目标任务485人的128.5%；就业困难对象再就业人数93人，完成市下达的年度目标任务70人的132.6%；农村劳动力转移就业新增人数7048人，完成市下达的年度目标任务5580人的126.3%；城镇登记失业率4.09%（登记失业人数5260人），比市下达的年度控制目标任务4.3%的指标低0.21个百分点。全年举办了“春风送岗位”、“大中专毕业生双向选择”、“综合性用工”等12场大型招聘会，参与招聘会企业达725家，为求职者提供47个工种的就业岗位23180余个，共有29100余人次到现场应聘，达成用工意向13025人。

【城镇企业职工社会养老保险】 2011年，全区新增参保人数1055人，完成了市下达的任务指标，参保总人数达到了28055人，征缴保费18558万元，完成了185%的征缴任务。领取养老金人数21677多人，发放养老金近31642万元。

【城镇职工失业保险】 2011年，全区企业、事业单位职工参保人数达到了12899人，完成市下达目标任务12000人的107.5%；征缴保费840.45万元，完成了214.4%的征缴任务，领取失业救济金人数2222多人，发放失业救济金802.24万元。

【城镇职工和居民医疗保险】 2011年，玉州区参加城镇职工基本医疗保险人数为3.16万人，完成全年参保任务的107.95%；参加城镇居民基本医疗保险人数7.01万人，完成全年参保任务的100.08%；城镇职工基本医疗保险基金征缴收入3756.14万元，完成全年基本医疗保险基金征缴任务的104%。职工基本医疗保险基金支出3526万元。居民基本医疗保险基金收入（征缴居民个人缴费和玉州区财政补助两项收入）516万元，支出1015万元。全区参加大额医疗补充保险人数3.16万人，基金征缴收入207万元，支出31万元，结余176万元。参保职工和居民的基本医疗保险待遇得到保障。全区有离休人员66人、二等乙级以上伤残军人19人，区财政年初预算450万元，追加预算285万元，医疗费支出605万元。

【工伤、生育保险】 2011年，玉州区参加工伤保险人数1.83万人，完成全年参保任务的101.76%，工伤保险基金征缴收入183万元，完成全年征缴任务的166.7%；支出68万元，结余115万元。参加生育保险人数2.50万人，完成全年参保任务的100.12%，生育保险基金征缴收入206万元，完成全年征缴任务的222.2%；支出84万元，结余122万元。全年受理工伤认定64件，结案59件，其余正在办理中。参与行政复议3件，行政诉讼1件，均得到维持。

【机关事业单位养老保险】 2011年，全区参保人数达到了1007人，基金征缴收入758万元，完成年度计划任务。领取养老金人数436人，发放养老金806万多元。

【农村社会养老保险】 2011年，玉州区（含玉东新区）新型农村社会养老保险试点工作推进顺利，全区累计参加新农保的人数122065人，参保率达到了70.51%，完成了2011年度绩效任务人数12.08万人的100.77%任务；征缴保费555.96万元；符合领取养老金条件的人数共有4.1万多人，按月足额发放基础养老金2548.69万元，发放率达到了100%。

【劳动保障监察和争议仲裁工作】 2011年，区人社局从建设和谐社会和维护稳定的高度，在加强劳动合同管理、妥善处理劳动关系等方面进一步加大劳动保障监察和争议仲裁工作力度。一是通过标语、传单、小册子、滚动屏幕等载体等做好《劳动法》《劳动合同法》《劳动争议调解仲裁法》的宣传和实施工作；二是指导和督促企业与职工签订劳动合同。全区鉴证劳动合同1692份，其中无效合同360份，补订劳动合同360份，劳动合同签订率达到85%以上。三是加强劳动人事日常巡视检查和专项执法检查。全年主动监察用人单位356户，涉及劳动人数2075人；共受理举报、投诉案件146起，立案90件，结案87件，结案率96%，完成了上级要求的全年任务；开展查处和打击非法用工及拖欠农民工工资专项监察，帮助追发劳动者工资及经济补偿金70余万元。处罚某鞋底厂、某饮食城非法使用童工3万元。参与协助、处理突发案件3件。四是积极调解和仲裁劳动保障争议案件。全年受理劳动争议案件65件，其中正式立案38件，仲裁结案28件，调解结案6件，自动撤诉1件，未结案3件，终止审理1件，2件正在处理当中。其余的通过案外调解处理结案27件。结案率达92%以上，为劳动者追回社会保险金和经济补偿金共计50多万元。

民政工作

【救济救灾工作】 2011年，玉州区制订和完善自然灾害救灾应急预案，按照救灾分级负责原则，指导各镇（街道）、村（社区）制订自然灾害应急预案；做好防灾救灾工作，根据上级主管部门的统一部署，5月12日开展2011年“防灾减灾日”宣传活动；切实抓好春荒灾民生活救助工作，共投入救灾资金76.33万元。采购粮食17.5万公斤，于4月下旬和6月中旬发放到灾民手中，救助人数达2.18万多人。

【城乡最低生活保障工作】 2011年，玉州区完善城乡低保申报、审核和提高补助标准等工作。农村低保继续抓好基层低保规范化建设管理，依规办理，应保尽保，按时发放低保金，全年共发放城市低保金1172.89万元，救济对象5366人，补助月人均标准180元；农村低保金1267.8万元，人均补差74元，救济低保对象14317人。同时实施城乡医疗救助制度，对全区低保家庭成员和有特殊困难的城乡居民等城乡弱势群体给予新农合及医疗保险后的二次救助，城市居民共有134人得到救助，救助金额25.77万元；帮助农村居民中五保户、低保户缴费个人部分30元新型农村合作医疗费，总人数15571人，共付金额46.71万元，有802人得到二次医疗救助，救助金额176.26万元。

【五保供养工作】 2011年，全区五保供养对象1489人，五保供养工作严格按照上级要求，按每人每月50元、30斤米、1斤食用油的标准发放。供养的大米、食用油统一由政府集中采购，由供应商按月送至村委会，由村委会分送到五保对象手中。

【“五个民政建设年”活动】 2011年，玉州区研究调整了“五个民政建设年”活动领导小组，制订了工作方案，召开相应会议传达会议精神；与有关镇（街）签订了责任状，层层抓落实；在推进项目建设中，区民政局协助有关镇（街道）做好五保村项目建设的前期准备工作，并协调做好各项工作，是年，85

万元经费已全部到位，已下拨了75万元到五个村，已完成建设工程100%；民政基础建设工作方面各镇已按自治区13号文件精神，按比例配备民政干部，达到平均每个镇3名以上工作人员的标准，逐步落实了工作经费。

【双拥共建工作】 2011年，玉州区积极开展拥军优属、拥政爱民活动。落实好各项优待抚恤政策，是年为各类重点优抚对象、参战人员发放抚恤金、生活费等共计506.18万元，为994名重点优抚对象缴纳医疗保险，缴费37620元，兑现医疗补助25人，费用3.9万元；切实做好退役士兵接收安置工作，至年底共接收退役士兵118人，其中城镇退伍士兵（士官）24人，其中重点安置对象3人，已全面完成安置，申请自谋职业21人，已发放一次性补助金88.84万元，等待安置期间的生活补助金5.25万元，发放义务兵家属优待金96万元；做好涉军维稳工作，建立了区、街道、社区三级跟踪排查信息联动机制和预报机制，全面掌控动态信息，春节、“八一“期间对涉军维稳对象进行了重点慰问，特别是两会前期对维稳对象进行了全面清理排查，落实了稳控措施，及时处理和解答来信来访，共接待处理来信来访129件390人次，确保了稳定。

【基层民主政治建设和民间组织管理】 2011年，区民政局认真抓好基层民主政治建设和民间组织管理。一是对村务公开工作进行1次督促检查，进一步推动村务公开民主管理。二是协助区委组织部做好村（社区）两委换届选举工作。年初与组织部一道对村（社区）进行了调查摸底，并参与制订两委换届选举工作方案，向区政府申请换届选举经费，局分管基层政权工作的领导亲自抓，并抽调4人到区换届选举办公室协助做好换届选举具体工作。到9月底全区60个村、26个社区全面完成换届任务。三是做好社团和民办非企业单位以及农村行业协会的登记，全年共登记民办非企业单位3个。

【民政财务和各项经费管理】 2011年，区民政局依法依规运营民政财务和各项经费管理 。根据民政发展需要编制了2011年玉州区民政经费预算报告，为民政工作顺利开展提供资金保障；参与资金分配管理，协调计财与上级业务部门的联系；加强对民政资金使用的监督和管理，确保资金安全运营，依法依规管好用好每一笔专项资金；认真配合审计、财政、纪检、监察部门对民政专项资金使用情况进行专项执法监察。

【直属事业单位管理】 2011年，区民政局切实加强对直属单位的管理。一是加强婚姻登记处的管理，加强婚姻法宣传，依法开展婚姻登记，做好婚姻登记收费管理，杜绝搭车收费；截止11月底共办理了结婚登记5831对，办理合格率达100%；二是加强对社会收养所的管理，加强收养法宣传，依法开展收养登记，上半年共办理收养登记37件；三是加强对社区服务中心和社会福利管理服务中心的管理；四是加强对玉林市社会福利院管理，加紧基础设施建设，完善和配备硬件设施，2011全院设置床位336张，年平均收养334人，其中国家供养“三无”人员199人，自费收养人员135人，年平均床位利用率99.4%。

【老龄工作】 2011年，玉州区开展“爱老、敬老、扶老”活动，积极宣传贯彻《老年法》、《广西壮族自治区老年人优待规定》、《玉林市老年人优待规定》，全年共为1.7万老年人办理了广西壮族自治区老年人优待证，积极维护老年人合法权益。

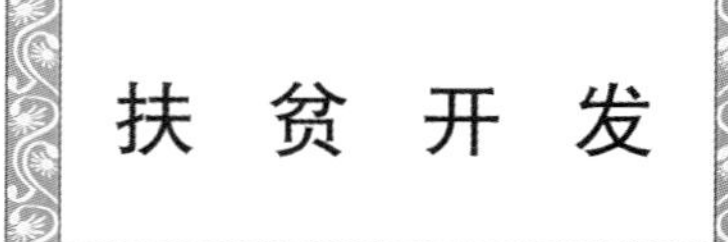

扶贫开发

【扶贫基础设施项目建设】 2011年，玉州区新建扶贫基础设施项目45个，总投资397.2万元，其中财政扶贫资金279万元，群众自筹118.2万元，直接受益人口31814人。新建村屯道路39条，人饮工程3处，桥梁3座。

【扶贫产业开发】 2011年，玉州区投入财政扶贫资金60万元，扶持仁东镇石地、周村和仁厚镇茂岑3个贫困村产业开发，发放良种猪750头，直接受益农户750户，受益人口3000人。

【农民实用技术培训】 2011年，全区贫困人口总数为27019人。是年，玉州区扶贫培训继续探索完善“农家课堂”的新模式。通过对农民进行实用技术培训，达到每户农民掌握1－2门实用技术；通过培训培养一批贫困村科技致富户，并实施相应的产业项目，使贫困农户尤其是特困农产尽快脱贫致富。玉州区扶贫办公室全年办实用技术培训3期，发放资料1500份，培训人数431人；养猪技术培训两期，发放资料600多份；协助玉州区科技局开展沼气池安全实用技术培训班4期，发放资料2000多份，培训人数717多人。

【革命老区建设项目】 2011年，玉州区革命老区建设项目1个，新建革命老区村南江社区第16－3队村民小组万园路至万秀路硬化道路。主要建设内容为硬化路基路面，建设规模0.5公里，群众自筹9万元，财政拨款6万元，合计15万元，50户农户150人受益，于2011年9月完工。

【第三批整村推进扶贫开发工作通过自治区验收】 2011年5月下旬，玉州区第三批整村推进扶贫开发工作通过自治区评比验收并被评定为优秀。玉州区第三批整村推进的贫困村是大塘镇的苏烟村、大双村、三和村。通过两年的整村推进扶贫开发，上述村的生产、生活难的问题得到基本解决，贫困村的面貌得到很大改善。玉州区整合扶贫资金500多万元对第三批进行扶贫开发，建成村屯道路16条、人饮工程工程3处、桥梁2座、沼气池330座，扶持贫困农户养殖优质猪1288头，对1500名贫困农民进行农民实用技术培训。

开展春季惠农活动

街道·镇

玉城街道

【概况】 玉城街道位于东经110°7′17″~110°10′9″，北纬22°36′44″~22°39′9″，是玉林市、玉州区人民政府驻地。辖东明、州佩、垌口、新民、大新、东成、南观、西就、北辰、东岳、胜利垌、清湾江12个社区，168个居民小组。面积11.2平方公里。常住人口19.5万人，流动人口15万多人。

2011年玉城街道完成财政总收入28755万元，同比增收18.22%。其中：国税收入10210万元，同比增收19.93%；地税收入18140万元，同比增收17.66%；财政收入405万元，同比增收0.74%。是年，玉城街道荣获“全国百家示范乡镇（街道）工会”、“自治区先进基层党组织”、“自治区和谐街道”和玉林市平安建设十佳街道等16项荣誉称号。

【经济发展情况】

重点项目进展顺利。2011年，玉城街道重大项目投资和全社会固定资产投资任务及重大项目开竣工任务提前超额完成。重大项目投资任务13.5亿元，其中新开工项目投资任务5.3亿元，续建项目投资任务8.2亿元。重大项目投资完成20.73亿元，新开工项目投资完成8.75亿元，续建项目投资完成11.98亿元；全社会固定资产投资任务31.65亿元，2011年完成固定资产投资32亿元；重大项目开工任务8个，竣工任务7个，完成开工项目12个，竣工项目10个，均超额完成本年任务。

商贸业蓬勃发展。2011年，玉城街道的商贸业、服务业、零批业、餐饮等行业有了较大发展。美林街、凯旋世纪广场、居百惠家居商贸城等一批商业街、购物街相继建成营业以及苏宁电器等一批国内商业巨头进驻玉城。据统计，是年本街道辖区内有规模的家电、工业品、通讯设备、中西药、汽车、摩托车、零配件、化妆品、卫生用品、化工产品、电子产品等批零企业26家。除星级酒店外，是年销售额在100万元以上的旅栈服务业、餐饮服务企业共16家。

【社会治安综合治理】 2011年，玉城街道在完善街道综治信访维稳中心规范化建设后，将综治维稳中心规范化建设向社区延伸，6月底全部完成12个社区综治信访维稳工作站规范建设，并以此为工作平台，每月排查矛盾纠纷一次。据统计，全街道共排查出登记在册的矛盾纠纷466件，已调处466件，调处率100%，调结459件，调结率98.5%。开展化解信访积案攻坚活动，对列入街道2011年攻坚活动范围的27件（其中是玉城街道牵头的有18件）信访积案进行攻坚化解，落实专人进行包案，经过努力已经化解14件。开展“征地拆迁百日攻坚活动”，是年，组成两个工作组对民主北路、江南开发区的征地遗留问题进行攻坚化解，经努力，取得很好的效果。此外，玉城街道在全市率先成立社区警务室和社区治安巡防队。12个社区警务室都在繁华地段设立治安岗，组织社区巡防队24小时巡逻，维持社会秩序，同时强化对流动人口管理，实行以出租屋管暂住人口，全部录入电脑，并随流入流出人口更新，动态管理，使辖区治安状况明显好转，北辰社区的社会稳定工作成为自治区领导科学发展学习实践活动联系点。

【安全生产情况】 2011年，玉城街道构建安全生产监管长效机制：一是要落实领导责任，落实企业主安全生产的主体责任。各社区加强对各中小企业主的宣传教育，将安全置于质量、效益、速度之首，不以安全为代价换取一时的发展；二是在党委领导、政府主导的基础上，发挥街道安委会成员单位在安全生产中的监督作用。要求街道建设站担负起辖区私人建房建设工地安全生产的监管职责，古定中心小学担负起辖区各小学安全生产的监管职责；三是加强安全生产文化建设，普及安全生产知识，强化安全意识，防范安全事故，重点抓好6月的安全生产月活动和11月的119消防安全宣传活动；四是突出重点，根据玉城街道实际，强化建筑工地、危险化学物品、人员密集场所等的安全生产监管工作；五是健全安全生产管理制度，强化督促检查，狠抓跟踪整改，把安全生产隐患的整改工作真正落到实处。

【计划生育工作】 2011年，玉城街道人口与计划生育各项目标任务顺利完成。据统计，2011年1—12月全街道共出生人口1850人，出生率为12.14‰，出生政策符合率95.6%，出生性别比例为111：100；出生人口统计合格率为99.6%，征收社会抚养费80.38万元，占年任务103%，完成2011年上级下达的人口与计划生育各项指标任务。

抓好流动人口服务，成立少数民族流动人口服务站。清湾江社区有来自云南、贵州等省的壮、瑶、哈尼、土家、回族等15个少数民族共300多人在此常住、就业、生活，为了落实国家民族政策更好地服务少数民族同胞，该社区成立“少数民族之家”、“少数民族流动人口服务站”，为少数民族同胞提供政策咨询、困难帮扶、计划生育、劳动就业等服务，依法维护少数民族同胞的合法权益，使少数民族同胞深切感受到党和政府的关怀。2011年8月份，自治区民委到清湾江社区视察调研，对社区的“少数民族之家”给予了充分肯定。

【关注和保障民生情况】 2011年，玉城街道把保障和改善民生作为重要工作来抓：一是为了实现居民有房屋住的目标，配合市廉租房管理部门依法依规做好廉租房的申请审核和年审工作。全年完成876户廉租房申请审核工作和485户廉租房年审工作，其中申请审核876户，占年任务的100%；二是着力推进辖区农民和城镇居民的社保、医保工作，扩大覆盖面。全年完成新农保新增参保人数共364人，占年绩效目标任务192.59%；完成新农保养老金发放1802人，占年任务103.32%；完成新农保待遇领取资格认证1512人，认证率达100%；完成城镇职工社保参保人数108人，占年任务108%；继续做好新农合参保工作，是年全街道参加新农合人数为25942人，参合率达99.99%；完成城镇居民参加医疗保险20027人，占年任务102.18%。同时把社会救助和保障标准与物价上涨挂钩，补发了物价补贴28.14万元；三是玉城街道设立党员关爱中心，北辰社区建立爱心超市，健正药业建立困难群众药品救助制度，拓宽了对困难群众救助渠道。

【社会其他工作情况】 2011年，玉城街道教育事业稳步发展，全面完成了上级下达的普及九年义务教育的各项任务；文化体事业有较好的发展，辖区78个早晚健身活动点，每天参加活动的在万人以上，73个文艺团体活跃在基层，其中南观社区金秋艺术团已形成文化品牌；社区公共卫生服务扎实有效，认真做好重大动物疫病防治工作，辖区的家禽家畜定期进行免疫，全面开展社区儿童计划免疫服务，重点抓好麻疹、乙脑、脊髓灰质炎疫苗接种，辖区儿童接种率达100%，积极开展爱国卫生运动，除害灭病，是自治区爱国卫生运动先进单位；深入开展“城乡城乡清洁工程”建设活动，落实小街小巷清扫保洁分片承包责任制并加强督促检查，确保天天清洁，日日干净。

南江街道

【概况】 南江街道位于东经110°5′41″～110°15′12″，北纬22°32′10″～22°37′56″，地处玉林市城区南部，东接北流市，南连陆川县，西邻福绵管理区，北与玉城街道、城西街道和茂林镇交界，总面积80平方公里，办事处驻城站路8号。境内有玉柴集团、玉药集团、市会展中心、市体育馆、江南公园、玉林火车站和玉林国际中药港，有玉柴工业园、玉州区坡塘、岭塘等市、区三大工业园区，风景名胜水月岩，属清代“鬱林八景”之一。2011年，辖6个社区和10个行政村，539个村（居）民小组，总人口181742人。街道全年财税收入23883万元，比上年增长80.7%。完成全社会固定资产投资51.49亿元，比上年增长39.12%。实现规模以上工业总产值34.36亿元，与上年比增长16.6%。全年农林牧渔业总产值实现29019万元，同比增长1.3%。城镇居民人均可支配收入22184元，农民纯收入7226.3元。有初中2（公办）所，在编教师313人，在校生4974人；小学13（公办）所，在编教师276人，在校生6309人。年内，获得自治区和谐街道、自治区第六次全国人口普查先进集体、玉林市平安街道、玉林市信访工作先进单位等称号。

【项目建设】 2011年，南江街道在建重大项目完成投资额27.13亿元。其中，新开工重大项目完成投资额15.09亿元，续建重大项目完成投资额12.04亿元。四方汽车零部件生产制造项目、聚锦花园等12个项目实现了当年签约、当年开工。美景佳苑商住区项目、泽顺机械生产项目主体工程基本竣工，总投资19亿元的国际汽车城、总投资23亿元的玉林交通物流园（一期）工程正式开工建设。

【招商引资】 2011年，南江街道进一步明确“江南物流园、玉柴配套基地、江南绿色家园”的招商方向，基本形成以玉林市交通物流、西药物流、圣康药业、瑞安物流、玉林国际汽车城等项目为代表的物流基地；以嘉义、嘉德、华源、嘉祥、科创、创盛、达业等为重点玉柴配套企业生产基地；壮大和提升了以江南大道为主轴、江南公园为后花园、欧景、南兴为代表的房地产业发展框架。是年，围绕这三大投资板块，街道新签约项目共23个，合同投资额36.5885亿元。其中，广西区外合同项目6个，合同投资额17.6亿元；区内项目个数17个，合同投资额18.9885亿元。

【工业经济】 2011年，南江街道依托玉柴的优势，以岭塘、坡塘等玉柴工业园区为平台，深挖现有嘉义、嘉德、华源等一批骨干玉柴配套企业的支撑作用，带动、发展壮大了嘉祥、科创、创盛、达业等一批发展势头良好的玉柴配套企业，全力打造玉林市最大玉柴生产基地。全街道规模以上工业总产值34.36亿元，比上年增长16.6%。

【征地拆迁工作】 2011年，玉州区的重大项目有19个坐落在南江街道，占玉州区的三分之二。用地问题也成为制约项目真正落地并快速产生效益的瓶颈。作为属地的街道，大力推进征地拆迁工作。是年，玉柴工业园完成征地75.33公顷、坡塘工业园完成征地19.67公顷、玉柴柴油机零部件完成征地26.33公顷、玉柴铸造中心一期完成征地33.33公顷、玉柴铸造中心二期完成征地33.33公顷、南江大道延长线完成征地37.81公顷。国际汽车城33.33公顷征地任务基本完成，金港大道延长线、天桥路广场等其他项目也在稳步推进当中。

【新农保、新农合工作】 2011年，全街道城镇居民医疗保险已参保7308人，完成任务的104.40%；新型农村社会养老保险参保1483人，完成任务的101.64%。

【林业工作】 2011年，全街道义务植树10万多株，新造林4公顷。继续抓好林改工作，全街道12个有林改任务的村（社区）基本完成外业勘界工作，除部分有争议的界线外，七一、分界等12个村（社区）已完成材料上报归档工作。抓好防火宣传，重点地段巡查，全年出动森林防火宣传车3次，重点防火时段出动巡逻人员120多人次。配合上级有关部门查处无证伐林木案两起，查处火灾案件5起。

【规划建设工作】 2011年，南江街道危房改造、廉租房等惠民工程，全年完成廉租房387户，完成全年任务的114.49%。配合上级执法部门开展执法工作，定点规划农户住在建房26户，建筑面积约3150平方米。开展房屋纠纷调处活动，共调解纠纷21件。开展正常性的建筑质量安全检查工作，共开展6次。发动群众进行农村基础建设，共完成小街小巷道硬化9条，长928米，面积4572平方米，投入资金33.5万元。

【人口和计划生育工作】 2011年，南江街道继续加强计生宣传工作力度，全面落实全国、自治区计划生育家庭奖励扶助制度、优惠政策。全年发放服务手册905本，二孩生育证审批发放329本，其中领证107本，换证222本，查处群众来信、来电举报有关违法生育6件，当年对违法行为立案77件；征收社会抚养费65.32万元。

【文化建设】 2011年，南江街道利用文化宣传阵地，开展丰富多彩，喜闻乐见的文艺演出，发挥新联、竹美等5个老年活动中心作用，带领8个文艺队进村入户进行多场演出，全年共组织文艺演出6场，篮球比赛2场，重大文化、体育活动3次，丰富群众文化生活。是年建成5个农家书屋，累计建成农家书屋16个，藏书4.8万多册，发放全国文化信息资源共享工程配套投影机10套。

城西街道

【概况】 城西街道位于玉林城区西部，地处东经110°5′4"～110°8′26"，北纬22°35′35"～22°40′6"。办事处驻大北路493号。东接玉城街道、城北街道，南连南江街道，西邻仁东镇和福绵管理区福绵镇，北与仁东镇交界。2011年，辖庆丰、江岸、新团3个社区和玉豸、五联、新定、永上、莲塘、林村6个行政村，190个村（居）民小组。总面积27.65平方公里。年末总人口6.3万人。有耕地987.7公顷，粮食种植面积420公顷，林木面积11.7公顷。境内主要河流有南流江和清湾江。有黎湛铁路、324国道和玉公一级公路过境。主要土特产有香蕉、甘蔗。2011年，城西街道以调整结构、转变发展方式为主线，以项目建设为先导，以深化改革为动力，以民计民生为根本，强化统筹，狠抓落实，经济综合实力稳步提升，促进了街道经济社会全面协调发展。是年，荣获“2011年度自治区和谐街道”、市2011年度平安街道称号。

【经济主要指标】 2011年，全街道实现全社会固定资产投资20亿元，比上年增长199.15%；财政收入5123万元，比上年增长32.48%；城镇居民人均可支配收入达2.22万元，比上年增长11.03%；农民人均纯收入6983元，比上年增长12.1%，

【项目建设】 2011年，城西街道坚持落实重大项目的“五个一”（一个项目、一名领导、一个班子、一套方案、一抓到底）工作制度，针对每个重点项目分别成立工作小组，明确联系领导、工作指标任务，对应做好各项目的服务工作，保障项目建设的顺利推进。全年全街道列入玉州区四家班子领导联系重大项目21个，总投资96.72亿元。新建、在建、续建项目无论是数量还是投资，都超额完成全年任务。健亚特电器、味香园食品、宇江塑料包装等8个投资超3000万元的重大项目已竣工投

产并发挥效益，宏进农批二期、玉林·毅德国际商贸城、益旺商厦等在建项目顺利推进。

【招商引资】 2011年，街道贯彻落实区委、区政府“建设商贸玉州”的决策部署，围绕商贸物流业发展，侧重在引进实力强的大集团、大公司上狠下功夫，全年引进新开工项目9个，全部是超千万元以上项目，合同投资额14.68亿元，到位资金8.56亿元，其中区外境内资金到位7.18亿元，在全区8个镇街中排名第二，比年初跃升5个位次。特别是成功引进红星美凯龙玉林家居商城、玉林·毅德国际商贸城、瑞安物流、宏进农批等一批大型企业落户，各项目总投资均超10亿元以上至数十亿元不等。其中，宏进农批、毅德商贸等都属于辐射面广、带动产业链长的大型商贸企业，建成后必将强力拉动城西商贸业乃至第三产业的持续繁荣。

【项目储备】 2011年，城西街道盘点规划现有土地资源，依托宏进农批市场、毅德国际商贸城项目优势，在二环北路北侧、高速公路引线两侧，努力主动引进、储备一批商贸、流通产业项目落户，努力延伸产业链条，带动周边商贸业发展。已为2012年储备的项目有红星美凯龙、瑞安物流园、富英肉类屠宰及深加工、现代物流仓储和饲料加工基地等六大重大项目，总投资达26.5亿元。

【农业生产】 2011年，全街道有耕地699公顷，农作物总种植面积2140公顷，粮食产量达6221万公斤，生猪出栏3.42万头，家禽出栏38.29万羽，水产品产量2066吨。

【平安建设】 2011年，城西街道按照自治区、玉林市、玉州区开展建设“平安广西”、“平安玉林”、“平安玉州”的总体工作要求，紧紧围绕“政治安定、社会稳定、秩序良好、执法公正、群众满意”的工作目标，全面开展创建“平安城西”活动，取得显著成效。全街道刑事案件和治安案件同比下降，社会矛盾纠纷大部分得到化解，人民群众社会治安满意率进一步提高，2011年度9个社区（村）全部获评为玉州区平安社区（村），街道也获得市2011年度平安街道。

【建立联合调解制度】 2011年6月，街道对于影响大、涉及面广或积案较久的纠纷，由分管领导或包村领导协调综治、司法、公安、土地、建设等多部门进行联合调处机制，加大协调力度，或协调区一级以上部门参与调解。至年底，成功调解了10多件积案多年、影响较大的纠纷。如新团炼油厂污染纠纷、新定电车厂喷漆车间空气污染纠纷、永上积案5年土地建房纠纷，莲塘、庆丰、五联土地坟山纠纷等都得到了成功调解。全年共排查各类民间纠纷260件，调处率100%，成功率92%，全年无重大群体性事件和恶性事件发生。

【社会发展情况】

建立医疗救助体系 2011年，城西街道全力实施新型农村合作医疗和城镇居民医疗保险项目，解决群众看病难、看病贵问题，在全区第二名完成新增参合任务，参合人员报销医疗药费466万元；落实城乡贫困人口和重点优抚对象的医疗救助政策，共发放医疗救助金29万多元，救助五保户、低保户、重点优抚对象315人；全面推进基本卫生服务均等化工作，为2.08万名居民建立了统一、规范的健康档案，占总人口的47.8%。

民政优抚工作 2011年，落实国家的各项优抚政策，全年发放城市低保金3.09万元、农村低保金259.31万元，发放救灾粮食8.1万斤，救灾衣物棉被720件（套），重点优抚对象抚恤定补金40.27万元；确保五保户供养，发放供养费12.99万元，五保粮食3.26万公斤，油1095公斤；抓好优抚安置工作，将30户86名烈属、在乡老复员军人、参战退役人员纳入最低生活保障救助。

计划生育 2011年，全面落实计划生育目标管理责任制，严格执行计生工作“七个不准”，依法扎实开展生育、节育、优生优育等优质服务活动。

2010年10月至2011年9月，全街道人口出生共564人，出生率12.49‰，自然增长率8.39‰，人口性别比112：100；换发二孩生育证231本，征收社会抚养费35万元。

新型农村养老保险工作　2011年，将新农保作为落实党的惠民政策，为群众办实事的民心工程来抓，坚持宣传发动、干部服务、工作经费三到位，确保工作顺利开展。全年参保人数1.14万人，新增参保人数、待遇领取人数均超额完成区里的指导任务。同时，新参保人员信息的录入建档、登记造册等管理工作多次得到上级主管局的肯定和表扬，在玉州区新农保工作推进会上作了经验介绍。

基础设施建设及农村危房改造　2011年，深入开展百户以上自然村村村通硬化路工程，年内共筹资299.26万元，硬化12条村级道路，总里程12.96公里；全面推进小街小巷道路硬化，筹资199万元，硬化道路27条，共18.38公里。农村危房改造工程覆盖面不断扩大，共筹资376.6万元，改造农村危房131户。

名山街道

【概况】　名山街道位于玉林城区东部，地处东经110°8′38″—110°13′44″，北纬22°37′15″—22°43′17″。与北流市、玉东新区接壤。辖4个社区（名山、绿杨、五里桥、旺瑶）和4个行政村（太阳、二泉、朱砂、腾扬），157个村（居）民小组，170多个中直、自治区直、市直和区直单位，面积约34平方公里。辖区人口82023人，其中农业人口34349人。

【经济发展情况】　2011年，街道财税收入7346万元，重大项目完成投资9.5亿元，完成全年任务的172.7%。其中新开工项目完成投资3.8亿元，完成全年任务的131%；新开工重大项目7个，完成全年任务的120%；续建项目完成投资5.7亿元，完成全年任务的219.2%。全年招商引资实现6.5亿元，完成全年目标任务的108.3%。工业投资实现5.2亿元，完成全年任务的128.45%；工业技改投资实现4.98亿元，完成全年任务的105%；规模以上工业企业实现总产值24亿元。

【社会治安综合治理】　2011年，名山街道加强社会治安综合治理，一是资源整合、多方联动，创建和谐稳定街道。街道综治维稳中心由综治办、派出所、司法所、劳保所、国土、建设站、农业服务中心等部门、单位抽调人员联合办公，开展中心建设的组织协调、日常管理、分工督办等各项工作。街道8个村（社区）都已成立综治信访维稳工作站，共受理各类矛盾纠纷和有关群众信访事项89件，调处成功80件。二是扎实推进矛盾纠纷大调解。街道综治信访维稳中心每月都定期召开工作例会，排查各类社会矛盾纠纷和不稳定因素，做到早发现，早解决，已发生的信访案件，落实专人负责协调和跟踪督查。全年共排查各种社会矛盾纠纷79件，调处79件，调结55件。三是加强重点人员稳控工作。成立重点信访人员稳控工作领导小组，加强对重点人、重点事的管理，实行每月汇报制度，及时掌控了解情况。司法所实行“大调解”工作模式，排查调处各类矛盾纠纷216起，调解率100%，调结率95%，各村（社区）调委会全年累计调解民间纠纷295件，调结率96%。全年没有因调解不及时而引起民转刑和群众性集体上访案件发生，所有调解案卷均按照上级要求统一归档保存。

【计划生育工作】　2011年，名山街道重视人口和计生工作，形成了党政一把手亲自抓、负总责，分管领导主动抓，计生部门和村（社区）具体抓的良好常态局面。2010年10月至2011年底，街道常住人口总数为82023人，其中已婚育龄妇女7988人，出生人数为549人，出生率13.06‰；出生政策符合率94.72%；多孩控制率0.91%，低于全区控制水平；加大计划外生育社会抚养费征收工作力度，累计征收21.63万元；严格计划生育技术服务和药具管理工作，药具发放及时率达到100%，有效率达到100%。

【民生工作】 2011年，名山街道切实抓好民生工作。一是社保工作有序开展。街道坚持“以人为本，服务至上”的工作理念，干部深入基层开展救济优抚、救灾救助和送温暖活动，各种补贴按时发放，全年发放五保户补贴7万多元，发放农村低保补贴121万多元，发放优抚金补贴41万多元，切实保障了辖区各村（社区）困难群众的基本生活；新型农村合作医疗参合率达90.25%，1—11月，补偿参合农民2523人次，补偿金额360万多元；新农保工作有序推进，发放新农保人数已达到3334人，占年任务的102%，全年新增参保人数971人，已完成全年任务。二是强农惠农政策落实到位。继续实行专户管理，涉农补贴及时足额发放。共发放农资综合补贴119万多元，受益农户5780户；发放良种补贴32万多元；发放家电下乡补贴217万多元；发放汽车、摩托车下乡补贴28万多元。同时，全力推进农村危房改造工作和城市廉租住房租赁补贴工作，农村危房改造共投入资金136万元，85户农民直接受惠，城市廉租住房租赁补贴任务是241户，完成251户，已超额完成任务。三是新农村建设成绩喜人。是年，街道筹资302万元硬化道路，共硬化道路7公里，惠及6个村（社区）；筹资460万元建设农村人饮工程，解决了名山社区、旺瑶社区和二泉村1.5万人的饮水问题。同时，街道辖区的4个村的村级卫生室都陆续建设中。

【村级组织建设】 2011年，名山街道村（社区）“两委”换届一次性选举成功。2011年6月，全面推进街道各村（社区）“两委”换届工作以来，街道党工委、办事处在上级党委政府的大力支持下，精心组织，周密部署，顶住重重压力，动员一切可动员的力量，想尽一切能想到的点子，攻难克坚，使包括名山社区、绿杨社区等换届重难点村（社区）在内的8个村（社区）“两委”班子一次性选举成功；探索推进村改社区后原村集体资产管理工作，针对近年来辖区个别村（社区）因村级资产管理问题频频上访的现象，10月初，街道党工委、办事处结合其他地区村级集体资产管理的先进经验，制定了推进街道辖区内各村（社区）集体资产管理的工作实施方案，努力使村级集体资产管理走上规范化、科学化的管理之路。

【城乡清洁工程】 2011年，名山街道继续开展城乡清洁工程工作。一是加强领导，全年街道召开涉及城乡清洁工程工作会议37次，确保城乡清洁工程工作领导力度不减，工作措施不减，人员力量不减，督查力度不减。据统计，街道一级全年投入财政资金18.68万元（不含社区清洁承包费），组织开展专项整治活动115次，出动人员12005人次，清理垃圾4.59万吨，新增硬化道路101805平方米，“穿衣戴帽”工程完成12940平方米。二是强化措施，年内组织力量对二环路外侧、玉容路段、旧324国道等进行专项整治85次，出动车辆460次，出动人员4850人次，共清理垃圾1.8万吨，清理非法广告6300条，清理不规范牌匾广告55处，清理违章搭盖建筑物35处，从而确保玉博会、药博会等重大节庆活动顺利开展。

城北街道

【概况】 城北街道于2005年6月撤销城北镇而成立。位于玉林市区北部，地处东经110°4′7"—110°9′24"，北纬22°38′46"—22°45′35"，是玉林城区的北大门，辖区面积64平方公里，其中耕地面积2000多公顷。辖13个行政村，1个社区，184个村民小组，总人口5.3万人。清湾江蜿蜒贯穿全境，玉桂公路、市迎宾大道过境，60米宽的民主北路景观大街、岑兴高速公路（玉州段）横贯其中。地理环境优越，景物秀美，公路纵横四通八达。水、电、气、通迅基础设施一应俱全。2011年，街道党工委、办事处依托区位优势，大力实施“工贸强街”发展战略，进行大招商、招大商招商引资工作，培育支柱产业，加快工业化、城镇化建设进程，大力调整农业产业结构，培育特色农业产业，促进街道经济社会全面发展。

【经济建设】 2011年，城北街道继续深化实施“工贸强街”发展战略，认清发展形势，立足区位优势，转作风，强服务，促发展，落实“五个一”工作方法，致力解决项目用地、资金短缺等方面困扰项目推进的难题，街道各项经济指标、项目建设工作实现“四个突破”，开拓了工作新局面。一是主要经济指标取得新突破。全年实现全社会固定资产投资总额突破十亿大关，达到10.8亿元，相比上年实现翻番，超额完成区下达的目标任务；实现工业总产值3.2亿元，同比增长60%。二是招商引资取得新突破。根据城北实际，重点引进税收贡献大的房地产项目和突出城北的特色项目。是年全街道共引进项目10个，计划总投资额3亿元。如高山村古建修复工程、博涛特种水产生态产业园等项目将为街道打造观光农业产业起到积极的影响。三是重点项目建设取得新突破。是年全街道新开工嘉和国际广场等重点项目6个，计划总投资4.7亿元；竣工味香园二期等特色大型项目3个，完成投资额7.28亿元。四是财税入库取得新突破。全年累计入库达3877万元，同比增长39.26%，增幅比较明显。其中，国税入库444万元，同比增长35.78%；地税入库3391万元，同比增长44.05%；财政口收入42万元，超额完成区下达的目标任务。

【城镇化建设】 2011年，城北街道针对辖区农业发展较有优势的特点，在推进城乡建设和城镇化过程中，突出城乡一体，注重互促共进，转变农业发展方式，加快构建农业产业体系，突出休闲观光农业和特色种养基地等载体建设，项目农业稳步推进。一是高山示范村项目建设步伐加快。发掘高山村岭南进士村历史文化，利用中央投资进行古建修复，配套资金进行整村环境整治和修编规划，把高山村打造成为城北休闲观光产业的重头戏。二是特色农业做优做强。积极扶持培育西岸、钟周两个番石榴种植基地成长壮大，目前已达240多公顷，并且成立了番石榴种植合作社；钟周村花卉基地项目计划建设60多公顷，已初步达成租地协议；大力发展中华鲟、鳄鱼等特色养殖，引进了博涛、源桂等农业企业，促进农业产业化发展。三是基础设施不断完善。投资280万元硬化村级道路18条，投资420多万元的罗竹村、排榜村人饮工程使8000多群众受益，凤村大井自然村城乡风貌改造基本完工，实现了保护群众利益、维护生态效益与推动科学发展相统一的目标。

【各项社会事业】 2011年，城北街道坚持从群众关注的热点、难点问题入手，全力推动各项利民、惠民工程顺利实施，促进城乡协调发展。一是狠抓为民办实事，确保群众得实惠。按时按量发放低保金230多万元、救济粮45690公斤，保障了特困人群的基本生活；实施危房改造285户，美化了人居环境；全力实施“新农合”、“新农保”，提高农民群众的生活质量。二是计生各项任务全面完成。2010年10月1日至2011年9月30日止，全街道出生人口739人，出生率13.57‰；全年征收社会抚养费35.4万元。三是狠抓平安建设，确保辖区稳定。突出抓好信访、矛盾纠纷排查调处工作，接转信访件33件，排查收集纠纷85件，结案率达96%以上。加大安监和私炮打击力度，没收非法贮存烟花爆竹100多件，及时清除安全隐患，全力保障城北安全、稳定。

茂 林 镇

【概况】 茂林镇位于玉州区的东部，地处东经110°11′17″～110°18′54″，北纬22°36′52″～22°42′51″。镇人民政府驻茂林圩。辖茂林金谷、泉塘、大芦、泉东、泉西、陂耀、陂石、新寨、鹿峰、鹿潘、沙井、鹿塘、山电、车垌、湘汉、大囊、和睦、长望、榕楼、石棠（社区）21个行政村（社区）。茂林镇东接北流市，南连陆川县、南江街道，西邻名山街道，北与北流市交界，总面积120平方公里，2011年末人口8.03万人。洛湛铁路、324国道经其境内。主要经济作物有：甘蔗、荔枝、龙眼、板栗。是建筑用石的主要产地。其名胜风景有位于玉林城区东部的龟头岭、桂东南武装起义革命烈士纪念塔、“天门关”（又称鬼门关）、宝相寺和在建的狮子山公园、湿地公园。

【国民经济发展情况】 2011年，全镇工业总产值实现18.5亿元，增长15.1%；农业总产值实现4.71亿元，增长23.9%；全社会固定资产投资15.29亿元，增长61.9%；全镇财税收入12550万元，同去年同期净增4490万元，同比增长55.7%；农民人均纯收入7163元，增长14.8%；城镇居民人均可支配收入21995元，增长10%。

【项目工作】 2011年，全镇新上投资50万元以上的工业企业项目24个，计划投资5.26亿元，已完成投资5.26亿元；续建项目9个，总投资3.56亿元，已完成3.56亿元；技改项目44个，总投资4.42亿元，已完成投资4.42亿元。

【工业发展情况】 2011年，全镇工业产值保持平稳增长，其中，工业企业累计完成营业收入144020万元，同比增长10.94%。出口交货值9395万元，同比增长1.76%。利润总额3836万元，同比增长12.29%。上交税金4298万元，同比增长19.45%。建材、机械制造、食品、日用品制造业等行业不断发展壮大，房地产快速发展，服务业、商贸流通业得到初步发展。

【农业发展情况】 2011年，全镇粮食播种面积4473.33公顷，水稻3800公顷，稻谷总产23260吨，平均每公顷产6121.5公斤；玉米34.66公顷，每公顷产6900公斤，总产2392吨；大豆193.33公顷，每公顷产2100公斤，总产406吨；红薯133.33公顷，每公顷产4500公斤，总产600吨，全年粮食总产26658吨。全镇生猪存栏39870头，较上年38756头同比增长2.87%；生猪出栏70290头，较上年66180头同比增长6.21%。牛存栏1120头，较上年1138头同比减少1.5%；牛出栏720头较上年721头同比持平。家禽存栏96.54万羽，较上年91.17万羽同比增长5.89%；家禽出栏202.02万羽，较上年183.17万羽同比增长10.29%。肉类总产量8065吨，较上年7448吨增长8.28%。禽蛋总产量1610吨较上年1460吨同比增长10.27%。水产总量4490吨，较上年4061吨同比增长10.56%。常年开展猪瘟、鸡瘟、禽流感、口蹄疫等疾病的免疫工作。落实好各种支农惠农政策，是年向15076户农户的36711.07亩耕地发放农资综合直补资金334万元；向15076户农户的36711.07亩耕地发放2011年种粮农民早稻良种补贴36.7万元，晚稻良种补贴55.1万元；完成2011年订单粮食收购任务2010吨，共发放补贴资金48.2万元；共发放家电、摩托车、汽车下乡补贴资金179.7万元。积极做好林权改革工作，原茂林16个行政村确权发证面积2612.21公顷，占林改任务的95.19%，确权到亩面积2517.52公顷，确权到户率91.74%，均山到户率达82.55%；托管的名山5个村（社区）集体林地面积7812名，商品林确权面积446.95公顷，确权发证面积448.28公顷，确权发证率100%，确权到户面积1160.9元，全镇自检推算林权发证准确率达99%，群众综合满意率达99%。

【农村基础设施建设】 2011年，茂林镇在水利基础设施建设村级道路建设、人饮工程建设、新农村建设上均取得了一定的进展。一是加大对水利基础设施建设投入力度。是年，全镇共投入24万元进行水利设施建设。投资3万多元对榕楼村盆塘水库进行应急处理；投资21万元完成了全镇七座水库的水库值班房建设，实现“五有”运行良好，全部配备防汛物资（编织袋、木桩、床、被、煤气瓶、炉、沙石等）一批。二是加大对村级道路的投资。是年，投入35万元完成长望村委至二环公路路口1.4公里四级公路硬化；投入38万元完成和睦村关塘至平石1.6公里四级公路建设；投入16万元完成山电村和仓至花媚冲1.4公里四级公路建设；投入25万元完成金谷村甘屋自然村700米道路硬化；投入30万元完成车垌村大塘自然村800米道路硬化；投入25万元完成山电村龟地岭自然村800米道路硬化；投入14万元完成山电村竹壳坡自然村400米道路硬化；投入180万元完成陂耀村至陂石村3.98公里道路硬化。三是积极推进人饮工程建设，不断改善农村生活条件。是年，投入191.77万元对榕楼、泉西、两村进行饮水安全项目工程建设，解决了近3705人口的饮水问题；投入72万元对沙井村、山电村进行人畜饮水工程建设，解决了800多人口的饮水困难问题；投入429.42万元进行茂林供水站供水管路迁移工程，共铺设管网9000多米。四是积极做好农村生态能源建设。完成130多座沼汽池建设，其中泉东村80座、大芦村20座、其他村30座。

【社会主义新农村建设试点工作】 2011年，茂林镇以陂耀村风貌改造作为切入点和突破口，打造低碳生活示范村，以点带面推进茂林镇城乡风貌改造工程，改善农民居住环境。其中，陂耀村已完成1.8公里环村道路修建、完成68户农房立面改造、150户农户安装了太阳能热水器、完成168户农户改厕、投入资金480万元完成陂耀村公共服务中心建设。抓好农业示范基地2个：一是海峡两岸花卉基地建设，面积57.33公顷，三期扩建面积66.66公顷；共投资8000万元，主要抓好一年两熟葡萄园示范基地建设。二是茂林、泉东、泉西、金谷三熟三免耕建设，面积200公顷，产值1105万元，全镇优质谷种植面积2133.33公顷，超级稻示范面积200公顷。

【重点工程工作】 2011年，茂林镇把玉东新区“1236”工程作为镇的重点工作来做。“1236”就是“一村两区三园六大道”。“一村”即抓好陂耀村统筹城乡发展示范村建设。“两区”即抓好玉林经济开发区高新科技产业区和海峡两岸（广西玉林）农业合作试验区核心区建设。“三园”即强力推进湿地公园、狮子山公园和龟山公园三期建设。“六大道”即抓好“三纵三横”主干道建设。2011年，全镇共完成征地面积共9000多亩，狮子山公园、龟山公园已建成并已对外开放，湿地公园、花卉基地、人民东路、教育东路延长线、玉林机电物流项目工作稳步推进。同时，陂耀村统筹城乡发展示范村建设已完成1.8公里5米宽的环村公路建设、完成占地20亩的公共服务中心（包括建筑面积1300多平方米的新村委大楼、舞台、两个灯光篮球场、乒乓球场、文化广场和文化长廊等）建设。积极配合做好玉铁高速公路（茂林段）、玉林汽车新城和海峡两岸农业合作试验区等工程项目的建设。

【农业技术培训】 2011年，茂林镇继续普及水稻旱育稀植抛秧栽培技术，推广水稻免耕抛秧技术，是年，全镇共举办科技培训班19期，受培训人数4800多人次，水稻良种覆盖率达90%；积极开展创建广西科技示范乡镇和广西科技进步乡镇活动，创建工作卓有成效，已通过有关专家的评估，镇级举办党的知识、农村实用技术培训班10期，参加培训5200人次，全镇95%的村干部、农村党员经过培训都掌握了1－2门致富技术；组织一次统一灭鼠工作，全年共发病虫情报13期，印发病虫情报资料1980份，准确率达100%，特别是稻飞虱和稻纵卷叶螟的防治工作，由于及时施药防治，全镇挽回稻谷损失502.8万公斤，挽回经作类作物损失280.4万元。

【文化教育工作】 2011年，茂林镇文化、体育和教育事业加快发展。投资40万元完成茂林镇国家级农民体育健身工程建设，投资32万元完成茂林镇综合文化大楼建设。镇中心小学被评为玉州区校园文化建设先进学校；

镇中心小学、希望小学被评为玉州区幼儿教育先进单位；茂林初中被评为玉州区教育教学工作先进学校和被市、自治区评为绿色学校。2011年中考有15人上玉林高中录取线，有32人上玉林一中录取线。获市级奖励集体1个，教师43人，学生4人；获区级奖励集体24个，教师127人。全镇EEPO教学方式实验得到了进一步推进，镇中心小学、希望小学、泉塘小学、新寨小学被评为玉州区EEPO实验学校和玉林市“问题教学法”实验学校。全镇适龄儿童入学率达到100%，巩固率达100%。

【计划生育工作】 2011年，全镇总人口80364人，已婚育龄妇女14767人。出生1079人，出生率13.57‰，自然增长率8.46‰，死亡率5.11‰，出生男女性别比：122：100，农村人口当年长效避孕率91.75%。政策内出生1017人，出生符合政策率94.25%，其中，政策外多孩出生9人，政策外多孩率为0.83%。投入44万元完善茂林镇计生服务所综合大楼各项设备设施并已投入使用。

【社会保障工作】 2011年，茂林镇党委、政府逐步完善社会救助保障制度和帮困救助机制，是年，共为485个五保对象发放口粮87355公斤、花生油2910公斤；冬令、春荒救济农户5183户、15551人，救济粮95700公斤；发放抗寒棉被290床、蚊帐160床、衣服860套；发放农村医疗救助金279724元，共救助群众140人；发放优抚对象医疗救助金2009元，救助群众20人；发放城市医疗救助金32498元，救助群众14人次；投入560万元完成对350户特困户进行危房改造，改造完成率100%；已发放危房补助250户，共计400万元，完成率71.43%；完善了全镇农村低保工作的管理机制，全镇低保工作扎实开展，全镇共发放农村低保金1439户、3984人，共2927522元；积极推进新农村合作医疗工作，全镇参合人数69542人，参合率达97.17%，截至11月30日，新农合报销资金886万元；完善了新型农村养老保险机制，是年全镇共有21936人参加新型农村养老保险，领取养老保险金7740人；继续做好茂林镇敬老院和五保新村建设工作，投资110万元建设完成茂林镇敬老院并已安排入住，投资30万元建设泉西村五保新村，投入5万元对陂石村五保新村进行修缮。

【社会稳定工作】 2011年，茂林镇党委、政府紧紧围绕创建“平安玉林”、“平安茂林”的工作目标，狠抓各项工作措施的落实。一年来共排查调解各类矛盾纠纷48件，调解率100%，调结率97%。无因调解不及时而引起的民转刑案件和群体性集体上访案件的发生。全镇无群体性上访、无群体性伤亡案件、无重大群体性安全事故。在全镇范围内开展“安全生产月”活动，出版了安全生产宣传板报，发宣传资料3500多份，在各企业中张贴大小安全生产标语1200多张，要求各大型企业粉刷永久性标语10多条，使安全生产深入人心，确保全镇不发生重大安全生产事故。

仁东镇

【概况】 仁东镇位于玉州区西北部，地处东经110°1′28″——110°7′54″，北纬22°37′2″——22°44′22″。镇人民政府驻仁东镇南路5号。辖鹏垌、大路、中庞、大鹏、旺卢、都甘、木根、龚罗、鹤林、沼心、石地、周村和良村13个行政村，有52个自然村，325个村民小组。东接城北街道，南连城西街道、福绵管理区福绵镇，西邻仁厚、大平山镇，北与龙安镇交界，总面积65.05平方公里，2011年年末人口5.6万人。有黎湛铁路、324国道和玉石一级公路过境。北部为丘陵，南部为平原。主要河流有南流经西部的三山江。主要土特产是仁东香蒜，已注册“仁东”、“鬱州”商标。2011年5月获得自治区和谐乡镇称号；10月获自治区林业厅评为“十一五”期间全区乡镇林业工作站先进集体。

【主要经济指标】 2011年，全镇实现工农业生产总值11.7亿元，同比增长23.26%；财政收入3423万元，比上年净增804万元，同比增长30.7%；全社会固定资产投资4.85亿元，同比增长21.25%；农民人均纯收入6668元，同比增长7%。

【项目工作】 2011年，全镇工业总产值8.08亿元，同比增长22.21%；工业投资额4.011亿元，完成任务的145.85%；技术改造3.10亿元，完成任务的161.56%；引进项目14个，总投资4.798亿元，到位资金4.06亿元，完成任务的101.5%；在建重大项目完成投资3.99亿元，完成任务的249.38%；新开工重大项目4个，完成任务的200%。

【农业工作】 2011年，全镇建成优质稻、仁东香蒜、潮菜、塘角鱼苗、丰顺蔬菜、香水莲花等基地7个。全年粮食种植3720公顷，蔬菜种植34633.33公顷，香蒜种植1900公顷，免耕马铃薯种植186.66公顷，其中：粮食总产量达2.16万吨，香蒜总产量达3.5万吨；全年出栏肉猪7.1万头，同比增长5.5%，出栏肉鸡100万羽，同比增长6.6%。丰顺绿色蔬菜种植基地、香水莲花基地等农业龙头企业不断壮大，丰顺基地种植面积达133.33公顷、销售额达3000万元，香水莲花种植面积达250亩。全年粮食补贴、良种补贴、综合补贴、家电下乡补贴等惠农政策均及时落实到位，全年累计投入涉农补贴500多万元。

【民生工程】 2011年，镇党委、镇政府在工作思路、财政投入、具体措施上更多地倾向于为人民群众谋福利，以改善人居环境，以扩大新型农村合作医疗和农村养老保险来强化社会保障等。是年，率先在全区掀起交通基础设施建设大会战，完成25个道路硬化项目，总长23.53公里，受益群众达4万多人。292户危房改造任务顺利完成，开工率、竣工率均达100%，改善了困难群众的居住条件。全镇修理和改建村级抽水站7个，修建三面光渠道8.93公里，完成任务446.5%，渠道清淤74.87公里，完成任务226.88%。投资594万元用于石地、沼心、旺卢3个村实施人饮工程，解决了1.2万群众的生活用水难题。投资21万建设沼心五保村，已建成能容纳20人居住的占地300平方米2层砖混结构楼房。投资104万元的13个行政村卫生室已全部完工。一事一议工作卓有成效，第一期财政拨款117万元用于修建12条村级公路及1个抽水站，受益群众5万多人。新农合、新农保工作进一步加强，2011年，农民参合人数49262人，参合率达92%以上；应参新农保人数17034人，累计实际参保人数17129人，占任务100.56%；发放养老金6588人，占任务107.23%。

【城乡一体化建设】 2011年，仁东镇大力推进城乡一体化建设。投资1700万元对大鹏、中庞、大路、鹤林4个村的60多公顷农田土地进行综合整治，受益群众达2万人。大路村整村推进项目稳步推进，征地工作也基本完成，农民集中居住安置区的29幢189户楼房的主体工程已完成，正在进行装修。率先开展城乡建设用地增减挂钩试点工作，已对适合列为土地增减挂钩的建设用地进行拍照、丈量、评估、登记，经过初步摸底，全镇可复垦土地为20.66公顷，受益群众达6758人。

【社会治安综合治理】 2011年，仁东镇在深化农村改革的同时，努力推进社会综合治理。年内共调解群众纠纷35起，化解群架3起、化解上访6起，为群众挽回直接经济损失11万元，间接损失20万元。利用春节、建军节慰问军烈属、伤残遗属、退役参战人员189人，发放慰问金和慰问品价值约20万元。基层治安防控网络进一步完善，各行政村均组建了10人以上的治安巡防队。深入开展“严打”整治，2011年，全镇刑事案件、治安案件和“两抢”案件大幅下降。深入开展以非法销售、贮存烟花爆竹、消防安全为重点的专项整治和经常性的大检查，依法查处和惩治安全生产违法违规行为，是年，全镇打击私炮28次，其中取缔装配场12处，打击非法生产窝点17个，引线1.3万米、成品2930多斤、半成品2211斤，全镇安全生产形势逐步好转，无重大群体性、突发性事件发生。

仁厚镇

【概况】 仁厚镇位于玉州区西北部，地处东经109°59′19″——110°4′4″，北纬22°37′8″——22°41′6″，距玉林城区约10公里。镇人民政府驻仁厚圩，辖仁厚、道良、铁匠、上罗、下罗、荔枝、新旺、大卢、茂岑9个行政村，172个村民小组。东接仁东镇，南连福绵管理区福绵镇，西邻兴业县大平山镇，北与仁东镇及兴业县大平山镇交界。境内无大河流，有黎湛铁路和324国道过境。玉林市无公害垃圾处理厂、玉药集团生产基地在其境内。土特产有蒜头、红薯、花生、潮菜等。2011年，辖区总面积30平方公里，耕地面积1428公顷，年末人口2.9万。

2011年，全镇财政收入1003.6万元，实现了财政收入首次超千万元大关；全社会固定资产投资28471万元；工业总产值16350万元；农业总产值15410万元，分别比上年增长73%、44.9%、18%、3%。农民人均收入7226元，比上年增长16%。

【项目发展状况】 2011年，全镇完成固定资产投资2.87亿元，比2010年固定资产投资19648万元增长46%，新上项目8个，其中：仁厚保利花园一期开发项目总投资12亿元；玉林国际汽车城建设项目首期投资15亿元；玉通新型材料建筑公司干混泥沙浆生产项目总投资7000万元，2012年3月正式投产；广西五环房地产公司在石子岭的廉租房已开始建设。

【玉林健康产业园】 2011年5月23日举行奠基仪式。获得国家农业部认定为第一批国家级农业产业化示范基地和自治区A类园区。

【基础设施建设】 2011年，仁厚镇配合玉州区的2011年交通设施大会战工作，多渠道筹资，进一步完善基础设施建设。村级道路建设方面，共投资492万元硬化乡村道路14.565公里。其中上罗村2.3公里、下罗村1.7公里、仁厚村2.1公里、道良村1公里、新旺村1.665公里、荔枝村1.4公里、铁匠村1.3公里、大卢村1.6公里、茂岑村1.5公里。水利基础设施建设方面：投入750多万元在仁厚、下罗、新旺等村进行的农业综合开发项目已完成，受益农田266.67公顷；投资5万元对下罗村段东干渠进行清淤；进一步完善大卢村水对塘除险加固工程；投资50万元在荔枝、道良、大卢建抗旱应急水井23口，改善农业生产条件。继续抓好农村人饮项目建设，完成投资90万元的日本利民工程无偿援助铁匠村陂头、茂屋山项目建设。集体林权制度改革工作顺利完成，通过了自治区的检查验收。

【社会治安综合治理】 2011年，仁厚镇获评为“建设平安玉州”活动特等奖，3个村被评为“建设平安玉州”先进村，6人在建设平安玉州活动中被评为先进个人。镇各治安调解组织共受理调处各类纠纷380件，调解成功377件，调解成功率99.2%。落实安全生产工作责任制和各项工作措施，开展以烟花爆竹、消防安全为重点的大清查和经常性的安全生产大检查，查获非法储存的烟花爆竹两批共3000多箱（件），取缔非法炮引生产作坊一个，收缴黑火药500多公斤。全镇实现安全生产事故零发生，荣获玉州区年度安全生产工作优秀单位。

【人口与计划生育工作】 2011年，计划生育各项指标控制在自治区要求范围内。全镇已婚育龄妇女5571人，人口出生418人，出生率13.95‰，自然增长率9.51‰，计划内生育393人，计划生育率94.02%。无政策外多孩出生。全镇依法征收社会抚养15万元。在全镇9个行政村开展诚信计生工作，共有依法生育的育龄妇女3435人，参加诚信计生的有2955人，参与率达86.03%。是年，共为30名农村部分计划生育奖励扶助对象发放奖扶资金2.16万元，为13名计划生育特别家庭扶助对象发放奖扶资金1.5万元，争取计划生育独生子女创业致富贴息贷款28万元，帮助14户计生家庭创业致富。

【科教文卫事业】 2011年，仁厚镇开展“科普示范镇”创建活动，实施《全民科学素质行动计划纲要》。稳步推进教育发展，落实义务教育“两免一补”政策，适龄儿童入学率100%，巩固率100%。新建农家书屋10个，配备价值20万元的藏书2万册及书柜、桌椅一批；投资10万元在荔枝村和上罗村建成篮球场2个，投资31万元建成上罗村公共服务中心；新建5个村卫生室。积极开展新型农村合作医疗工作，是年全镇参加新农合农民24249人，占总人口的92%。

【社会保障工作】 2011年，仁厚镇做好各种救济款物的发放工作，共发放老复军、参战人员、五保户救济、农村低保等各类救济款1341185元，发放救济大米66005公斤，食油1117公斤，发放冬令救济衣物680套。新型农村社会养老保险工作顺利开展，全镇共有10461人参保，3211人享受新型农村合作医疗补贴发放。投资15万元新建成大卢村五保村，占地面积300平方米，建筑面积220平方米，共有住房20间。组织开展危房改造工作，全镇共有危房改造户173户，是年已全部完成。全年发放农资综合补贴175.5万元，发放良种推广补贴57.98万元，发放订单粮食收购补贴32.8万元，发放危房改造补贴237.7万元。

大 塘 镇

【概况】 大塘镇位于玉林市城区至桂平路旁边，地处东经110°6′11″~110°8′55″，北纬22°42′25″~22°49′19″，距城区8公里，东与北流市大里镇相邻，西南与玉州区城北街道接壤，北与兴业县卖酒镇相望。全镇土地面积33.05平方公里，辖5个行政村、139个村民小组，总人口22500多。

【经济建设】 2011年，大塘镇工业以烟花爆竹、食品加工、机械配件为主。共有合法烟花爆竹生产企业6家，大型机械配件企业1家，胶合板厂2家，食品加工企业多家。大塘圩圩市辐射人口5万多人，圩镇现有商住面积4万多平方米，年集市交易量1000多万元。是年，完成社会固定资产投资2.15亿元；财税收入422万元，比2010年增长43.1%，完成任务的116.3%。

【农业生产】 2011年，全镇农业生产以市场为导向，以农业增产、农民增收为目的。一是稳定粮食种植面积，巩固吨粮田，优化品种结构，粮食播种面积1046.66公顷，其中优质稻466.66公顷。二是全面推广“三免”技术耕种和测土配方施肥技术，全镇实施“三免”耕种技术的水田800公顷，测土施肥技术推广面积2000公顷。全年完成发放早稻良种补贴面积426.66公顷，补贴金额共95999.70元；筹集资金修复水毁工程3处，完成渠道清淤15公里。三是切实抓好林业工作，完成勘界、勾图2101.06公顷，签订合同、上报发证林改面积2064.15公顷，完成植树造林任务35.33公顷；义务植树7万株；完成生态林共管协议签订达981.4公顷，占任务的100%。四是继续抓好畜牧生产，全年共出栏肉牛350头，猪15781头，家禽49.21万羽。

【基础设施建设】 2011年，大塘镇多方筹集资金，不断加大基础设施建设投入。全年共筹集资金250多万元，硬化自然村道路10公里；继续实施危房改造工作，全镇获得危改指标145户，投资资金总额达217.5万元；开展城乡风貌改造工程，投入资金200多万元，对高速公路沿线的苏烟南片和大塘横岭两个点进行城乡风貌改造工作；实施农村环境综合治理工作，各级配套投入资金105万元，对大塘横岭片进行农村环境综合治理工作已初步启动；筹集20多万元建设的苏烟五保新村已竣工入住。

【社会稳定工作】 2011年，大塘镇把平安建设和无邪教创建纳入年度党委、政府工作计划，一是加强宣传，营造强大的舆论声势。采取的形式有上法制课、举办普法讲座、版报宣传、书写大型永久性宣传标语14条。在安全生产、打击私炮宣传活动中，经常组织专项的安全生产知识培训，利用宣传车、专栏、标语大张旗鼓进行打击私炮宣传。二是切实加强“三大纠纷”调处工作。以强化基层基础工作为重点，建立了镇、村两级信息网络，实现信访维稳信息工作全覆盖。全年受理本级来信来访件71起，承办市、区级转（交）办件3起，办理网上信访件7起；镇、村调解委员会受理各类矛盾纠纷97件，成功率达到90%以上，并成功处置了几起较大的群体性突发事件。

【教育工作】 2011年，大塘镇全面落实“两免一补”政策，完善贫困生资助制度，保障困难家庭学生顺利完成学业；继续巩固提高“普九”成果；狠抓学校安全管理工作，确保学校无重大的恶性事故发生；筹集资金250万元翻建大塘初中教学楼2100多平方米。

【计生工作】 2011年，全镇人口出生率为14‰，出生政策符合率达93.41%，农村人口当年长效避孕率达85.13%，出生性别比控制在113以下，出生人口统计合格率达100%，生育证发放率达90%，征收社会抚养费3.89万元，享受《奖扶办法》奖励63人。

【打击私炮工作】 2011年，大塘镇加大对私炮生产的打击力度，组织日常巡查300多次，其中专项打击行动60多次，由区政府牵头，联合公安、安监、大塘镇等单位组成的集中打击行动28次，共端掉私炮生产窝点60多处，捣毁简易工棚2000多平方米，收缴辫炮机20多台，处置成品、半成品私炮7万多封，处置各种火药原材料1000多公斤，公安机关拘留非法生产业主8人。

大塘横岭至煲窑硬化道路通车

大 事 记

1 月

1 月 3 日凌晨 玉州区大塘镇桂和烟花爆竹厂发生一起爆炸事故，造成 3 人死亡、1 人受伤。

1 月 4 日 玉州区对辖区内所有的烟花爆竹企业进行停业整顿，抽调公安、安监等部门组成安全生产检查组深入烟花爆竹企业进行大排查，消除安全隐患。

1 月 7 日至 9 日 玉州区组织 20 人的科技代表团参加 2011 年广西科技活动周开幕式和 2011 年广西新技术新产品交流交易会。

1 月上旬 2011 年玉州区科技文化卫生“三下乡”集中示范活动在仁厚镇正式启动。

2 月

2 月 18 日 玉州区政府组织召开各界人士代表座谈会，广泛征求和听取各界人士对《玉林市玉州区国民经济和社会发展第十二个五年规划纲要（草案）》的修改意见和建议。

2 月 21 日 玉林市益隆机械有限公司柴油机曲轴箱生产线、玉林市嘉德机械有限公司二期工程两大玉柴配套产业项目分别举行投产仪式。

2 月 23 日 自治区机关绩效考评组在市绩效办公室有关领导的陪同下，对玉州区政务服务中心 2010 年度机关绩效考评指标完成情况进行年终考核验收。

2 月 27 日 自治区党委常委、广西军区政委李文潮和玉林市、玉州区 800 多干部群众一道，在玉州区参加“兴水利、大种树、优生态、强基础、惠民生、促发展”主题活动。

2 月 28 日至 3 月 2 日 政协玉林市玉州区第三届委员会第六次会议在玉林城区召开。出席会议的政协委员共 219 人。

2 月底 玉林市首个餐厨废弃物无害化处理项目在玉州区九中建成。该项目由玉州区财政投入 20 多万元建设，具备日无害化处理 250 公斤餐厨废弃物的能力。

3 月

3 月 1 日至 3 日 玉州区第三届人民代表第六次会议在玉林城区举行。出席会议的代表 299 人，区政协委员、各部、委、办、局、行、社负责人以及区四家班子离退休领导干部代表列席了会议。

3 月 4 日 广西经济作物春耕生产暨园艺作物标准园创建现场会在玉林城区召开，位于玉州区仁东木根村的广西丰顺种植实业有限责任公司农业部蔬菜标准园（创建）被指定为会议参观现场。

3 月 9 日 总投资 3.5 亿元的仁东镇大路村土地综合整治项目开工建设。玉林市市长韩元利等领导出席开工剪彩仪式。

3 月 9 日 玉州区委、区政府召开千名工作队员深入农村开展兴农富民春季大行动动员大会，动员全体工作队员、技术人员迅速行动起来，下乡开展兴农富民春季大行动。

3 月 10 日 自治区深化医药卫生体制改革工作领导小组第三督导组到玉州区，对玉州区开展深化医药卫生体制改革工作暨医改近期重点实施方案中期评估工作进行督导检查。

3月14日 玉州区召开"第一次全国水利普查"工作动员会。

3月15日 玉林市农委、玉州区农业局在玉州区大塘镇联合举行2011年"放心农资下乡进村"宣传活动启动仪式。

3月16日 玉州区组织、宣传、党风廉政建设工作会议在玉州区会议中心召开。

3月16日 玉州区教育局联合玉林市新华书店举行中小学校领导"一纲两法"和有效教育（MS－EEPO）知识竞赛。

3月17日 玉林市市长韩元利深入玉州区仁东镇大路村，开展"万名干部进农家"春季惠农大行动活动。

3月17日上午 玉林市委组织宣讲团到玉州区举办党的十七届五中全会精神宣讲报告会。

3月17日 玉州区召开玉州区食品药品安全工作会议。

3月18日上午 玉州区政务服务中心新址正式投入使用。

3月18日 中央、自治区15家新闻媒体记者到城北街道谷山村采访玉州区开展"万名干部进农家"主题实践活动的情况。

3月21日 由广西中英西南基础教育项目办公室和广西壮族自治区教师培训中心主办的中英西南基础教育项目2011年初中参与式教学培训经验交流暨现场观摩活动在玉州区举行。

3月22日 市委书记金湘军，市委常委、市纪委书记何敏一行到玉州区政务服务中心检查指导工作。

3月下旬 玉州区政府召开全区深化医药卫生体制改革暨卫生工作会议。

3月28日 玉州区人民检察院被自治区党委、自治区人民政府授予"人民满意的公务员集体"荣誉称号，这是全自治区检察机关唯一获此荣誉称号的单位，也是玉林市唯一获此殊荣的单位。

3月29日 玉州区人口和计划生育工作会议在玉州区会议中心召开。

3月30日上午 玉州区召开项目工作暨为民办实事工作会议及农村工作暨水利工作会议。

3月 玉州区深入开展三级承诺活动，即区四家班子领导向市委承诺、全区科级领导干部向区委承诺、普通干部向单位党组织承诺，确保换届风清气正。

3月 玉州区有效教育应用研究大区实践系列丛书《有效教育实践探究》由广西教育出版社出版，广西玉林市新华书店总经销发行。

4月

4月7日 玉州区采取"以奖代补"的办法向基层发放一批文化设备和经费。重点倾斜开展文化活动较好的村（社区）。

4月13日 自治区党委副书记陈际瓦在玉林市委书记金湘军等领导陪同下，考察玉州区城北街道谷山村党建工作。

4月17日 玉林市首个防汛抗旱培训基地——玉州区水利局防汛抗旱培训基地在寒山水库挂牌成立。

4月20日 广西军区司令员龙义和少将在玉林市委书记金湘军等领导陪同下，到玉州区人民武装部检查指导工作。

4月20日 玉州区在玉林城区开展出版物市场专项检查行动，查处非法刊物销售行为。

4月21日 玉林市市、县（区）人大常委会主任联席会议2011年第一次会议在玉州区召开，来自各县（区）人大常委会的领导参加了会议。会上，玉州区人大常委会作了人大工作经验介绍。

4月28日 玉林市公安局玉州分局在玉林城区青年广场举行"万名群众抵制黄赌毒"签名活动，号召广大群众远离"黄赌毒"。

5月

5月1日上午 坐落在玉州区城西工业园区，总投资3500万元的玉林市美好织造有限责任公司举行项目建成投产仪式。

5月3日 自治区防汛抗旱工作检查组莅临玉州区检查防汛工作。

5月3日 玉州区投入85万元在47所学校安装校园监控系统47套，实现110报警中心、所管辖区派出所与玉州区教育局三方联网的远程监控。

5月4日 玉州区举行纪念“五四”运动92周年表彰大会暨“玉州·中国人寿公益电影月”启动仪式。

5月4日至6日 全国十省（市、区）十二县（市、区）人大工作研讨会第25次会议在玉州区召开。会议围绕如何提高执法检查时效性，保证国家法律、法规的贯彻执行进行研讨。

5月7日 国家防总秘书长、水利部副部长刘宁一行在玉林市市长韩元利等领导陪同下，到玉州区大塘镇苏烟村苏烟水库了解水库除险加固工程情况。

5月15日至21日 玉州区2011年科技活动周在全区范围内举行，活动的主题是“携手建设创新型玉州，努力实现富民强区新跨越”。

5月16日至21日 全国科技活动周期间，玉州区组织科技人员参加北京科博会，采集一批科技项目和科技信息。

5月20日 玉林市“童心向党——广西优秀童谣儿歌推广传唱校园行”专场歌咏活动在玉州区东环小学举办。

5月23日上午 玉林健康产业园奠基仪式在玉州区仁厚镇隆重举行。市长韩元利出席奠基仪式，并为健康产业园开工建设剪彩、培土奠基。

5月23日下午 玉林健康产业园举行招商推介会，向参会的各地贵宾和客商介绍玉林健康产业园区概况以及促进中医药产业发展的政策措施和招商的优惠政策。国家食品药品监督管理局原副局长、中华全国工商联合会医药商会名誉会长任德权、副市长李克民参加推介会。会上，还举行天元医药物流园、海生香料产业化项目等10个落户产业园的项目签约仪式，总投资额达38.3亿元。

5月23日 玉州区四家班子领导分组到防汛一线，对水库、山塘、江河堤坝等水利工程的防汛设备进行检查。

5月23日至25日 第三届中国（玉林）中医药博览会在玉林银丰国际中药港举行。

5月31日 玉州区机关工委、妇联、团委、教育局等部门及社会爱心人士组成联合慰问组，慰问600多名小学生，送去价值1万元的慰问金和慰问品。

5月 玉州区获中国科协命名为“2011－2015年度全国科普示范县（市、区）”。

6月

6月3日 玉州区召开《户主姓名底册》录入处理和小区建筑物数字化工作培训会议，启动户主姓名底册录入处理和小区建筑物数字化工作。

6月13日 市委书记金湘军、市长韩元利等市四家班子领导在玉州区委书记莫荣新、玉州区代区长邹宇鹏等陪同下，到城北街道睦马村下睦自然村开展“绿化日”义务植树活动，并给农民朋友送去优质果树苗木。

6月15日 玉州区在城区青年广场举行“颂党恩 跟党走”庆祝中国共产党建党90周年文艺晚会。

6月26日 玉州区召开水利工作会议。

6月27日 卫生部检查组到玉州区检查基本公共卫生服务项目工作。

6月28日 玉州区两个城建商贸项目：南兴·盛世豪庭、德林万和家园商住小区开工建设。

6月30日 中央统战部五局副局长，全国非公有制经济组织创先争优活动指导小组成员、办公室主任方乃纯率中央统战部调研组到玉州区，就工商联工作及非公经济组织创先争优活动开展情况进行调研。

7月

7月3日至6日 财政部医改资金管理使用检查组到玉州区检查。

7月8日至9日 中共玉林市玉州区第四次代表大会在玉林城区召开。大会选举产生中共玉州区第四届委员会和纪律检查委员会。

7月9日 由玉林市商务局、玉州区经济贸易局主办，玉林市东明家电承办，各家电品牌厂家协办的玉林市首届“家电以旧换新”节在玉林城区青年广场举行。

7月中旬 玉州区率先在全市乃至广西组建镇（街道）环

境保护委员会（简称环委会），并配备乡镇一级环保专干，落实固定办公场所。

7月18日至7月22日 玉州区组织领导干部到玉林市各县（市、区）参观考察经济社会发展情况，重点参观考察各县（市、区）的重点工业项目、城建项目及新农村建设项目。

7月21日 广西全区测土配方施肥技术普及示范县创建暨补充耕地质量建设管理工作现场会在玉州区召开。

7月22日 玉州区举办“科学发展论坛——推进平衡计分卡战略管理，全面建设小康社会”专题讲座。新加坡南洋理工大学南洋公共管理研究生院副院长、博士张志斌应邀前来为玉州区领导干部作专题讲座。

7月25日 区委、区政府召开年中工作会议，贯彻自治区、玉林市年中工作会议精神，总结区上半年工作，部署下半年工作任务。

7月25日 中共玉林市委员会批准中共玉林市玉州区第四届委员会第一次全体会议选举产生的常委、书记、副书记和纪律检查委员会第一次全体会议选举产生的书记、副书记。

7月26日 玉州区组织环保、住建、工商等部门对土法炼油窝点开展联合执法行动，依法取缔3家土法炼油窝点。

7月26日 玉林市市长韩元利到玉州区仁东镇大路村开展“万名干部进千村”宣讲胡锦涛总书记“七一”重要讲话精神活动。

7月27日下午 玉州区组织领导干部开展以实弹射击训练为主要内容的军事训练日活动。

7月27日 玉州区领导干部组成慰问团慰问驻地官兵。

7月29日 玉州区被自治区党委、政府和广西军区命名为自治区双拥模范区，是玉林市唯一获得这一殊荣的县（市、区）。

7月29日 自治区实施基本药物制度督察组到玉州区调研。

7月 经国务院批准，玉州区被正式纳入全国首批城镇居民社会养老保险试点县（市）。

8月

8月4日 玉州区举办科学发展论坛——宣讲胡锦涛总书记“七一”重要讲话精神专题报告会，邀请广西优秀专家李光炎，为玉州区领导干部宣讲胡锦涛总书记“七一”重要讲话精神。

8月4日 从是日起，玉州区设点执勤整治在玉林城区自发形成的淘汰母猪肉、病害猪肉销售点。

8月6日 玉州区在玉林城区人民东路举办《广西壮族自治区行政执法监督办法》实施一周年宣传活动。

8月8日 玉州区在玉林市体育馆启动第三届广西体育节·2011玉州区全民健身系列活动。

8月10日下午 玉州区委、区政府在玉林市国际花园大酒店举行政银企合作座谈会，加强玉州区与企业及各金融机构的联系和沟通。

8月11日 玉州区召开交通基础设施建设大会战动员会议，对全区交通基础设施建设的各项工作进行部署。

8月18日至22日 由广西教育厅主办的“广西基础教育学校教学改革、咨询培训专家班”在玉州区举行。

8月23日 玉州区在大塘镇大双村山肚山地质灾害隐患点举行地质灾害应急演练。

8月23日至25日 政协玉林市玉州区第四届委员会第一次会议在玉林城区召开。出席会议的政协委员共218人。

8月24日至27日 玉州区第四届人大代表第一次会议在玉林城区召开，出席大会的代表307人。

8月28日至9月1日 玉州区文化执法部门对玉林城区70多家网吧、游戏室、书店开展集中整治行动。

8月30日上午 以全国农技推广服务中心主任夏敬源为组长的农业部调研组深入玉州区仁东镇木根村调研督导测土配方施肥整建制推进工作。

8月30日上午 农业部南亚办组织专家到玉州区城北街道西岸村玉州区台湾珍珠番石榴标准化生产示范基地，检查水果标准园创建工作。

8月30日 自治区培育发展县域经济强县调研组到玉州开展专题调研。

8月31日下午 玉州区委、区政府举行2011年资助贫困大学新生上学助学金发放仪式。会上，229位贫困大学新生共获得28万元助学金资助。

8月 玉州区通过自治区“义务教育学校常规管理达标县(市、区)”和“农村中小学财务管理规范示范县(市、区)”评估验收，并被自治区确定为广西基础教育学校教学改革试点县(市、区)。

8月 玉州区法院获“全区法院文化建设示范单位”，为广西法院首批文化建设示范单位之一。

9月

9月9日 玉州区在玉州会议中心召开“金色玉州 浪漫中秋——玉州教师慰问暨中秋联谊会”。

9月上旬至10月上旬 玉州区围绕“节约能源资源、保护生态环境、保障安全健康”主题，组织全区中小学开展“爱科学月”和“青少年科技创新大赛”活动。

9月12日 玉州区在仁厚镇荔枝村内成功查获一特大非法储存烟花爆竹窝点，收缴非法储存各类烟花爆竹3148件，价值30多万元。

9月15日至9月16日 由玉州区环保、发改、经贸、区联合督查办组成的联合督查组对玉州区辖区内的重点耗能企业的节能减排工作完成情况进行督查。

9月25日下午 玉州区2011年行政执法考试在玉林市机电工程学校举行。共有907名来自各县（区）和市直、区直驻玉州区执法单位的行政执法人员参加考试。

9月26日上午 玉州区第八中学、玉州区嘉和国际广场、玉州区益旺商厦、玉州区丽都花园住宅小区和仁东周村村委道路等五大项目举行开工、奠基仪式。上述五个项目总投资7.8亿元。

9月28日 玉州区在区委党校举办玉州区2011年村（社区）计生专干培训班。

9月 玉州区18家企业入选为首批广西千家成长型中小企业。

9月 玉州区在全区的窗口单位和服务行业深入开展“三亮三比四评”主题实践活动。

9月 玉州区开展创建“文明网站”活动。活动至2012年10月结束，历时一年。

10月

10月7日上午 玉州区社会文化活动示范点在玉州区南流江畔竹节湾挂牌成立。

10月10日至11日 玉州区在玉州区委党校举办新一届村（社区）“两委”班子培训班。参加培训的人员包括村（社区）“两委”班子中的支书、主任及大学生村官等共185人。

10月10至11日 自治区科技厅对玉州区环保型畜牧产业开发与示范项目进行项目中期检查。

10月10至12日 自治区集体林权制度改革检查验收组一行到玉州区检查验收集体林权制度主体改革工作。

10月11日 玉州区政府与红星美凯龙家居集团举行项目合作签约仪式，标志着中国家居第一品牌“红星美凯龙”正式落户玉州。

10月13日 玉林市“十月科普大行动”活动领导小组与玉州区“十月科普大行动”活动领导小组在玉林城区青年广场联合举办2011年“十月科普大行动”启动仪式暨科普广场活动。

10月13日至18日 玉州区举办领导干部“学用政策”培训班。

10月中旬 玉州区卫生局组织安全生产检查小组，对全区各医疗卫生单位内部安全工作进行全面检查。

10月21日 玉州区政府召开农村环境连片整治示范项目建设专题会议。

10月22日 玉州区国际汽车城奠基；万禾·江南华庭、玉州区广利·都市绿洲、仁厚镇仁厚至道良道路硬化项目开工；广西味香园植物提取及加工农副产品项目举行竣工典礼。

10月22下午 前来玉林参加第八届玉博会的缅甸副总统吴丁昂敏乌到玉州区城西街道永上

村参观“稻－稻－马铃薯”一年三造高产栽培技术示范基地。自治区政协副主席李彬，玉林市市长韩元利、副市长丘德奎、市政协副主席吕汉江等领导陪同参观考察。

10月23至25日 第八届中小企业商机博览（中国·玉林）在玉林城区江南会展中心举行。

10月23日下午 第八届中小企业商机博览（中国·玉林）玉州区投资环境推介会在玉林城区举行。在本次推介会上，玉州区共签约项目12个，投资总额达34.1亿元。

10月27日上午 玉林市交通物流园项目（一期）举行开工仪式。

10月28日 玉州区四家班子领导来到城西工业园进行冬季植树造林活动。

10月31日 玉州区在玉林城区东门广场举行征兵一条街宣传活动。

11月

11月2日 瑞典谢莱夫特奥市社区卫生服务代表团到玉州区名山街道社区卫生服务中心访问。

11月4日 玉林市全市秋冬农业农村工作会议和创建国家森林城市工作推进会议在玉林城区召开，玉州区的广西丰顺公司木根村蔬菜基地、城西街道永上村冬种马铃薯基地被指定为会议参观现场。

11月6日上午 玉州区人才交流服务中心在玉州区人力资源市场举办“大中专毕业生就业服务周”招聘会。

11月8日至9日 自治区政府副主席李康就义务教育教学改革到玉州区进行专题调研。自治区教育厅及玉林市委有关领导陪同调研。

11月9日至18日 玉州区卫生、教育、工商等部门会同市食品药品监管等部门组成联合检查组，深入玉州区设有食堂的各个中小学、幼儿园、午托机构开展学校食堂食品安全专项检查。

11月14日 玉林市和玉州区有关部门联合在玉州区大塘镇三和村举行“同心·助农”活动暨“百名青年干部驻百村”活动。

11月15日 玉州区在全市各县（市、区）中率先设点开展财政补贴高效照明产品推广活动。

11月16日至21日 玉州区组团参加深圳第十三届中国国际高新技术成果交易会。

11月17日 玉州区召开传达学习贯彻自治区第十次党代会精神大会。

11月17日 玉州区卫生局、教育局和团玉州区委共同开展主题为“预防艾滋，珍爱生命，共享和谐”的防艾知识宣传进校园活动。

11月24日 玉州区聚锦花园商住小区开工；玉林市美豹电动车生产项目竣工。

11月24日 自治区信访积案化解督察组到玉州区督察信访积案化解情况。

11月28日晚 玉州区首届文化艺术节开幕式在玉林市城区青年广场举行。至12月28日闭幕。

12月

12月1日 玉州区举行窗口单位和服务行业广泛开展“走进访”（走企业、进社区、访客户）为民服务创先争优主题实践活动启动仪式。

12月7日 全国、自治区、玉林市三级人大代表到玉州区名山街道社区卫生服务中心视察。

12月8日上午 珠江水利委员会一行5人深入玉州区清湾江河道整治工程现场实地检查河流整治工作情况。

12月上旬 玉州区举行首批城镇居民社会养老保险发放仪式，162名符合条件的60岁以上的老人喜领城镇居民基础养老金。

12月15日 玉州区委宣传部、玉州区科协等20个科普成员单位100多名科技工作者在仁东镇开展文化、科技、卫生“三下乡”活动。

12月21日 玉州区开展专项执法行动打击违法用地违法建设行为，拆除城西街道莲塘村一批“两违”建筑物。

12月26日 玉州区妇联和女企业家协会在北辰社区开展2012年元旦“送温暖、献爱心”活动，为该区“春蕾计划”贫困女童、北辰社区的贫困居民送去温暖和关爱。

12 月 27 日下午 中国生产力学会副会长、中国老科协副会长、广西老科协会长、世界生产力科学院院士、自治区政府原常务副主席袁正中到玉州区做题为“中国正在改变世界”的报告会。市人大常委会副主任温祖贞主持报告会。

12 月 30 日 玉州举办纪念玉州侨联成立五十周年暨归侨侨眷迎春座谈会。

12 月 30 日 玉林健康产业园被认定为广西壮族自治区 A 类产业园区。

12 月 仁厚镇茂岑村黎彬贞荣获国务院 2011 年全国种粮售粮大户称号。获得国务院奖励价值 20 万元的东方红拖拉机一台。

玉林云天宫

附　录

重要文件选编

中共玉林市玉州区委员会 玉林市玉州区人民政府关于印发玉州区深化乡镇机构改革的实施方案的通知

玉区发〔2011〕12号

各镇（街道）党委（党工委）和人民政府（办事处），区直机关各部委办局，各人民团体，各企事业单位，工业集中区党工委和管委会：

《玉州区深化乡镇机构改革的实施方案》已经玉林市机构编制委员会办公室审核，区委、区政府审定通过，现印发给你们，请结合实际认真组织实施。

中共玉林市玉州区委员会
玉林市玉州区人民政府
2011年6月1日

玉州区深化乡镇机构改革的实施方案

根据《中共广西壮族自治区委员会 广西壮族自治区人民政府关于深化乡镇机构改革的意见》（桂发〔2011〕3号）精神，结合我区实际，制定全面深化我区乡镇机构改革的实施方案。

一、指导思想和基本原则

（一）指导思想

高举中国特色社会主义伟大旗帜，以邓小平理论和“三个代表”重要思想为指导，深入贯彻落实科学发展观，坚持以人为本、执政为民，按照建设社会主义新农村和实现富民强区新跨越的要求，以转变政府职能为核心，理顺职责和条块关系，创新体制机制，优化机构和岗位设置，严格控制人员编制，推动乡镇行政管理与基层群众自治有效衔接和良性互动，建立精干高效的乡镇行政管理体制和运行机制，建设服务型政府，巩固农村税费改革成果，减轻农民负担，促进农民增收，实现全区城乡经济社会统筹协调发展。

（二）基本原则

1. 坚持加强和改善党对农村工作的领导，加强基层政权建设，巩固党在农村的执政基础。

2. 坚持分类指导，因地制宜，根据区域特点和经济社会发展实际，合理确定乡镇机构设置和职能配置的重点。

3. 坚持权责一致，理顺条块关系和区乡之间关系，合理划分职责权限，赋予乡镇履行职能必要的事权和财权。

4. 坚持精简统一效能和积极稳妥，确保机构编制只减不增和社会稳定。

二、改革的主要任务

（一）把握重点，着力推进乡镇政府职能转变

深化乡镇机构改革，要着眼于不断适应农村改革发展的新形势、新要求，现阶段重点履行好以下四个方面的基本职能。

1. 促进经济发展、增加农民收入。把经济工作的着力点放在营造环境、信息引导、技术服务、典型示范和落实强农惠农措施上来，积极探索繁荣农村经济的有效形式。推动产业结构调整，加快发展方式转变，促进现代农业发展。

2. 强化公共服务、着力改善民生。创新工作机制，通过“一站式”服务、办事代理制、农事村办等形式，改进服务方式，提高行政效能，方便群众办事，实现政府职能由管理型向服务型转变。大力发展农村社会事业，加快新型农村公共服务体系建设，着力解决群众生产生活中的突出问题。加强城乡规划建设，改善农村基础设施、公共服务设施建设，改善农村生产生活条件和人居环境。

3. 加强社会管理、维护农村稳定。推进依法行政，严格依法履行职责，健全党和政府主导的维护农民权益机制，促进农村社会公平正义，保障农民合法权益。抓好人口与计划生育工作，加强安全生产和公共安全管理，强化农村社会治安综合治理，健全农村利益协调和矛盾纠纷调处机制，综合发挥人民调解、行政调解和司法调解的作用，及时排查化解社会矛盾，妥善处理突发性、群体性事件，确保社会稳定。

4. 推进基层民主、促进农村和谐。加强党的农村基层组织和党员干部队伍建设，提高执政能力和服务水平。建立并完善各项管理制度，建立健全科学的绩效评价标准和考核体系。发展基层民主，建立民主决策、科学决策的程序和机制。依法指导村民自治，引导农民有序参与村屯事务管理，推进村务公开，推动农村社区建设，促进社会组织健康发展，增强社会自治功能，实现乡村多元治理。

积极探索对乡镇实行更有针对性的差别化管理，不同类型的乡镇，要结合实际，分类确定工作重点。对以农业为主的乡镇，要以服务“三农”为重点，建立健全“三农”服务体系；对经济发展快、人口吸纳能力强的乡镇，要以加快工业化、城镇化为重点，努力提升经济社会发展水平；对城关镇要以城乡一体化为重点，注重做好小城镇管理，促进城乡协调发展，为加快县域经济发展提供产业、技术、资金、人才等支撑。

（二）理顺权责关系，增强乡镇履行职责能力

按照建立权责一致和运转协调的区乡管理新体制，规范区政府与乡镇政府的职责权限。凡法律、法规和政策规定由区政府工作部门承担的职责，区政府工作部门必须认真履行，不得转嫁到乡镇政府承担。区政府工作部门需要乡镇配合工作的，要提供必要的财力保障，并赋予相应的办事权限。上级机关派驻或设在乡镇的机构，以上级机关管理为主，同时接受乡镇党委、政府的统一协调、指导和监督，考核实行条块结合、以乡镇为主，主要负责人的任免须事先征求乡镇党委的意见，党群工作实行属地管理。乡镇管理的事业机构，以乡镇管理为主，上级机关履行业务指导、工作监督和协助考核职责。

区委、区政府积极为乡镇转变职能创造条件。要推进公共财政体系建设，加大财政支持力度，切实保障乡镇工作经费，改善办公条件，增强乡镇全面履行职责的能力。进一步清理对乡镇党政领导的“一票否决”事项，凡不属中央和自治区党委、自治区人民政府规定的“一票否决”事项，要一

律取消；继续清理各种评比达标表彰活动，对确需保留的评比达标表彰项目要进行规范，不得随意增加检查评比的内容和限制条件。对乡镇的考核由区委、区政府统一组织，不属于乡镇职能的事项或不由乡镇承担的责任，不得列入考核范围。

上级机关派驻或设在乡镇的机构和乡镇管理的机构，由区委、区政府抓好统筹协调工作，建立健全工作机制、用人机制、考核机制、激励机制；区、乡镇机关和乡镇事业机构及各类社会组织要增强政治意识、大局意识、责任意识、服务意识，努力构建相互沟通、相互支持、共同合作、齐抓共管的协调机制。

（三）优化乡镇党政机构设置

乡镇党政机构统一设置5个综合性办公室，即：党政办公室、社会事务办公室、经济发展办公室、人口和计划生育办公室、社会治安综合治理办公室。乡镇的教育、民政、规划建设、环境保护、统计、安全生产监督、信访、水库移民等工作要明确承担的机构、岗位、责任和人员。

乡镇人民代表大会、纪委、人民武装部、工会、共青团、妇联等组织机构按有关法律、章程和规定设置。

人民法庭、公安派出所、司法所、地方税务所、工商行政管理所、国土资源管理所等按有关法律、法规和规定明确为上级机关派驻或设在乡镇的机构。

（四）分类推进乡镇事业单位改革，合理设置乡镇事业机构

按照事业单位分类改革的要求，推进乡镇事业单位（不含中小学和卫生院，下同）分类改革，将乡镇事业单位承担的行政管理职能收归乡镇政府，区分事业单位的公益性职责和经营性活动，对承担公益性职责的事业单位要加强财政保障，对承担经营性职责的事业单位要加以剥离，转制为经济实体或中介组织，乡镇不再兴办自收自支事业单位。要按照政事、事企分开的要求，明确乡镇事业单位的职责范围。

乡镇只设立为社会提供公益服务或为乡镇政府行使职责提供支持保障的事业机构。按照精简统一效能的原则，综合设置职责相近的事业机构。乡镇事业单位统一设置为：

1. 撤销乡镇企业管理站、劳动保障事务所。将新型农村养老保险、城镇居民医疗保险、社会救助、劳动力技能培训与转移等农村社会保障服务性工作职责和原乡镇企业管理站职责（除列入乡镇政府职责的安全生产监督等行政管理职能外）进行整合，设立社会保障服务中心。原乡镇企业管理站和劳动保障事务所的人员连人带编并入社会保障服务中心。

2. 将文化、体育等工作职责进行整合，设立文化体育站。不再保留文化站。

3. 将原仁东镇设立的林业管理站更名为仁东镇林业站、设立仁厚镇林业站、大塘镇林业站。

4. 将人口和计划生育服务所更名为人口和计划生育服务站（与人口和计划生育办公室合署办公）。

5. 将村镇规划建设管理站更名为村镇规划建设站。

6. 将交通管理站更名为交通站。

7. 保留农业服务中心、财政所、水产畜牧兽医站。

8. 撤销计划生育协会，人、财、物并入人口和计划生育服务站。

农业服务中心、社会保障服务中心、文化体育站、林业站、村镇规划建设站以乡镇管理为主；人口和计划生育服务站实行乡镇管理为主和上级业务主管部门协助管理的双重管理体制；财政所、水产畜牧兽医站、交通站实行上级业务主管部门管理为主和乡镇协助管理的双重管理体制。

农村经营管理系统不再列入基层农业技术推广体系，原乡镇农业服务中心承担的农村土地承包管理、农民负担监督管理、农村集体资产财务管理等行政管理职能列入乡镇政府职责。

（五）积极探索乡镇机构运行机制，加强政务事务服务建设

在保留乡镇行政机构和事业单位名称以及管理体制维持不变的同时,可按"一办三中心"(党政综合办公室和农事村办服务中心、产业发展指导中心、综治信访维稳中心)的工作机制进行运作,将乡镇行政机构和事业单位相关职责和人员合理整合到"一办三中心",人员由乡镇统一调配使用。

乡镇要整合行政机构、事业单位的政务公开和公共服务资源,建立面向群众的政务服务中心,实行集中办公、统一办理的"一站式"服务。政务服务中心要按照"有健全的服务网络、有必备的办公设施、有明确的服务内容、有稳定的服务队伍、有严格的绩效考核体系和区、镇、村三级联动政务处理信息化"的要求,着力构建功能健全、运行规范、协调有序、便捷高效的工作体系。区政府继续推进行政审批制度改革,依法下放部分行政审批权和执法权,下放管理权限,完善乡镇政府功能;乡镇政府要对目前承担的行政事项和服务内容进行全面系统的梳理,优化和再造工作流程,减少办事环节,推行政务公开,落实首问负责制、限时办结制、责任追究制等制度。

（六）严格控制人员编制和领导职数

严格执行自治区有关乡镇人员编制的规定,改革后人员编制不得突破原核定的乡镇机关行政和事业编制总量。要根据乡镇事业单位承担的工作职责,优化岗位设置,合理核定人员编制,确保核定的人员编制能够适应事业单位开展正常工作需要,同时事业单位配置的各类专业技术人员要保持合理的结构比例。对有关机构及职责进行调整的,其在编人员要予以妥善安排。以区为单位核定的乡镇行政编制,在同一层级内,可根据实际情况,实行动态管理;跨层级调整行政编制的,必须按规定程序报批。在乡镇机关和事业单位全面实行机构编制实名制管理,并向社会公开,接受群众监督,清理清退非在编人员,坚决杜绝吃"空饷"现象。建立区和乡镇主要领导机构编制工作离任检查制度,严格查处擅自设立机构、增加编制、违规使用编制等违反机构编制纪律的行为。严格按规定核定领导职数,严格按照核定的领导职数配备干部,适当扩大乡镇党政领导班子成员交叉任职。

全区现有4个乡镇,其中:大乡镇2个(仁东镇、茂林镇),中等乡镇2个(仁厚镇、大塘镇)。

根据自治区党委、自治区人民政府《关于乡镇机构改革的意见》(桂发〔2001〕22号)精神,我区乡镇党政机关的行政编制按大、中二类分别控制在37名、29名以下。乡镇机关后勤服务聘用人员控制数按行政编制数的8%核定。乡镇事业单位编制按大、中二类分别控制在47名、36名以下。对超过上述规定核定编制数的人员,要通过自然减员等多种渠道逐步消化。

乡镇领导职数的配备严格按《自治区党委关于做好2011年市、县(市、区)、乡镇领导班子和村(社区)"两委"换届工作的通知》(桂发〔2010〕35号)的规定执行,镇党委委员为9名;设书记1名,副书记2名(其中1名由镇长兼任、1名由镇人大主席兼任);镇人大主席1名(兼任镇党委副书记),副主席1名;镇长1名,副镇长3名;纪委书记1名。乡镇事业单位的领导职数:人员编制3名及以下的,核定单位领导职数1名;人员编制4名至8名的,核定单位领导职数2名;人员编制9名至30名的,核定单位领导职数3名。

三、严肃纪律,严禁部门干预

要正确处理好改革发展稳定的关系,切实加强思想政治工作,严明组织纪律,对改革中出现的违纪违规问题,要及时采取措施认真纠正和严肃处理。要切实做到思想不散、秩序不乱,国有资产不流失,改革稳步推进,工作正常运转,确保农村社会稳定。各部门要支持深化乡镇机构改革工作,深入开展调查研究,加强协调配合,指导解决改革工作中的难点问题,不得以下发文件、召开会议、资金支持、项目审批、评比达标、绩效考核等方式干预乡镇机构设置和人员编制配备。区编办要加强指导和监督检查，做好具体工作。

四、加强领导，切实做好组织实施工作

（一）加强领导。乡镇机构改革在区委、区政府的统一领导下，统筹规划，精心安排，积极稳妥地组织实施。成立乡镇机构改革领导小组，领导小组办公室设在区编办，负责具体组织实施工作。领导小组各成员单位要加强协调、密切配合，确保改革顺利实施。

（二）落实责任。区编办负责做好乡镇机构改革实施方案的拟订工作；区委组织部、区人力资源和社会保障局负责拟订乡镇机构改革人员定岗定员等配套方案；区财政局负责国有资产的清查、移交和管理工作，贯彻落实各项财经纪律，杜绝突击花钱、私分财物等问题的发生；区纪委、监察局负责机构改革期间各项纪律规定的监督检查工作；区审计局负责乡镇机构改革过程中各项审计工作；区档案局负责档案移交和管理的指导工作。

（三）稳步推进。乡镇机构改革实施方案报市委、市政府备案后实施。要做好思想政治工作，统一各级领导和广大干部职工的思想，增强改革的紧迫感、责任感。充分调动乡镇干部参与改革的积极性，正确对待个人的岗位变化，自觉服从组织决定。要注意发掘和培养乡镇优秀人才，选拔优秀干部充实各级党政领导机关。要坚持以人为本，要正确引导舆论，确保干部思想不散、工作秩序不乱、改革平稳推进。乡镇机构改革结束后，区编办要将乡镇机构改革情况报送市编办。

五、其他事项

根据《中共玉林市委员会 玉林市人民政府关于加快玉东新区建设并实行特区式管理的决定》（玉发〔2009〕15号）和《中共玉林市委办公室 玉林市人民政府办公室关于玉东新区托管乡镇的实施意见》（玉办发〔2009〕72号）精神，茂林镇的机构改革工作由玉东新区根据本实施方案具体组织实施，玉东新区对茂林镇的管理权限按有关规定执行。根据《地方各级人民政府机构设置和编制管理条例》（国务院令第486号）精神，茂林镇的“三定”方案由玉州区审批。

各镇要认真制定好镇级深化机构改革的实施方案，于2011年6月15日前上报区委、区人民政府审批。

附件：1. 玉州区镇党政群机关人员编制、领导职数配备情况表

2. 各镇事业单位人员编制一览表

附件1：玉州区镇党政群机关人员编制、领导职数配备情况表

单位名称	核定编制数			现有人数			核定领导职数						现配备领导职数						备注	
							正职			副职			正职			副职				
	合计	行编	工勤	合计	干部	工人	党委	人大	政府	党委	人大	政府	党委	人大	政府	党委	人大	政府	纪委	委员
茂林镇	40	37	3	40	37	3	1	1	1	2	1	3	1	1	1	2兼	1	3	1	5
仁东镇	40	37	3	37	34	3	1	1	1	2	1	3	1	1	1	2兼	1	3	1	5
仁厚镇	27	25	2	26	24	2	1	1	1	2	1	3	1	1	1	2兼	1	3	1	5
大塘镇	27	24	3	26	23	3	1	1	1	2	1	3	1	1	1	2兼	1	3	1	5
合计	134	123	11	129	118	11	4	4	4	8	4	12	4	4	4	2兼	4	12	4	20

各镇事业单位人员编制一览表

序号	事业单位名称	仁东镇			仁厚镇			大塘镇			茂林镇		
	事业单位名称	原核编制	现核编制	在编人数	原核编制	现核编制	在编人数	原核编制	现核编制	在编人数	原核编制	现核编制	在编人数
1	农业服务中心	11	9	10	9	6	7	11	9	9	12	7	12
2	人口和计划生育服务站	11	11	11	6	7	7	5	5	5	14	14	14
3	社会保障服务中心	6	5	6	5	4	6	5	4	5	10	5	7
4	财政所	8	8	8	7	7	7	6	6	6	9	9	9
5	水产畜牧兽医站	7	5	6	5	4	4	4	4	4	7	5	7
6	文化体育站	2	1	1	2	1	2	3	1	3	2	1	1
7	村镇规划建设站	4	4	4	4	3	2	3	3	3	4	4	4
8	林业站	2	2	2	0	2	0	0	2	0	1	1	1
9	交通站	2	2	2	2	2	2	2	2	2	2	1	2
合计	53	47	50	40	36	37	39	36	37	61	47	57	

中共玉林市玉州区委办公室　玉林市玉州区人民政府办公室
关于印发《玉州区开展“绩效提升年”活动实施方案》的通知

玉区办发〔2011〕18号

各镇（街道）党委（党工委）和人民政府（办事处），区直机关各部委办局，各人民团体，各企事业单位，工业集中区党工委和管委会：

经区委、区政府同意，现将《玉州区开展“绩效提升年”活动实施方案》印发给你们，请结合实际，认真贯彻落实。

中共玉林市玉州区委办公室
玉林市玉州区人民政府办公室
2011年4月29日

玉州区开展“绩效提升年”活动实施方案

为深入贯彻落实科学发展观，推进服务型机关建设，巩固和扩大“绩效攻坚年”活动成果，进一步加强干部队伍管理，提高机关执行力，提升工作绩效，促进工作落实，根据《中共玉林市委办公室、玉林市人民政府办公室关于印发〈玉林市开展“绩效提升年”活动实施方案〉的通知》（玉办发〔2011〕17号），区委、区政府决定2011年在全区开展“绩效提升年”活动。为确保活动扎实有效开展，特制定本方案。

一、开展“绩效提升年”活动的重大意义

机关工作质量的好坏、效率的高低、绩效的优劣直接影响着城市的发展。我区开展“绩效提升年”活动旨在通过对各级各部门绩效进行动态化管理，完善机关绩效考评机制，提高行政效率，促进廉政勤政和依法行政，进一步推进服务型机关建设。

（一）开展“绩效提升年”活动，是实现“十二五”良好开局的迫切需要。今年是实施“十二五”规划的开局之年。做好今年的工作，对于我区全面统筹城乡发展，加快转变经济发展方式，奋力推进“富民强区”新跨越，建设“三基地”、“两示范”、“两城一都”，有着重要意义。要全面完成今年的各项目标任务，把“十二五”宏伟蓝图变为现实，关键在于提高机关绩效管理水平，狠抓各项工作任务的落实。要通过开展“绩效提升年”活动，进一步强化抢抓机遇意识、开拓创新意识、加快发展意识，继续转变干部作风，为经济又好又快发展提供有力保障。

（二）开展“绩效提升年”活动，是创优发展环境、提升综合竞争力的必然要求。环境是生产力，也是竞争力。当前，全国各地竞相发展，竞争日趋激烈，企业发展、招商引资对环境的要求不断提升，环境越来越成为决定资本、技术、人才等要素流动的关键因素，成为一个地区综合竞争力的核心内容，也是催生促进发展生产力的一个重要途径。我区要加快发展、争先晋位，必须把提升机关效能、优化发展环境作为发展的“生命线”、竞争的“着力点”来抓，作为赢得竞争优势、实现“富民强区”的关键要素来抓。机关绩效是软环境的核心，抓好了机关绩效建设，就抓住了优化环境的根本点。要通过开展“绩效提升年”活动，进一步提升机关效能建设的水平，在软环境建设上创先，在提高服务效能上争优，走出一条以服务优化环境、以环境助推发展的跨越之路，全力争创玉州“成本洼地、服务高地、投资福地”竞争新优势。

（三）开展“绩效提升年”活动，是加强领导班子建设和干部队伍建设的重要举措。机关作为党委、政府的工作部门，既是经济、政治、文化和社会各项事业的组织者、管理者，又是联系群众的桥梁和纽带。各级机关的工作绩效如何，直接关系党委、政府的形象，关系到区委、区政府决策部署能否在全区顺利贯彻落实，关系到全区经济社会发展的进程。近年来，通过开展学习实践科学发展观活动、创先争优活动，我区干部队伍的思想作风、精神状态、服务理念、工作效能有了新的提高，特别是开展“绩效攻坚年”活动以来，敢于负责，勇于探索，善于创新，乐于服务成为越来越多机关党员干部的自觉行动。但必须清醒地看到，面对新形势、新任务，对照上级的新要求和基层群众的新需求，我区的机关绩效还有很大的提升空间，必须与时俱进，扎实推进机关管理创新，继续下功夫提高服务效能。

二、指导思想和和目标要求

（一）指导思想。以邓小平理论和“三个代表”重要思想为指导，深入贯彻落实科学发展观，树立正确的政绩观，按照“科学合理、公正透明、动态开放、简便易行”的基本要求，遵循“标杆管理、过程监控、结果导向、持续改进、公众满意”的管理理念，紧紧围绕区委、区政府确定的目标任务，以提高机关执行力和改进工作为重点，切实把人民群众的满意程度作为评价机关工作绩效的准绳，采取内部考评、服务对象评议与机关互评相结合的评估方法，逐步实现绩效管理工作的科学化、规范化和法制化，充分发挥绩效管理的导向和激励约束作用，不断提高社会管理科学化水平，促进

服务型机关的建设。

（二）目标要求。通过开展“绩效提升年”活动，使各级各部门和广大干部职工，树立和坚持正确的事业观、工作观、政绩观，以优良作风带领广大群众，锐意改革、开拓进取，确保区委、区政府2011年工作预期目标全面落实，具体要实现“四个明显增强”。

1. 科学发展的创新力明显增强。按照“工贸强区、统筹发展”的思路，以加快转变经济发展方式为主线，全面统筹城乡发展，加快推进经济结构调整，改善产业发展平台，构建创新集约、开放融合、协调配套、持续发展的具有玉州特色的现代产业新体系和新型城镇体系。促进全区产业结构优化升级，走出一条速度快、效益高、结构优、后劲足的发展路子。积极创优发展环境，融入多区域合作，创新招商引资机制，有效承接国内外产业转移，努力扩大项目投产，增强发展后劲。

2. 狠抓落实的执行力明显增强。进一步建立健全抓落实的工作机制，做到“领导、人员、任务、项目、政策、措施”六落实。建立严格的分工负责制和行政问责制，把应该做的事情做到位，把肩负的责任担起来，把所抓的工作完成好，促进经济平稳较快发展，促进经济运行质量和效益提升，促进城乡居民收入稳步增长。

3. 服务发展的保障力明显增强。坚持以人为本，进一步畅通社情民意诉求渠道，大力抓好信访维稳和公共安全监管工作，促进社会和谐稳定；进一步加大纠风治乱工作力度，切实转变机关作风，努力为企业、基层和群众排忧解难；切实优化服务发展软环境，提升区域发展的软实力。

4. 干部队伍的战斗力明显增强。加强经常性的党风廉政教育，健全监督约束机制，进一步增强党员干部拒腐防变能力；全面加强各级班子和干部队伍的作风建设，教育和引导广大党员干部坚持科学的发展观和正确的政绩观，进一步增强党性观念和工作责任感；加强干部队伍的能力建设，完善干部教育激励机制和考核评价机制，增进干事创业热情，增强业务素质，积极开拓创新，进一步提高干部队伍战斗力和执政为民水平。

三、总体思路和主要内容

以“绩效考评”为抓手，以“打造深入人心的绩效文化”为主题，深入开展“绩效提升年”活动。学习借鉴现代企业的先进管理理念和运作模式，不断创新优化机关绩效管理机制，探索建立组织健全、程序完备、操作规范、运转协调的机关绩效管理体系。

（一）实施“十大绩效提升工程”

1. 坚持高标准、创一流，推进思想境界提升。实现经济社会发展的全面提升，必须在更高层次上解放思想、提升境界。各级各部门要进一步解放思想，更新观念，开阔视野，完善发展的思路，用新的思维和新的办法应对新情况、解决新问题。要严明责任，每项工作和每个环节都要有人抓、有人管、有人负责到底。全区每个单位、每名干部职工都要定出一个提升的目标，都要有一个更高的工作标准。各级领导干部要保持良好的精神状态，把心思用在干事业上，把精力放到抓落实上，不断提高领导科学统筹城乡发展的能力，提高处理复杂问题的能力，做到有本事、会干事、能干事、干成事。

2. 坚持高层次、转方式，推进城乡互动发展提升。坚定不移地把统筹城乡发展作为加快转变发展方式，坚持基础设施、社会事业、公共服务和社会保障向农村延伸，在更高层次上推动城乡经济社会协调发展。完善乡村交通网络。重点抓好玉林－卖酒一级路的改造建设，着力抓好通往各镇（街道）中心小学、100户以上自然村的道路硬化绿化工作。抓好村镇规划和建设。从今年起，用三年左右的时间，基本实现镇（街道）和村（居）委会所在地的村屯，以及交通干线沿线50户以上自然村的规划全覆盖。全面推进土地综合整治工程。重点抓好仁东镇大路村土地综合整治试点工作，大力推进农民向城镇和新型农村社区集中。加快旧城旧村改造。深入整治城乡环境，营造优美舒适、和谐宜人的生态家园。

3. 坚持增后劲、保增长，推进重大项目建设提升。坚持重大项目“一个项目、一名领导、一个责任单位、一支队伍”的“四个一”机制，加大项目建设的投入，今年计划新开工重大项目43个，确保完成全社会固定资产投资193亿元。重点抓好工业项目。力争开工建设健康产业园、富英肉类深加工、新翰电子生产线扩建等项目，推进富英皮革加工二期、味香园植物提取及农副产品加工、金光机械等项目竣工投产，加快推进华原微型车轿车发动机过滤器生产项目等重大项目前期工作。加快推进商贸物流项目。尽快开工建设豪德物流、国际汽车城、宏进农批市场二期等项目，加快推进海生西药物流园、大府园二期等项目的前期工作。继续抓好房地产项目。开工建设嘉和国际广场、江南华庭、碧水盛景等项目，推进天湖?御林湾、盛世江南等项目建设。突出抓好项目筹资。积极组织申报一批中央投资项目，争取更多的中央投资项目资金。大力引导民间投资投向重点产业项目，加强与金融机构的沟通对接，不断扩大项目建设融资渠道。

4. 坚持可持续、管长远，推进工业发展提升。深入实施“借柴兴区”战略。把玉柴配套产业逐步打造为全区工业的集聚高地和经济增长的重要板块，力争实现玉柴配套企业突破80家，产值突破30亿元的目标。不断壮大优势产业集群。重点壮大发展机械制造、健康食品、皮革服装、建筑材料四大产业，实现优势产业集聚发展，提高区域经济核心竞争力。积极扶持重点骨干企业。从资金、政策、项目、服务等方面对华原、嘉德、科创等一批发展潜力大的重点企业进行倾斜。鼓励支持企业加快更新改造。加大工业项目技改力度，力争全年技改投资完成49亿元以上，进一步提升企业市场竞争力和全区工业发展质量。积极推进节能减排。加大环保基础设施投入力度，重点抓好工业企业节能降耗，有效控制污染物排放，不断优化辖区环境。

5. 坚持高质量、提档次，推进现代服务业发展提升。继续抓好市场提档升级，加快推进一批商贸物流重大项目建设，积极发展现代服务业，力争全年社会消费品零售总额达156亿元。加快发展现代商贸业。积极发展市场批发和商品运输、加工、配送、信息等现代商贸业，大力发展现代物流业，加快培育一批大型现代商贸企业。做大做强会展业。继续协办好玉博会，高质量承办好第三届药博会，进一步扩大药博会影响力和会展经济规模，以会展促消费、促商贸物流。努力扩大城乡消费。增加就业机会，提高居民收入，增强居民的消费能力。

6. 坚持搞特色、培名优，推进农业发展提升。推进农业科技化、集约化和产业化发展，促进农民收入持续稳定增长。坚定不移发展粮食生产。推广良种良法，千方百计完成粮食直补订单收购任务和粮食储备任务，确保粮食安全。大力发展特色效益农业。积极发展仁东香蒜和香水莲花、仁厚伊拉兔、城北番石榴、南江瘦肉型猪、名山黑皮冬瓜等特色种养业，培育一批农业龙头企业和连片规模经营的特色农业生产基地，形成一村一品、一镇一业、各具特色的优势产业带。拓宽农民增收渠道。探索林下经济、庭院经济等发展模式，增加农民生产性经营收入。力争全年培训农民1万人次以上。鼓励和支持农民工返乡创业，增加农民工资性收入。全力推进农村各项改革。重点抓好城北街道西岸村农村土地流转示范工作，力争全区土地流转面积达3.5万亩。加快推进集体林权制度改革，确保今年全部完成外业勘界工作。

7. 坚持创新域、建平台，推进非公经济发展提升。继续提高非公经济对全区财政收入的贡献率，力争今年全区非公经济主体达3万户，从业人员14万人；非公企业突破3300家，产值突破160亿元。支持全民创业创新。激发全民创业创新热情，放手让一切劳动、知识、技术、管理和资本的活力竞相迸发。全面激活民间资本。贯彻落实自治区关于进一步促进民营经济发展的38条政策措施，鼓励和引导民间资本进入基础设施和公共服务领域，支持民间资本投资创业和非公企业技术改造。强化服务平台建设。构建和完善面向非公企业的投融资、科技创新、市场开拓等公共服务平台。整治投资创业环境，加快推动微型企业成长壮大，促进中小企业井喷发展。

8. 坚持促和谐、保稳定，推进民生建设提升。高度关注民生，加快发展社会各项事业，全力维护社会稳定，促进社会协调发展。坚持实施为民办实事工程。一是实施教育惠民工程；二是实施文化惠民工程；三是实施医疗卫生和计生保障惠民工程；四是实施社会保障惠民工程；五是实施安居惠民工程；六是实施生态惠民工程；七是实施强农惠农补贴工程；八是实施强基惠农工程；九是实施城乡风貌和小街小巷改造工程；十是实施水库移民新村建设工程。推进科教兴区和人才强区。启动实施玉州区第五轮科技创新计划、中长期教育改革和发展规划纲要，配合市政府大力推进教育发展七项重点工程和教育体制十项改革试点项目，促进各类教育均衡发展。加快人才队伍建设，培养各领域的高层次创新型人才。大力发展文体事业。加快建立完善覆盖城乡的公共文体服务体系，推进城市先进文化向农村辐射，活跃基层文体生活。努力加强社会保障。千方百计扩大和稳定就业，力争全年城镇新增就业3750人。完善城乡居民最低生活保障制度。完善残疾人社会保障体系和服务体系。切实维护社会和谐稳定。组织开展“安全生产基层基础年”活动，防止发生重大安全事故。全面落实“一岗双责”，深化重点领域专项整治和隐患排查治理。进一步做好信访调解工作，维护群众合法权益。加强社会治安综合治理，深入推进“平安玉州”建设。切实提高新形势下国防动员和民兵预备役工作的建设质量，深入开展双拥共建，做好优抚安置工作，巩固军政军民团结。

9. 坚持提效率、促落实，推进机关效能提升。各级各部门要牢固树立责任意识、大局意识和服务意识，不断提高工作本领、工作效率和工作水平。敢于打破条条框框的束缚，善于运用市场经济的办法抓工作，为发展扫除一切障碍。深化政府机构改革，着力推进政府与市场中介组织分开，进一步精简行政审批和管理事项，推进政府工作效能提速、管理规范、服务优化。

10. 坚持强基础、固根本，推进党的建设提升。坚持不懈地加强和改进党的建设，不断提高党建科学化水平。强化对党员干部的理论武装，加大培训力度。健全完善“抓书记、书记抓”的基层党建工作责任制，形成“用责任制管责任人、用责任人带一班人”的工作格局。积极探索切实管用的干部选拔任用制度，真正选好用好干部，重实干、重创新，不让老实人吃亏、不让干事的人吃亏。加强反腐倡廉建设，认真抓好警示教育，严格落实党风廉政建设责任制，严格落实各级关于廉政建设的规定，努力建设一支既干事又干净的干部队伍。

（二）完善机关绩效考评指标体系

1. 围绕经济社会发展重点工作，调整完善绩效评估指标体系。围绕我区经济社会发展的重点领域和机关职能，继续探索使用“平衡计分卡”管理模式，不断完善机关绩效考评指标体系，调整机关绩效考评细项内容、权重及标准，以突出不同发展时期政府工作的重点，充分发挥机关绩效考评指标体系的导向作用。

2. 逐步改进机关绩效评估指标体系架构。通过机关绩效管理工作不断实践，逐步调整现有评估指标体系的架构，重新梳理二、三、四级指标的逻辑关系。共性评估类指标在被评估单位之间进行横向比较，个性评估类指标对被评估单位进行纵向比较，专项评估类指标对某专项工作进行独立评估，力争形成层次更加清晰、逻辑更加严密的指标体系。

3. 探索和完善机关绩效考评工作机制。在认真总结去年开展绩效考评工作的好做法、好经验的基础上，借鉴国内外先进的绩效考评办法，不断完善绩效考评工作体制机制，提高考评工作的质量。采用内部评价和外部评价相结合的方法，深入开展社会公众满意度调查，扩大社会公众的参与面。引入第三方评估机制，组成评估团进行独立评估，确保评估结果的科学性和权威性。

（三）持续创新机关绩效管理模式

1. 加快由机关绩效考评向机关绩效管理的全方位提升。2011年将绩效考评由机关向承担公共服务职能的事业单位延伸，逐步实现全覆盖。建立健全以绩效考评为中心环节的机关绩效管理制度，把绩效管理融入机关管理的全过程，形成绩效计划、绩效实施、绩效督查、绩效考评反馈、绩效结果运用的绩效管理体系。在此基础上，制定政府绩效管理战略。

2. 充分发挥政府绩效白皮书的作用，实现工作目标管理由多头责任考核到统一绩效管理。逐步将我区各级、各类工作责任书项目中的考核内容整合纳入政府绩效白皮书，通过对白皮书的工作任务开展绩效管理和考评，实现政府对多种责任书工作的统一绩效管理。

3. 借鉴“标杆管理”和“过程管理”的现代企业管理制度，加强动态化机关绩效管理。加强绩效结果的标杆管理，将党委、政府重大工作、重大政策、重大改革、重大投资的目标纳入政府绩效评估指标体系，实时评估、动态跟踪各部门工作目标完成情况，推动机关工作持续改进。

（四）进一步构建和完善机关绩效管理机制

1. 建立机关绩效指数通报制度。建立机关绩效指数定期通报制度，进行全程督导，促使各部门更加注重季度、月度直至每个工作日的渐进式绩效累积，有效鞭策各部门改进工作。

2. 建立重点建设项目管理制度。主要包括重大项目的目标和时间节点计划制定、责任分工、阶段工作计划与过程进展、现场督查督办、问题协调与跟踪、专项考核等方面的管理。按照“谁实施谁管理”、“谁使用谁管理”的原则对项目进行管理，确保重点建设项目按质、按量、按期完成。

3. 健全机关绩效监察员制度。聘请人大代表、政协委员、特邀监察员等作为机关绩效监察员，定期收集绩效监察员对各部门工作绩效的意见和建议，加强对机关工作的日常监督。

4. 完善大督查工作机制。认真总结在“绩效攻坚年”活动中开展联合督查的成功经验，进一步整合全区监督力量资源，成立联合督查机构。逐步完善相关的制度建设，建立“发现问题—提出改进建议—部门单位实施改进—部门单位反馈改进效果”的管理流程，真正发挥监督检查在推动机关工作持续改进中的作用。

5. 推行公共项目绩效评价与问责制度。通过对公共项目的绩效评价，分析公共项目建设各环节的分层绩效及项目运营后的整体绩效高低及可能存在的问题，跟踪参与项目的相关部门的工作效果，划分其绩效责任和对其实施问责，促使部门在公共项目建设过程中形成合力，推动项目又好又快地建设、运营。

6. 推进绩效管理与绩效预算、绩效审计的制度衔接。在机关绩效管理、绩效审计和绩效预算之间逐步建立信息沟通与共享制度，机关绩效管理工作发现的问题作为绩效审计的备选项目，作为绩效管理结果的组成部分，并逐步探索将机关绩效管理的结果作为绩效预算的重要依据之一。

7. 建立“绩效提升年”活动联络员制度。加强对全区开展“绩效提升年”活动的统筹指导，注意培养典型，突出亮点特色，总结推广典型经验。建立开展“绩效提升年”活动联络员制度，各级各部门设立1名联络员，及时传达我区开展活动的重要工作部署和相关要求，确保各项工作高效推进；认真做好本单位开展活动的信息收集、采编、整理、上报工作，畅通开展活动的信息渠道。

（五）打造“绩效文化”

营造人人讲绩效的良好氛围

1. 大力营造浓厚的宣传氛围。充分发挥新闻媒体政务信息网、宣传栏、工作简报等载体的宣传主阵地作用，通过设立“绩效短信课堂”、“绩效展板”等方法进行绩效知识和理念的宣传，通过多渠道、立体式、高密度地深入宣传、广泛发动、强劲造势，在全区形成浓厚的宣传氛围。

2. 大力开展文化形态绩效建设活动。我区今年绩效管理将从绩效管理培训、指标体系优化、激励措施推动和信息化应用全方位进行提升来打造深入人心的绩效文化。并通过开展“绩效开放日”、“绩效演讲比赛”、“绩效征文比赛”等系列活动提高各级各部门参与“绩效提升年”活动的积极性，在全区范围内掀起“绩效提升年”活动的高潮，努力营造人人讲绩效的良好氛围。

四、实施步骤及时间安排

（一）发动阶段（2011 年 4 月至 5 月上旬）

1. 对开展“绩效攻坚年”活动进行总结，认真总结经验、分析不足，对业绩突出的单位进行表彰。

2. 制定并下发《玉州区开展“绩效提升年”活动实施方案》。各级各部门也要制定本级、本部门“绩效提升年”具体的实施方案以及全面量化的年度绩效目标，并于 2010 年 5 月上旬前报区绩效提升办。

3. 各级各部门召开“绩效提升年”动员大会，深刻阐述开展“绩效提升年”活动的重大意义，全面部署绩效提升工作，切实把思想统一到区委、区政府的重大决策部署上来。

（二）实施阶段（2010 年 5 月至 12 月）

1. 各级各部门要制定“绩效提升年”的实施方案和年度绩效目标，认真组织实施，确保活动取得实效。

2. 各级各部门每月初要制定工作计划，把事关绩效提升的工作任务，逐一落实，认真总结上一个月绩效目标完成情况。

3. 各级各部门每月要制定工作计划，按要求填报上一个月绩效目标完成情况。

4. 区绩效提升办每季度组织对绩效目标落实情况，进行一次察访核验，并将察访核验结果进行通报。察访核验结果作为年终绩效考评重要依据。

5. 组织开展绩效文化系列活动。

（三）总结阶段（2011 年 12 月至 2012 年 2 月）

1. 各级各部门要对开展“绩效提升年”工作完成情况，进行全面“回头看”和总结。

2. 结合年度机关绩效考评，区绩效提升办对全区各级各部门开展“绩效提升年”活动进行全面考核。

3. 召开“绩效提升年”总结大会，总结和推广经验，表彰先进。进一步梳理汇总活动中取得的成功经验，提炼形成制度加以固化。

五、工作要求

（一）加强领导，落实责任。各级各部门要进一步提高对机关绩效管理工作重要性的认识，将其作为自身建设的一项基本制度，摆上重要议程，狠抓贯彻落实。主要负责同志要坚持亲自抓绩效管理，明确责任领导和责任部门，为本部门、本单位开展绩效管理工作提供人员、经费和办公场所等必要的保障条件，确保绩效管理工作顺利、有序开展。要坚持统筹兼顾、综合实施，把绩效管理与现有的各项考评体系结合起来，防止搞多头考核、重复考核，提高综合考核水平，提高内部监督效能。对在绩效管理工作中弄虚作假的，要严肃追究单位领导和有关人员责任。

（二）精心组织，周密部署。各级各部门要根据法定职责和区委、区政府确定的年度主要工作任务，科学合理地确定年度绩效工作目标，认真制定本部门的绩效管理工作方案，狠抓方案落实，并于 5 月上旬前将绩效目标和工作方案报区绩效提升办。要重视社会公众的意见，及时发现、报告和解决绩效管理中的问题，进一步规范和完善工作程序，增强评估科学性和奖惩针对性，提高绩效管理工作的规范化水平。各数据采集责任单位要一定要认真制定各项指标并及时、准确、完整地报送区提升办。

（三）求真务实，真抓实干。绩效管理工作要紧密结合部门的职能职责、目标任务，通过绩效管理促进提高机关执行力，努力完成区委、区政府各项工作部署。要坚持实事求是原则，努力做到客观真实地反映单位工作实绩，严格查核相关数据资料，确保数据的真实性、客观性和准确性，坚决防止和克服形式主义。要加强区内同类部门的横向比较，进一步发挥绩效考评的标杆作用。要重视绩效管理过程，通过绩效管理不断发现和解决问题，提高机关工作水平。要重视绩效考评结果的应用，把绩效评估结果与干部管理结合起来，提高干部队伍履职水平。

中共玉林市玉州区委办公室　玉林市玉州区人民政府办公室转发《玉州区人口和计划生育局关于全面推进诚信计生工作的实施意见》的通知

玉区办发〔2011〕32号

各镇（街道）党委（党工委）和人民政府（办事处），区直机关各部委办局，各人民团体，各企事业单位，中直、自治区直、市直驻玉州区各单位，工业集中区党工委和管委会：

经区委、区政府同意，现将《玉州区人口和计划生育局关于全面推进诚信计生工作的实施意见》转发给你们，请结合实际，认真贯彻落实。

中共玉林市玉州区委办公室
玉林市玉州区人民政府办公室
2011年7月18日

玉州区人口和计划生育局关于全面推进诚信计生工作的实施意见

根据《自治区党委办公厅 自治区人民政府办公厅转发〈自治区人口计生委关于全面推进诚信计生工作的实施意见〉的通知》（桂办发〔2011〕15号）文件精神，深入推进诚信计生工作，提升我区人口计生工作整体水平，现结合我区实际，提出如下实施意见。

一、充分认识全面推进诚信计生工作的重要意义

诚信计生是以科学发展观为指导，坚持以人为本，充分尊重和发挥人民群众的实践首创精神，把诚信道德建设与人口计生工作相结合，实现国家利益与群众个人利益相统一、行政指导与基层群众自治相统一、实行计划生育的权利与义务相统一的基层人口计生工作新机制，是我区在加强和创新社会管理方面的成功经验。实践证明，诚信计生工作是新时期转变人口计生工作思路和机制，突破工作难点的有效途径；是实现群众自我管理、自我服务、自我教育和自我监督，发展基层民主的重要载体；是体现党的群众路线、紧紧依靠人民群众开创新形势下社会管理新局面的必然要求，对于夯实群众基础、改善政风民风、促进社会和谐具有重要的意义。

我区自2009年启动诚信计生试点工作以来，全区人口计生工作不断创新和发展，促进了群众从“要我计生”到“我要计生”的转变，促进了干群

关系和谐，受到基层干部和广大群众的普遍欢迎。同时也存在一些薄弱环节和突出问题，主要表现在：开展诚信计生工作发展不平衡，宣传指导不到位，群众参与率不高，利益导向政策吸引力有待加强等，在一定程度上影响了诚信计生工作的深入推进。各镇（街道）计生部门要把思想统一到中央和自治区、玉林市的决策部署上来，充分认识新形势下深入推进诚信计生工作的重要性和必要性，进一步增强责任感和紧迫感，认真总结推广成功经验，切实研究解决存在问题，把推行诚信计生工作作为深化人口计生综合改革、全面加强农村基层人口计生工作、进一步发展基层群众自治的重要抓手，结合各自实际，认真组织实施。

二、全面推进诚信计生工作的指导思想、目标任务和基本要求

（一）指导思想

坚持以邓小平理论和“三个代表”重要思想为指导，以科学发展观为统领，按照国家人口计生委新时期统筹解决人口问题的总体思路和要求，以稳定低生育水平、建立广大群众自觉实行计划生育的基层群众自治长效机制为重点，积极推进政府职能转变，改革创新基层服务管理机制，强化诚信道德，强化优质服务，强化利益导向，着力探索符合我区实际、适应群众需求、更好地服务群众的人口计生工作新方法，切实维护广大群众的合法权益，努力开创全区人口计生工作新局面。

（二）目标任务

全面推行政府诚信、群众守信、村民互信的“双向承诺、充分自愿、依法自治”的诚信计生模式，力争到2012年全区基本实现诚信计生。努力提高计划生育优质服务水平，基本普及以长效措施为主的避孕方法知情选择。加强和创新社会管理，推进政府职能转变，促进公共服务与管理延伸到村（社区）到户，促进公共服务均等化，基本实现行政管理与基层群众自治的有效衔接和良性互动。进一步深化人口计生综合改革，强化长效机制建设，强化服务意识，实现基层人口计生服务管理便民利民。全面提高依法行政水平，大力推进政务公开、村（社区）务公开，落实国家和自治区人口计生各项免费、奖励、扶助及优先优惠政策，自觉接受群众监督。分年度的工作目标是：2011年，全区60%以上的村（社区）基本实现诚信计生；2012年，全区80%以上的村（社区）基本实现诚信计生。

（三）基本要求

1. 坚持以人为本，依法推进。诚信计生的核心是尊重群众的主人翁地位，把群众作为人口计生工作的主体，实现基层群众民主自治。要坚持以人为本，尊重和维护群众的依法生育权、避孕节育方法知情选择权和生殖健康权，尊重和维护群众实行计划生育的其他各项权益。遵循国家有关法律法规、规章制度，不得侵犯群众的政治权利、人身权利和财产权利。坚持计划生育基本国策不动摇，稳定现行生育政策，促进人口与经济社会协调发展。

2. 坚持政府主导，群众自愿。社会诚信首先是政府诚信，要积极转变政府职能，加强公共服务体系建设，在服务中实施管理，在管理中体现服务，指导村（居）委会根据诚信计生的要求修改村规民约（居民公约）。在成立诚信计生小组、签订诚信计生协议书等关键环节上，要耐心细致地做好群众的思想工作，让群众充分认识参加诚信小组的益处，从而主动自愿加入诚信计生小组。

3. 坚持分类指导，鼓励创新。各镇（街道）要结合本地人口计生工作基础，采取不同的工作措施，设定不同的工作目标。获得无政策外多孩出生的镇（街道）、无政策外生育的村（居）要率先实现诚信计生。对参加诚信计生的育龄妇女进行分类管理、分类奖励，在不影响整体稳定推进的前提下，扩大群众的参与面。鼓励各地结合实际探索创新，因地制宜，制定适合本地的诚信计生工作措施。

4. 坚持注重质量，分步实施。诚信计生工作政策性强，敏感度高，必须稳妥有序推进。

要切实采取有效措施，在坚持自愿加入的基础上提高育龄群众的参与率。要分步实施，稳步推进，在加快进度的同时注重质量。既要对守信的计生家庭给予奖励，又要让违约对象依法承担相应的责任，避免产生参加诚信计生的对象先签订诚信协议领取奖励后违反诚信协议又不受处罚的负面影响。要继续把控制政策外生育作为人口计生工作的重中之重，保持低生育水平持续稳定，防止出现人口计生工作滑坡。

三、加强领导，强化措施，深入推进诚信计生工作

全面推进诚信计生工作时间紧、任务重、要求高。要从大局出发，把全面推进诚信计生工作作为人口计生综合改革的一项重要内容，切实加强领导，狠抓工作落实。

（一）强化组织领导，建立健全工作机制。要把全面推进诚信计生工作纳入构建社会主义和谐社会、加强基层民主政治建设和精神文明建设的总体规划，列入重要议事日程，坚持党政一把手亲自抓负总责，分管领导具体抓，有关部门共同参与，人口计生部门组织协调的工作机制。要将诚信计生工作纳入城乡风貌改造和村级公共服务平台建设的重要内容，在推进城乡风貌改造和村级服务阵地建设中，积极实施人口计生项目建设，提升人口计生公共服务水平。各镇（街道）要从统筹解决人口问题出发，积极出台有利于诚信计生工作的政策措施。大力发挥基层计划生育协会等群众团体的作用，努力引领行业协会、私营企业和农村集体经济组织等多方力量积极支持和参与诚信计生工作，不断推动诚信计生工作健康发展。

（二）强化舆论宣传，营造良好氛围。各镇（街道）要把诚信计生工作作为婚育新风进万家活动、新型人口文化建设的重要内容，通过广播、电视、报纸、网络、标语、宣传栏等多种形式，加大对诚信计生工作的宣传力度，让群众了解诚信计生的真正内涵和主要作用，自觉参与诚信计生。坚持进村入户开展宣传教育、生殖保健、术后随访、办理证件、健康检查、发放避孕药具等活动，引导育龄群众自觉参与到活动中来。大力宣传和表彰积极推行诚信计生的先进典型，总结推广成功经验，营造有利于诚信计生的工作氛围。

（三）坚持因地制宜，抓好分类指导。各镇（街道）要结合实际，坚持试点先行、分类指导、逐步推进，坚持先易后难、边干边改，及时总结不同类型的诚信计生典型，在进一步推广城北街道高山村、仁东镇大路村模式的基础上，总结推广星级管理、利益导向、民生工程、结对帮扶、流动人口管理、制度创新等典型工作措施，把诚信计生纳入新农村建设总体规划，与发展经济相结合，与建设小康村、文明村和创建村级好班子、创建“五好家庭”等创先争优活动相结合，由点到面带动农村人口计生整体工作上新台阶。

（四）加强部门统筹，完善利益导向。各有关部门要全面落实好国家和自治区农村计划生育家庭奖励扶助和特别扶助政策，认真落实法定奖励优惠政策，进一步强化计划生育家庭养老保障。各有关部门在制定涉农惠民政策时，要主动加强与人口计生部门的沟通协调，整合部门资源，研究制定有利于推进诚信计生并可持续的利益导向政策措施，统筹协调农业开发、扶贫开发、社会保障、社会救助、教育资助、公共卫生等普惠政策与人口计生政策有机衔接。

（五）强化优质服务，提高群众满意度。优质服务是诚信计生的主要内容，各镇（街道）人口计生部门要在诚信计生工作中认真组织开展避孕节育、优生优育、生殖健康等综合服务，努力提高服务质量和水平。要大力推进人口计生服务体系建设，加快推进镇（街道）人口计生服务机构管理体制改革，将计划生育技术服务机构纳入社会事业发展的总体规划，提高技术装备水平和计划生育技术服务站所技术人员的服务能力。要加快村级公共服务中心建设，把其建设成村民自我教育、强身健体、宣传人口计生知识、卫生保健、传

染病防治、道德培养等多功能于一体的综合服务平台，提升服务群众的整体水平，提高群众的满意度。

（六）加强评估督导，确保稳步推进。各镇（街道）要将诚信计生作为创建国家、自治区计划生育优质服务先进单位、人口计生基层群众自治示范村（社区）评选和目标管理责任制考核评估的重要内容，结合本实施意见，制订工作方案，认真组织开展工作。各镇（街道）人口与计划生育领导小组要将当地推进诚信计生工作方案和每年评估验收情况及时报区人口与计划生育领导小组办公室。各镇（街道）、村（社区）要结合制定出台诚信计生监督、考核评估、奖励扶助和计划生育“农事村办”等制度。村委会要建立诚信计生协议书兑现情况公开、民主监督、奖励惩罚、档案管理等制度。要落实村计生专干、人口管理员、诚信小组组长的工作职责，确保诚信计生工作持续健康推进。从2011年开始，区人口与计划生育领导小组将在每年第四季度对各镇（街道）开展诚信计生情况进行评估验收，评估验收结果将作为人口计生目标管理责任制考核评估的重要内容。各镇（街道）要根据本实施意见精神，结合实际制定具体实施办法。

中共玉林市玉州区委办公室　玉林市玉州区人民政府办公室关于印发玉州区开展“兴水利、大种树、优生态、强基础、惠民生、促发展”主题活动实施方案的通知

办发〔2011〕8号

各镇（街道）党委（党工委）和人民政府（办事处），区直机关各部委办局，各人民团体，各企事业单位，工业集中区党工委和管委会：

《玉州区开展“兴水利、大种树、优生态、强基础、惠民生、促发展”主题活动实施方案》已经区委、区政府同意，现印发给你们，请认真组织实施。

中共玉林市玉州区委办公室
玉林市玉州区人民政府办公室
2011年3月8日

玉州区开展“兴水利、大种树、优生态、强基础、惠民生、促发展”主题活动实施方案

为全面贯彻落实中央关于加强农业农村工作文件精神，以科学发展观为统领，调动各单位和受益群众参与农村各项事业建设的积极性，促进全区农业生产条件的改善和农村经济的较快发展，实现全区农业生产条件、农林生态环境改善和农村经济全面发展，根据《中共玉林市委办公室、玉林市人民政府办公室关于开展“兴水利、大种树、优生态、强基础、惠民生、促发展”主题活动的通知》（办发〔2011〕26号）要求，结合我区实际，制定本

实施方案：

一、活动目的和意义

以“兴水利、大种树、优生态、强基础、惠民生、促发展”为主题，紧紧围绕我区恢复有效灌溉面积有新增长和农业产业结构调整，推进创建国家森林城市建设，进一步强化各级政府在水利建设和植树绿化中的主导作用，切实加大政府投入，加强政策引导、资金支持、组织协调和技术服务，充分发挥水利建设和植树绿化对调整产业结构、改善人居生活环境的支撑作用。通过开展主题活动，将兴修水利和植树绿化与开展“工作落实年—绩效攻坚年”活动相结合，促进广大干部进一步转变作风，提高服务水平和能力；与贯彻落实中央加快转变经济发展方式的重大战略部署相结合，进一步引导各级调整农业产业结构，促进优势产业发展；与宣传贯彻中央、自治区和玉林市“三农”工作的各项强农惠农政策相结合，密切干群关系，让农民真正得到实惠。通过多渠道、多形式营造领导高度重视、全民积极参与水利建设和植树绿化的浓厚氛围，做到声势持续加强，投资持续加大，效果持续显现，再次掀起水利建设和植树绿化新高潮，推动我区农村生态与经济持续向好发展，实现农业增效、农民增收、生态改善。

二、活动主要内容

（一）组织各级领导干部参加冬修水利和植树绿化劳动。领导干部深入基层，与广大基层干部、社区居民、技术人员、农民群众一道，开展兴修水利、植树劳动。

1. 区四家班子领导和区直机关的领导、干部职工安排1－3个工作日参加市厅级领导兴修水利和植树绿化劳动点的活动。兴修水利地点：仁东镇仁东干渠；植树绿化劳动点：清湾江北岸（东方世纪大酒店至清湾江二桥段）。

2. 区直机关单位除参加上述劳动点的集中劳动外，还可结合各自的新农村指导员联系点或区冬修办提供的水利劳动点安排1－3个工作日开展主题活动。活动结束后将本单位兴修水利活动情况报区冬修办汇总（联系电话：3260085，传真：3260081），将植树绿化活动情况报区绿委办汇总（联系电话：2823702，传真：2805575）。

3. 各镇（街道）要将主题活动和开展深入实践科学发展观活动结合起来，组织机关干部职工、村（社区）干部群众安排1－3个工作日兴修水利和植树绿化劳动，切实为农村发展解决实际问题。同时，将劳动点安排和落实情况经镇（街道）领导审查后分别报区冬修办和区绿委办。

（二）引导受益农民群众积极参与兴修水利和植树绿化劳动。各镇（街道）要以农田水利建设和“绿满八桂”造林绿化工程建设规划为依托，以财政资金为引导，制订“民办公助”、“以奖代补”等政策，充分调动农民群众广泛参与农田水利基本建设和植树绿化建设的积极性，提升我区农田灌溉保障能力，保障粮食安全和农产品有效供给，促进农林产业发展，改善农村生态环境。

（三）为转变农业经济增长方式出谋划策。要以开展此次活动为契机，深入农村、深入群众，广泛听取和收集农民群众的意见、建议，对农民群众反映的突出问题，要重点关注，尽量帮助解决。结合各自工作职能，对转变农业经济增长方式，改善农村生态环境，提出建设性、指导性的意见。各单位收集到的意见和建议由区冬修办和绿委办汇总后，报送区政府办相关部门办理。

三、活动时间与主要形式

（一）时间安排：2011年1月至2011年5月底。

（二）主要形式

1. 参加兴修水利和植树绿化劳动；

2. 宣传党的方针政策；

3. 调研“三农”情况，为促进农村经济发展出谋献策。

四、保障措施

（一）加强领导，落实责任。各镇（街道）党委（党工委）和人民政府（办事处）要加强领导，精心组织，制定具体可行的活动方案，统筹安排，落实责任，务求实效。各部门要互相配合，形成合力，为活动的顺利开展提供保障。

（二）加强宣传，扩大影响。充分利用报纸、电视、广播、简报、互联网等舆论阵地工具，大力宣传此次主题实践活动的重大意见和做法，宣传党委、政府关注民生民意的举措，宣传典型经验，营造上下同心同德、艰苦创业、共谋发展的良好氛围。

（三）加强督查，确保成效。各级各部门要把开展此次活动作为夯实农业基础、推动生态建设、促进经济社会发展的大事来抓，统筹考虑、协调推进，建立长效机制和责任追究制度，切实抓好“兴水利、大种树、优生态、强基础、惠民生、促发展”主题活动开展情况的督查工作，确保取得实效。

中共玉林市玉州区委办公室
关于认真学习宣传党的十七届六中全会精神的通知

办发〔2011〕60号

各镇（街道）党委（党工委），区直机关各部委办局、各人民团体、各企事业单位党组织，中直、自治区直、市直驻玉州区各单位党组织，工业集中区党工委：

党的十七届六中全会是在我国全面建设小康社会的关键时期和深化改革开放、加快转变经济发展方式的攻坚时期召开的一次十分重要的会议。全会听取和讨论了胡锦涛同志受中央政治局委托作的工作报告，审议通过了《中共中央关于深化文化体制改革推动社会主义文化大发展大繁荣若干重大问题的决定》（以下简称《决定》），为新形势下推进我国文化改革发展指明了方向。根据中央、自治区党委和市委的部署要求，结合我区实际，现就学习宣传党的十七届六中全会精神有关要求通知如下。

一、充分认识全会的重大意义，把思想和行动统一到中央决策部署上来

党的十七届六中全会，是党中央在全面建设小康社会关键时期和文化改革发展重要阶段召开的一次重要会议。全会审议通过的《中共中央关于深化文化体制改革推动社会主义文化大发展大繁荣若干重大问题的决定》是当前和今后一个时期指导我国文化改革发展的纲领性文件。党的十七届六中全会提出了一系列新思想新观点，作出了一系列新要求新部署，鲜明回答了我国文化改革发展走什么路、朝着什么样的目标迈进这个带有方向性、战略性的重大问题，是新中国成立以来特别是改革开放以来我国文化建设实践探索的基本总结，是对中国特色社会主义道路认识的丰富和深化。党的十七届六中全会的召开，充分体现了党中央对文化建设的高度重视，对文化发展规律的深刻把握，对人民群众基本文化权益的真诚维护，必将为我们全面贯彻党的十七大精神、深入贯彻落实科学发展观，夺取全面建设小康社会新胜利、开创中国特色社会主义事业新局面，起到有力的推动作用。全区各级党组织要把学习好、宣传好党的十七届六中全会精神作为当前和今后一个时期首要的政治任务，用全会精神统一思想、凝聚力量，加快建设岭南特色文化强区，为我区科学发展、和谐发展、跨越发展提供坚强思想保证、强大精神动力、有力舆论支持和良好文化条件。

二、认真学习，准确把握全会的精神实质

学习贯彻党的十七届六中

全会精神，重点是要深入学习贯彻胡锦涛同志的重要讲话和全会通过的《决定》，努力在掌握精神实质上下功夫。学习中，要准确把握以下几个问题：

（一）充分认识我国文化建设取得的巨大成就。要通过系统学习，深刻理解在革命、建设、改革各个时期，我们党坚持不懈推进文化建设，有力地推动了党和人民事业的发展；深刻理解经过改革开放以来的不懈努力，我们走出了中国特色社会主义文化发展道路，显著提高了全民族思想道德素质和科学文化素质，促进了人的全面发展，显著增强了国家文化软实力，为坚持和发展中国特色社会主义提供了强大精神力量，为进一步兴起社会主义文化建设新高潮奠定了坚实基础、积累了宝贵经验，从而增强进一步深化文化体制改革，推进文化大发展大繁荣的自觉性和坚定性。

（二）准确把握推进文化改革发展的重要性和紧迫性。要通过系统学习，深刻理解当今世界处在大发展大变革大调整时期，各种思想文化交流交融交锋更加频繁，文化在综合国力竞争中的地位和作用更加凸显，维护国家文化安全任务更加艰巨，增强国家文化软实力、中华文化国际影响力要求更加紧迫；深刻理解当代中国进入了全面建设小康社会的关键时期和深化改革开放、加快转变经济发展方式的攻坚时期，文化越来越成为民族凝聚力和创造力的重要源泉、越来越成为综合国力竞争的重要因素、越来越成为经济社会发展的重要支撑，丰富精神文化生活越来越成为我国人民的热切愿望；深刻理解全面建设惠及十几亿人口的更高水平的小康社会，既要让人民过上殷实富足的物质生活，又要让人民享有健康丰富的文化生活，必须抓住和用好我国发展的重要战略机遇期，自觉推动文化大发展大繁荣；深刻理解我国文化领域正在发生深刻变革，文化发展取得了巨大成就，同时也面临一系列新情况新问题，充分认识社会主义先进文化是马克思主义政党思想上的旗帜，文化建设是中国特色社会主义事业总体布局的重要组成部分，增强推进文化大发展大繁荣的使命感和责任感。

（三）准确把握推进文化改革发展的指导思想和总体要求。要通过系统学习，深刻理解推动社会主义文化大发展大繁荣，必须坚持中国特色社会主义文化发展道路，深化文化体制改革，推动社会主义文化大发展大繁荣，必须全面贯彻落实党的十七大精神，高举中国特色社会主义伟大旗帜，以马克思列宁主义、毛泽东思想、邓小平理论和“三个代表”重要思想为指导，深入贯彻落实科学发展观，坚持社会主义先进文化前进方向，以科学发展为主题，以建设社会主义核心价值体系为根本任务，以满足人民精神文化需求为出发点和落脚点，以改革创新为动力，发展面向现代化、面向世界、面向未来的，民族的科学的大众的社会主义文化，培养高度的文化自觉和文化自信，提高全民族文明素质，增强国家文化软实力，弘扬中华文化，努力建设社会主义文化强国；深刻理解建设社会主义文化强国的总体要求是着力推动社会主义先进文化更加深入人心，推动社会主义精神文明和物质文明全面发展，不断开创全民族文化创造活力持续迸发、社会文化生活更加丰富多彩、人民基本文化权益得到更好保障、人民思想道德素质和科学文化素质全面提高的新局面，建设中华民族共有精神家园，为人类文明进步作出更大贡献。

（四）准确把握推进文化改革发展的奋斗目标和重要方针。要通过系统学习，深刻理解到2020年文化改革发展的目标是社会主义核心价值体系建设深入推进，良好思想道德风尚进一步弘扬，公民素质明显提高；适应人民需要的文化产品更加丰富，精品力作不断涌现；文化事业全面繁荣，覆盖全社会的公共文化服务体系基本建立，努力实现基本公共文化服务均等化；文化产业成为国民经济支柱性产业，整体实力和国际竞争力显著增强，公有制为主体、多种所有制共同发展的文化产业格局全面形成；文化管理体制和文化产品生产经营机制充满活力、富有效率，以民族文化为主体、吸收外来有益文化、推动中华文化走向世界的文化开放格局进一步完善；高素质文化人才队伍发展壮大，文化繁荣发展的人才保障更加有力。深刻理解实现这些奋斗目标,必须坚持以马克思主义为指导,坚持社会主义先进文化前进方向,坚持以人为本,坚持把社会效益放在首位,坚持改革开放“五个坚持”的重要方针。

（五）准确把握推进文化改革发展的工作部署和重大举措。要通过系统学习，深刻理解社会主义核心价值体系决定着中国特色社会主义发展方向，要推进社会主义核心价值体系建设，进一步巩固全党全国各族人民团结奋斗的共同思想道德基础；深刻理解创作生产更多无愧于历史、时代和人民的优秀作品，要全面贯彻“二为”方向和“双百”方针，为人民提供更好更多的精神食粮；深刻理解满足人民的基本文化需求是社会主义文化建设的基本任务，要大力发展公益性文化事业，保障人民基本文化权益；深刻理解发展文化产业是社会主义市场经济条件下满足人民多样性精神文化需求的重要途径，要加快发展文化产业，推动文化成为国民经济支柱性产业；深刻理解改革创新是文化发展的强大动力，要进一步深化改革，加快构建有利于文化繁荣发展的体制机制；深刻理解推动社会主义文化大发展大繁荣人才是关键，要建设宏大文化人才队伍，为社会主义文化大发展大繁荣提供有力人才支撑。要紧紧抓住这六个方面的任务，更加自觉地推动文化改革发展各项工作的落实。

（六）准确把握推进文化改革发展必须加强和改进党对文化工作的领导。要通过系统学习，充分认识到加强和改进党对文化工作的领导，是推进文化改革发展的根本保证，必须切实担负起推进文化改革发展的政治责任，牢牢把握意识形态工作的主动权，掌握文化改革发展的领导权；切实加强文化领域领导班子和党组织建设，使各级领导干部成为领导文化建设的行家里手；进一步健全共同推进文化建设工作机制，形成文化建设强大合力；充分发挥人民群众文化创造积极性，引导群众在文化建设中自我表现、自我教育、自我服务。

三、精心策划组织，迅速掀起学习宣传全会精神的热潮

全区各级党组织要迅速掀起学习宣传十七届六中全会精神的热潮，营造贯彻落实十七届六中全会精神的良好氛围，要从全局和战略的高度，把学习宣传十七届六中全会精神摆在重要的议事日程，作为当前和今后一个时期首要的政治任务。全区各镇（街道）、各部门各单位都要认真制订学习计划，安排学习时间，明确学习目标，迅速掀起热潮、形成高潮。

（一）认真抓好党员干部的学习教育。一是要抓好党委（党组）中心组的学习。要把学习十七届六中全会精神作为党委（党组）中心组学习的重要内容，要以领导干部为重点，带动广大党员干部面上的学习。二是各镇（街道）、各部门各单位要通过研讨班、报告会、座谈会、培训班、知识讲座、文艺演出、撰写心得体会、出版学习园地等多种形式，不断扩大学习的覆盖面和影响力，取得实实在在的效果。三是要通过组织宣讲团深入基层宣讲，让十七届六中全会精神进农村、进企业、进学校，使全会精神家喻户晓,真正入耳、入脑、入心。四是要把学习十七届六中全会精神融入到学习型党组织建设和创先争优为载体的活动中,融入到“和谐建设在基层”、爱国主义教育、形势政策教育和群众性精神文明创建活动中,推动学习活动全面深入展开。

（二）积极营造学习贯彻全会精神的浓厚氛围。我区以举办首届文化艺术节作为贯彻落实党的十七届六中全会精神的重要手段之一，广泛组织开展城乡基层群众文化活动，积极营造学习贯彻全会精神的浓厚氛围，推动城乡文化建设再上一个新台阶。区委宣传部要牢牢把握正确的舆论导向，立足玉州实际，大力宣传各镇（街道）、各部门各单位加强文化建设的创新举措，大力宣传我区文化改革发展的成功经验，大力宣传全区广大干部群众贯彻

落实全会精神的实际行动。同时，区委党校和广大理论工作者，要围绕十七届六中全会提出的一系列重大理论和现实问题，推出一批有分量的理论文章和学习体会文章，进行深入阐释、深入解读、深入研讨，推动对全会精神的学习和贯彻，努力在全区形成学习、宣传、贯彻全会精神的浓厚氛围。

四、加强组织领导，提高学习宣传全会精神的实效

各镇（街道）、各部门各单位要把学习宣传十七届六中全会精神摆在重要位置，切实落实好学习宣传的各项具体措施。主要领导要亲自负责，加强组织领导，以高度的政治责任感抓好学习宣传的工作。要着眼于统一思想，凝聚力量，把握好正确导向，无论是阐释理论还是讲解政策，无论是分析形势还是解读任务，都要紧扣中央精神，体现中央精神，绝不给错误思想言论提供传播渠道。要强化统筹协调，形成整体效应，推动学习宣传活动扎实有序地进行。同时，要加强指导和督促检查，及时了解和掌握情况，及时发现和解决问题，及时总结和推广先进经验和典型，确保学有成效，宣传有实效。

中共玉林市玉州区委办公室
2011 年 12 月 4 日

玉林市玉州区人民政府办公室
关于印发 2011 年玉州区人民政府为民办实事工程方案的通知

玉区政办〔2011〕52 号

各镇（街道）人民政府（办事处），区政府各办局，工业集中区管委会：

经区政府同意，现将《2011 年玉州区人民政府为民办实事工程方案》印发给你们，请结合实际，认真组织实施。

2011 年 3 月 29 日

2011 年玉州区人民政府为民办实事工程方案

一、实施教育惠民工程

（一）巩固提高九年义务教育水平

目标要求：提高我区九年义务教育巩固率 1 个百分点，即从 2010 年的 89.1% 提高到 2011 年的 90.1%。

（二）中小学校舍安全工程建设项目

目标要求：实施中小学校舍安全工程项目 15 个，投入资金 1850 万元，对存在安全隐患的中小学校舍进行加固、维修、重建。

（三）补助农村义务教育阶段家庭经济困难寄宿生生活费

目标要求：投入资金 750 万元，对 7500 名农村义务教育阶段家庭经济困难寄宿生给予生活费补助。

（四）更新农村义务教育学校课桌椅

目标要求：积极争取自治区资金支持，更新农村义务教育学校课桌椅 1.5 万套。

（五）补助考上大学的家庭经济困难新生路费和短期生活费

目标要求：投入资金10万元，对75名考上大学的家庭经济困难新生进行路费和短期生活费资助。

牵头单位：区教育局。

配合单位：区财政局。

实施时间：2011年1—12月

二、文化惠民工程

（一）村级公共服务中心项目

目标要求：建设城西街道新定村、仁东镇大路村、仁厚镇上罗村三个村级公共服务中心。

牵头单位：区文体局。

配合单位：区卫生局，区人口和计划生育局，城西街道办事处，仁东镇政府，仁厚镇政府。

实施时间：2011年1—12月。

（二）“农家书屋”项目

目标要求：建设南江街道云良村、仁东镇龚罗村等40个“农家书屋”项目。

牵头单位：区文体局。

配合单位：区财政局，各镇（街道）人民政府（办事处）。

实施时间：2011年1－12月。

三、医疗卫生和计生保障惠民工程

（一）新型农村合作医疗项目

目标要求：筹措资金6819万元。2011年将新农合人均政府补助标准由2010年的120元提高到200元，将新型农村合作医疗制度参合率巩固在90%以上。

牵头单位：区卫生局。

配合单位：区财政局，各镇（街道）人民政府（办事处）。

实施时间：2011年1月—12月。

（二）基本公共卫生服务项目

目标要求：筹措资金1309万元。年人均基本公共卫生服务经费标准由2010年的15元提高到25元，为城乡居民免费提供建立居民健康档案、健康教育、接种等九类基本公共卫生服务项目。

牵头单位：区卫生局。

配合单位：区财政局，各镇（街道）人民政府（办事处）。

实施时间：2011年1月—12月。

（三）艾滋病防治攻坚项目

目标要求：筹措资金52万元，实施艾滋病防治攻坚工程。到2011年底，实现以行政村为单位艾滋病防治知识健康教育覆盖率达100%以上，本地艾滋病防治知识知晓率城镇居民达到80%以上，农村居民达到70%以上；全区医疗保健机构为孕产妇提供预防艾滋病母婴传播综合服务，孕期或产期免费接受艾滋病病毒抗体检测的孕产妇检测率达80%以上。

牵头单位：区卫生局。

配合单位：区财政局，区防治艾滋病工作委员会成员单位，各镇（街道）人民政府（办事处）。

实施时间：2011年1月—12月。

（四）地中海贫血疾病防治项目

目标要求：筹措资金112万元，实施地中海贫血疾病防治工程，全面开展免费婚前医学检查工作。

牵头单位：区卫生局。

配合单位：区财政局，区免费婚检成员单位。

实施时间：2011年1月—12月。

（五）村卫生室标准化建设项目

目标要求：筹集550万元，建设50个村卫生室的标准化建设，实现每个行政村有1所标准化的村卫生室。

牵头单位：区卫生局。

配合单位：区财政局，各镇（街道）人民政府（办事处）。

实施时间：2011年1月—12月。

（六）计划生育技术服务建设项目。

目标要求：安排80万元资金，建设1个玉州区生殖健康服务中心，推进5个镇（街道）计生服务所标准化、规范化建设和25个村级人口计生健康服务室标准化。

牵头单位：区人口和计划生育局。

配合单位：区财政局，各镇（街道）人民政府（办事处）。

实施时间：2011 年 1 月—12 月。

四、社会保障惠民工程

（一）城镇企业职工基本养老保险项目

目标要求：认真组织贯彻实施各项扩大城镇企业职工基本养老保险社会统筹覆盖面的政策规定，切实保障城镇各类企业从业人员退休后的基本生活，扩大参保覆盖面，2011 年新增参保人员 1000 人，完成参保目标任务 2.8 万人。

牵头单位：区人社局。

配合单位：各镇（街道）人民政府（办事处）。

实施时间：2011 年 1 月—12 月。

（二）新型农村养老保险试点项目

目标要求：在 2010 年玉州区试点工作的基础上，扩大新型农村养老保险覆盖面，提高参保率，确保全区参保人数达 12.08 万人以上，参保率达到 70% 以上。

牵头单位：区人社局。

配合单位：各镇（街道）人民政府（办事处）。

实施时间：2011 年 1 月—12 月。

（三）城乡居民最低生活保障项目

目标要求：筹措资金 1840 万元，提高对城乡低保对象的补助标准。

牵头单位：区民政局。

实施时间：2011 年 1 月—12 月。

（四）五保村建设项目

目标要求：筹资 85 万元，新建五保村 5 个。

牵头单位：区民政局。

配合单位：各镇（街道）人民政府（办事处）

实施时间：2011 年 1—12 月。

五、安居惠民工程

目标要求：筹资 1280 万元，对 800 户（以自治区下达任务为准）农村危房进行改造，解决部分农村贫困群众住房安全问题。

牵头单位：区住建局。

配合单位：区财政局，民政局，各镇（街道）人民政府（办事处）。

实施时间：2011 年 1 月—12 月。

六、生态惠民工程

（一）通道绿化项目

目标要求：建设南梧高速公路玉林出入口引线绿化里程 12 公里，自治区投资概算总额 744 万元，自治区补助 180 万元，需市财政配套补助 350 万元，玉州区财政配套补助 214 万元。

牵头单位：区住建局。

配合单位：区财政局，城北街道办事处，仁东镇政府，大塘镇政府。

实施时间：2011 年 1 - 12 月。

（二）村屯绿化项目

目标要求：对城北街道凤村大井自然村，大塘镇苏烟新屋自然村、大塘镇大塘村横岭自然村进行村屯绿化，争取自治区补助 24 万元，区财政配套补助资金 36 万元。

牵头单位：区林业局。

配合单位：区住建局，城北街道办事处，大塘镇政府。

实施时间：2011 年 1—12 月。

（三）生态公益林保护项目

目标要求：2011 年，对国家和自治区公益林进行管护合同签订和生态效益补偿，加强对大容山自治区级自然保护区玉州辖区的保护和管理，完成大容山自然保护区水源林共管协议签订和生态效益补偿。根据玉林市的要求区财政配套大容山自然保护区水源林补偿金 100 万元。

牵头单位：区林业局。

配合单位：区财政局，城西街道办事处，仁东镇政府，大塘镇政府。

实施时间：2011 年 1—12 月。

（四）沼气池建设项目

目标要求：2011 年，全区计划新建农村沼气池 200 座，争取中央补助资金 30 万元，自治区补助资金 9 万元，市级配套补助资金 2 万元。

牵头单位：区林业局。

配合单位：区财政局，各镇（街道）人民政府（办事处）。

实施时间：2011 年 1—

12 月。

七、强农惠农补贴工程

（一）超级稻种子补贴项目

目标要求：全区超级稻推广面积达 8.2 万亩，力争超级稻推广面积 8.5 万亩，争取上级补贴资金 18 万元。

牵头单位：区农业局。

配合单位：各镇（街道）人民政府（办事处）。

实施时间：2011 年 1—12 月。

（二）农村安全饮水解困项目

目标要求：计划投资 1490.76 万元，实施农村安全饮水解困项目 9 个，解决 2.87 万人饮水不安全问题。计划投资 31.4 万元，实施贫困村人畜安全饮水工程 1 处，解决贫困村 690 人饮水安全困难问题。

牵头单位：区水利局、扶贫办。

配合单位：区财政局，各镇（街道）人民政府（办事处）。

实施时间：2011 年 1 月—12 月。

八、实施农村村屯级道路建设工程

目标要求：通自然村屯道路硬化里程 26.85 公里，努力解决自然村屯行路难问题。修、扩建村级道路 10 条 14.4 公里，努力解决贫困村 3411 人行路难题。

牵头单位：区交通运输局，扶贫办。

配合单位：区财政局，各镇（街道）人民政府（办事处）。

实施时间：2011 年 1—12 月。

九、实施城乡风貌改造和城市基础设施建设工程

（一）城乡风貌改造项目

目标要求：筹资 450 万元，对列入南梧高速公路沿线城北街道、大塘镇的 3 个综合整治村的基本设施建设和 353 户房屋外立面进行城乡风貌改造。

牵头单位：区住建局。

配合单位：区财政局，城北街道办事处，大塘镇人民政府。

实施时间：2011 年 1 月—12 月。

（二）城市基础设施建设项目

目标要求：对 15 条城区道路或小街小巷进行改造，改善老城区出行条件。

牵头单位：区住建局，各街道办事处。

配合单位：区财政局。

实施时间：2011 年 1 月—12 月。

十、实施水库移民新村建设工程

目标要求：计划总投资 200 万元，新建水库移民新村 2 个，改建村屯道路 3 条。

牵头单位：区水库移民局。

配合单位：区财政局，发改局，城北街道办事处，仁东镇政府。

实施时间：2011 年 1 月—12 月。

玉林市玉州区人民政府办公室关于印发玉州区 2011 年政务服务政务公开政府信息公开工作实施意见的通知

玉区政办〔2011〕72 号

各镇（街道）人民政府（办事处），区政府各办局，工业集中区管委会：

经区政府同意，现将《玉林市玉州区 2011 年政务服务政务公开政府信息公开工作实施意见》印发给你们，请认真贯彻执行。

2011 年 5 月 12 日

玉州区2011年政务服务政务公开政府信息公开工作实施意见

为了深入贯彻落实科学发展观，进一步统筹城乡发展，加快推进城乡一体化，实现“富民强区”新跨越，根据《2011年全区政务服务政务公开政府信息公开工作要点》（桂政办〔2011〕35号）和《玉林市2011年政务服务政务公开政府信息公开工作实施意见》（玉政办发〔2011〕58号）要求和区委、区政府的工作部署，特制定本实施意见。

一、总体要求

2011年全区政务服务、政务公开、政府信息公开（以下简称“一服务两公开”）工作要以邓小平理论和“三个代表”重要思想为指导，紧紧围绕区委、区政府的中心工作，深入贯彻落实科学发展观，以加快服务政府、责任政府、法制政府和廉洁政府建设为目标，以编制实施“一服务两公开”、“十二五”规划为重点，以深化政务公开和推进行政审批标准化为切入点，积极拓展“一服务两公开”工作领域，加强各镇（街道）政务服务中心建设，努力推进区、镇（街道）、村（社区）、生产组（中心户）四级政务服务体系建设，为我区社会经济新跨进创造良好的发展环境。

二、工作重点

（一）完善区政务服务中心建设。区政务中心要加强政务服务中心建设的调查研究，认真查找政务服务工作中存在的问题，推动各部门解决政务服务工作中认识不到位、没有贯彻执行好自治区、玉林市有关文件的问题，结合实际巩固完善好区政务服务中心管理体制、编制、人员、基础设施等基础性工作。区直各部门要加强对本部门政务服务工作的督促、协调和指导。区监察、政务、法制、绩效等部门要成立联合督查组。及时对镇（街道）政务服务中心以及具有行政审批职能的区直各单位的“一服务两公开”工作中存在的问题进行抽查和暗访，根据掌握情况约谈主要领导，对推进工作滞后的区直有关部门进行通报或问责，积极推动政务服务中心的规范化建设。

（二）推进政务服务和政务公开向基层延伸。要在2010年30%试点镇（街道）建设政务服务中心的基础上，全区8个镇（街道）都要建成政务服务中心。已建成政务服务中心的镇（街道），要进一步完善和拓展乡镇政务服务中心的功能，真正达到“便民、利民”的目的。要将人口和计划生育服务所（站）、林业站、民政办、劳动保障所、农业服务中心、畜牧兽医站、农业技术推广站、城乡规划和建设管理所（站）、企业办、司法所等部门的行政审批和服务事项统一纳入镇（街道）政务服务中心集中办理，提高办事效率，规范基层办事，方便人民群众办事。要将“政务服务及电子监察”专线铺设到乡镇（街道）政务服务中心，形成行政效能电子监察和政务服务行为视频监察双重监督管理。在村（社区）一级，全区要达到20%以上的村（社区）建成政务服务站。在生产组（中心户）一级，全区总体要建成达到50个以上政务服务点。

（三）深化行政审批制度改革。各部门继续推进部门行政审批职能调整工作，规范设立或增挂行政审批机构，切实发挥各部门行政审批内设机构的作用。区法制、监察、政务部门要依据自治区2010年度清理行政审批项目所公布的目录和玉林市2011年清理行政审批项目所公布的目录完成我区的清理工作并报区政府审批公布。积极配合自治区、玉林市加快推进行政审批项目标准化工作，编制区行政审批项目参考目录，抓紧启动区、镇（街道）两级行政审批项目标准化工作。推动各部门将所有行政审批事项集中进入政务服务中心办理，并充分授权部门政务服务窗口，实现我区行政审批项目规范化管理。

（四）规范政务服务中心运行。我区要按照全面履行办理行政审批、公共服务、社会服务和行政审批相关的中介服务等事项的服务职能，加大投入建设好服务大厅，督促建设好玉州区人力资源与社会保障局的分中心，真正做到一站式服务。区政务服务中心管理办公室要切实履行自身职责，加大协调、监管、督查力度，确保政务服务中心有正常的办公秩序、良好的工作氛围、文明的服务环境。要加强政务服务窗口的规划化管理，制定完善政务服务中心工作人员准入准出、奖惩等制度。要在镇（街道）之间，在中心的窗口之间，开展政务服务建设竞赛，将政务服务中心打造成“比学赶拼”的大擂台。年内将评比表彰政务服务工作突出的政务服务先进单位（窗口）和政务服务先进个人。

（五）拓展政务服务功能。积极推动组建本级政府的公共资源交易中心，并进入政务服务中心，为交易主体提供公开、公平、公正的交易平台和优质的服务。各部门进一步规范行政审批项目收费管理，督促所有审批收费由委托金融机构设在政务服务中心的窗口统一代收。政务服务中心要强化招商引资的服务功能，建立健全投资项目和招商引资项目审批服务体系，为投资企业搭建集咨询、审批、服务为一体的综合性服务平台。

（六）编制实施《政务服务政务公开政府信息公开“十二五”规划》。加快完成编制本级重点专项规划《政务服务政务公开政府信息公开“十二五”规划》，并将相关重要内容列入规划纲要中。各部门要围绕规划，积极配合组织实施，全面提高本部门“一服务两公开”水平。

（七）深化政务公开，推进行政权力公开透明运行。以公开促进中央重大决策部署的落实，重点做好市场价格调控、房地产调控、社会保障收入分配制度改革、医药卫生体制改革、促进就业等决策部署的落实措施和执行情况的公开。加大社会公共服务和改善民生措施的公开力度，推进科技、教育、文化事业的政策措施公开，特别是技术改造和科技创新专项资金、教育收费管理使用等公开透明。推进行政决策公开，凡涉及群众切身利益的重要改革方案、重大政策措施、重点工程项目等，在决策中要广泛听取、合理吸收各方面意见，并反馈或者公布意见采纳、决策执行情况，增强行政权力运行透明度，按照职权法定、权责一致的要求，继续清理审核行政权力，编制职权目录，绘制行政职权流程图，及时向社会公布。继续加强对行政执法过程中自由裁量权的清理，进行细化量化，制订标准。推进全区各部门行政审批结果统一在玉州政务信息网站和政务服务中心门户网站公开。开展廉政风险防控管理，把外部监督和内部防控有机结合，加强内部公开，完善行政权力运行监控机制，切实加强廉政风险防控。

（八）全面落实《中华人民共和国政府信息公开条例》。及时更新政府信息公开目录和指南，进一步完善和规范政府信息主动公开工作机制、依申请公开受理机制。明确本部门内部公开政府信息的责任主体和运转程序，切实加强我区“一中心一馆”（政务服务中心、档案馆）政府信息公开查询场所建设。积极稳妥推进行政财政预算公开，及时公开经同级人大审议批准的本级财政预算、决算、涉及民生的重大项目预算。重点公开“三农”、水利、教育、医疗等各类财政专项资金的支出、使用情况，政府公共支出、基本建设支出、行政经费支出预算和执行情况，各行政机关部门预算和执行情况。区政府要建立健全科学性、操作性强的社会评议、考核、奖励和责任追究制度、对各部门政府信息公开工作定期进行考核、评议。

（九）推进“一服务两公开”信息化建设。加强政务服务中心网络运行保障工作，建立区、镇（街道）两级政务服务专用网络，构建“一服务两公开”信息化应用体系。进一步完善“政务服务及监察通用软件”，增加窗口扁平化运行模块和功能。各部门加快在本级本部门门户网站的系统升级和内容更新工作，确保全面、准确、及时发布信息。

（十）开展政务服务和政务公开示范点建设。在全区选择3个镇（街道）、6个村（社区）、12个生产组（中心户）以及2个区直部门作为全区政务服务和政务公开示范点，提高我区的政务服务和政务公开水平。根据示范点建设情况，选择符合条件的示范点推荐为自治区依托电子政务平台加强县级政府政务公开和政务服务试点单位，力争成为全国政务公开示范点单位。

三、保障措施

（一）加强组织领导。各部门要充分认识新形势下推进“一服务两公开”工作的重要意义，严格按照自治区、玉林市以及区委、区政府“一服务两公开”相关文件要求，采取积极有效措施，深入推进“一服务两公开”工作。区直各部门要在做好本部门工作的同时，加强对本系统和行业的指导。

（二）建立健全考评激励机制。要建立完善考评激励机制，区政府要制订出台全区“一服务两公开”工作表彰评比办法，充分调动各镇（街道）、各部门工作人员的积极性。区政府将切实把政务服务中心作为培养干部的重要基地，对表现突出的政务服务工作人员优先提拔使用。

（三）加强监督检查。各部门要加强督促检查工作，切实查找“一服务两公开”方面存在的问题，及时加以整改，把各项工作任务落到实处。建立“一服务两公开”明察暗访制度，开展专项督查，加大行政效能监察结果的使用力度，大力推进“一服务两公开”的各项工作。

（四）加强培训和宣传。各部门要制定本部门“一服务两公开”的培训方案，充分利用专题培训、网络培训等多种形式，提高干部队伍综合素质。年内，区将举办“一服务两公开”管理人员的专题培训。要加大宣传报道力度，通过新闻媒体、宣传板报、工作简报等展示本级本部门在打造“服务政府”、“阳光政府”方面的新举措、新亮点，为“一服务两公开”工作营造良好的宣传氛围。

玉林市玉州区人民政府办公室
关于印发玉州区2011年度地质灾害防治工作方案的通知

玉区政办〔2011〕76号

各镇（街道）人民政府（办事处），区政府各办局，工业集中区管委会：

经区政府同意，现将《玉州区2011年度地质灾害防治工作方案》印发给你们，请结合实际，认真组织实施。

2011年5月15日

玉州区2011年度地质灾害防治工作方案

为切实做好2011年度我区地质灾害防治工作，保护人民生命、财产安全，最大限度地减轻地质灾害造成的损失，根据国务院《地质灾害防治条例》（国务院令第394号）和广西壮族自治区人民政府、玉林市人民政府有关文件精神以及《玉林市玉州区地质灾害防治规划(2010—2020年)》，结合我区实际，特制定本方案。

一、2011年度地质灾害趋势预测

（一）地质灾害易发区域预测

根据广西地质环境监测总站地质灾害区划调查结果以及历年灾害发生情况，结合我区的地质环境条件及主要诱灾因素分析，将以下区域列为地质灾害易发区（段）：

1. 玉城、南江、城北、城西、名山、仁东、仁厚等镇（街道）地处覆盖型岩溶区，是岩溶地面塌陷易发区。

2. 玉林至兴业、玉林至岑溪（324线）一级公路玉州段、南宁至广州高速（玉州段）等公路高陡人工边坡路段将是滑坡、崩塌发生的易发地段，在短时或连续暴雨作用下，可能形成滑坡、崩塌地质灾害，危害过往车辆及行人安全。

3. 南江街道（云良村）为石灰岩分布区，仁厚镇为花岗岩分布区，岩节理裂隙发育，将层状岩石切割为碎块状，局部存在危岩，在降雨及震动等因素作用下可能会产生岩石崩塌，是岩石崩塌易发区，应特别注意采石场及其附近的岩石崩塌。

（二）重要地质灾害隐患点预测

根据广西地质环境监测总站对我区地质灾害普查结果，以及对我区地质灾害隐患点的排查，目前我区仍存在成灾概率高、危险性较大、危害较大的地质灾害隐患区8处（见附件一），地质灾害隐患点11个（见附件二）。

（三）重点防范期预测

根据玉林市气象局预测：我区2011年汛期（5～9月）总降水量与常年同期相比略偏多，降水具有明显的阶段性和局部性。预计降水高峰月出现在7月，发生局部性致洪暴雨的可能性较大。影响玉林的热带气旋为4～6个，接近常年。初次影响玉林的热带气旋在6月中下旬，较常年略偏早，最后影响玉林的热带气旋在9月下旬到10月初，接近常年。降雨是引发突发性地质灾害的主要因素之一，故7月份将是导致地质灾害的高发时段。

二、地质灾害防治措施

（一）加强领导，明确责任。各镇（街道）、区地质灾害防治工作领导小组各成员单位要从实践“三个代表”重要思想和落实科学发展观的高度，从坚持以人为本和构建和谐社会的高度，认真贯彻落实《地质灾害防治条例》、《广西壮族自治区地质灾害防治管理办法》，统一思想，提高认识，加强领导，明确责任，建立主管领导负责制，分管领导具体抓，确保一方平安。

（二）加强项目用地预审前的地质灾害评估。对在地质灾害易发区内建设的各类工程项目用地，在办理选址手续后、用地预审前应进行地质灾害危险性评估，避免地质灾害产生或降低其发生的可能性，以免造成人员伤亡和重大的经济损失。在地质灾害易发区内，从事生产建设的单位和个人应采取有效措施，防止诱发地质灾害。在地质灾害危险区内，禁止爆破、削坡、工程建设以及从事其他等可能引发地质灾害的活动。

（三）建立和完善地质灾害防治的各种手段。加强地质灾害防治知识的宣传普及力度，提高全民的防患意识和法律意识。积极组织有关部门和单位对辖区内的地质灾害隐患区（点）进行深入详细的调查，对其潜在地质灾害危险性作出初步的分析、判断，制定避险预案和治理方案。建立健全群测群防系统，发动人民群众对地质灾害进行群防群测群治，要将新发现的易发区和隐患点纳入群测群防体系，并认真落实每个地质灾害易发区或隐患点的防灾责任人和监测人。按照国土资源部的要求，积极开展我区地质灾害防治“十有县”建设活动，落实组织机构、防治经费。完善地质灾害预测预报网络，将地质灾害监测预报工作层层落实到镇（街道）、村（社区）、农经社（村民小组）及各单位和部门。

（四）加强对重大地质灾害隐患（区）点的治理工作。政府应将地质灾害防治工作列入当地国民经济与社会发展总体规划，使经济建设与防灾减灾工作协调进行，对于威胁到人民生命财产的地质灾害隐患区（点）应及时有效地开展治理工作。

（五）落实汛期各项制度。在汛期期间，各镇（街道）、有关部门和单位应建立汛期值班、险情巡查、灾情预报和速报等制度，要派专人对辖区内重要地质灾害隐患区（点）进行巡查观察，尽可能捕捉收集地质灾害突发性的前兆现象，一旦发生地质灾害必须迅速报告区人民政府，同时报告市国土资源局玉州分局和区防汛抗旱指挥部办公室。

附件：1. 2011 年玉州区重要地质灾害隐患区防治监控责任一览表

2. 玉州区重要地质灾害隐患点一览表

附件 1　2011 年玉州区重要地质灾害隐患区防治监控责任一览表

序号	隐患区	位置	灾种	规模	灾情	地质灾害发展趋势预测	应急防御措施	监控部门	监控责任人
1	玉城街道	包括东成社区、州珮社区、东明社区。	岩溶地面塌陷	规模为小型	该区内曾发生岩溶地面塌陷3处，灾害已毁房屋2间，潜在经济损失10万元。	该区域属覆盖型岩溶区，上覆土层厚度薄，下伏基岩岩溶发育，土层多存在土洞。在大流量、大降深（包括工业、生活用水）抽取地下水及加载作用下极易产生岩溶地面塌陷。	加强监测，落实地质灾害评估制度，在汛期注意周边住宅房屋是否出现有新的裂痕，观察动静，严禁在附近过量抽取地下水，以免发生类似的灾害。	玉城街道办事处	陈颖
2	南江街道	包括南江社区、竹美社区、新联村、平志村、广恩村、七一村、岭塘村、常乐村。	岩溶地面塌陷	规模为小型	该区内曾发生岩溶地面塌陷5处，灾害已毁围墙1处、房屋1间，潜在经济损失10万元。	该区域属覆盖型岩溶区，上覆土层厚度薄，下伏基岩岩溶发育，土层多存在土洞。在大流量、大降深（包括工业、生活用水）抽取地下水及加载作用下极易产生岩溶地面塌陷。	加强监测，落实地质灾害评估制度，在汛期注意周边住宅房屋是否出现有新的裂痕，观察动静，严禁在附近过量抽取地下水，以免发生类似的灾害。	南江街道办事处	吴朝宗
3	城西街道	包括庆丰社区、江岸社区、林村、莲塘村、新团社区、新定村、玉豸村、五联村。	岩溶地面塌陷	规模为小型	该区内曾发生岩溶地面塌陷5处，灾害已毁房屋3间，潜在经济损失20多万元。	该区域属覆盖型岩溶区，上覆土层厚度薄，下伏基岩岩溶发育，土层多存在土洞。在大流量、大降深（包括工业、生活用水）抽取地下水及加载作用下极易产生岩溶地面塌陷。	加强监测，落实地质灾害评估制度，在汛期注意周边住宅房屋是否出现有新的裂痕，观察动静，严禁在附近过量抽取地下水，以免发生类似的灾害。	城西街道办事处	李小鹰

续表

序号	隐患区	位置	灾种	规模	灾情	地质灾害发展趋势预测	应急防御措施	监控部门	监控责任人
4	名山街道	包括名山社区、绿杨社区、旺瑶社区、太阳村。	岩溶地面塌陷	规模为中型	该区内曾发生岩溶地面塌陷6处,塌陷群1处,灾害已毁房屋2间,潜在经济损失100多万元。	该区域属覆盖型岩溶区,上覆土层厚度薄,下伏基岩岩溶发育,土层多存在土洞。在大流量、大降深(包括工业、生活用水)扣取地下水及加载作用下极易产生岩溶地面塌陷。	加强监测,落实地质灾害评估制度,在汛期注意周边住宅房屋是否出现有新的裂痕,观察动静,严禁在附近过量抽取地下水,以免发生类似的灾害。	名山街道办事处	陈国锦
5	城北街道	包括平地社区、谷山村、潘岭村、高山村、睦马村。	岩溶地面塌陷	规模为小型	该区内曾发生岩溶地面塌陷5处,潜在经济损失10万元。	该区域属覆盖型岩溶区,上覆土层厚度薄,下伏基岩岩溶发育,土层多存在土洞。在大流量、大降深(包括工业、生活用水)扣取地下水及加载作用下极易产生岩溶地面塌陷。	加强监测,落实地质灾害评估制度,在汛期注意周边住宅房屋是否出现有新的裂痕,观察动静,严禁在附近过量抽取地下水,以免发生类似的灾害。	城北街道办事处	周亮
6	仁东镇	包括大路村、龚罗村、鹏垌村、都甘村、木根村。	岩溶地面塌陷	规模为小型		该区域属覆盖型岩溶区,上覆土层厚度薄,下伏基岩岩溶发育,土层多存在土洞。在大流量、大降深(包括工业、生活用水)抽取地下水及加载作用下极易产生岩溶地面塌陷。	加强监测,落实地质灾害评估制度,在汛期注意周边住宅房屋是否出现有新的裂痕,观察动静,严禁在附近过量抽取地下水,以免发生类似的灾害。	仁东镇政府	梁承跃
7	仁厚镇	包括仁厚村、道良村、铁匠村。	岩溶地面塌陷	规模为小型	该区曾发生崩塌,造成2人受伤。	该区域属覆盖型岩溶区,上覆土层厚度薄,下伏基岩岩溶发育,土层多存在土洞。在大流量、大降深(包括工业、生活用水)抽取地下水及加载作用下极易产生岩溶地面塌陷	加强监测,落实地质灾害评估制度,在汛期注意周边住宅房屋是否出现有新的裂痕,观察动静,严禁在附近过量抽取地下水,以免发生类似的灾害。	仁厚镇政府	禤先旺
8	大塘镇	包括大塘村、阳山村、苏烟村、大双村、三和村。	滑坡崩塌	规模为小型	该区内曾发生滑坡崩塌,灾害已毁房屋1间,潜在经济损失10多万元。	该区域属覆盖型岩溶区,上覆土层厚度薄,下伏基岩岩溶发育,土层多存在土洞,并地处山区,房屋靠近山坡,暴雨山洪易造成滑坡崩塌。	加强监测,落实地质灾害评估制度,在汛期注意住宅房屋周边山坡是否出现有新的裂痕,观察动静,以免发生类似的灾害。	大塘镇政府	何卫

玉林市玉州区人民政府办公室
关于印发玉州区交通基础设施建设大会战实施方案的通知

玉区政办〔2011〕107号

各镇（街道）人民政府（办事处），区政府各办局，工业集中区管委会：

《玉州区交通基础设施建设大会战实施方案》已经区三届人民政府第53次常务会议讨论通过，现印发给你们，请结合实际，认真组织实施。

2011年7月26日

玉州区交通基础设施建设大会战实施方案

为进一步改善广大群众出行条件，掀起新一轮农村道路建设高潮，区政府决定从2011年起开展交通基础设施建设大会战。采取群众筹资部分、区财政奖励部分和争取上级交通部门补助部分的办法，整合各方面资金，调动社会各方积极性，力争用三年的时间实现全区100户以上的自然村（屯）全部通硬化道路。为确保大会战顺利进行，特制订本实施方案。

一、指导思想

扩大成果、完善设施、提升能力、统筹城乡，实行群众的事情群众办，尊重民意、体察民情、符合民需，促进农村经济和社会稳定发展，建设富裕、文明、和谐的社会主义新农村。

二、基本原则

（一）政府引导，农民主体。交通基础设施建设大会战所需的建设资金，以群众和村屯筹资为主，区财政奖励和上级交通部门补助资金为辅。各镇（街道）、村（社区）、村民小组是实施交通基础设施建设大会战的直接组织者，农民群众是实施交通基础设施建设大会战的主体。各镇（街道）、各部门要加强引导和指导，切实做好服务，充分发挥和调动广大群众及社会各界的积极性，参与、投入到本次大会战中来。

（二）公平、公正、公开。交通基础设施大会战要做到上级奖励资金和群众及社会各界筹资公开，项目建设标准和投资总额、资金使用情况公开，招投标过程公开；项目申报、审核、工程施工单位的确定公开，自觉接受人民群众和社会各界的监督。把这次大会战的项目建设成为惠民工程、廉政工程、德政工程、民心工程。

（三）先易后难，稳步推进。由于这次大会战项目建设资金是以群众和村屯筹资为主，区财政和上级交通部门奖励、补助资金为辅，为确保大会战有效推进，要先从群众积极性高、基础条件好的村屯开始，先易后难，以点带面，扎实推进。实行“两个优先”：建设条件完备先申报的项目优先，边远村屯、库区移民区、自治区确定的贫困村优先。

（四）注重实际，统筹兼顾。开展交通基础设施建设大会战，要根据当地实际，不搞形式主义；量力而行，不盲目攀比；民主协商，不强迫命令；引导扶持，不包办代替；财政补助实行以奖代补，提高项目资金利用率。

三、目标任务

从2011年4月起，通过开展交通基础设施建设大会战，争取在2013年底前实现全区100户以上的自然村（屯）全部通水泥硬化道路，在条件许可的情况下，向99户以下的自然村屯道路硬化项目推进。本次大会战，计划建设我区100户以上的自然村屯硬化道路175条，总里程212.2公里，计划总投资8110.40万元（具体见附件）。2011年区财政安排1000万元作为本次大会战项目奖励资金，2012年、2013年区财政奖励资金列入当年预算，其余不足部分由群众及社会各界筹资解决。

四、时间安排

（一）宣传发动阶段：2011年6月底以前，区、镇（街道）分别召开大会战动员会，并通过电视、广播、报纸、网络等多种形式宣传大会战工作，营造良好社会氛围，充分发动社会各界参与到大会战中来。

（二）实施阶段：2011年7月－2013年12月上旬。各部门、各镇（街道）按本方案要求，组织各村、屯按时完成项目的建设工作。

（三）总结阶段：2013年12月中下旬。区、镇（街道）会战办分别总结本次大会战取得的成绩和经验教训。

五、建设标准和奖励标准

第一类：

建设标准：建成路基宽5.5米、路面宽4.5米以上（含4.5米），砼路面厚18厘米以上，路肩宽0.5米×2的水泥硬化路，每200米建有一个会车点。

奖励标准：区政府奖励18万元/公里。

第二类：

建设标准：建成路基宽3.5米以上、5.5米以下，路面宽3米以上、4.5米以下，砼路面厚18厘米以上的水泥硬化路，每200米建有一个会车点。

奖励标准：区政府奖励12万元/公里。硬化路面宽不足3米的不予奖励。

区发改、交通、扶贫、移民等有关部门争取上级补助资金不占用区筹资指标，原则上按区里的办法统一实施。

本次大会战财政奖励资金实行年度总额控制，原则上每年的奖励不超过当年区财政安排的奖励资金总额。因此，区会战办在安排项目奖励顺序时，对先申报的项目优先安排，对库区移民区、自治区确定的贫困村、边远村屯优先安排。

六、实施办法

（一）成立组织机构

1. 区成立交通基础设施建设大会战工作领导小组（简称区会战领导小组），负责本次大会战的领导、协调工作。由区政府主要领导担任指挥长，区委、人大、政府、政协分管（联系）领导担任副指挥长，成员由区委办、区政府办有关领导以及区宣传、发改、财政、交通、住建、纪检、绩效等部门及各镇（街道）人民政府（办事处）的主要负责人组成。

领导小组下设办公室（简称区会战办），负责本次大会战的具体组织、实施工作。办公室人员从区宣传、发改、财政、交通、住建、纪检等部门抽调领导干部组成。

2. 各镇（街道）分别成立交通基础设施建设大会战工作领导小组和会战办，负责本镇（街道）大会战活动的领导、协调、组织、实施工作。

3. 村（社区）成立交通基础设施建设大会战协调小组，负责协调本村（社区）项目的资金筹集、审核把关、上报、实施工作。

4. 申报项目的自然村、屯要成立项目理事会和监督小组，负责本自然村、屯群众出资部分资金的筹集、项目申报和建设监督，确保筹资部分按时足额到位。

由区纪委、监察局对本次大会战项目建设工程进行全程监督。

（二）项目的立项、报批及施工单位的确定

本次大会战各项目的业主为项目所在地村（社区）。

1. 立项及报批程序：自然村（屯）理事会根据本方案所列项目计划提出项目申请→村、屯筹资部分足额交到银行专户→村（社区）协调小组审核→报镇（街道）会战办审核→报区会战办审核→区会战办组织、办理项目初步设计的审批。

2. 施工单位的确定：在各镇（街道）的监督下，实行村事村办，由各村、屯召开村民代表大会（或项目理事会）公开进行招投标选定施工单位，招投标过程要公正、公平、公开，要形成现场会议记录，参与招投标的全体人员应在会议记录上签字，主动接受群众监督，会议记录（原件）要报区会战办备案。

（三）施工合同的签订

1. 施工承包合同由项目所在地镇（街道）会战办统一拟定，并经区会战办审核同意。

2. 村、屯确定建设施工单位后，由项目业主与施工单位签订施工承包合同。

（四）开工审批及施工组织

1. 由项目业主将招投标记录、施工承包合同、奖励资金拨付申请书、开工报告一式二份呈报镇（街道）会战办审核，镇（街道）会战办在奖励资金拨付申请书和开工报告上签署意见。

2. 镇（街道）将招投标记录、施工承包合同、已签署意见的奖励资金拨付申请书和开工报告一式二份报区会战办审核，区会战办审核同意后下发开工通知书。

3. 由镇（街道）会战办会同村（社区）组织施工单位进场施工。

（五）财务管理

1. 村屯筹集资金要及时到位：各村（社区）审核项目申请前，申请项目的村、屯必须将自筹部分资金足额存入银行专户（第一类建设标准的道路自筹到位每公里 11 万元以上，第二类建设标准的道路自筹到位每公里 7 万元以上）。

2. 奖励资金拨付程序：项目业主提交奖励资金拨付申请报告→镇（街道）会战办审核并签署意见→区会战办审核并签署意见→报区政府分管领导签字批准→区财政局将相应的奖励资金全额下拨到项目所在地镇（街道）财政所，由财政所负责奖励资金的管理。

施工开始后，经镇（街道）会战办及区会战办确认、区政府分管领导签字后，按施工进度逐步拨付 70% 奖励的款项→项目完工并经验收合格后，拨付余下的 30% 奖励款。

3. 村、屯工作经费：为确保村、屯组织工作的顺利进行，可从区财政奖励给每个项目的资金中每公里提取 2000 元作为村（社区）、屯负责本项目的工作组的工作经费。

（六）工程验收

工程完工后，由项目业主提出申请，由区会战办组织发改、财政、交通、纪检等部门及镇（街道）、村、屯依法依规进行验收，形成工程验收报告书。

七、工程质量保证措施

参与大会战的有关部门、单位和人员，要本着对人民群众高度负责的态度，高度重视工程建设质量，建群众满意工程、放心工程、安全工程、和谐工程。

（一）工程质量监督：由项目所在的村（社区）派出 1－2 人、自然村（屯）选出 3－5 人组成工程质量监督组，负责本自然村（屯）会战建设项目的工程质量监督工作，监督组负责人由村（屯）派出的人员担任。

由玉州区交通运输局交通工程质量监督组对本次大会战建设项目进行质量监督、技术指导。

（二）工程建设原材料要求

1. 水泥：必须选用知名品牌、符合国家标准的水泥，所选水泥必须经项目质量监督组同意方能使用。

2. 其他原材料：粗集料应使用质地坚硬、耐久、洁净的碎石、碎卵石和卵石，细集料应采用质地坚硬、耐久、洁净的天然砂、机制砂或混合砂，混凝土搅拌和养护用水要符合有关要求，其他材料如钢筋等应符合国家有关标准及技术要求。

3. 项目公开：项目业主必须做到招投标过程公开，设立公示牌将施工单位、项目建设内容及标准、采购的原材料价格、品牌等有关信息进行公示公开，接受群众的监督。

八、加强组织领导，确保大会战项目建成民心工程

（一）明确责任。要落实责任制，做到党政主要领导负总责，分管领导具体抓。区会战领导小组领导与各镇（街道）、各镇（街道）与村（社区）分别签订大会战责任状。实行区领导包镇（街道），镇（街道）领导联系村，区直、镇直部门包村的工作责任制，一级抓一级，层层抓落实。一是实行区领导挂点，负责对包点村（社区）的大会

战建设工作进行监督、指导，协调解决建设中碰到的各种问题。二是实行镇（街道）领导干部包点责任制，每个建设项目都要落实责任领导和技术干部，负责组织发动干部群众和做好技术指导。三是实行大会战建设目标管理责任制，对如期按质按量完成建设任务的镇（街道）给予适当奖励，对不能按照要求完成建设任务的给予通报批评。

（二）广泛宣传。各镇（街道）、各部门要充分利用广播、电视、报纸、标语、板报、宣传广告栏等宣传媒体，进行形式多样、内容丰富的宣传活动，营造大会战的氛围，充分调动社会各界的积极性。

（三）加强协调。各镇（街道）要采取强有力措施，把交通基础设施建设大会战作为重点工作来抓紧抓实抓好。负责牵头的部门要主动承担项目的实施和组织协调工作，检查项目建设进度，及时解决和反馈大会战中的各种问题。财政、扶贫、发改、交通等部门要积极筹措资金，确保专项资金及时到位，并做好资金使用的监督管理。其它各有关部门也要密切配合，通力合作，积极参与大会战建设各项工作。

（四）严格管理。有关部门要认真做好项目规划设计、制定实施方案，切实做好技术指导，把好质量关。各个项目要明确工程质量责任人和技术员，明确职责。对因工作人员没有把好质量关导致工程质量低劣，不能通过验收的，要严格追究相关责任人和技术人员的责任。

（五）强化督查。区委、区政府成立大会战工作督查组，成员从区委办、区政府办、绩效办及相关单位抽调。督查组要经常性地开展督查工作，熟悉大会战中各项目建设情况，掌握进度，发现问题，及时汇报工作，组织、协调好各方面的关系，确保项目建设顺利进行。

附件：玉州区交通基础设施建设大会战计划项目汇总表

附件：

玉州区交通基础设施建设大会战计划项目汇总表

（通100户以上自然村道路）

序号	乡镇名称	条数	里程（公里）	计划投资（万元）	备注
1	南江街道	49	62.8	2356.50	
2	名山街道	23	17.2	662.90	
3	城西街道	19	19.2	908.00	
4	城北街道	27	31.2	1138.00	
5	仁东镇	29	31.5	1274.00	
6	仁厚镇	20	26.8	962.00	
7	大塘镇	8	23.5	809.00	
合计		175	212.2	8110.40	

玉林市玉州区人民政府办公室关于印发玉州区打击私屠滥宰确保肉品质量安全专项整治行动方案的通知

玉区政办〔2011〕151号

各镇（街道）人民政府（办事处），区政府各办局，工业集中区管委会：

《玉州区打击私屠滥宰确保肉品质量安全专项整治行动方案》已经区人民政府同意，现印发给你们，请认真组织实施。

2011年9月26日

玉州区打击私屠滥宰确保肉品质量安全专项整治行动方案

为严厉打击私屠滥宰行为，全面提高我区肉品质量安全保障水平，根据《国务院办公厅关于印发2011年食品安全重点工作安排的通知》（国办发〔2011〕12号）和《广西壮族自治区人民政府办公厅关于印发全区打击私屠滥宰确保肉品质量安全专项整治行动方案》（桂政办发〔2011〕169号）精神，决定于2011年9月至12月在全区开展打击私屠滥宰确保肉品质量安全专项整治行动。

一、指导思想

认真贯彻落实国办发〔2011〕12号和桂政发〔2011〕169号文件精神，集中开展打击私屠滥宰专项整治行动，严厉打击私屠滥宰和非法经营肉品行为，强化屠宰企业责任意识，强化监管薄弱环节，全面提高肉品安全保障水平，保障肉品质量安全，为人民群众营造一个安全放心的肉品消费环境。

二、组织机构

为确保我区开展打击私屠滥宰确保肉品质量安全专项整治行动顺利进行，成立整治工作领导小组。

组　长：杨　健　副区长

副组长：唐积辉　区政府办公室副主任

黄宇健　区经贸局局长

成　员：庞诰雄　区卫生局党组书记、副区长

秦寿雄　区水产畜牧兽医局党组书记、副局长

梁永安　区经贸局副局长

钟　汉　市公安局玉州分局副局长

邹清奇　市工商局玉州分局副局长

领导小组下设办公室，办公室设在区经贸局，办公室主任由梁永安同志兼任。

三、工作目标

通过集中整治，2011年12月底前达到以下目标：

（一）城区生猪进点屠宰率达到95%以上，镇生猪进点屠宰率达92%以上；

（二）生猪定点屠宰出厂（场）肉品必须具备“两证两章”（两证：水产畜牧兽医部门出具的《动物产品检疫检验合格证》和定点屠宰企业出具的《肉品品质检验合格证》。两章：印在猪皮上的动物产品检验合格、肉品品质检验合格印章），检出病害猪无害化处理率达到100%；

（三）所有市场、超市、集体食堂、餐饮、肉食品加工单位销售和使用的猪肉来自生

猪定点屠宰厂（场）。

四、整治任务和责任分工

（一）严厉打击私屠滥宰违法行为。经贸部门要联合相关部门，根据私屠滥宰行为的规律，加强对高发时段和地域的巡查，重点检查城乡结合部、私宰集中村（屯）和肉食加工比较集中的区域，严厉查处私屠滥宰、冒用或者使用伪造定点屠宰证书或标志牌的行为，彻底捣毁私宰窝点，没收私宰肉和屠宰工具。依法严厉查处违法人员，并列入“黑名单”，实行重点盯防；涉嫌犯罪的，及时依法移送公安机关处理。

（二）全面打击制售注水肉、病害肉违法行为。经贸部门要会同有关部门，依法严厉查处对生猪注水或注入其他物质，以及为上述活动提供场所等违法行为；发现定点屠宰厂（场）给生猪注水或注入其他物质的，要立即责令停业整顿，情节严重的，应及时报请市人民政府取消定点屠宰资格。

（三）加强对生猪定点屠宰企业的监督检查。经贸部门要加强生猪定点屠宰企业监管，强化企业肉品质量安全第一责任人意识，督促屠宰企业严格执行生猪进场查验、禁止无检疫证明、畜禽标识的生猪入厂（场）屠宰，做好生猪来源和生猪产品流向登记、肉品品质检验、无害化处理等肉品质量安全制度，切实规范生产经营行为，确保上市猪肉品质安全。对各项制度落实不到位的屠宰企业，责令其整改、停业整顿。严肃查处定点屠宰厂（场）出借、转让生猪定点屠宰证书和标志牌行为；对为私屠滥宰提供场所或储存设施的屠宰企业，一经发现，没收违法所得并处以罚款，及时报请市人民政府取消其定点屠宰资格。

（四）强化生猪屠宰检疫环节监管。水产畜牧兽医部门要强化对生猪的产地检疫，严厉查处屠宰、经营、运输无检疫证明、检疫不合格的生猪或病死猪的非法行为。认真开展屠宰检疫工作，实行屠宰检疫报检制度，对待屠宰的生猪要严格查验检疫合格证明，对无检疫证明的要按有关规定处理；水产畜牧兽医部门只在定点屠宰厂（场）进行屠宰环节检疫，不得进入市场办理补检手续。

（五）严厉打击经营私宰肉、病害猪肉行为。工商行政管理部门要加强对猪肉流通环节的监管，加大对猪肉销售摊点尤其是集贸市场、社区超市的检查力度，监督其执行进货索证索票和建立台账制度，确保市场上所有销售的猪肉具备“两证两章”，没有“两证两章”的一律按私宰肉查处。对出售私宰肉的零售肉商，情节严重的要吊销其营业执照；对出售私宰肉的市场，要对市场开办者进行通报，并追究其相关责任。

（六）严防私宰肉、病害猪肉等流入餐饮加工环节。各相关部门要积极配合市食品药品监管、质监部门监督餐饮单位、集体食堂和肉食品加工企业严格落实进货索证索票和台账制度，落实专人采购，全部记录采购渠道，保留肉品供应商联系电话备查，做到可追溯，确保所使用的猪肉均来自定点屠宰厂（场）；严防私宰肉、病害猪肉等不合格肉品进入餐饮和加工环节，特别是要加大对学校食堂的用肉检查力度，绝不能让私宰肉、病害肉流入校园，一经发现，要依法予以严厉查处。

（七）严厉查处阻碍依法执行公务的行为。公安部门要积极配合打击私屠滥宰整治行动，严厉查处阻碍行政执法人员依法执行公务的行为；对暴力抗法涉嫌犯罪的，要依法追究刑事责任。

五、整治步骤

（一）制订方案阶段（2011 年 9 月）。

各部门结合实际制定具体实施方案，明确职责和工作要求，迅速开展专项整治工作。

（二）集中整治阶段（2011 年 9—11 月）。

各部门按照实施方案要求，在辖区范围内全面开展专项整治工作，强化各环节监管，加强联合执法，加大打击私屠滥宰违法行为力度，自治区、玉林市食安办以及我区整治工作领导小组将不定期派员采取明察暗访、实地检查等方式对我区各部门、镇（街道）专项整治行动情况进行督查。

（三）检查验收阶段（2011年12月）。

逐级开展检查验收。2011年12月1日前，玉林市组织对各县（市、区）进行检查验收。自治区食安办将适时组织检查组对各地整治工作情况进行全面检查验收，对检查发现的薄弱环节和重点问题及时提出整改意见，确保专项整治工作取得实效。12月8日前，各镇（街道）、有关部门将专项整治行动工作总结报区经贸局，由区经贸局汇总后报区人民政府和市有关部门。

六、工作要求

（一）加强领导，落实责任。各镇（街道）、有关单位要成立由分管领导为负责人的专项整治领导小组，加强组织领导，制定切实可行的实施方案，明确工作责任，逐级落实整治任务。经贸、公安、工商、水产畜牧兽医、食品安全办等部门要在区政府的统一领导下，采取有效措施，确保整治任务落实到位。

（二）加强协调配合，全面实施整治。我区要充分发挥食安办职能作用，建立专项整治部门协作机制，加强部门协调配合，加大联合执法力度，切实形成监管合力。要采取主动出击与群众举报相结合、定期巡查与突击检查相结合等方式，进行拉网式检查，不放过任何盲区和死角，实现对生猪屠宰环节全过程的监管。要加强督促检查，对不履行工作职责的部门和有关工作人员，要进行严肃处理。

（三）加强信息通报，促进工作落实。各镇（街道）、有关部门每月要定期将整治工作进展情况包括工作动态、措施、效果、监督检查、典型案例等情况进行通报。从2011年10月起，各镇（街道）、有关部门每月10日前要将上月整治工作进展情况报区经贸局，由区经贸局汇总报送区食安办。区食安办以简报的形式定期或不定期将各镇（街道）、各部门的工作进展情况向全区通报。

（四）建立有奖举报制度，加大查处力度。我区按玉林市商务局《关于印发〈玉林市打击生猪私屠滥宰举报奖励的实施方案〉的通知》（玉市商秩发〔2011〕16号）文件精神，建立生猪私屠滥宰的举报奖励制度，举报电话：2836139，市商务局设立举报奖励专项资金，对举报和提供有价值线索的单位和个人，经查证属实的，给予一定的奖励（具体奖励标准见玉市商秩发〔2011〕16号文）。加大案件查处力度，各镇（街道）、各部门要对暗访排查、日常巡查和群众举报的案件，发现一起，查处一起，打击一起。

（五）加强舆论宣传，营造良好氛围。各单位要充分利用广播、电视、报刊等新闻媒体，大力宣传国家有关生猪屠宰管理的法律法规和有关肉类食品安全知识，增强群众参与监督的积极性和主动性，提高肉品安全防范意识，努力营造全社会关心肉品安全的良好社会氛围。

（六）建立长效机制，巩固整治成果。专项整治行动结束后，各单位要加强打击私屠滥宰的制度建设，坚持统一领导，部门联动，协力整治，保持对私屠滥宰打击的高压态势，把联合整治私屠滥宰工作纳入正规化、常态化轨道，建立长效工作机制。

玉林市玉州区人民政府
关于印发玉林市玉州区城镇居民社会养老保险试行办法的通知

玉区政办〔2011〕169 号

各镇（街道）人民政府（办事处），区政府各办局，工业集中区管委会：

《玉林市玉州区城镇居民社会养老保险试行办法》已于2011年9月30日经自治区城乡居民社会养老保险试点工作领导小组办公室批复同意，现印发给你们，请遵照执行。

2011 年 11 月 8 日

玉林市玉州区城镇居民社会养老保险试行办法

第一章 总则

第一条 为进一步完善社会保障体系，统筹城乡社会发展，保障城镇居民年老后的基本生活，根据《国务院关于开展城镇居民社会养老保险试点的指导意见》（国发〔2011〕18号）和《广西壮族自治区人民政府办公厅关于印发广西壮族自治区城镇居民社会养老保险试点实施办法的通知》（桂政办发〔2011〕175号）的有关规定，结合玉州区实际，制定本办法。

第二条 城镇居民社会养老保险坚持“保基本、广覆盖、有弹性、可持续”的基本原则，采取社会统筹与个人账户相结合的基本模式，实行个人缴费、政府补贴相结合的筹资方式及基础养老金与个人账户养老金相结合的养老待遇支付办法。

第三条 玉州区城镇居民社会养老保险由玉州区人民政府负责组织实施。玉州区人力资源和社会保障局主管城镇居民社会养老保险工作。组织、宣传、编办、发展改革、公安、民政、财政、农业、人口计生、统计、残联等部门按职责做好相关工作。

第二章 参保范围

第四条 具有玉州区户籍、年满16周岁（不含在校学生）、不符合城镇职工基本养老保险参保条件的城镇非从业人员，可在户籍地自愿参加城镇居民社会养老保险。

第三章 养老保险费缴纳

第五条 参加城镇居民社会养老保险的城镇居民应当按规定缴纳养老保险费。缴费标准为每年100元、200元、300元、400元、500元、600元、700元、800元、900元、1000元十个档次。参保人自主选择档次缴费，多缴多得。

国家依据经济发展和城镇居民人均可支配收入增长等情况调整缴费档次时，由玉州区人民政府对缴费标准作相关调整。

第六条 鼓励其他经济组织、社会组织和个人为参保人缴费提供资助。

第七条 政府对参保人缴费给予补贴，按最低缴费档次缴费的，补贴标准为每人每年30元，每提高一个缴费档次增加缴费补贴5元。缴费补贴所需资金由自治区、玉林市、玉州区三级财政按6：2：2的比例承担。

城镇重度残疾人等缴费困难群体选择最低缴费档次缴费的，除享受政府缴费补贴30元外，政府还为其代缴部分或全部养老保险费，具体代缴标准为：城镇重度残疾人、“三无”（无生活来源、无劳动能力、无法定赡养、抚养、扶养义务人或者其法定赡养、抚养、扶养义务人无赡养、抚养、扶养能力）人员选择最低缴费档次缴费的，政府予以全额代缴100元；低保对象选择最低缴费档次缴费的，政府每年代其缴纳养老保险费50元。上述缴费困难群体选择最低缴费档次（不含最低档次）以上缴费的，政府不再为其代缴养老保险费。由政府代缴的部分或全部最低标准的养老保险费由自治区、玉林市、玉州区三级财政按7：1：2的比例承担。

第四章　个人账户

第八条　玉州区城镇社会养老保险经办机构负责为参保人建立终身记录的养老保险个人账户。个人账户构成如下：

（一）个人缴纳的养老保险费；

（二）其他经济组织、社会组织、个人对参保人缴费的资助资金；

（三）政府对参保人缴费的补贴资金；

（四）个人账户资金运营或存款利息收入。

第九条　个人账户实行完全积累，实账管理。个人账户储存额在积累期内按中国人民银行公布的金融机构人民币一年期存款利率计息。

第十条　参保人死亡，其个人账户资金余额除政府补贴外，一次性支付给其指定受益人或法定继承人；政府补贴余额用于继续支付其他参保人的养老金。

第五章　养老保险待遇

第十一条　年满60周岁、未享受城镇职工基本养老保险待遇以及国家规定的其他养老待遇的参保人员，可以申请按月享受城镇居民社会养老保险待遇。

第十二条　城镇居民社会养老保险待遇由基础养老金和个人账户养老金两部分组成，支付终身。计发标准如下：

（一）基础养老金

1. 基础养老金标准为每人每月55元，由国家财政全额支付。

2. 参保人年满60周岁，缴费年限超过15年的，每增加1年缴费，其基础养老金每月加发2元，加发部分的资金由玉州区人民政府支付。

（二）个人账户养老金

个人账户养老金的月计发标准为个人账户全部储存额除以139（与现行城镇职工基本养老保险及新农保个人账户养老金计发系数相同）。个人账户养老金从参保人的个人账户中支付，参保人的个人账户支付完后由玉州区政府财政负责继续发放个人账户养老金。

第十三条　城镇居民社会养老保险制度开始实施时，年满60周岁、未享受城镇职工基本养老保险待遇以及国家规定的其他养老待遇的城镇户籍老年人，参保时不用缴费，可以按月领取基础养老金；距领取年龄不足15年的，应按年缴费，也允许补缴（补缴年度政府按本办法第七条规定给予缴费补贴），累计缴费不超过15年；距领取年龄超过15年的，应按年缴费，累计缴费不少于15年。

第十四条　自治区人民政府按照国家调整全国城镇居民社会养老保险基础养老金的最低标准和自治区经济社会发展及物价变动等情况，调整城镇居民社会养老保险基础养老金的标准时，玉州区政府适时作出相应的调整。

第六章　养老保险关系的转移

第十五条　参保人在广西壮族自治区行政区域范围内申请转移城镇居民社会养老保险关系的，按以下方法办理：

（一）参保人在玉州区内流动的，其养老保险关系、个人账户档案予以转移，个人账户资金不转移。

（二）参保人跨玉州区转移的，可将其养老保险关系、个人账户档案、个人账户资金一次性转入新参保地，按新参保地有关规定缴纳养老保险费和享受相应的养老保险待遇；转入地未建立城镇居民社会养老保险制度的，其养老保险关系、个人账户档案、个人账户资金暂存于原参保地，待条件具备时转移。

（三）参保人跨广西壮族自治区行政区域流动的，按国家有关规定执行。

第七章 基金管理和监督

第十六条 城镇居民社会养老保险基金暂实行玉州区统筹，今后随经济社会发展和城镇居民社会养老保险制度实施情况，按规定逐步提高统筹层次。

第十七条 城镇居民社会养老保险基金纳入玉州区社会保障基金财政专户，实行收支两条线管理，单独记账和核算，按有关规定实现保值增值。

第十八条 玉州区人力资源和社会保障部门要切实履行城镇居民社会养老保险基金的监管职责，制定完善的城镇居民社会养老保险各项业务管理规章制度，规范业务程序，建立健全内控制度、基金稽核制度和信息披露制度并定期披露基金筹集和支付信息，做到公开透明，加强社会监督。玉州区财政、监察、审计部门按各自职责实施监督，严禁挤占挪用，确保基金安全。

第十九条 玉州区城镇居民社会养老保险经办机构和村委会（社区居委会）每年在行政村（社区）范围内对参保人缴费和待遇领取资格进行公示，接受群众监督。

第八章 经办管理与服务

第二十条 玉州区人民政府加强城镇居民社会养老保险经办机构建设，建立健全与城镇居民社会养老保险要求相适应的管理服务机构。采取调整和增加编制相结合的方式，根据业务的需要增加玉州区城镇居民社会养老保险经办机构人员编制；整合镇（街道）现有的社会服务资源，增加镇（街道）劳动保障事务管理所的人员配置；采取政府购买服务方式聘用村（社区）级协管员。加强城镇居民社会养老保险经办能力建设，城镇居民社会养老保险经办机构的业务经费和人员经费纳入玉州区财政预算。

第二十一条 玉州区城镇居民社会养老保险经办机构负责城镇居民社会养老保险的参保登记、缴费管理、基金征缴、个人账户建账与管理、待遇核定与发放、保险关系转移接续等工作。

玉州区城镇居民社会养老保险经办机构应认真记录城镇居民参保缴费和领取待遇情况，建立参保档案，长期妥善保存。

第二十二条 按上级要求建立全自治区统一的城镇居民社会养老保险信息管理系统，纳入社会保险信息管理系统（“金保工程”）建设，并与其他公民信息管理系统实现信息资源共享。参保人员的参保登记、缴费申报、业务核算、待遇支付、账户查询等管理服务项目全部纳入信息系统管理，实现业务流程和经办服务的规范化。推行社会保障卡，方便参保人持卡缴费、领取待遇和查询本人参保信息。

第九章 附则

第二十三条 本办法自2011年7月1日起施行。

第二十四条 本办法具体应用问题由玉州区人力资源和社会保障局、玉州区财政局共同负责解释。

名　录

领导干部名录

单位	职务	姓名　任职时间
区委	书记	蔡　文　2008.12－2011.05 莫荣新　2011.05－
	副书记	蔡　文　2002.09－2011.05 潘艳（女）2008.12－2011.06 李　岗　2010.02－2011.06 邹宇鹏　2011.06－ 赵　翔　2011.06－
	常委	蔡　文　2002.09－2011.05 赵　翔　2005.02－ 李文（兼）2006.07－2011.06 莫科奇　2006.07－ 张洪振　2008.11－2011.06 潘艳（女）2008.12－2011.06 杨红（女）2008.12－ 钟绍达　2009.03－ 莫景彪　2009.04－2011.06 李　刚　2009.07－ 莫汉成（兼）2009.10－ 李　岗　2010.02－2011.06 吴厚强　2010.02－2011.06 张壮(挂职一年)2010.04－2011.06 李　光　2010.06－ 莫敏智(挂职二年)2010.09－ 莫荣新　2011.05－ 邹宇鹏　2011.06－ 李兴彪(挂职一年)2011.06－ 杨树信　2011.06－ 梁　伟　2011.06－ 徐建军　2011.06－

单位	职务	姓名　任职时间
区委办	主任	李刚　2009.07－
	副主任	卢保全(2009.07 起兼)2006.06－2011.05 苏德礼(兼)2006.12－2011.05 陈明超　2007.04－2011.05 黄旭雄　2007.04－2011.05 覃伟仲　2008.11－2011.05 张延林(女)2009.07－ 黎杰图　2009.12－ 谢湛华　2011.05－ 杨　健　2011.05－2011.06 吴　伟　2011.05－2011.06 徐建军　2011.05－2011.06 漆　辉　2011.05－ 吕惠军　2011.05－ 钟　军　2011.05－ 莫杜杜(女)2011.05－
机要局	局长	周　彬　2003.05－
	副局长	李　军　2008.06－
国家密码局	局长	周　彬(兼)2010.06－
	副局长	李　军(兼)2010.06－
保密办(保密局)	主任	张延林(女,兼)2009.07－2011.05 冯雄斌　2011.05－
	副主任	冯雄斌　1999.04－2011.05
督查室	主任	黄旭雄（兼)2007.04－2011.05 张诗文　2011.05－
政研室	主任	覃伟仲　2010.08－2011.05
区人大常委会	主任	李秀通　2006.10　－

续表

单 位	职 务	姓 名 任职时间
区人大常委会	党组书记	李秀通 2006.07 –
	副书记	莫礼荣 2006.07 – 2011.08 黄一洂 2011.08 –
	副主任	黎 媛(女)2002.10 – 2011.06 莫礼荣 2006.10 – 2011.06 黄一波 2006.10 – 庞昌贵 2006.10 – 2011.06 李 松 2009.03 – 莫春诗(女)2011.06 – 廖贤伟(女)2011.06 –
	调研员	莫礼荣 2011.06 –
区人大人大办	主 任	苏异勇 2006.12 –
	副主任	李璟伟 2006.08 –
人大财经工委	主 任	张瑞源 2009.12 – 2011.06 李 冰(女)2011.06 –
	副主任	赵崇诚 2002.08 – 2011.06 陈道远 2007.05 – 李 彤(女)2011.06 –
人大法制教科文卫工委	主 任	卢云桂 2009.06 –
	副主任	苏 梅(女)2006.08 – 2011.05 陈凤冲(女)2006.08 – 蒋锦英(女)2011.06 –
人大联络工委	主 任	黄 辉(女)2008.03 – 2011.06 周 华(女)2011.06 –
	副主任	梁有智 2008.03 – 陈衍勤(女) 2008.05 –
区政府	区 长	潘 艳(女)2009.03 – 2011.06 邹宇鹏(代)2011.06 – 2011.08 邹宇鹏 2011.08 –
	党组书记	潘 艳(女)2008.12 – 2011.06 邹宇鹏 2011.06 –
	副书记	赵 翔 2009.02 – 2011.06 莫科奇 2011.06 –
	副区长	莫科奇 2003.10 – 莫春诗(女)2003.12 – 2011.06 林 强 2006.10 – 2011.06 赵 翔 2009.02 – 2011.06
区政府	副区长	唐江涛(挂职)2009.09 – 2010.11 张 壮(挂职)2010.04 – 2011.06 莫敏智(挂职二年)2010.09 – 梁 伟 2009.06 – 2011.06 蒋正华 2009.06 – 2011.06 邹宇鹏 2011.06 – 2011.08 唐江涛 2011.06 – 杨红(女)2011.07 – 杨 健 2011.07 – 李兴彪(挂职一年)2011.07 – 梁海波 2011.07 – 周建红(女)2011.07 –
	调研员	林并贤 2006.11 –
区政府办	主 任	张 安 2006.07 – 2011.06 李 志 2011.06 –
	党组书记	张 安 2006.06 – 2011.03 李 志 2011.05 –
	副主任	漆 辉 2006.09 – 2011.05 管小伟(女) 2006.09 – 文 兵 2009.07 – 李小鹰(女) 2009.07 – 2011.05 梁朝友 2009.07 – 2011.05 何 卫(女)2009.07 – 2011.05 陈天国 2010.08 – 2011.05 陈 坚 2010.08 – 刘佩杉(女)2011.01 – 梁 蓉(女)2011.05 – 2011.06 唐积辉 2011.05 – 唐桂琪 2011.05 – 林新萍(女)2011.05 – 李 剑 2011.05 – 蒋裕(兼)2011.05 –
	纪检组长	文湘林 2011.05 –
政务服务中心管理办公室	主 任	刘佩杉(女,兼)2011.01 –
区政协	主 席	杨伟广 2002.10 – 2011.08 陈先敢 2011.08 –

续表

单　位	职　务	姓　名　　任职时间
区政协	党组书记	杨伟广　2002.10－2011.06 陈先敢　2011.06－
	副书记	韦德记　2006.07－2011.06 赵　卫　2011.06－
	副主席	韦德记　2006.07－2011.08 赵　卫　2006.10－ 廖贤伟(女)　2006.10－2011.08 梁健东(女,兼)2006.08－2011.08 黎　媛(女)　2011.08－ 誉德凤(女)　2011.08－ 庞昌贵　2011.08－
	调研员	韦德记　2011.06－
政协办	主　任	陈小林　2003.05－2011.05 梁文斌　2011.05－
	副主任	罗本武　2006.08－ 胡雪(女)　2011.05－
经科联谊工委	主　任	梁朝友　2011.05－
	副主任	何　健　2006.10－ 郭珊(女)　2008.06－
提案文教工委	主　任	吴祖建　2009.07－2011.05
	副主任	蒋锦英(女)2006.06－2011.05 凌苏清(女)2009.11－2011.05
提案法制工委	主　任	吴祖建　2011.05－
	副主任	凌苏清(女)　2011.05－ 林锦芳(女)　2011.05－
教文卫体工委	主　任	邬伟宁(女)　2011.05－
	副主任	黄　林　2011.05－
统战部	部　长	杨红(女)　2008.12－2011.06 徐建军　2011.06－
	第一副部长	陈征勇　2010.09－
	副部长	谢　强　2006.06－ 郭应生　2008.06－ 何惠宏　2010.09－2011.05 梁逸祥　2011.06－
民族宗教事务委员会	主　任	郭应生(兼)　2008.06－
对台办(台湾事务办)	主　任	陈征勇(兼)　2010.09－

单　位	职　务	姓　名　　任职时间
纪　委	书　记	莫景彪　2009.04－2011.06 杨树信　2011.06－
	副书记	谢华强　2006.06－2011.05 黄朝阳　2010.06－ 李　欣　2011.05－
纪委办公室	主　任	周海帆　2010.06－2011.05 陈广艳(女)　2011.05－
案件审理室	主　任	刘美红(女)　2008.06－
纪检监察室	主　任	叶　辉　2010.06－
执法监察室	主　任	邹冬梅(女)　2010.06－
行政效能监察室	主　任	陈广艳(女)　2010.06－2011.05 韩强生　2011.05－
调研教育室	主　任	李毓(女)　2011.05－
信访室	主　任	杨雪峰(女)2005.10－2011.05 苏进悦　2011.05－
党风廉政建设室	主　任	李红梅(女)　2008.06－
纠风室	主　任	钟战英(女)　2011.05－
监察局	局　长	谢华强　2006.07－2011.07 黄朝阳　2011.07－
	副局长	黄毓林　2003.06－2011.01 李　欣　2009.07－2011.06 梁兴敏　2010.06－ 周海帆　2011.06－
组织部	部　长	李　光　2010.06－
	常务副部长	李春初　2010.09－2011.05 陈明超　2011.05－
	副部长	李会文(兼)　2004.04－ 刘永焜　2007.03－2011.05 陈红梅(女)　2009.07－2011.05 庞广健　2010.08－ 邹雪燕(女,兼)2010.08－ 罗　勇　2011.05－ 陈红梅(女,兼)2011.07－
知工办	主　任	庞广健(兼)　2010.08－
远程办	主　任	陈剑锋　2009.12－

续表

单　位	职　务	姓　名　　任职时间
非公经济组织和新社会组织党工委	副书记	唐晓林　2011.05 – 陈红梅(女)　2011.07 –
宣传部	部　长	莫科奇　2006.07 – 2011.06 杨　红(女)2011.06 –
	第一副部长	田雁冰　2009.07 –
	副部长	杨　斌　2003.05 – 蒋敏华(女)2006.09 –
精神文明办	主　任	杨　斌(兼)2006.09 –
	副主任	吕　勇　2006.09 – 钟战英(女)2008.06 – 2011.05 杨　洁(女)2011.05 –
国防教育办	主　任	田雁冰(兼)2009.07 – 2011.05 蒋敏华(女,兼)2011.05 –
新闻管理办	主　任	田雁冰(兼)2009.12 – 2011.05
	副主任	黄宇翔　2009.12 – 朱勇健(女)2009.12 – 2011.05
政法委	书　记	张洪振　2008.11 – 2011.06 梁　伟　2011.06 –
	第一副书记	梁　伟(兼)2010.02 – 2011.06 杨　健(兼)2011.11 –
	常务副书记	陈　军　2010.08 –
	副书记	谢鸿文　2001.12 – 全忠常　2009.07 – 卢　辉　2010.08 –
	纪工委书记	李　民　2006.10 –
处理“法轮功”问题领导小组办公室	主　任	谢鸿文(兼)　2003.05 –
	副主任	吕树球　2008.11 –
综治委办公室	主　任	卢　辉(兼)2010.08 –
	副主任	梁业成　2002.08 – 2011.05 陈　崇　2011.05 –
维稳办	主　任	全忠常(兼)2010.06 –
	副主任	朱和文　2011.05 –

单　位	职　务	姓　名　　任职时间
武装部	部　长	史习武　2009.01 –
	政　委	钟绍达　2009.01 –
	副部长	陈冠华　2007.04 – 吴继东　2009.06 –
绩效办	主　任	黄毓林　2010.06 –
	副主任	谢小芬(女)　2010.12 – 明承阳　2011.05 –
区直机关工委	书　记	钟发全　2010.08 –
	副书记	王伟容(女)　2006.09 –
	委员、武装部长	钟　根　2007.04 –
老干部局	局　长	邹雪燕(女)　2010.08 –
	副局长	陈　芳(女)　2009.11 – 2011.05 梁永裕　2011.05 –
党史办	主　任	关敦励　2006.06 – 2011.07 李然厚　2011.07 –
	副主任	陈炳焕　2003.05 – 2011.06 梁永裕　2007.03 – 2011.05 苏　梅(女)2011.05 –
方志办	主　任	关敦励(兼)2006.06 – 2011.07 李然厚(兼)2011.07 –
	副主任	陈炳焕(兼)2003.06 – 2011.06 梁永裕(兼)2007.03 – 2011.05 苏梅(女、兼)2011.05 –
区委党校	校　长	李岗(兼)2010.02 – 2011.06 赵翔(兼)2011.06 –
	常务副校长	吕小林　2010.08 –
	副校长	陈红梅(女)2006.09 – 2011.07 姚海林　2008.06 –
总工会	主　席	莫礼荣　2007.03 –
	党组书记	阮玉娟(女)　2007.03 –
	党组副书记	韦　洪　2007.03 –
	副主席	阮玉娟(女)　2007.03 – 韦　洪　2007.03 – 王　鹍　2005.11 – 朱庆佳　2008.05 –

续表

单　位	职　务	姓　名　　任职时间
共青团	书　记	谢湛华　2009.12－2011.05 覃海东　2011.05－
	副书记	胡钰琼(女)2009.12－ 庞文驹(挂职)2011.02－2011.12
妇联	主　席	邬伟宁(女)2008.06－2011.05 黄丽华(女)2011.05－
	副主席	钟东英(女)2003.05－ 卢艺梅(女)2006.09－
残联	理事长	梁逸祥　2006.12－2011.05 张瑞源　2011.05－
	副理事长	覃超萍(女)2003.05－
工商联	主　席	庞富英(女)2008.07－
	党组书记	谢　强　2008.07－
	副主席	谢　强　2008.07－ 曾　传　2008.06－2011.05 蒙　球(女)2009.12－
侨联	主　席	李　钊(女)2007.04－2011.05 邱晓凤(女)　2011.05－
人力资源和社会保障局	局　长	李会文　2010.02－
	党组书记	陈大球　2010.02－
	党组副书记	李会文　2010.02－
	副局长	陈大球　2010.02－ 张春英(女)2010.02－ 江　萍(女)2010.02－ 卢运修　2010.02－
	纪检组长	吕　军　2010.02－
编委办	主　任	刘永焜　2006.12－2011.05 陈红梅(女)2011.05－
	副主任	莫杜杜(女)2007.03－2011.05 袁锋宜　2008.05－2011.05 卢庆南　2011.05－
信访局	局　长	卢保全　2010.02－2011.05 黎杰图　2011.05－
	副局长	黎　创　2010.02－ 何卫(女,兼)2010.02－2011.05 蒋　裕　2011.05－
民政局	局　长	杜成斌　2010.02－

单　位	职　务	姓　名　　任职时间
民政局	党组书记	冯　忠　2010.02－
	党组副书记	杜成斌　2010.02－
	副局长	农品政(兼)　2003.05－ 李　冰(女)2007.03－2011.05 冯　忠　2010.02－ 陈维健(女)2011.05－
	纪检组长	陈维健(女)2010.02－2011.05 李剑珍(女)2011.05－
老龄办	主　任	农品政　2001.12－
	副主任	甘郁霞(女)2011.05－
审计局	局　长	宋寿宁　2005.11－
	党组书记	庞祥昌　2007.04－
	党组副书记	宋寿宁　2007.04－
	副局长	朱　玲(女)2006.09－ 庞祥昌　2007.04－
	纪检组长	曾国运　2011.05－
发展和改革局	局　长	梁　蓉(女)2006.12－2011.05 李春初　2011.05－
	党组书记	钟永新　2009.07－2011.05 李春初　2011.05－
	党组副书记	梁　蓉(女)2009.07－2011.05
	副局长	潘　伟　2007.04－ 甘郁霞(女)2007.04－2011.05 钟永新　2009.07－2011.05 何桥文　2010.09－ 何惠宏　2011.05－ 岑丽芳(女)2011.05－
	纪检组长	徐　军　2008.06－
粮食局	局　长	冯正军　2009.12－
	党组书记	陈继升　2009.12－2011.05 涂第进　2011.05－
	党组副书记	冯正军　2009.11－
	副局长	涂第进　1998.08－ 黄　平　2006.08－ 陈继升　2009.05－2011.05 许育俊　2011.05－
	纪检组长	涂第进(兼)　2007.03－2011.05

续表

单位	职务	姓名 任职时间
经贸局	局长	黄宇健 2009.07 –
	党组书记	李致辉 2010.08 –
	党组副书记	黄宇健 2009.07 –
	副局长	潘义勇 2006.06 – 2011.05 梁永安 2006.09 – 黄少洪 2010.09 – 李致辉 2010.10 – 卓家旭 2011.05 –
中小企业局	局长	黄宇健(兼) 2009.07 –
	副局长	潘义勇(兼) 2006.06 – 2011.05 梁永安(兼) 2006.08 – 李致辉(兼) 2010.10 – 卓家旭(兼) 2011.05 –
招商促进局	局长	禤先旺 2006.12 – 2011.05 黄旭雄 2011.05 –
	副局长	林芳荣 2004.07 – 胡 雪(女)2007.03 – 2011.05 陈东华(女)2009.08 – 2011.06 张 婕(女)2011.05 –
投诉中心	主任	禤先旺(兼)2006.12 – 2011.05 黄旭雄(兼)2011.05 –
	副主任	林芳荣(兼)2004.07 –
工业集中区管理委员会	书记	罗绍崇 2007.04 –
	副书记	朱科安 2007.04 –
	主任	朱科安 2007.04 –
	副主任	梁 俊 2007.04 – 蔡 敏(女)2007.03 – 2011.05 罗秋莉(女,挂职一年)2011.05 – 潘义勇 2011.05 –
教育局	局长	李 志 2006.12 – 2011.06 莫东妮(女)2011.06 –
	党组书记	漆梅春 2009.04 – 2011.05 谢华强 2011.05 –
	党组副书记	李 志 2009.04 – 2011.05 莫东妮(女)2011.05 –
	副局长	卢湘南 2003.05 – 2011.05 覃丽萍(女)2007.04 – 漆梅春 2009.04 – 2011.05 王 莉(女)2009.07 – 谢华强 2011.06 –
教育局	纪检组长	卢湘南(兼) 2007.03 –
科技局	局长	誉德萍(女)2009.12 –
	党组书记	邱晓凤(女)2008.06 – 2011.05 钟永新 2011.05 –
	党组副书记	誉德萍(女)2009.11 –
	副局长	杨钧林(女)2006.09 – 邱晓凤(女)2008.06 – 2011.05 唐晓林 2009.07 – 2011.05 钟永新 2011.05 – 梁垂贤 2011.05 –
知识产权局	局长	誉德萍(女,兼)2010.06 –
	副局长	邱晓凤(女,兼)2010.06 – 2011.05 杨钧林(女,兼)2010.06 – 唐晓林(兼)2010.06 – 2011.05 钟永新(兼)2011.05 – 梁垂贤(兼)2011.05 –
科学技术协会	主席	梁连娣(女)2006.08 –
	副主席	杨 洁(女)2009.12 – 2011.05 陈炳焕 2011.06 –
地震局	局长	唐世祥(女)2006.09 – 2011.05 李 钊(女)2011.05 –
文化和体育局	局长	谭艳艳(女)2008.05 –
	党组书记	潘岳华 2007.03 – 2011.05 陈天国 2011.05 –
	党组副书记	谭艳艳(女)2008.05 –
	副局长	潘岳华 2007.03 – 2011.05 卢雪琳(女)2009.12 – 陈天国 2011.05 –
	纪检组长	张剑平 2008.06 – 2011.05 莫朝荣 2011.05 –
文联	主席	谭艳艳(女,兼)2008.06 –
	副主席	潘岳华(兼)2007.03 – 2011.05 誉德妮(女)2011.05 –
卫生局	局长	吴 旗 2009.07 –
	党组书记	庞诰雄 2006.12 –
	党组副书记	吴 旗 2009.07 –
	副局长	李德干(兼) 2007.04 – 庞诰雄 2009.07 – 丘力帆(女)2009.07 –

续表

单　位	职　务	姓　名　　任职时间
卫生局	纪检组长	丘力帆（女，兼）2009.07－
红十字会	会　长	吴　旗（兼）　2009.07－2011.05 黄　辉（女）2011.05－
检察院	检察长	庞振钰（代）　2010.07－2011.03 庞振钰　2011.03－2011.07 覃广雄（代）　2011.07－2011.09 覃广雄　2011.09－
	党组书记	庞振钰　2010.07－2011.07 覃广雄　2011.07－
	副检察长	吴兴龙　2005.11－ 冯国亮　2007.05－ 谭雄燕（女）2007.05－ 郑燕(女,挂职一年)2010.08－2011.08 覃广雄　2011.07－2011.09
	纪检组长	朱汉忠　2007.05－
	专职检委委员	钟惠伟　2010.06－ 覃静惟（女）2011.06－
法院	院长	黎汉飞（代）　2010.07－2011.03 黎汉飞　2011.03－
	党组书记	黎汉飞　2010.07－
	副院长	沙永强　2005.02－ 文廉雄　2005.02－ 陈景光　2007.12－ 徐光宇　2009.04－－ 吴仲进（挂职一年）2010.08－－ 黄　海　2010.11－
	纪检组长	文惠新（女）2010.12－
司法局	局　长	罗承意　2006.07－
	党组书记	罗承意　2007.05－
	副局长	吴　汉　2007.06－2011.06 梁德友　2003.05－2011.06 梁业成　2011.06－ 梁　诗　2011.06－
	纪检组长	陈美云（女）2011.05－
调处办	主　任	梁德春　2010.08－
	副主任	林锡堂　2006.06－2011.05 梁　诗　2008.05－2011.06 陈　南　2011.05－ 朱传定　2011.05－
市公安局玉州分局	局　长	蒋正华　2009.06－2011.12 卢　山　2011.12－
	政　委	李永志　2009.06－2011.12 陆建国　2011.12－
	副局长	姚　展　2000.09－ 莫廷遥　2005.09－2011.04 曾茂全　2005.09－ 梁慈猛　2009.04－ 梁业进　2009.04－2011.01 陈华晞　2009.10－ 林　斌　2009.10－ 钟　汉　2010.03－ 庞　澎　2011.01－ 罗建成　2011.04－ 庞中奇　2011.04－ 刘钰铭　2011.10－ 黎　健　2011.10－
财政局	局　长	黄小明　2010.02－
	党组书记	李顺明　2010.02－2011.05 刘永焜　2011.05－
	党组副书记	黄小明　2010.02－
	副局长	何旭强　2003.05.－2011.01 梁其斌　2007.04－ 李顺明　2010.02－2011.05 刘永焜　2011.05－ 覃伟仲　2011.05－
	纪检组长	罗燕青（女）2006.09－
资金管理局	局　长	何旭强（兼）2009.07－2011.01 梁其斌（兼）　2011.05－
	副局长	吴海宁　2007.07－ 林　玲（女）2008.06－
区国家税务局	局　长	梁　明　2009.03－
	副局长	陈永红　2005.07－ 梁德明　2005.07－ 苏　洲　2009.11－ 吴海川　2009.10－
	纪检组长	卢　丹　2010.04－
区地方税务局	局　长	陈忠球　2007.03－2011.06 陈雄林　2011.09－
	副局长	陈雄林　2002.04－2011.10

续表

单　位	职　务	姓　名　任职时间
区地方税务局	副局长	范小龙　1994.08－2011.05 陈　政　2002.03－ 陈　林　2011.11－ 李元勋　2011.11－
	纪检组长	范小龙　2011.11－
交通运输局	局　长	林雍肖　2010.02－
	党组书记	刘桂南　2010.02－2011.05 李顺明　2011.05－
	副书记	林雍肖　2010.02－
	副局长	刘桂南　2010.02－2011.05 文小剑　2010.02－ 李顺明　2011.05－ 吴　昊　2011.05－
	纪检组长	吴　昊　2010.02－
农业局	局　长	杨　平　2009.07－
	党组书记	李然厚　2010.08－2011.07 关敦勋　2011.07－
	党组副书记	杨　平　2009.07－
	副局长	唐　伟　2000.01－2011.05 李然厚　2010.08－2011.07 关敦勋　2011.07－ 覃　艳(女)2011.05－ 蒋垂武　2011.05－
	纪检组长	陈　崇　2007.03－2011.05
农村经济经营管理办公室	主　任	杨　平(兼)2009.07－
	副主任	王飞前　2006.01－ 陈丕勤　2006.06－ 谭雄健　2008.06－ 钟寿隆　2009.01－
扶贫办	主　任	陈　亮　2009.07－
	副主任	黄斌东　2011.05－
林业局	局　长	黄康乐　2006.07－
	党组书记	黄康乐　2007.03－2011.05 陈继升　2011.05－
	党组副书记	黄康乐　2011.05－
	副局长	罗运高　2006.09－ 黄丽霞(女)2007.03－ 陈继升　2011.05－

单　位	职　务	姓　名　任职时间
水利局	局　长	罗　新　2009.07－2011.10
	党组书记	唐　苷(女)2006.06－
	党组副书记	罗　新　2009.07－2011.10
	副局长	唐　苷(女)2006.07－ 陈政湖　2007.03－ 沈德贤　2008.05－
	纪检组长	梁雪英(女)2011.05－
水库移民局	局　长	陈政湖(兼)2009.12－
	副局长	蒋　跃　2011.05－
人口和计划生育局	局　长	莫东妮(女)2007.03－2011.06 庞彤彤(女)2011.06－
	党组书记	陈伟杰　2007.04－
	党组副书记	莫东妮(女)2007.03－2011.05 庞彤彤(女)2011.05－
	副局长	唐积辉　2006.09－2011.05 蔡献辉　2009.07－ 张　波　2011.05－
	纪检组长	张　波　2006.09－2011.05 李绍彬(女)2011.05－
水产畜牧兽医局	局　长	黄祖源　2007.09－
	党组书记	秦寿雄　2007.06－
	党组副书记	黄祖源 2007.06－
	副局长	秦寿雄　2007.07－ 蒋垂武　2007.07－2011.05 梁悦玲(女)2007.07－
	纪检组长	张剑平　2011.05－
统计局	局　长	覃承昆　2006.12－2011.06 陈小林　2011.05－
	党组书记	黎　贞(女)2009.07－
	党组副书记	覃承昆　2009.07－2011.05 陈小林　2011.05－
	副局长	黎　贞(女)1999.08－ 梁超梅(女)2006.09－
外事侨务办	主　任	廖贤伟(女)2007.11－
	副主任	王　坚　2007.11－

续表

单位	职务	姓名 任职时间
法制办	主任	管小伟(女,兼)2006.09 -
	副主任	李星瑜(女)2010.12 -
档案局(馆)	局长(馆长)	陈　薇(女)2003.05 -
	副局长(副馆长)	陈福军　2006.08 -
直属机关后勤服务中心、直属机关事务管理局	主任、局长	凌军英(女)2007.03 -
	党组书记	胡维洲　2007.04 -
	党组副书记	凌军英(女)2007.03 -
	副主任、副局长	胡维洲　1997.11 - 黄巧兢(女)2006.08 - 明承阳　2009.07 - 2011.05 赵崇诚　2011.05 -
	纪检组长	黄巧兢(女,兼)2006.08 -
旅游接待办	主任	苏德礼　2003.05 - 2011.05 蔡　敏(女)2011.05 -
	副主任	欧小燕(女)2006.11 -
住房和城乡建设局	局长	梁志文　2010.02 -
	党组书记	黎　茵　2010.02 -
	党组副书记	梁志文　2010.02 -
	副局长	黎　茵　2010.02 - 杨　平　2010.02 - 罗中鹏　2010.09 -
	纪检组长	卢建琳(女)2010.02 -
安全生产监督管理局	局长	罗　华　2010.06 -
	党组书记	罗　华　2010.06 -
	副局长	张家荣　2008.05 - 卓家旭　2009.07 - 2011.05 梁德友　2011.05 -
	纪检组长	赖栋梁　2007.04 -
环保局	局长	莫　军　2008.11 -
	党组书记	陈广川　2010.08 -
	副局长	黄承坚　2008.11 - 陈广川　2010.08 -
	纪检组长	杨雪峰(女)2011.05 -

单位	职务	姓名 任职时间
供销合作联社	党委书记	黄秀志　2009.07 -
	副书记	林　冰(女)2009.07 - 2011.10
	主任	林　冰(女)2009.07 - 2011.10
	副主任	黄秀志　2001.12 -
	纪委书记	林少月　2009.07 -
二轻城镇集体工业联社	主任	张熙栋　1997.11 -
商业发展总公司	党委书记	曾展雄　2007.04 -
	总经理	张仕育　2006.11 -
外贸总公司	总经理	庞　伟　2001.12 -
	副总经理	罗国初　1997.11 - 黄家祺　2001.12 - 庞祖伟　2001.12 -
玉城街道	书记	杨　健　2010.08 - 2011.05 钟　辉　2011.05 -
	副书记	龚宁宁　2006.04 - 黄丽华(女)2008.05 - 2011.05 潘　琦(挂职二年)2010.05 - 陈　颖　2010.08 - 周　亮　2010.08 - 2011.05 卢明刚 2011.05 - 钟　军　2011.05 -
	组织委员	韦建华　2011.05 -
	宣传委员	林新萍(女)2005.11 - 2011.05 李虹樟(女)2011.05 -
	统战委员	张　婕(女)2009.07 - 2011.05 黄　强　2011.05 -
	纪检书记	谢　斌　2009.07 - 2011.05 薛　锋　2011.05 -
	主任	陈　颖　2010.09 -
	副主任	陈伟波　2005.10 - 2011.05 钟　军　2006.04 - 2011.05 黄　林　2008.05 - 2011.05 谢　健(女)2010.07 - 罗小红(女)2011.05 -

续表

单　位	职　务	姓　名　　　任职时间
玉城街道	副主任	文　晖　2011.05 – 顾朝贵　2011.05 –
南江街道	书　记	梁兴文　2010.08 –
	副书记	李　毅　2008.06 – 梁承跃　2009.04 – 2011.05 吴学坚（挂职二年）2010.05 – 吴朝宗　2010.07 – 周志明　2011.05 – 罗　洁（女）2011.05 –
	组织委员	易信东　2006.04 – 2011.05 李彦霖　2011.05 –
	宣传委员	张　军　2006.04 – 2011.05 陶永业　2011.05 –
	统战委员	周志明　2006.04 – 2011.05 文　潮　2011.05 –
	纪检书记	苏进悦　2006.04 – 2011.05 蒙绍春（女）2011.05 –
	武装部长	樊成勇　2010.07 –
	主　任	吴朝宗　2010.09 –
	副主任	卢庆南　2006.04 – 2011.05 黄斌东　2008.05 – 2011.05 罗　洁（女）2009.05 – 2011.05 冯　乾　2007.03 – 2011.05 蒋跃（挂职一年）2010.03 – 2011.03 禤绪强　2011.05 – 樊成勇（兼）2011.05 – 何桥文（挂职一年）2011.05 –
名山街道	书　记	钟　辉　2010.08 – 2011.05 黄育军　2011.05 –
	副书记	吕惠军　2008.05 – 2011.05 周海帆（挂职二年）2010.05 – 陈雪敏（女）2010.06 – 2011.05 黄育军　2010.08 – 2011.05 李　剑　2010.08 – 2011.05 陈国锦　2011.05 – 陈伟波　2011.05 – 冯　乾　2011.05 – 黄少洪（挂职）2011.05 –
	组织委员	顾朝贵　2009.12 – 2011.05 陈静云（女）2011.05 –
名山街道	宣传委员	韦建华　2010.12 – 2011.05 张　军　2011.05 –
	统战委员	黄　强　2005.10 – 2011.05 陈善红（女）2011.05 –
	武装部长	熊家友　2005.07 – 2011.05
	纪检书记	文　福　2011.05 –
	主　任	黄育军　2010.09 – 2011.05 陈国锦　2011.05 –
	副主任	蒋　裕　2005.07 – 2011.05 胡志健（挂职一年）2010.03 – 2011.03 罗小红（女）2010.07 – 2011.05 胡伟慧（女）2010.12 – 巫小军　2011.05 – 刘　雄　2011.05 – 谢　斌　2011.05 – 胡志健（挂职一年）2011.06 –
城西街道	书　记	吴　伟　2005.10 – 2011.05 罗　坚　2011.05 –
	副书记	许育俊　2006.04 – 2011.05 梁文斌　2009.04 – 2011.05 陈少宇　2009.08 – 李军（挂职一年）2010.03 – 2011.03 卓刚（挂职二年）2010.05 – 何岗阳　2010.08 – 唐桂琪　2010.08 – 2011.05 谭雄文　2011.05 – 李小鹰（女）2011.05 – 陈东华（女）2011.06 –
	组织委员	李剑珍（女）2007.04 – 2011.05 梁　宇　2011.05 –
	宣传委员	巫小军　2006.04 – 2011.05 卢国勇　2011.05 –
	统战委员	李　彤（女）2006.04 – 2011.05 蒋发进　2011.05 –
	纪检书记	文　福　2006.04 – 2011.05 陈　军　2011.05 –
	武装部长	杨柏林　2010.07 – 2011.05
	主　任	梁文斌　2009.04 – 2011.05 李小鹰（女）　2011.05 –
	副主任	禤绪强　2006.04 – 2011.05

续表

单　位	职　务	姓　名　　任职时间
城西街道	副主任	谭雄文　2006.04－2011.05 黄　霞(女)2009.07－ 陈少宇　2009.08－ 陈　南(兼,2010.06后任)2009.12－2011.05 李军(挂职一年)2010.03－2011.03 张　永　2011.05－ 唐旭坚　2011.05－ 姚海林(挂职一年)2011.06－
城北街道	书　记	徐建军　2005.11－2011.05 梁远洪　2011.05－
	副书记	林锦芳(女)2006.04－2011.05 钟　军　2008.06－2011.05 胡钰琼(女,挂职一年)2010.03－2011.03 陈东华(女,挂职二年)2010.05－ 周　亮　2011.05－ 罗建勇　2011.05－ 苏　伟　2011.05－ 高永坚　2011.05－
	组织委员	罗　勇　2006.04－2010.02 张　涛　2011.05－
	宣传委员	周言军　2006.12－2011.05 邹　琴(女)2011.05－
	统战委员	杨少芳(女)2006.04－2011.05
	纪检书记	郑光强　2006.04－2011.05 吴宗健　2011.05－
	主　任	周　亮　2011.05－
	副主任	曾发慈　2005.07－2011.05 刘　雄　2005.11－2011.05 罗建勇　2009.07－2011.05 陶永业　2006.04－2011.05 郑光强　2011.05－ 黄家惠　2011.05－ 杨少芳(女)2011.05－ 罗中鹏(挂职一年)2011.05－ 胡钰琼(女,挂职一年)2011.06－
仁东镇	书　记	吴厚强　2010.02－2011.05 卢保全　2011.05－
	副书记	庞彤彤(女)2009.04－2011.05 张波(挂职一年)2010.03－2011.03 周朝锋(挂职二年)2010.05－ 梁　楚　2010.08－ 梁承跃　2011.05－ 何　健(挂职一年)2011.06－
	组织委员	覃海东　2009.07－2011.05 杨　然　2011.05－
	宣传委员	李绍彬(女)2006.04－2011.05 周言军　2011.05－
	统战委员	文　潮　2008.05－2011.05 陈华红(女)2011.05－
	纪检书记	曾　榕(女)2011.05－
	镇　长	庞彤彤(女)2009.04－2011.06 梁承跃　2011.07－
	副镇长	李绍彬(女)2006.06－2011.05 唐旭坚　2008.05－2011.05 伍贤初　2011.07－ 周言军　2011.07－ 钟永安　2011.07－ 陈素梅(女,挂职二年)2011.07－
	人大主席	梁　楚　2011.07－
	副主席	黎富明　2011.07－
茂林镇	书　记	唐泽林　2009.04－2011.05 朱小波　2011.05－
	副书记	朱小波　2009.04－2011.05 唐　维　2009.04－ 黄家寿(挂职)2010.08－
	组织委员	甘　伟　2008.05－2011.05 宁一强　2011.05－
	宣传委员	曾宏波　2007.03－2011.05 吴　沫(女)2011.05－
	统战委员	甘　伟(兼)2008.05－2011.05 黎　雁(女)2011.05－
	纪委书记	黄志刚　2008.06－
	镇　长	朱小波　2009.04－2011.05 唐　维　2011.07－
	副镇长	宁雪丽(女)2008.05－ 刘　伟　2009.06－ 吴　沫(女)2010.04－
	人大主席	唐　维　2009.04－2011.07 甘　伟　2011.07－

续表

单　位	职　务	姓　名　　　任职时间
茂林镇	人大副主席	崔明光　2006.03 -
仁厚镇	书　记	罗　坚　2009.04 - 2011.05 甘　钫　2011.05 -
	副书记	甘　钫　2005.10 - 2011.05 卢明刚　2009.12 - 2011.05 钟维钊(挂职一年)2010.03 - 2011.03 卢雪琳(女,挂职二年)2010.05 - 朱建军(挂职二年)2010.07 - 禤先旺　2011.05 - 陈雪敏(女)2011.05 - 邹冬梅(女,挂职一年)2011.06 -
	组织委员	苏　伟　2006.04 - 2011.05 钟　艳(女)2011.05 -
	宣传委员	张　永　2006.04 - 2011.05 韦君荣　2011.05 -
	统战委员	蒋发进　2006.04 - 2011.05 李柱栋　2011.05 -
	纪检书记	薛　锋　2009.04 - 2011.05 陈　知　2011.05 -
	武装部长	黎志刚　2007.07 - 2011.05 孙　冬　2011.05 -
	镇　长	甘　钫　2009.12 - 2011.07 禤先旺　2011.07 -
	副镇长	张　永　2002.10 - 2011.05 文　晖　2006.04 - 2011.05 陈文坚　2008.05 - 2011.05 许　勇　2008.05 - 韦君荣　2011.07 - 罗永红(女)2011.07 -
	人大主席	卢明刚　2009.12 - 2011.05 陈雪敏(女)2011.07 -
	副主席	黎富明　2002.10 - 2011.05 罗启琛　2011.07 -

单　位	职　务	姓　名　　　任职时间
大塘镇	书　记	梁远洪　2010.08 - 2011.05 杨　海　2011.05 -
	副书记	杨　海　2009.12 - 2011.05 陈炳焕(挂职一年)2010.03 - 2011.03 蒙　球(女,挂职二年)2010.05 - 莫光武(挂职二年)2010.07 - 陈国锦　2010.08 - 2011.05
	副书记	何　卫(女)2011.05 - 肖德嵩　2011.05 - 杨显琪(挂职一年)2011.06 - 区　栩(挂职一月)2011.12 -
	组织委员	肖德嵩　2006.04 - 2011.05 曾冬华(女)2011.05 -
	宣传委员	覃　艳(女)2008.05 - 2011.05 陈　姬(女)2011.05 -
	统战委员	肖德嵩(兼)2006.04 - 2011.05 梁　卿　2011.05 -
	纪检书记	陈祖安　2009.11 -
	镇　长	杨　海　2009.12 - 2011.07 何　卫(女)2011.07 -
	副镇长	黄家惠　2006.04 - 梁垂贤　2006.04 - 2011.05 覃　艳(女)2008.05 - 2011.05 陈　姬(女)2011.07 - 梁　卿　2011.07 - 黎庆进　2011.07 -
	人大主席	陈国锦　2010.08 - 2011.05 肖德嵩　2011.07 -
	副主席	蓝源忠　2009.12 -

获奖单位名录

获奖单位	获奖项目	授予单位	获奖时间
玉林市玉州区	2011—2015年度全国科普示范县(市、区)	中国科学技术协会	2011.05
玉林市玉州区	“广西壮族自治区残疾人事业‘十一五’规划”全区残疾人工作先进县(市、区)	广西壮族自治区人民政府残疾人工作委员会	2011.07
玉林市玉州区	全区残疾人先进县(市、区)	广西壮族自治区人民政府残疾人工作委员会	2011.07
玉林市玉州区	安全生产工作优秀单位	玉林市人民政府	2011
玉林市玉州区	玉林市庆祝中共共产党成立90周年“颂歌献给党”歌咏比赛一等奖	中共玉林市委员会、玉林市人民政府	2011.06
玉林市玉州区	自治区招商引资项目大兑现工作示范县(市、区)	广西壮族自治区招商引资项目大兑现领导小组	2011
玉林市玉州区	自治区招商引资工作先进县(市、区)	广西壮族自治区人民政府	2011
玉州区区委办	2010—2011年度全区党委系统信息上报工作先进单位	中共广西壮族自治区委员会办公厅	2012.02
玉州区区委机要局	2011年度全区党委系统机要部门密码工作先进单位	中共广西壮族自治区委员会机要局	2012.03
玉州区人民法院	全国法院党建工作先进集体	全国最高人民法院	2011.06
玉州区人民法院	2010年度全区“无执行积案先进法院”	广西区高院	2011.02
玉州区人民法院	全区法院“立案窗口”创建工作达标单位	广西区高院	2011.02
玉州区人民法院	2010年度全区法院先进集体	广西区高院	2011.02
玉州区人民法院	2010年度全区法院精品案件	广西区高院	2011.02
玉州区人民法院	2010年度全区新农村指导员工作先进后盾单位	广西区组织部、农业厅等	2011.05
玉州区人民法院	全区法院文化建设示范单位	广西区高院	2011.08
玉州区人民法院	全区法院商事审判工作先进集体	广西区高院	2011.08
玉州区人民法院	全区法院司法警察岗位大练兵先进单位	广西区高院	2011.12
玉州区人民法院	2011年度全区“无执行积案先进法院”	广西区高院	2012.02
玉州区人民法院	2011年度全区法院先进集体	广西区高院	2012.02
玉州区人民法院	2010年度玉林市社会主义新农村建设先进后盾单位	中共玉林市委员会	2011.04
玉州区人民法院党总支	全区法院先进基层党组织	广西区高院	2011.06
玉州区人民法院党总支	全区政法系统先进基层党组织	广西政法委	2011.06
玉州区司法警察大队	全区法院司法警察工作先进集体	广西区高院	2011.04
玉州区检察院	第二届“人民满意的公务员集体”	广西壮族自治区人民政府	2011.02

续表

获奖单位	获奖项目	授予单位	获奖时间
玉州区人社局	自治区林业系统专业技术人员专业科目学习活动先进集体	广西区人社厅、林业厅	2011. 03
玉州区科协	2011 年广西青少年科技创新大赛优秀组织奖	广西壮族自治区科协、教育厅	2011. 04
玉州区发改局	2011 年全区发展改革系统“工作创新年”活动先进集体	广西壮族自治区发改委	2011. 12
玉州区发改局	2011 年度全区发展改革系统投资和重大项目推进工作优秀奖	广西壮族自治区发改委	2012. 02
玉州区发改局	2011 年度全市投资和重大项目推进工作一等奖	玉林市人民政府	2012. 02
玉州区宣传部	广西日报 2011 年度通讯报道先进单位甲等奖	广西日报社	2012. 02
玉州区统计局	第二次全国 R&D 资源清查工作先进集体	第二次全国 R&D 资源清查领导小组	2011. 05
玉州区统计局	第六次全国人口普查先进集体	广西壮族自治区人民政府第六次全国人口普查领导小组	2011
玉州区统计局	服务业统计工作三等奖	广西壮族自治区统计局办公室	2011. 12
玉州区统计局	城镇住户调查先进单位	广西壮族自治区统计局办公室	2012. 01
玉州区地方税务局玉城北区税务分局	广西集体二等功	广西壮族自治区人力资源和社会保障厅、广西壮族自治区地方税务局	2011. 08
玉州区城西街道残疾人联合会	广西残联系统先进集体	广西壮族自治区残疾人联合会	2009. 03
玉州区卫生局	2009—2011 年全区卫生基建项目工作先进集体	广西壮族自治区卫生厅	2012. 04
玉州区城北街道社区卫生服务中心	2009—2011 年全区卫生基建项目工作先进集体	广西壮族自治区卫生厅	2012. 04
玉州区农业局	农业部广西无公害蔬菜生产技术示范推广2008—2010 年度全国农牧渔业丰收奖三等奖	国家农业部	2011. 03
玉州区农业局	广西第一次全国农业污染源普查先进集体	广西壮族自治区农业厅	2011. 02
玉州区农业局	自治区 2009—2000 年度农药市场监管年工作先进集体	广西壮族自治区农业厅	2011. 03
玉州区植保站	自治区 2010 年全区南方水稻黑条矮缩病防控工作先进单位	广西壮族自治区农业厅	2011. 03
玉州区玉城街道工会	2010 年度全国百家示范乡镇（街道）工会	中华全国总工会	2011
玉州区玉城街道党工委	自治区先进基层党组织	中共广西壮族自治区委员会	2011. 06
玉州区玉城街道工会	广西工会“四好”女职工组织标准化建设先进单位	广西壮族自治区总工会	2011

续表

获奖单位	获奖项目	授予单位	获奖时间
玉州区玉城街道党工委	玉林市先进基层党组织	中共玉林市委员会	2011. 06
玉州区玉城街道	2010 年度玉林市信访工作先进单位	中共玉林市委员会	2011. 06
玉州区玉城街道	2006—2010 年全市法制宣传教育先进乡（镇、街道）	中共玉林市委员会、玉林市人民政府	2011
玉州区玉城街道	玉林市十佳平安乡镇（街道）	中共玉林市委员会、玉林市人民政府	2011. 01
玉州区玉城街道	自治区和谐街道	广西壮族自治区精神文明建设委员会	2011. 05
玉州区南江街道	自治区和谐街道	广西壮族自治区精神文明建设委员会	2011. 05
玉州区南江街道	自治区第六次全国人口普查先进集体	广西壮族自治区第六次全国人口普查领导小组	2011. 12
玉州区仁厚镇	2006—2010 年全市法制宣传教育先进乡（镇、街道）	中共玉林市委员会、玉林市人民政府	2011. 12
玉州区仁东镇	自治区和谐乡镇	广西壮族自治区精神文明建设委员会	2011. 05
玉州区仁东镇林业站	“十一五”期间全区乡镇林业工作站先进集体	广西壮族自治区林业局	2011. 01
玉州区城西街道	2011 年度自治区和谐街道	广西壮族自治区精神文明建设委员会	2011. 05
玉州区城西街道	玉林市 2011 年度平安街道	中共玉林市委、玉林市人民政府	2011
玉州区大塘镇	2010 年度全区优秀公安基层单位	广西壮族自治区公安厅	2011. 02
玉林市玉州区东环小学 059 书韵中队	广西向阳花中队	共青团广西壮族自治区委员会	2011. 08
玉林市玉州区古定小学 088 中队	广西向阳花中队	共青团广西壮族自治区委员会	2011. 08
玉州区仁东镇团委	2010 年度广西“两新”组织	共青团广西壮族自治区委员会	2011. 02
玉州区仁东镇团委	农民工团建百日攻坚行动先进集体	共青团广西壮族自治区委员会	2011. 02
玉州区玉城街道北辰社区团支部	2010 年度“广西五四红旗团支部（总支部）”	共青团广西壮族自治区委员会	2011. 05
玉州区仁东镇	自治区“九大和谐建设”先进单位	广西壮族自治区精神文明建设委员会	2011. 05
仁东镇鹏垌村龙屏庄	自治区“九大和谐建设”先进单位	广西壮族自治区精神文明建设委员会	2011. 05
玉州区玉城街道	自治区“九大和谐建设”先进单位	广西壮族自治区精神文明建设委员会	2011. 05

续表

获奖单位	获奖项目	授予单位	获奖时间
玉州区南江街道	自治区“九大和谐建设”先进单位	广西壮族自治区精神文明建设委员会	2011.05
玉州区名山街道	自治区“九大和谐建设”先进单位	广西壮族自治区精神文明建设委员会	2011.05
玉州区城西街道	自治区“九大和谐建设”先进单位	广西壮族自治区精神文明建设委员会	2011.05
玉城街道南观社区	自治区“九大和谐建设”先进单位	广西壮族自治区精神文明建设委员会	2011.05
南江街道南江社区	自治区“九大和谐建设”先进单位	广西壮族自治区精神文明建设委员会	2011.05
名山街道五里桥社区	自治区“九大和谐建设”先进单位	广西壮族自治区精神文明建设委员会	2011.05
玉林市富英制革有限公司庞富英家庭	自治区“九大和谐建设”先进单位	广西壮族自治区精神文明建设委员会	2011.05
东环小学	自治区“九大和谐建设”先进单位	广西壮族自治区精神文明建设委员会	2011.05
中国移动玉州分公司	自治区“九大和谐建设”先进单位	广西壮族自治区精神文明建设委员会	2011.05
城西卫生院宿舍住宅小区	自治区“九大和谐建设”先进单位	广西壮族自治区精神文明建设委员会	2011.05

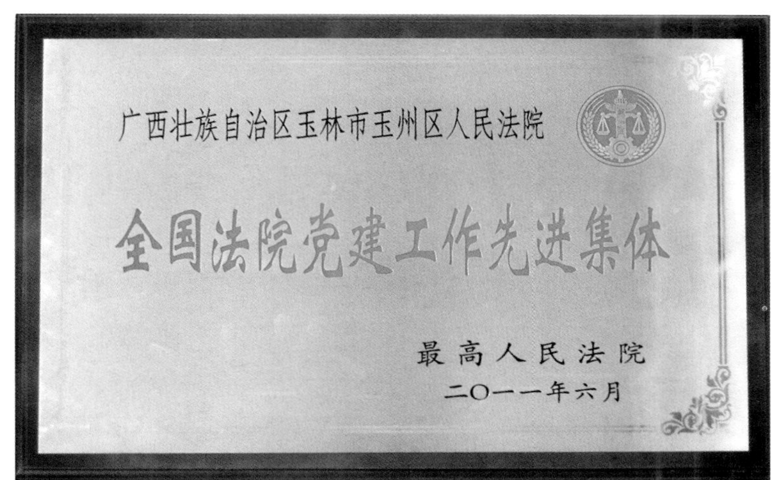

全国党建工作先进集体

获奖个人名录

获奖个人	获奖单位	获奖项目	授予单位	获奖时间
黎彬贞	玉州区仁厚镇茂岑村	全国种粮售粮大户	国务院	2011.12
文惠新	玉州区人民法院	全国三八红旗手	全国妇女联合会	2011.02
文惠新	玉州区人民法院	新中国成立以来广西最具影响力的劳动模范	广西总工会	2011.08
李　刚	玉州区委办	2010－2011 年度全区党委督查工作先进个人	中共广西壮族自治区委员会办公厅	2012.02
谢湛华	玉州区委办	广西优秀共青团干部	共青团广西壮族自治区委员会	2011.05
王信玖	玉州区委办	2010－2011 年度全区党委系统信息上报工作先进个人	中共广西壮族自治区委员会办公厅	2012.02
刘永焜	玉州区委组织部	全区组织工作优秀组工干部	广西壮族自治区党委组织部	2011.05
刘永焜	玉州区财政局	玉林市优秀党务工作者	中共玉林市委员会	2011.06
陈汝秋	玉州区委组织部	全区组织系统网络宣传工作网络宣传员	广西壮族自治区党委组织部	2011.04
杨学谔	玉州区基层办	玉林市优秀共产党员	中共玉林市委员会	2011.06
唐　俭	玉州区人民法院	法治法院法官全国法院情景书画摄影展览优秀奖	全国最高人民法院	2011.05
唐　俭	玉州区人民法院	全区法院预备法官培训优秀学员	广西法官学院	2011.03
黎　霞	玉州区人民法院	全区法院司法警察岗位大练兵训练标兵	广西区高级人民法院	2011.12
黎　霞	玉州区人民法院	全区司法警察工作先进个人	广西区高级人民法院	2011.04
陈　榆	玉州区人民法院	全区法院先进个人	广西区高级人民法院	2011.02
陈　榆	玉州区人民法院	全区法院三等功	广西区高级人民法院	2011.02
刘景华	玉州区人民法院	广西法院系统第二十一届学术论文优秀奖	广西区高级人民法院	2011.01
李宏声	玉州区人民法院	全区法院先进个人	广西区高级人民法院	2011.02
李宏声	玉州区人民法院	全区法院三等功	广西区高级人民法院	2011.02
李宏声	玉州区人民法院	2010 年度全区社会治安综合治理优秀新闻作品优秀奖	广西区政法委	2011.05
陈　斌	玉州区人民法院	全区法院办案标兵	广西区高级人民法院	2011.02
陈　斌	玉州区人民法院	全区法院三等功	广西区高级人民法院	2011.02
徐建国	玉州区人民法院	全区法院优秀党务工作者	广西区高级人民法院党组	2011.06

续表

获奖个人	获奖单位	获奖项目	授予单位	获奖时间
梁　林	玉州区人民法院	全区法院优秀共产党员	广西区高级人民法院	2011.06
刘国振	玉州区人民法院	全区法院系统嘉奖	广西区高级人民法院	2011.10
肖伯春	玉州区人民法院	全区法院系统嘉奖	广西区高级人民法院	2011.10
冯玉龙	玉州区人民法院	全区法院系统嘉奖	广西区高级人民法院	2011.10
冯玉龙	玉州区人民法院	全区法院司法警察岗位大练兵训练标兵	广西区高级人民法院	2011.12
蔡芝生	玉州区人民法院	全区法院司法警察岗位大练兵训练标兵	广西区高级人民法院	2011.12
李　文	玉州区人民法院	全区法院商事审判工作先进个人	广西区高级人民法院	2011.08
陈　波	玉州区人民法院	全区加强和创新社会管理理论研讨会三等奖	广西壮族自治区综治办	2011.12
梁　凤	玉州区人民法院	全区加强和创新社会管理理论研讨会三等奖	广西壮族自治区综治办	2011.12
蒲继宗	玉州区人民法院	全区加强和创新社会管理理论研讨会三等奖	广西壮族自治区综治办	2011.12
刘美兰	玉州区检察院	2008－2010年度全区检察机关工作先进个人	广西壮族自治区人民检察院	2011.01
谢健平	玉州区检察院	2008－2010年度全区检察机关工作先进个人	广西壮族自治区人民检察院	2011.01
钟星河	玉州区检察院	2008－2010年度全区检察机关工作先进个人	广西壮族自治区人民检察院	2011.01
刘美兰	玉州区检察院	政工、综合部门先进个人	广西壮族自治区人民检察院	2011.01
谢健平	玉州区检察院	侦查监督部门先进个人	广西壮族自治区人民检察院	2011.01
钟星河	玉州区检察院	公诉部门先进个人	广西壮族自治区人民检察院	2011.01
黄宇翔	玉州区宣传部	2011年度新闻报道工作先进通讯员	广西日报社	2012.02
谢胜林	玉州区宣传部	2011年度新闻报道工作先进通讯员	广西日报社	2012.02
周少芬	玉州区人社局	全区林业系统专业技术人员专业科目学习活动先进个人	广西区人社厅、林业厅	2011.03
覃超萍	玉州区残联	第二届全区残联系统“忆当年杯”运动会飞镖比赛女子组第六名	广西壮族自治区残疾人联合会	
苏伟忠	玉州区残联	第二届全区残联系统“忆当年杯”运动会滚球比赛男子双人赛组第四名	广西壮族自治区残疾人联合会	
林芳荣	玉州区招商局	自治区招商引资工作先进个人	广西壮族自治区投资促进局	2011
罗　萍	玉州区招商局	自治区招商引资工作先进个人	广西壮族自治区投资促进局	2011

续表

获奖个人	获奖单位	获奖项目	授予单位	获奖时间
朱金苹	玉州区法制办	2010－2011 年度全区政府法制系统先进个人	广西壮族自治区法制办	2012.03
吴　旗	玉州区卫生局	“十一五”广西继续医学教育管理工作先进工作者	广西壮族自治区卫生厅	2011.12
庞浩雄	玉州区卫生局	“十一五”广西医学卫生科技管理工作先进工作者	广西壮族自治区卫生厅	2011.12
吴　旗	玉州区卫生局	2011 年度全区卫生系统艾滋病防治工作先进个人荣誉称号	广西壮族自治区卫生厅	2012.02
吴　旗	玉州区卫生局	2009－2011 年全区卫生基建项目工作先进个人	广西壮族自治区卫生厅	2012.04
梁德林	玉州区卫生局	2009－2011 年全区卫生基建项目工作先进个人	广西壮族自治区卫生厅	2012.04
何报宁	玉州区卫生局	2009－2011 年全区卫生基建项目工作先进个人	广西壮族自治区卫生厅	2012.04
庞愈健	玉州区卫生局	2009－2011 年全区卫生基建项目工作先进个人	广西壮族自治区卫生厅	2012.04
蒋华和	玉州区卫生局	2009－2011 年全区卫生基建项目工作先进个人	广西壮族自治区卫生厅	2012.04
易娟德	玉州区科协	2010 年广西青少年科技教育工作先进个人		2011.06
陈健南	玉州区玉城街道	第六次全国人口普查工作自治区级先进个人	广西壮族自治区第六次全国人口普查领导小组	2011.11
王雪梅	玉州区玉城街道	第六次全国人口普查工作自治区级先进个人	广西壮族自治区第六次全国人口普查领导小组	2011.11
钟杨源	玉州区玉城街道	第六次全国人口普查工作自治区级先进个人	广西壮族自治区第六次全国人口普查领导小组	2011.11
蒋长缨	玉州区玉城街道	第六次全国人口普查工作自治区级先进个人	广西壮族自治区第六次全国人口普查领导小组	2011.11
黄超深	玉州区玉城街道	第六次全国人口普查工作自治区级先进个人	广西壮族自治区第六次全国人口普查领导小组	2011.11
陈　颖	玉州区玉城街道	第六次全国人口普查工作自治区级先进个人	广西壮族自治区第六次全国人口普查领导小组	2011.11
陈伟波	玉州区玉城街道	第六次全国人口普查工作自治区级先进个人	广西壮族自治区第六次全国人口普查领导小组	2011.11
梁　英	玉州区玉城街道	第六次全国人口普查工作自治区级先进个人	广西壮族自治区第六次全国人口普查领导小组	2011.11
张　娴	玉州区名山街道五里桥社区党支部	玉林市优秀共产党员	中共玉林市委员会	

续表

获奖个人	获奖单位	获奖项目	授予单位	获奖时间
牟安强	玉州区城北街道高山村党支部	自治区优秀党务工作者	中共广西壮族自治区委员会	2011.06
吴承林	玉州区城北街道谷山村党支部	玉林市优秀共产党员	中共玉林市委员会	
钟坤宏	玉州区城西街道莲塘村党支部	玉林市十佳村党组织书记	中共玉林市委员会	
宁有文	玉州区仁东镇大路村党总支部	玉林市优秀党务工作者	中共玉林市委员会	
蒋海燕	玉林正菱汽车配件有限责任公司	全区助残先进个人		
庞富英	玉林市富英制革有限公司	第三届全国道德模范提名奖	中共中央宣传部	2011.09
何金明	玉林银丰中药港投资发展有限公司	玉林市优秀党务工作者	中共玉林市委员会	
邓树明	玉林市宝炬电线电缆有限公司	玉林市优秀共产党员	中共玉林市委员会	
谢建平	玉林市健正药业有限公司	玉林市优秀共产党员	中共玉林市委员会	
卢家华	玉州区苗园中学	玉林市优秀共产党员	中共玉林市委员会	
梁祖兰		征集全区残疾人优秀工艺美术作品活动《手工提蓝》三等奖	广西壮族自治区残疾人联合会	2011.07
张　恒		征集全区残疾人优秀工艺美术作品活动《富贵图》三等奖	广西壮族自治区残疾人联合会	2011.07
陈小荣		征集全区残疾人优秀工艺美术作品活动《观音》二等奖	广西壮族自治区残疾人联合会	2011.07
罗　林	玉州区林业局	“十一五”期间全区乡镇林业工作站先进个人	广西壮族自治区林业厅	2011.01
王　孟	玉州区茂林镇林业站	“十一五”期间全区乡镇林业工作站先进个人	广西壮族自治区林业厅	2011.01
梁　金	玉州区玉城街道团工委	2010 年度“广西优秀共青团员”	共青团广西壮族自治区委员会	2011.05
沈金莲	玉林市健正药业有限公司	2010 年度“广西优秀共青团员”	共青团广西壮族自治区委员会	2011.05
胡钰琼	玉州区团委	2010 年度自治区社会主义新农村建设优秀指导员	中共广西壮族自治区委员会组织部、广西壮族自治区农业厅、广西壮族自治区扶贫开发办公室	2011.05

续表

获奖个人	获奖单位	获奖项目	授予单位	获奖时间
尤小源		广西千名好少年	少先队广西壮族自治区工作委员会	2011.08
何江茳		广西千名好少年	少先队广西壮族自治区工作委员会	2011.08
罗昌铭		广西千名好少年	少先队广西壮族自治区工作委员会	2011.08
杨玉婷		广西千名好少年	少先队广西壮族自治区工作委员会	2011.08
文丽萍		广西千名好少年	少先队广西壮族自治区工作委员会	2011.08
罗荣新		广西千名好少年	少先队广西壮族自治区工作委员会	2011.08
张子欣		广西千名好少年	少先队广西壮族自治区工作委员会	2011.08
牟艳霞		广西千名好少年	少先队广西壮族自治区工作委员会	2011.08
吴欣蓓		广西千名好少年	少先队广西壮族自治区工作委员会	2011.08
杨双源		广西千名好少年	少先队广西壮族自治区工作委员会	2011.08
苏荣浩		广西千名好少年	少先队广西壮族自治区工作委员会	2011.08
龙思祈		广西千名好少年	少先队广西壮族自治区工作委员会	2011.08
吴欣蓓	玉州区东环小学	2010 年度广西“十佳少先队员”	共青团广西壮族自治区委员会、广西壮族自治区教育厅、少先队广西壮族自治区工作委员会	2011.07

玉州区文体局

玉州区文化和体育局在区委、区政府的正确领导下，真抓实干，创先争优，服务基层，依法行政，各项工作都取得显著的成绩。狠抓基层文化阵地建设，建成乡镇综合文化站3个、村级公共服务中心27个，农家书屋86个、全国文化信息共享工程支中心1个，乡镇基层服务点3个，农村党员干部远程教育基层点90个；打造特色岭南文化品牌，区文化馆获评为“国家一级馆”，高山村获评为“中国历史文化名村”，“广西八音”列入国家级非物质文化遗产名录，成功推出了“玉州籍画家群”文化品牌；推动文体活动蓬勃开展，全区有群众业余文艺队109支，每年举行节庆演出、广场演出200多场（次），2011年成功举办玉州区首届文化艺术节，积极开展全民健身活动，共举办了四届玉州区运动会；依法依规管理文化市场，2009年承接文化市场管理职能，2012年成立玉州区文化市场综合执法大队。“一手抓管理，一手抓繁荣”，文化市场健康有序发展。

自治区党委常委、宣传部长沈北海（左三）在市委书记金湘军（左二)、市长韩元利(右二）陪同下，到莲塘村图书馆视察

自治区文化厅厅长余益中（左二）在市委常委、宣传部部长、副市长满昌学(左一）和区委书记莫荣新（右一）陪同下视察南观社区群众文化工作

①玉州区领导带头参与全民健身活动。图为区长邹宇鹏在运动会开幕式上致辞

②玉州区文体局、文联领导在画展上。谭艳艳局长、主席（左三）、卢雪琳副局长（左二）、莫朝荣纪检组长（右一）、誉德妮副主席(左一)

③在谭艳艳局长（左二）、梁业干大队长（左一）的带领下，开展文化市场联合执法检查

④丰富多彩的广场群众文艺活动

玉州区直属机关事务管理局

区直属机关事务管理局（区直机关后勤服务中心）是管理区直机关事务工作的区政府直属机构。内设政秘股、财务股、房管维修股、综合股、保卫股、节能股。一年来，区机关事务管理局一班人在区委、区政府的正确领导下，始终以邓小平理论和“三个代表”重要思想为指导，深入贯彻落实科学发展观，坚持管理科学化、保障法制化、服务社会化方向，坚持廉洁、服务、节俭原则，全面履行管理、保障和服务职能，不断强化管理方式、创新服务模式，拓展服务外延，全局干部职工团结拼搏，开拓创新，各项工作都取得了新的成绩。先后获“广西壮族自治区成立50同年大庆活动先进单位”、“玉林市公共机构节能工作一等奖”、“玉林市机关后勤综合目标管理特等奖”等荣誉。

局长 凌军英

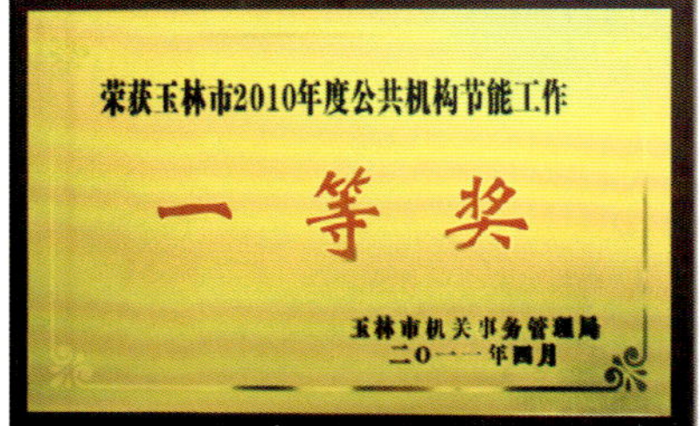

①

②

③

①团结奋进务实创新的领导班子
②区政府机关食堂
③区政府优雅的环境

玉州区人力资源和社会保障局

玉州区人力资源和社会保障局认真贯彻落实区委、区政府的工作部署，切实抓好各项工作，2011年全区城镇新增就业4335人，完成市下达任务的125.7%；城镇登记失业率控制在4.09%以内；农村劳动力转移新增就业7048人，完成市下达任务的126.3%。参加城镇职工基本养老保险、失业保险、基本医疗保险、工伤保险、生育保险人数分别达2.80万人、1.29万人、10.17万人、1.83万人、2.50万人，分别完成市下达目标任务的100%、107%、102%、102%、100%；全区城镇职工基本养老保险、失业保险、职工基本医疗保险、工伤保险、生育保险费征缴总收入超过2亿元，分别为1.8亿元、840万元、3756万元、183万元、207万元，分别完成市下达目标任务的185%、214%、104%、167%、222%；人事人才管理服务工作取得新成效，企业和劳动者权益得到维护，新型农村社会养老保险和城镇居民社会养老保险稳步实施。2011年，玉州区人力资源和社会保障局被评为自治区开展激励关爱人才活动的具体承办工作先进单位，玉林市人社系统先进集体（特等奖）、军转安置工作先进单位，被玉林市评为第15批文明单位。

①春风送岗位行动。图为大中专毕业生、农村富余劳动力参加大型招聘会

②构建完善城乡服务群众体系，推进基本公共服务上水平上台阶。图为广西人社系统人员参观玉州区阳光社保联系点

③积极推进新型农村社会养老保险工作。图为新农保工作推进会

④积极开展群众评议机关活动。图为区人社局邀请社会各界开展政风行风民主测评

⑤以培训促进就业再就业。图为下岗失业人员参加电脑基础知识培训

玉州区人民法院

2011年，玉州区人民法院围绕“为大局服务、为人民司法”工作主题，公平、公正、高效地审理、执行了大批案件，推动社会矛盾有效化解。2011年，全院共受理各类诉讼案件4461件，审结3583件；其中共受理各类刑事案713件1010人，审结691件802人；受理各类民商事案件3105件，审结1821件；受理执行案件599件，执结594件，实际执结率99.17 %，标的到位率99.69%。考核审判质量和效率的30项指标数据居于全市法院首位。2011年，该院先后荣获全国模范法院、“全国法院党建工作先进集体”、全区首批法院文化建设示范单位称号，院党总支获得“全区政法系统先进基层党组织”、“全区法院先进基层党组织”等荣誉；文惠新荣获“全国三八红旗手”、全国法院系统2010年度12名亮点人物之一称号。全院先后有2个次集体获国家级荣誉，11个次集体获自治区级荣誉，8个次集体获地市级荣誉；2人次个人获国家级荣誉，21人次个人获自治区级荣誉，27人次个人获地市级荣誉。

中央领导同志接见全国模范法院代表、全国模范法官并合影留念

自治区党委书记郭声琨接见黎汉飞院长

在玉州区法院荣获全国模范法院后，市委书记金湘军书记提出新期望

团结奋进的领导班子

为残疾人送执行款

送法进校园

玉州区人民检察院

玉州区人民检察院地处玉林市政治、经济、文化中心，管辖玉州区、福绵管理区和玉东新区三个区域，辖区人口101万多人。目前共有科室14个，在编干警72人，每年办理的刑事案件都占全市的40%以上。近年来，该院在区委和上级检察院的领导下，紧紧围绕“强化法律监督，维护公平正义”的工作主题和党委中心工作大局，以三项重点工作和提高人民群众安全感为抓手，不断加强检察业务和队伍建设工作，为建设和谐稳定的玉州区做出了积极贡献。该院2005、2007、2009年连续三届获“全国先进基层检察院”，2006、2010年两次获得全国检察机关集体一等功，2006、2009年两次被自治区党委评为自治区先进基层党组织，2006年获“全区百家人民满意政法单位”。2011年，又获评为全区“人民满意的公务员集体”。

自治区检察院张少康检察长与玉州区人民检察院全体干警合影

①开展举报宣传活动

②玉州区人民检察院民事行政检察工作站挂牌成立

③玉州区检察院派驻南江检察室挂牌成立

④对职务犯罪嫌疑人讯问现场进行监控

⑤玉州区检察院公诉人代表队荣获2011年玉林检察官论辩赛团体第一名

玉州区教育局

玉州区教育局以科学发展观总揽全局，着力建设教育强区，全区教育事业得到持续、稳定、健康发展，2011年，全区小学入学率100%，三类残疾儿童入学率100%，小学生辍学率为0；初中入学率99.2%，辍学率0.8%，全区巩固率达到120.1%。3～6周岁幼儿入园率95.98%。以MS-EEPO有效教育实验为抓手，深入推进教育教学改革，初步达到了在自治区有名，在全国有影响的效果。发放农村义务教育阶段家庭经济困难寄宿生生活费，受惠学生8074人，资助金额403.7万元；补助城区家庭经济困难学生521人，资助金额6.38万元；补助家庭经济困难大学新生95人，发放路费和短期生活费10.7万元；办理生源地信用助学贷款1356人，发放贷款797.29万元。完成中小学校舍维修项目7个，总投入250万元；完成中小学校舍新建(拆建)项目8个，总投入1450万元。全区更新农村中小学课桌椅21436套，讲台398张。投入830万元在36所学校778个班配置多媒体设备。消除安全隐患260多项，投入维修经费共350万元。全面提升教师队伍素质，2011年秋季期教师参加讲课（录像课）比赛获自治区级以上奖励12人次，市级奖励 15人次。

自治区副主席李康就义务教育教学改革到玉州区进行专题调研

市委常委、副市长朱朝霞（左三）、区委书记莫荣新（左二）、区长邹宇鹏（右三）、区委副书记莫科奇（左一）、区委常委、宣传部部长、副区长杨红（右一）、教育局局长莫冬妮（右二）深入区八中进行调研

①玉州区每年均开展资助贫困大学新生入学，资助金额累计达40多万元

②接受自治区义务教育学校课桌椅更新工程评估验收汇报会

③全国有效教育广西改革试点经验成果展示汇报现场会

玉州区总工会

市总工会、玉州区总工会领导发放劳模补助慰问金

玉州区总工会领导慰问台风受损企业—塑料厂

玉州区总工会认真抓好各项工作，2011年全年新组建非公企业法人单位工会690家，全年入会会员2500人；抓社区组建工会，全区已有27个社区成立了工会；在全区非公企业中开展以“双爱双评”为主要内容的建家活动，共创建合格职工之家410个；在公有制企事业工会中建立职代会制度72家，建制率达100%，厂务公开100%，非公企业工会建立职代会制度383家，建制率达85%，厂务公开85%；开展“创建学习型组织、争做知识型职工”活动，全区建立学习型组织的基层工会554家，占全区工会组织的88%；全区共完成职工医疗互助保障6842份，完成全年任务6269份的110%，向180名困难职工、46名自治区级以上劳动模范、先进工作者和五一劳动奖章获得者赠送了医疗互助保障卡；积极开展对困难职工进行日常生活援助行动，在元旦、春节期间共慰问生活困难职工380人，发放慰问金及慰问物品12万元。8月份资助 213名的困难职工家庭学生，共发放助学金20.15万元。

③开展农民工技能培训
④开办农民工家政培训班
⑤玉州区总工会开展“金秋助学”活动给困难职工子女发放助学金
⑥玉州区总工会开展职工“五一”气排球比赛

①玉州区总工会开展夏季送清凉活动，图为玉州区总工会领导为一线工人送清凉饮料
②市总工会、玉州区总工会的领导给参加医疗互助保障的患病职工送上给付金

玉州区国税局

局长梁明（右二）、副局长梁德明（左一）陪同市国税局领导到玉柴配套企业调研

局长梁明（左一）陪同市国税局局长谭会云（中）到企业调研

玉州区国税局牢记“为国聚财，为民收税”宗旨，坚持以组织收入为中心，以税收管理、税收服务上水平为切入点，依法治税、从严治队，税收收入实现稳步增长，2011年组织税收收入34981万元，比2009年、2010年分别增长10703万元、6954万元，为玉州区经济社会和谐稳定发展奠定了坚实的财力基础。该局先后获评为“全国精神文明建设工作先进单位”、广西国税系统集体二等功、“自治区文明单位”、自治区首批三星级“绿色机关（单位）”、自治区卫生先进单位、全区国税系统税收信息调研及税收新闻宣传工作标兵单位、玉林市国税系统开展“创先争优”活动先进基层党组织、纳税服务工作先进单位。

组织收入攻坚战动员会

个体税收定额核定社会监督座谈会

现场测评满意度

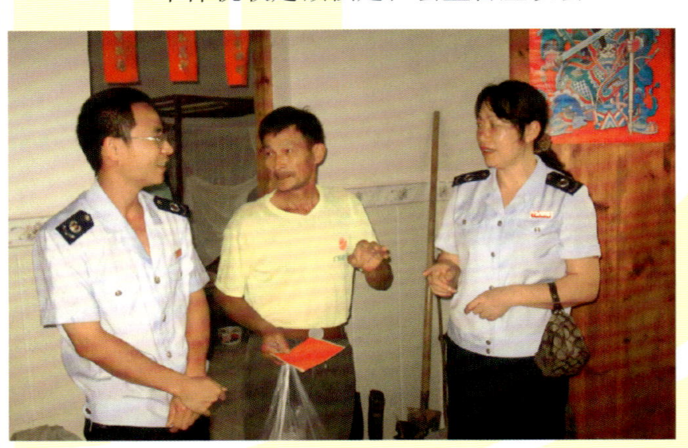

慰问结对帮扶村困难党员

玉州区地税局

2011年，玉州区地税局在玉林市地税局和玉州区委、区政府的正确领导下，围绕组织收入工作中心，以信息化建设为依托，以开展“基层建设年”、“和谐建设年”活动为重点，以加强队伍建设为动力，以加强党风廉政建设为保障，抓紧抓实开局之年各项工作，全年共组织地方税收收入44996万元，同比增收9627万元，增长27.22%，完成自治区地税局年度考核任务42170万元的106.70%。其中，玉州区级收入44749万元，同比增收9633万元，增长27.43%，完成年初考核任务的106.42%；完成调整后考核任务的101.82%，组织收入再创历史新高。

①区地税局局长陈雄林在主持工作会议
②自治区地税局税法进社区座谈会在玉城街道办事处召开
③自治区地税局领导、市地税局领导到仁东税务税务分局开展春节慰问

④召开“地税开放日”活动座谈会
⑤召开玉州区地税系统2011年民主评议政风行风座谈会
⑥地税局税务工作人员到大塘镇一家企业进行税收日常检查指导

玉林市区农村信用合作联社

玉林市区农村信用合作联社管辖玉州区、玉东新区、福绵管理区等三个区域的农村金融服务。辖内共有13个信用社（营业部），70个营业网点，是玉林市服务网点分布最广、资金实力最强、支持地方经济发展和支农最直接的金融机构。该联社建设了功能齐全、服务完善的电子银行服务体系，拓宽了城乡一体化金融服务的渠道。在信贷投向和信贷服务方式上，紧紧围绕玉林市经济建设、产业结构调整、社会主义新农村建设和县域经济发展等，全方位提供更多更好的金融产品和服务。在与社会各界的诚信合作中，促使业务发展实现历史性跨越，质量效益明显提高，综合实力大幅提升。截止2011年底，各项存款余额779389万元，各项贷款余额475317.70万元，存贷款总量保持全市金融同业第二位。

①玉林市区联社党委书记、理事长江耀森向玉林市人民政府副秘书长吴玉棋、玉林银监分局局长陈荣琼汇报金融服务工作

②鼎力支持玉林宏进农副产品批发市场

③为中小微型企业金融服务

④贷款扶持广西玉林市富英制革有限公司发展壮大

⑤召开贷款客户合作交流座谈会，共谋发展，实现共赢

⑥到仁东镇周村开展“干部入乡住村”活动

玉州区科技局

2011年,区科技局认真落实《玉州区科学技术发展“十二五”规划》(2011-2015年)和《玉州区创新计划》(2011-2015)。全力推进国家科技富民强县项目实施，建立8项组织管理制度，培训农民10112人次，凸现搭建平台驱动等六大工作亮点。申报、实施、储备科技工业项目各3项、4项、5项。申报市科研成果登记3项，申报市科技进步奖项目2项，举办科普讲座25场，发放资料3.5万份，推广农业新技术35项、新品种40个。完成全国科普统计调查表48份。加强知识产权保护，组织实施自治区“知识产权强县(市)试点示范”项目，城区申报专利429件，其中发明专利111件，实用新型专利275件，外观设计专利43件，获授权发明专利284件，申报量和授权量排名全市第一。实施科技特派员创业工程，组织65名科技特派员申报市科技特派员创业项目16项。建立健全农业生产科技示范基地21个，辐射带动周边25000户农户依靠科技发展农业生产。区科技局获评为玉林市2011年度科普工作先进单位、全区宣传工作三等奖，是2011年度绩效考评优秀等次单位。

①第一届广西发明创造成果展览交易会上，自治区党委书记郭声琨(左三)，自治区主席马飚(左二)视察我区自主创新的工业机器人展品

②区委书记莫荣新(左二)、区长邹宇鹏(左四)陪同上级领导视察我区的创新产品

③区委常委、副区长莫敏智(右一)陪同上级领导深入仁东镇科技特派员创业项目现场检查指导

④区科技局获全市科普工作先进单位

⑤团结奋进的领导班子。局长誉德萍(左二)，党组书记、副局长钟永新(左三)，副局长杨钧林(左四)，副局长梁垂贤(左一)

⑥玉州区环保型畜牧产业开发与示范项目实施汇报会上，自治区科技厅督查组深入细致检查各种材料

⑦玉州区知识产权培训班在玉林城区举行

玉州区委老干部局

2011年，玉州区委老干部局在区委、区政府的正确领导下，坚持以邓小平理论和“三个代表”重要思想为指导，认真贯彻落实科学发展观，切实抓好服务工作，使老干部真正实现了老有所养、老有所学、老有所医，区委老干部局的各项工作跃上了新台阶。

老干局领导到名山街道硃沙村宣讲

老干局领导送化肥下乡

老干局党支部到名山二泉村慰问老党员

玉州区关工委到大塘村慰问残疾儿童

老干局组织全区老干部开展全民健身气排球赛